读不够的
秦汉史

DU BU GOU DE
QIN HAN SHI

鸟山居士 ◎ 著

第四部　盛世与败亡

中国文史出版社

图书在版编目（CIP）数据

读不够的秦汉史．第四部，盛世与败亡／鸟山居士
著．-- 北京： 中国文史出版社，2023.10
ISBN 978-7-5205-4095-7

Ⅰ．①读… Ⅱ．①鸟… Ⅲ．①中国历史－秦汉时代－
通俗读物 Ⅳ．① K232.09

中国国家版本馆CIP数据核字（2023）第085704号

责任编辑：程凤　殷旭
装帧设计：欧阳春晓

出版发行：中国文史出版社

社　　址：北京市海淀区西八里庄路 69 号　　邮编：100036

电　　话：010-81136606　81136602　81136603（发行部）

传　　真：010-81136655

印　　装：廊坊市海涛印刷有限公司

经　　销：全国新华书店

开　　本：1/16

印　　张：32.5　　字　数：477 千字

版　　次：2024 年 1 月北京第 1 版

印　　次：2025 年 5 月第 2 次印刷

定　　价：80.00 元

目录 Contents

第一章

昭帝时代

1.1 平静下的杀机

公元前87年二月，汉武帝刘彻驾崩，年仅八岁的西汉第八任皇帝刘弗陵继承了皇位，是为汉昭帝。

汉昭帝继位以后，首先大赦天下，然后赏诸侯王、列侯、宗室成员金钱绢帛，以此来收买人心。

之后，大大地赏赐了自己同父异母的那些兄弟姐妹，其中燕王刘旦、广陵王刘胥和鄂邑长公主更是各增加了一万三千户的食邑。

不管是刘旦还是刘胥，他们之前都是对这个汉皇之位抱有非常浓厚的"兴趣"的，属于非常不安定的因素，所以汉昭帝才会赏赐给他们很多的封邑，希望他们老老实实地过日子，不要再想那些不属于他们的东西了。

当然了，汉昭帝倒不是怕他们，关键是自己现在刚刚继承皇位，正是需要稳的时候，所以不想多生事端。

至于鄂邑长公主，那就更好理解了，现在汉武帝还活着的女儿中就只剩下这一个公主了，而赵婕妤也在汉武帝死前就被赐死了，汉武帝不想让刘弗陵从小便过着如同孤儿一样的生活，所以便命刘弗陵同父异母的姐姐鄂邑长公主来照看他的日常生活。

因为鄂邑长公主照顾得特别好，并且和赵婕妤的岁数也差不了多少，所以她和汉昭帝虽名为姐弟，但实际上和母子也差不了多少。

这就是汉昭帝重赏鄂邑长公主的主要原因了。

自从汉昭帝继位以后，所有的事情都在有条不紊地进行当中，国家表面上看似也是非常稳固，一切都在向好的方向发展。

可是谁又能发现，在那平和的外表下，长安暗里已经是杀机四伏，一场新的政变正在蠢蠢欲动了呢？

政变的主角分别是霍光、上官桀、桑弘羊和鄂邑长公主。

话说霍光刚刚辅政的时候，几乎每个人都在围着他转，特别是丞相田千秋。

可是田千秋根本就不想争权夺利，只想让汉朝过得更好一些。所以，自从汉昭帝继位以后，他从来都是勤勤恳恳地辅佐霍光，从来都没想过什么争权夺利的事情。

最后，甚至连霍光都看不下去了，他猜不透田千秋到底是怎么想的，所以主动试探道："丞相大人，当初陛下虽然没有亲自指明您为辅政大臣，但您也是三公之首啊，应该和我一起努力来治理天下，我负责内政，您负责外事。"

这很明显是要放权给田千秋，可田千秋直接回复道："大将军的能力是我的千百倍，我只要能做好辅助大将军的工作便心满意足了，所以大将军不要再说了，只要您能好好地辅佐陛下治理天下，我甘心一辈子做您的助手。"

这话说完，霍光是真的感动了，本来以为田千秋会是以后自己最大的政敌，可没想到他如此忠心。

所以从这以后，霍光再没有怀疑过田千秋，两个人配合得一直不错。

本以为是政敌的人最终成了自己的最佳助手，可本以为最没有危险的儿女亲家却反而最终成了自己不死不休的敌人。这人便是左将军上官桀。

早先，霍光将自己的长女嫁给了上官桀的儿子上官安为妻，这两家便成了儿女亲家。

之后，霍光的长女给上官安生了一个女儿。因为这个小丫头和汉昭帝年龄相仿（五岁），所以，上官桀想要通过霍光的关系让女儿嫁给汉昭帝当个皇后。

史书上说，霍光为人正直，因为当时汉昭帝年龄还太小，所以拒绝了上官桀的请求。从此刻起，两人之间便产生了一道不可修补的裂缝。

那么，上官桀甘心吗？当然不甘心。

于是，上官桀绕过了霍光这一环，直接找到了丁外人，希望通过鄂邑长公主的关系将自己的孙女变成皇后，并承诺，只要丁外人能帮忙成事，他便推荐丁外人成为朝中重臣，还让他和鄂邑长公主成为光明正大的夫妻关系。

原来，这丁外人就是鄂邑长公主养的面首，但因为丁外人很得鄂邑长公主的欢心，所以长公主把他当作丈夫一般，不过碍于身份，一直不得公开。

丁外人也知道，自己和鄂邑长公主的这种关系不能长久，只有和她成为夫妻，自己的身份和地位才能稳固。

所以，当上官桀提出了这个建议以后，丁外人没有半点儿犹豫，当即同意了他的请求。

果然，在答应了上官桀以后，丁外人立即找到了长公主，长公主迅速运作，很快就将上官桀的孙女弄到了官中。

之后，长公主一天到晚在汉昭帝的面前吹嘘这个小丫头多么贤良淑德，多么清纯可爱，希望汉昭帝能立她做皇后。

别看汉昭帝还是一个半大的孩子，他可不是一般的聪明，他一见姐姐这架势就知道怎么回事儿了，于是便笑呵呵地和长公主道："姐姐，我知道你什么意思，我答应你便是，不过一下子立她当皇后不太好，还是一步一步来才不会遗人话柄。我看，就先立她为婕妤吧，等过一阵之后再立她为皇后好了，这样也能给朝中大臣一些适应期。"

话毕，长公主愣住了，久久不能言语，她简直不能相信这个老到的办法是一个孩子能想得到的。

实际上，这也不是汉昭帝的真心话。

汉昭帝为什么这样轻易就答应立小上官为皇后呢？实际上是因为汉昭帝明白，一个国家如果让一个大臣一家独大的话，那么其结果极有可能是自己的悲剧。所以，他需要再扶持起一个势力，让一碗水端平，达到相互牵制的效果。

于是，没过多长时间，上官桀的孙女便被汉昭帝封为了婕妤。

仅仅过了几个月，汉昭帝再封其为皇后。

再之后，汉昭帝马不停蹄，立刻封上官皇后的父亲，上官桀的儿子上官安为车骑将军、桑乐侯，使得上官家的身份地位直逼霍光。甚至每次霍光休假的时候，上官桀都会代替霍光在朝廷中处理政务。

上官桀风光了，可他根本没有想到一个半大的孩子会有如此深的城府，所以理所当然地认为这都是长公主的功劳。

于是，上官桀立即奏请汉昭帝，希望能让丁外人加官晋爵，并且和鄂邑长公主成为夫妻。

当时朝廷中霍光为第一辅政大臣，所有的奏折都要先过他的手，本来上官桀不经过他同意强将自己的孙女送到宫中就已经让霍光非常不满了，这下可倒好，又要再扶持起来一个，这是要架空我霍光吗？

抱着这种心思，霍光坚决地驳回了上官桀的奏请。

可上官桀并没有因此生气，反而退而求其次，再次奏请霍光，封丁外人为光禄大夫。

而霍光呢？当然还是拒绝了。

可上官桀非但没有生气，反而心里美滋滋的，因为他知道，霍光的好日子要到头了。不是因为别的，而是因为他连续两次拒绝自己的奏请已经彻底将长公主给得罪了。

那长公主别看表面上没有什么权力，可她却是一天到晚在汉昭帝面前的人，只要她不停地向汉昭帝进谗言，早晚有一天汉昭帝会将霍光给除掉。

果然，鄂邑长公主听得此事以后极为愤怒，经常在汉昭帝面前进霍光的谗言。可是汉昭帝呢？这孩子只是嘴上答应着，却从来都没有降低过霍光半点儿权力。

不过长公主不着急，她相信，在她的努力下，汉昭帝早晚都会对霍光心生不满，进而将其流放或者杀掉。

此时的霍光并没有发现自己的危机，因为他在这敏感的时候再一次得罪了一个朝中大员。

这人不是别人，正是御史大夫桑弘羊。

桑弘羊自打从政开始，连续参与制定了酒、盐、铁等国家垄断政策，不止一次帮助汉武帝度过了经济危机，自认为功可傲视当朝众臣。

所以，他想为他的子孙后代们求得朝廷的官职。他认为，这是他理所应得的。

可是，霍光拒绝了他，至于原因史书上没有表明，不过经过此事，霍光彻底将桑弘羊给得罪了。

于是，从这时候开始，鄂邑长公主、上官桀和桑弘羊结成了反霍同盟，

"大战"一触即发。

然而不管是霍光还是反霍联盟都没有发现，实际上，他们的权力全都在一个年少的皇帝手中攥着，谁都别想放肆。

1.2 汉朝连续的叛变，匈奴毁灭性的分裂

公元前86年至公元前85年，这两年对汉朝来讲是灾难性的，因为它遇到了连续的叛变。

反观匈奴，这两年也是毁灭性的，因为从这时候开始，匈奴走向了内部分裂的道路。

我们先看看汉朝的反叛事件。

公元前86年夏季，大概是因为汉武帝新死，复国的期望使然，抑或山高皇帝远，益州的官员从来不将老百姓当人来看。益州的廉头、姑缯民众首先反叛，并杀了本地的长史。

这之后，牂柯、谈指、同并等二十四个曾经的方国也在同一时间出兵响应。

一时间，益州的反叛人数增加到三万余人，本地陷入一片大乱。

汉昭帝闻讯，迅速同朝中大臣商议对策，最终在霍光等人的建议下，汉朝派遣了水衡都尉吕辟胡紧急征调蜀郡、犍为郡的正卒一万余人前往平叛。

在当时，诸反叛势力已经结成了联盟，全都聚在牂柯一带，打算同汉军进行大决战。

他们以为，自己的兵力占据优势，一定能成功击退汉军。

可他们错了。

所谓"兵不在多而在精"，如果是带领一群作战素质极低的士兵的话，统率的将领没有超高的能力和凝聚力那反而会拖了后腿。兵法上说的"兵溃于

众"就是这个道理。

很明显，这些反叛军的主帅就没有这个能力。

于是，在战阵之初，他就带领着这些"士兵"对汉朝的正规军发动了冲锋。

战阵一开，吕辟胡立即命众多士兵采用防守方阵来对付敌人。在那无尽的箭矢和坚固的人墙防御下，反叛军根本就没有办法冲进汉军的大阵，反倒是损失不小，士气受到了一定的打击。

反叛军主帅见此，即刻令士兵向后撤退，打算休息一阵再作计较。

可他不知道的是，这又犯了兵家大忌。

吕辟胡见敌军竟然敢临阵撤退，便立即命令士兵发起反击。

咚咚咚……鼓声擂响，汉军阵门大开，近千的骑兵从中杀出，进而冲入了正在向后撤退的人群。

只听惨叫连天，反叛军大乱。

然后，总攻号角吹响，无数的汉军杀入了反叛军已经混乱的人群。

此时，反叛军没经过系统训练的弱点暴露无遗。因为几乎在汉军发动总攻的一瞬间，这些反叛军就仓皇而逃，不管反叛军主帅如何组织都没有丝毫办法。

结果，汉军在损失极小的情况下便彻底平息了这场叛乱，一众反叛头子皆死于汉军之手。

益州的反叛被平定了，看似也没费多少劲儿，可真正有威胁的却不是这些益州土人，而是那些高高在上的刘氏亲王们。

当初汉武帝新死，朝廷就立即将盖着玉玺的正式文书发到了一众刘氏诸侯王手中。

一个年仅八岁的孩子当了大汉新任皇帝，这太可笑了。

众多诸侯王听闻此事后不乏有意篡权者。

而燕王刘旦便是此中之最。

在他收到文书的第一时间便造谣道："各位！这文书封口处的印记比正常的要小很多，我怀疑京师已经发生变故，这根本就不是我父皇的意思！"

大家也都知道刘旦是什么样的人，也理解他现在的心思，所以无人响应他。可这消息很快便传到了汉昭帝的耳朵里。

汉昭帝刚刚上位，不想发生什么不稳定的事，所以马上赏赐给了燕王刘旦一万三千户食邑。

可那刘旦根本就不领情，竟然当着使者的面吼道："这本就是我应得的，用不着谁来赏赐我！"

这无疑是犯了大不敬。

可现在正是需要稳的时候，所以汉昭帝依然没有动刘旦。

可刘旦却不自知，并且越发肆无忌惮，他竟然煽动中山哀王之子刘长、齐孝王之孙刘泽与他密会，打算共同起兵推翻汉昭帝的统治。

可这边造反还没等实施，那边计划就已经破产了。

为什么呢？因为刘泽回到齐国以后，打算杀掉青州刺史隽不疑后起兵造反，但消息提前泄露，隽不疑得到信息以后立即出兵攻击刘泽，结果刘泽稀里糊涂地就被隽不疑给生擒了。

刘泽被押到长安以后，受不了廷尉署的严刑拷打，没挨几下子便将刘旦给供了出来。

汉昭帝现在想要的是稳，并且，他和他太爷爷一样，不想承担杀亲的恶名。所以，汉昭帝哪怕是知道这事儿就是刘旦一手策划的，也没有动他，只不过是将刘泽杀死而已。

我们再来看看匈奴内乱又是怎么回事。

公元前85年，此时的狐鹿姑单于已经是重病缠身，眼看着就要归西。

那狐鹿姑有一个同父异母的弟弟当时正在担任左大都尉，因为这个左大都尉非常有能力，所以匈奴人都希望由他来继承单于之位。

当时的阏氏很怕狐鹿姑死后将位子传给左大都尉而不传给儿子，便派人偷偷将左大都尉给杀了。

可这阏氏并不是干大事的人，杀了人以后竟然将消息给泄露了。

左大都尉的亲哥哥当时就怒了，于是派人到狐鹿姑那里讨说法。

狐鹿姑当时已是弥留之际，再加上他不想让自己的孩子在自己死后没有母亲的保护，所以袒护了阏氏所为。

此事让左大都尉的哥哥极为不满，便带领自己部族脱离了匈奴。

而这，只不过是分裂的第一波。

这一年的某月某日，狐鹿姑终于走到了他人生的尽头，阏氏本以为自己的儿子这回能毫无悬念地坐上单于的宝座了，可现实和理想总是有那么"一点儿"的差距。

因为在狐鹿姑死前，他将匈奴所有权贵都召集在一起，并和他们道："各位，我儿子年龄实在是太小，不适合坐单于的位置。所以，我不打算让他统治你们，我的弟弟啊，右谷蠡王可在？"

话毕，一名魁梧的大汉走了出来："哥哥，我在呢。"

狐鹿姑微笑着道："弟弟啊，我死之后就由你来接替我吧。这些年来，我们和汉朝之间虽然各有胜负，但是我们和汉朝的生活方式有质的不同，相对损失实在是太过严重。所以我希望你继位以后能停止和汉朝的战争，做到休养生息。如果没有什么好机会的话，就不要和汉朝开战了。只要我们不主动招惹汉朝，汉朝是绝对不会来打我们的。"

右谷蠡王："嗯，我记住了哥哥。"

狐鹿姑："就这样吧，散了吧。"

就这样，众人走了，可大家都没有发现，阏氏看着右谷蠡王的背影的眼神是那么阴森恐怖。

大概一日以后，弥留之际的狐鹿姑突然暴崩，阏氏勾结卫律，隐瞒了狐鹿姑的死讯，然后假造狐鹿姑之命，立自己的儿子为新任单于，这便是壶衍鞮单于了。

这一幕来得实在是太快、太猛，猛得右谷蠡王根本来不及反应便尘埃落定了。

右谷蠡王和其支持者左贤王因此大怒，便打算反出匈奴，去投奔富饶安定的汉朝。

可现在有两个问题摆在眼前，使得右谷蠡王和左贤王无法安心投降汉朝。

第一，汉朝和匈奴交战也不是一天两天了，民族仇恨特别深，所以他们的部下百分之百不想投降汉朝，如果二人一定要强迫部族投降的话，那样反过来甚至会引起兵变。

第二，如果自己投降别的国家也许还有一线生机，但汉朝是中央王庭重点关注的对象，所以自己一旦投降汉朝，中央王庭百分之百会在第一时间出动大集团军阻击，那时候自己能不能逃出境内犹未可知了。

所以，经过仔细的考虑分析以后，二人果断弃了投降汉朝的这一想法，转而向乌孙投降。而且，他们还要拉上卢屠王和他们一起前往投降乌孙。

可是，卢屠王不但拒绝了二人的请求，还把他俩直接告到壶衍鞮那边去了。

而壶衍鞮这小单于呢，也和年幼的汉昭帝一样，他们都是刚刚即位，还年龄这么小，所求的就是个稳，便没有"相信"卢屠王的话，只是派人象征性地询问了一下左贤王和右谷蠡王。

最后左贤王和右谷蠡王也是怒了，决定直接独立了！

就这样，左贤王和右谷蠡王从此以后率领本部人马自成一股势力，再也没有去过中央王庭拜见单于。

并且两个人还商量好了，中央王庭要是不对他们动武，那就相安无事，可只要攻击任何一家，两家便结成联盟共同抗击中央王庭。

所以，继之前左大都尉的哥哥离去，左贤王和右谷蠡王也相继离开了中央王庭。

匈奴，从此时开始走向了真正的衰落。

1.3 游子

公元前85年，在这一年前后，金日磾和司马迁都双双离开了人世，而随着金日磾的死，霍光的权势就更加稳固了。

不过极盛之后就是衰弱，这个道理很多人都知道。霍光手下有一个门客便规劝他道："大将军，可还记得当初吕氏是怎样灭亡的？"

霍光："你想说什么？"

门客："当初吕氏身处于伊尹和周公的位子，他们主持朝政，大权在握。可因为实在太过强大，使他们逐渐地疏远了皇室成员，不与他们共同分享利益，所以最终导致了败亡。如今大将军在朝中的权势较当初的吕氏有过之而无不及，陛下又逐渐地成长了起来。我想，大将军您应该给自己留一条后路了。"

霍光："嗯，你说得对，那我应该怎样操作？"

门客："简单，多用皇室成员在宫中担任重要职位。如此，利益分配均衡了，每个人都得到好处，您的灾祸自然也免除了。"

霍光感觉此门客的办法非常好，便采纳了他的建议，大封皇室成员。

一时间，霍光在汉朝皇族周边的口碑直线上升。

同年三月，汉昭帝指派很多使者分别前往全国各地，赈济那些家里没有种子和食物的困难户。

同年九月，霍光和上官桀联名奏请汉昭帝，希望能派人前往匈奴将李陵接回汉朝。

为什么呢？首先，在李陵还没有投降匈奴之前，与霍光和上官桀的关系是非常好的。

其次，李陵之所以投降匈奴确实是情有可原的，并且之后汉武帝杀了李陵全家也是冤枉了他。

汉昭帝也知道李陵这码子事儿，所以答应了二人的联名奏请。

于是，霍光和上官桀任命李陵的好友——陇西人任立政为汉朝特使前往匈奴，明面上是和匈奴进行正常邦交，可实际上却是要接李陵回家。

因为当时匈奴内部已经分裂，实力大打折扣，再加上历任单于多年和汉武帝互相伤害，使得匈奴急需同汉朝停战，进而休养生息。

所以，对于这次汉朝使者的来访，壶衍鞮极为重视，以最盛大的宴会来招待任立政等汉朝使臣。

同时，因为李陵原本是汉人的缘故，壶衍鞮还特意让李陵挨着任立政作陪。

席间，任立政表面上有说有笑地应付着壶衍鞮单于，可实际上却一直在暗示李陵。

只见任立政右手不断地抚摸佩刀上的玉环，左手不断碰着李陵的脚丫子，意思就是告诉李陵，现在时机已经到了，可以回到汉朝了。

可是李陵始终没有一点回应。

之后，壶衍鞮问现在汉朝是一种什么样的状态，任立政笑呵呵地道："回大单于，现在汉朝已经大赦，中原安乐，陛下年少，主要是由大将军霍光和左将军上官桀辅政。"

这些话看上去是在回答壶衍鞮的提问，实际上却是在暗示李陵，告诉他现在汉武帝已经死了，并且新皇帝大赦天下，你的罪名早就没有了，朝中权力最大的两个大臣和你还都是莫逆之交，你应该马上回到汉朝才是。

而此时的李陵，终于给任立政以回应，但是他的回应是那么让人绝望。

因为李陵始终在抚摸着自己的匈奴发型。

这是什么意思？这就是在告诉任立政，自己现在已经是一个彻彻底底的胡人了。

任立政很伤心，但是他并没有放弃，还在寻找机会劝说李陵。

又过了一会儿，壶衍鞮单于起身退去，卫律等一干人送他离去，场中只剩下任立政和李陵。

任立政立即道："少卿这些年辛苦了，霍子孟和上官少叔让我代他们向你问好。"

李陵："他们两个现在的身体还好吧？"

这都什么时候了，李陵还在不紧不慢地和自己打太极，任立政这个着急。所以，他也不和李陵绕圈子了，直接说道："我这次来就是奉大将军和左将军之命请兄弟你回去的。请你赶快动身吧，不用担心富贵的问题。"

话毕，李陵长长地叹息了一声，然后道："回去容易啊，我也时常想到自己的家乡，可我已经是一个匈奴人了，之前还带领匈奴骑兵阻击过汉朝的军队，所以回去以后也会受辱，我真的不想再受辱了。"

任立政还想再劝，可此时卫律已经回来了，在掀开大帐门帘的时候听到了李陵话语的尾音，所以料定任立政是在劝李陵回归汉朝，于是冷言冷语地和任立政道："这位汉朝使者，你和少卿说话亲密得过分了吧？"

话毕，卫律直接撤去了宴席。

第二日，任立政归汉，他在走之前死死地拉住李陵的手，简短而有力地道："我最后再问你一次，你到底想不想回到汉朝？"

李陵慢慢地拨开了任立政的手，而后慢慢转身，只留下一句话便掉头走了。

"大丈夫不能连续两次受到羞辱。"

就这样，李陵一直到死也再没回到过汉朝。

而壶衍鞮单于在后来也得知了汉使本次来访的真正意图，他非常生气，但是没有对汉朝动手。

长安方面怕匈奴在盛怒之下出兵报复边界，所以在冬季选拔有战争经验的老兵前往朔方一带实行屯田，以防止匈奴人的寇掠。

可让汉昭帝没想到的是，匈奴没有把他怎么样，反倒是益州曾经的土民们又暴动了。

1.4　再平益州

上一次，益州的那些土民们反叛失败，不过长安方面也没把他们怎么样，不但释放了他们，还给他们种子让他们正常生活。

可这些人"复国"之心不死，这些年来到处召集"同志"，积极准备着第二次反叛。

这次，这些土民总结了上一次的经验教训，在造反以后直插心脏，杀了州刺史，然后以四面开花之势攻城略地，之后便占据险要位置等待着汉军的来临。

并且，本次这些土民反叛的势头比上一次还要凶猛。

上一次他们造反的人数一共是三万。而这一次，竟然达到了五万之数。

见益州土民再次反叛，汉昭帝也生气了，却没有对这些人有足够的重视，依然派吕辟胡带领上次的军队攻击反叛军。

可这次，反叛军哪怕是有人数上的优势也不对汉军进行攻击了，只是占据险要位置和汉军对峙。

基于此，无奈之下的吕辟胡只能被迫主动攻击叛军。

叛军人数在五万以上，还是守势，这如何能占得了优势？所以汉军哪怕是对叛军发动数波攻击，却依然收效甚微。

随着时间的流逝，汉军一开始的锐气也被磨得差不多了，叛军见攻击时机已到，遂对汉军发动总攻击。

汉军不敌，没多长时间便被叛军击败。

吕辟胡见大事不妙，遂命汉军迅速撤离。

而叛军如同疯狗一般死死地咬住汉军不放。

最终，吕辟胡找到了一个地势险要之处构筑壁垒，和叛军相持了起来。

而此时，汉军已经损失四千余人。

吕辟胡感觉这样下去早晚会被叛军困死，乃派精锐突围往长安请求援兵。

事情到了这一步，汉昭帝终于感觉到了这一次叛军的不同，于是彻底重视起来，便询问霍光和上官桀的看法。

二人认为，这些益州土民之所以敢一次又一次地挑衅大汉的权威，主要是大汉对他们太好了。对于这种人，除了血腥地镇压以外根本没有任何其他的办法。

所以，三人议定，这回一定要派一个狠人过去，一次性彻底将这些土民镇压。

那这个狠人是谁呢？他就是大鸿胪田广明！

田广明，字子公，也是郎卫出身，由于其狠辣果断的作风而深得汉武帝器重，便让他前往天水郡担任司马。

后来，因为中原地区频发天灾，汉武帝还不停地对外发动战争，使得很多百姓都吃不上饭。

所以，中原各处的农民起义数不胜数。汉武帝遂命田广明至河南郡，充当整个郡的都尉，掌一郡军事。

田广明上任以后，完全用血腥的方式镇压农民起义，这实际上是最简单有效的。

果然，在他的血腥镇压下，河南郡没过多长时间便恢复了平静，哪怕是没犯什么事的老百姓一听到田广明的大名双腿都会抖上三抖。

到了公元前90年，河南郡内有一名不知名的卸任县令和他的宾客图谋造反，可消息却被田广明提前知晓，他当机立断，在第一时间便将此县令擒杀，其他有关此事的造反者也没有一人能逃脱田广明的屠刀。

汉武帝深感田广明之雷厉风行，便将其提拔为大鸿胪。

我们书归正传，大鸿胪田广明出兵益州以后，兵锋直指吕辟胡被围之地。

叛军的首领根本不知道情报的重要性，所以在围住吕辟胡以后并没有在第一时间于北方布置斥候警戒线，当田广明的汉军到来之后，他们根本没有半点儿准备，被田广明一击便陷入了混乱之中。

吕辟胡见田广明的援军已到，也从中杀出，以两面夹击之势攻击叛军。

结果，叛军大败亏输，全都向田广明投降了。他们天真地认为，汉朝还会再一次放了他们。

可是这次，他们错了。

田广明收缴了这些叛军的兵器以后，直接命士兵斩杀俘虏。

汉军得令以后迅速动作，不停地残杀已经投降的俘虏。

一时间，整个大营之内都被怒吼声、哭泣声、厮杀声所淹没。

最终，整整五万多叛军全都被田广明所杀，一个都没有剩下。

而也是从这时开始，益州好长时间都没有再发生叛乱。因此，汉昭帝赏田广明关内侯之爵，并赏赐其三百户食邑。

1.5 过渡（7）

公元前83年六月，汉昭帝将三辅地区的富人们全都迁徙到了云陵生活，每户赏十万钱。

如此，三辅地区空出了很多土地，云陵也得到了发展。

同年七月，因为很长一段时间国家收成都不是很好，所以很大一部分百姓过得非常贫困。

针对于此，汉昭帝和霍光等辅政大臣议定，短期之内停止由百姓给政府养马的政策，并且减免他们的赋税，一直到收成变好为止。

公元前82年正月，长安城内突然驶入一台牛车，就是这台牛车，在长安城引起了短暂的轩然大波。

倒不是这个拉车的牛长了三头六臂，也不是车上面拉了什么好物，而是这车上面坐着的男子！

这男子是一身的黄袍，在牛车上好不威风。

一身的黄袍，除了当今的皇帝谁敢这样穿着，这不是大不敬吗？

于是，还没等这牛车男子进入城中呢，门口的守卫就要将他擒拿。

可就在城门守卫走到牛车面前，即将擒拿此人的时候，这牛车男子却是一声怒吼，完全镇住了守卫："我乃前东宫太子刘据！你们谁敢拿我？"

话毕，守卫吓了一大跳，太子刘据？他不是死了吗？怎么又活过来了？

兹事体大，管他是真是假，此事都已经不是一个小小的守卫能管得了的了。

于是，这名守卫慌忙前往皇宫向汉昭帝汇报此事。

汉昭帝当时也吓了一大跳，这怎么死了的人又活过来了？所以汉昭帝不敢大意，赶紧下诏书，命三公、九卿、将军、中二千石及以上的官员前往辨认。

这热闹谁不想凑？所以哪怕是两千石以下的小官和一般的老百姓也全都前往一观。在很短的时间内，前往观看辨识太子的人就达到了数万之众。

而这个自称是前太子刘据的男人长得和真正的刘据也真是太像了，不管是神态还是体态都简直一模一样。

所以这些曾经见过刘据的官老爷一个个也不敢吱声了，因为他们真心说不准啊。

眼看着人越来越多，事情马上就要变得不可收拾，后来的京兆尹隽不疑直接一声怒吼："来人呀！"

"在！"

"给我把这个自称是太子的人绑起来！"

"这，这……"

隽不疑："怕什么？有什么后果我一人承担！"

"是！"

就这样，这名自称是刘据的人被隽不疑关进了监狱。

当时很多同隽不疑关系不错的人都劝隽不疑道："我说兄弟，这人到底是不是前太子还不能确定，你就这样把他给擒了，这、这实在是太冒失了，你就不怕以后有灾祸加身吗？"

隽不疑一声冷哼道："各位同人多虑了，他就是真太子又能怎么样？当初春秋时期，卫国的太子卫蒯聩因违抗了国君的命令而逃出卫国。后来他的儿子继承了君位，但因为自己的父亲之前犯过错误，依然不让其回国，这事在《春秋》上都被加以肯定。如今，前太子得罪了先帝，哪怕是他真的没死，那也是国家的罪人，我擒拿了国家的罪人，这又有什么错误呢？"

话毕，众人都陷入了沉默，觉得隽不疑说的还是有些道理的。

可实际上真的是这么回事儿吗？不然！

因为汉武帝在生前已经承认了自己错怪了前太子，还为刘据设立了思子宫。所以，从那时候开始，刘据已经是无罪之人了。

隽不疑之所以敢如此肆无忌惮地擒拿假冒太子，这是因为他知道，这刘据身为前朝太子，如果真让他回到朝廷，汉昭帝该如何自处？又应该将这个假冒的刘据摆到一个什么位置？

说实话，除了禅让给这个假冒刘据以外，将他摆到什么位置都比较尴尬。

而汉昭帝会将皇位让给这个假冒的刘据吗？答案当然是否定的。

所以，哪怕这个刘据是真的，他也必须要死。

果然，汉昭帝听过此事以后大大地赞赏了隽不疑，然后将假冒的刘据交给了廷尉审理。

最后，经过严格的审讯，廷尉审查出这个刘据确实是假的。

此人本名叫成方遂，最早不过是一个算卦的神棍。

曾经，有一个刘据身边的侍从衣锦还乡，正巧看到了成方遂。他大惊道："这个世界上真是无奇不有，我从来没有见过一个和太子如此相像的人。"

所以，当汉昭帝继位以后，不甘贫穷的成方遂打算赌一把，赢了，整个天下都是他的，享不尽的荣华富贵；输了，不过是烂命一条。

结果，他把命丢了。

同年夏季，随着近一段时间的丰收，再加上汉昭帝和霍光等辅政大臣这几年来恢复了汉文帝时期的温和国政，老百姓的生活开始逐渐好转起来，国库也开始逐渐有了积攒，所以汉昭帝恢复了百姓养战马的国政，让汉朝始终保持着充足的战马。

同年六月，随着身份地位的提高，上官桀之子、上官皇后之父——上官安越发骄纵狂傲。

一次，汉昭帝请老丈人上官安往宫中饮酒。

当天，上官安喝得非常高兴。也许是喝多了，也许是得意忘形，他竟然在众多门客的面前炫耀道："啊，和我的女婿喝酒真的是挺开心的。"

这还不算，上官安还羡慕汉昭帝在宫中所用的物品，他竟然将自己家所有看不上的东西全都给烧了，然后换上了和皇宫中一模一样的事物。

可以说，当时的上官安已经是天不怕地不怕的状态了，那么等待着上官一族的究竟是什么呢？

让我们拭目以待吧。

同年同月，汉昭帝大力发展新一代人才，下令三辅、太常，各举荐贤良不得少于三人，各郡国的一把手也要召集当地的文化人在一起推荐一个最优秀的贤良前往长安参加考试。

公元前81年正月，汉昭帝效仿太爷爷汉文帝，亲自带领百官前往耕地种田，向天下表明以农为主的为政纲领。

同年二月，汉昭帝召开廷议，讨论如何才能彻底让本朝的老百姓富裕起来，从此不再贫穷。

有的官员对汉昭帝道："陛下，想要让天下百姓永远地摆脱贫穷，那唯一的办法就是朝廷不和百姓争夺利益，藏富于民。如今，朝廷把持着盐、铁、酒类这种日常需求量最高物品的专卖制度，使得民间市场死气沉沉。所以，想要让我汉朝民间的市场再次活跃起来，不如将此种国家垄断制经济废除，让老百姓自己贩卖这些物品，我们增加贩卖人的商业税也就可以了。这样的话，既能促进民间经济增长，又能够有效地保持朝廷收支，何乐而不为呢？"

此话音一落，身在一旁的桑弘羊直接急了。这垄断制经济是他当初和张汤等一行人辛辛苦苦策划出来的，经过多年的运作，好不容易才深入人心。

同时，这也是自己为什么能成为御史大夫的最大功绩的底牌，如果让别人将垄断制经济给驳斥倒了，那自己还有什么价值？

所以，桑弘羊朗声反驳道："这话说得不对！盐、铁、酒等专卖制度是国家控制四夷，保卫边疆，使财政充足的根本。先帝之前为什么能连年发动战争却没让国家财政崩溃呢？那就是因为此等垄断制经济。而在垄断经济之前，难道那些盐商、铁商和酒商的税就不高吗？当然高，但最后依然需要通过垄断来使得国家正常运转。我觉得，这就可以说明一切了。所以，垄断制经济是绝对不能废止的！还望陛下三思。"

就这样，针对盐、铁、酒是否专卖这一论点，朝中整整讨论了一天。

最后，汉昭帝选取了一个折中的办法：放弃酒类专卖，让民间的百姓自行买卖，并且建立有关单位，专门控制酒在市场上的价格（每升酒最高四钱）；至于盐和铁则还是由国家控制。

同年夏季，汉朝再次发生大规模旱灾，汉昭帝迅速动作，举办了一次极大规模的祭祀雨神活动，希望雨神能感受到人间的诚意，赶快下点儿雨来。

为了表示对雨神的虔诚，汉昭帝还下诏告诫天下人，在朝廷祭祀雨神的过程中，上到天子，下到黎民百姓，都不可以在此期间用火，哪怕是吃饭也要食用冷食。

据有关史料记载，这些年，通过汉昭帝和霍光等一众辅政大臣的努力，百姓的生活重新富了起来，国库的金钱财帛也慢慢地有了积累，汉朝又恢复了生机勃勃的景象。

并且，在这一年，又一个喜讯传到了汉昭帝的耳朵中，这就是被匈奴所困整整十九年的忠臣苏武，终于回到了长安。

汉昭帝被苏武忠诚的情结所打动，在他回来的第一时间便提升他为中二千石的典属国，并赏赐了他二百万钱，两顷最肥沃的官田和长安宫区相当豪华的府邸一座。

同时，汉昭帝还发布国书，将苏武这些年来在匈奴所遭遇的一切告诉众人，鼓励他们以苏武为榜样，对汉朝忠贞不渝。

那么苏武这些年在匈奴到底经历了什么呢？

为什么汉昭帝要如此大动干戈地宣传赏赐苏武呢？

我们接下来就详细说说苏武在匈奴这些年来是怎样度过的。

1.6　我们不一样

十九年前，苏武因为兵变事件受到了牵连，且鞮侯有感苏武的忠贞，便想收他为己用。

可苏武对汉朝忠贞不渝，说什么都不肯投降匈奴。

且鞮侯大怒，便将苏武放逐到北海，让他放牧一头公羊，并说什么时候公羊能下崽了什么时候才让他回到汉朝。

而且，且鞮侯还不给苏武粮食，就让他这样饿着，其意便是用此种"暴力"的方式逼迫苏武向自己投降。

可苏武宁死也没向匈奴人低头。

所以，从到北海的那一天开始，苏武便始终捧着汉朝的符节，哪怕是睡觉的时候也从未脱手。

那么苏武是怎么解决吃的问题的呢？

很简单，因为北海的老鼠特别多，所以苏武从这时候开始便成了当地老鼠的头号公敌。

他不吃老鼠，却刨老鼠洞，将这些老鼠找来储藏好的准备过冬的粮食全都抢夺过来填肚子。

就这样，苏武整整被困在了北海五年之久，全靠本地的老鼠养着。

这五年中，单于不止一次派人前来劝降苏武，可苏武永远都是用四个字等待着前来劝降的使者，那就是"恕难从命"。

可等到第五年的时候，苏武终于不用再过苦日子了，因为他的救星——当时新继位的狐鹿姑单于的弟弟，於靬王来了。

当时，於靬王正在北海打猎，因为听说过苏武这个刚烈的忠臣，就前往拜访。

当时，因为吃苦太久，苏武的头发已经花白，人也瘦得皮包骨，连手上的符节都因为时间的关系变得破损不堪，那可真是要多惨有多惨。

可苏武一点儿都没有怨天尤人，竟然和於靬王谈笑风生，一副无所谓的样子。

同时，因为苏武十分精通弓箭，他索性就教了於靬王自己独有的一种矫正弓箭准星的办法。

於靬王和苏武聊得非常投缘，再加上对苏武的精神敬佩得五体投地，于是，从这时候开始，便赐给了苏武很多的牛羊、帐篷和器皿，苏武从此过上了比较富足的生活。

当时，在苏武周边有一些游散的丁零人居住，因为语言不通，而且苏武是一个穷光蛋，所以这些丁零人也没把他当回事儿。

可当於轩王赐给了苏武这些财物以后，这些丁零人就盯上了苏武，但因为有於轩王在苏武的背后给他撑腰，这些丁零人也不敢拿苏武怎么样，只能眼红而已。

可是，就在三年以后，於轩王不知道是什么原因，竟然归西了。那些丁零人一见苏武的靠山没了，直接将苏武的牛羊全都给偷走了（一说是光天化日下直接抢的）。

苏武因此再次陷入了困境。

此事也被狐鹿姑单于所知晓，便派遣李陵前往北海劝苏武投降。

说实话，李陵是真不愿意去啊，因为他在长安的时候便和苏武有私交，关系不说有多好，但毕竟是不错的。自己现在已经到匈奴好几年了，这些年，虽然知道苏武过得非常困苦，但他依然不敢前去拜访苏武。不是因为别的，而是因为心里发虚。

可如今狐鹿姑单于已经下了死命令，李陵无奈也只能硬着头皮前去拜见苏武了。

重见老友，李陵非常尴尬，而苏武表面上是非常开心的，因为李陵来了，那就代表着自己以后能吃饱肚子了。

而吃饱肚子就代表着自己以后成功回到长安的概率又增加了不少。

果然，李陵在见到苏武以后，赶紧招待苏武进行酒宴。

酒过三巡以后，也许是两个人聊得还算投机吧，李陵趁机和苏武道："苏兄，看到你如今如此窘迫，做兄弟的心里实在是不怎么好受，如今，单于听说我同苏兄你关系甚好，这才派我来拜见你，希望你能从此归顺匈奴。单于是诚信待你，苏兄还是投了匈奴吧，何必还要忍受这没有止境的困苦生活呢？"

苏武没有说话，还在不停地吃，一边吃还一边装食物，给自己留着备用，同时以沉默回答了李陵的招降。

李陵见苏武没有回话，继续道："苏兄啊，您哪怕是在这里为汉朝尽忠，但又有谁能看得到呢？当今皇上吗？他根本看不到，我甚至怀疑汉皇还记不记得有你这么一个人。当初，您的哥哥苏嘉担任奉车都尉，只不过犯了一点儿小小的错便被如今的汉皇羞辱，最后自杀身亡。您的弟弟苏贤也因为没有完成汉皇给他的任务而畏罪自杀。在我离开长安以前，您的母亲也已经过世，您的妻子也已经改嫁，现在您的亲人只剩下两个妹妹、两个女儿和一个儿子而已。如今多年过去了，也不知道是死是活。我一开始投降匈奴的时候，心神恍惚，如疯若狂，没有一天不在痛骂自己，可实际上，我是想要找机会重新回到汉朝，然后再次为皇帝陛下效命的。可是汉皇做了什么？他竟然将我的一家老小全都杀了个干净。苏兄啊，您觉得这样的皇帝真的值得你我效忠吗？还是及早回头，投奔匈奴，这样你以后的日子也不至于如此贫困了。"

话已经说到了这个份儿上，苏武不能再沉默了。只见他默默将手上的器皿放下，然后异常平静却又坚定地和李陵道："国，是我们的根，不管它衰弱还是强大。君，是我们的父，不管他对我们是好或者是坏。我们是汉朝人，哪怕身为大汉的鹰犬，也在所不惜。我苏氏一族，本来无功无德，幸得陛下的错爱，这才能成为朝中的近臣。我的哥哥和我的弟弟，他们都是因为能力不够，或者犯了错误，这才畏罪自杀，和皇帝陛下没有半点儿关系。况且，皇帝就是我们汉人的父亲，为了报效国家，为了让自己的父亲开心，哪怕是将我自己的脑袋送到斧头下面又有什么值得可惜的呢？希望你不要再说了。"

李陵还不罢休，继续道："苏兄，你不要再固执了，一定要听我的……"

没等李陵说完，苏武直接站了起来，制止道："我刚才说了，你不要再说了。我苏武，甘心为了汉朝去死！之所以现在还苟活于世，就是为了能成功回到汉朝而已。如果你李陵今天一定要逼迫我投降的话，那么我已经没有了存活的价值，请你现在就杀了我，让我死在你的面前！"

看着苏武如此样子，李陵一时愣在当场。

过了一会儿，李陵渐渐地低下了头，然后眼泪一滴一滴地掉落了下来。

又过了一会儿，李陵狠狠地擦了一下自己的眼睛，哽咽地道："你，苏武，是一个不折不扣的义士！我和卫律与您在一起相比，那罪比天还要高，比地还要深，我已无颜再与你相见，告辞了。"

苏武对李陵一拱手："告辞。"

就这样，李陵走了。同时，他也不想再让苏武过得这样窘迫，便想带着牛羊去送给苏武。

可他实在是没有脸来面对苏武。所以，李陵让自己的匈奴老婆给苏武送去了很多牛羊，并派人警告附近的丁零人，如果再有人敢偷抢苏武的私人财物，那么等待着他们的，将是李陵无尽的怒火。

时间匆匆而过，几年以后，汉武帝驾崩，汉昭帝继位，由于汉朝已经和匈奴停战，两国虽然没有成为兄弟国家，但关系回暖却是显而易见的。

所以霍光奏请汉昭帝，请出使匈奴，将双方被扣押的使者全部放回。

匈奴也很愿意同汉朝恢复关系，便同意了汉使的请求，不过只有一个人，那是无论如何都不能放的。

这个人是谁呢？就是苏武了。

苏武，现在已经成为汉朝精神和匈奴精神的一种抗争，如果不是一定必要的话，匈奴是绝对不会放苏武回国的。

而汉朝呢，还一定要苏武。

所以，壶衍鞮单于就骗汉使，说苏武前一时段死在了匈奴。

汉使当然不相信，但匈奴不归还苏武，也没有什么办法，所以只能无奈返回了长安。

后来，汉朝再次派汉使出使匈奴，意图规劝壶衍鞮归还苏武。而等汉使到了匈奴以后，有人教了汉使一招，那便是骗壶衍鞮，说汉朝皇帝去上林苑打猎，打下了一只大雁，大雁的腿上有一张纸条，说苏武现在还活着，正在北海牧羊。这样的话壶衍鞮一定会归还苏武。汉使闻言大喜，就照着做了。

果然，当汉使将此话说完以后，壶衍鞮向汉使承认了错误，并承诺放苏武回归汉朝。

但事实真的是如此吗？就因为汉使编了一个大雁事件，壶衍鞮就承认了错误？答案当然是否定的。

真正致使壶衍鞮放苏武回国的主要原因根本就不是什么大雁事件，而是一次规模比较大的讨论。

虽然匈奴和汉朝最近这几年没有什么战争，但也不是什么兄弟国家，还是存在一定的战争可能的。而现在的匈奴经过了之前的分裂，已经没有曾经的强盛了。

为怕汉朝在没有预警的情况下突然对匈奴再发动袭击，壶衍鞮单于特意将匈奴那些有权势的人都召集在一起，主要就是讨论以后怎样防备汉朝对匈奴发动突然袭击。

卫律建议壶衍鞮应该学习汉朝的农耕模式，在大草原上凿水井，建城池，修建庞大的仓库来储存粮食，将匈奴变成一个半游牧半农耕的国家，然后再逐渐过渡，完全模仿汉朝，成为一个纯粹的农耕国家。因为只有这样，才能建立相当庞大的防线，才能更加安全地繁衍后代。

可卫律此话一出就被众人所驳斥："卫律，你这是要干什么？你这是要将匈奴千年传统付之一炬吗？如果这样的话，那我们匈奴还能叫作匈奴吗？再者，汉朝的武器先进，弓弩强劲，我们匈奴和汉朝拼的就是机动能力。如果像汉朝一样靠着城池来保护自己的话，只要汉朝一个进攻，瞬间便能用他们那庞大的攻城器械将我们的城池端了，这样的话，不是将粮食拱手送给汉朝人吗？"

壶衍鞮感觉很有道理，便没有采纳卫律的办法，最后众人一致建议，将苏武等不肯投降匈奴的汉朝大臣放回长安，才能真正得到汉朝的友谊。

基于以上条件，壶衍鞮才放回了苏武。

而壶衍鞮决定放苏武回国的事很快传到了李陵的耳中，李陵则在第一时间找到了苏武，握着他的手激动地道："苏兄，恭喜你！如今单于已经答应汉使，要将你放回长安了。从此以后，你忠心为国的美名将会传颂于天下，你的名字一定会被记录在史册之中，让后辈人膜拜，而我、我……"

说到这儿，李陵说不下去了，只能默默地低下了头。

见此，苏武紧紧地握住了李陵的双手，异常坚定地道："少卿，我知道你也想回到长安，谁不想落叶归根？谁又想成为孤魂野鬼？跟我回去吧，先帝已经驾崩，天下人也都知道你是被冤枉的，所以和我回去吧，没有人会怪罪你的。"

李陵沉默半晌，然后慢慢地松开了苏武的手，他先是长叹一声，然后几乎是哽咽地道："最早，我虽然投降了匈奴，但心中无时无刻不在念着汉朝，就希望有一天能逃回长安，重新带着士兵杀向匈奴。可先帝，他杀了我的全家。现在，我虽然也想落叶归根，但我的家人全都没有了，并且都是被刘氏所杀，我实在是过不了自己的那一关。我没有子卿你那样的节操，我也没有你那样的胸襟，我更没有你那样的忠心。我们不一样。算了吧，就说到这里吧，说了这么多只是想让你知道我的心情而已，从此以后，你我二人各处一国，怕是再也没有相见之日了，就让我为你高歌一曲，以此来作为送别之礼吧。"

话毕，李陵抽出胡刀，一边流着泪水，一边迎着北方阵阵寒风开始舞"剑"高歌："径万里兮度沙漠，为君将兮奋匈奴。路穷绝兮矢刃摧，士众灭兮名已隤。老母已死，虽欲报恩将安归！"

话毕，李陵一声怒吼，狠狠将手中胡刀摔在了地上，然后拂袖而去，一眼都没有再看苏武。

苏武就这样看着李陵逐渐远去的背影，嗅着空中仿佛还残存的泪湿之气，同样流下了泪水，对着李陵远去的方向深深一拜。

七年以后，身在匈奴的一个汉朝老人得了重病，眼看就要魂归西天了。

在临死之前，他让自己的儿子给自己换上了一身汉服，将头饰和发型也都换成了汉朝人的模样。

可哪怕是这样，他到死的时候都始终睁着自己的双眼。

就这样，李陵离开了人世，一个在匈奴生活了小半辈子，一个在死的时候都想要落叶归根的死不瞑目者。

1.7 预谋未遂的政变，一家独大的霍光

公元前80年，随着上官一族在朝中的权势越来越大，上官桀、鄂邑长公主、桑弘羊的联盟也就越来越牢靠，可因为汉昭帝的制衡策略做得特别的好，

所以他们还是没有机会对霍光下手。

基于此，这些人虽然在心中恨死了霍光，无时无刻不想置其于死地，但还是隐忍不发，并在表面上和霍光相交甚厚。

可就在这暗流汹涌之时，不知道是不是燕王刘旦看出了什么端倪。总之，他派人进入了长安，给反霍联盟送去相当数量的财物，意图拉拢他们和自己站在统一战线上。

可让刘旦没想到的是，他想要利用的反霍联盟，却是反过头来将他给利用了。

这年的某一天，霍光没有察觉到已经逐渐逼近的危险，还是像往常一样，在忙碌一天后给自己放假一天。

可就在这个时候，上官桀向霍光发难了。

当天，一名上官桀的心腹在某一时间，将一封假冒的燕王奏书当众交给了上官桀。

上官桀看了一遍里面的内容后装模作样地惊慌失措，然后马不停蹄地将这封奏折交到了汉昭帝的手中，并请汉昭帝一定要严肃对待这次事件。

那么这个假冒的燕王奏书到底说的是什么呢？其具体内容如下："尊敬的陛下，臣最近发现霍光在外出校阅郎官和羽林的时候，其规格和架势就好像是皇帝陛下出行一般，不但要事先驱赶道路上的行人，还要派太官为其布置饮食住处。这还不算，那霍光最近一段时间还擅自增选大将军府中的校尉，这实在是太不正常了。所以微臣怀疑，独揽大权的霍光即将对皇帝陛下您做出一些不利之举，还请陛下能让微臣亲自来长安为您保驾护航。"

看完，年轻的汉昭帝没有作声，而是默默地看了一眼上官桀，之后非常淡定地问："左将军对这件事情有什么看法呢？"

一见事情有戏，上官桀马上道："启禀陛下，霍光此举实有不臣之心，应该立即让御史大夫率领相关官员前去捉拿霍光，然后撤销他的官职，予以查办。"

太唐突了，破绽太大了，只凭一个远在燕国的奏章，便要火急火燎地撤掉当朝权力最大的霍光，这一看就有极大的偏向性。

可这也怪不得上官桀，要知道，现在的汉昭帝只有十四岁。

但很明显，上官桀严重低估了汉昭帝，同时也严重高估了自己。

那汉昭帝听完上官桀的奏请以后深深地看了他好一会儿，最后就一句话将他打发了："这事情朕再考虑考虑，左将军你先退下吧。"

第二日早朝，霍光如同往常一样准备上朝奏事。可就在同众多大臣一起等待早朝的时候，他发现很多人看他的眼神都不对劲儿。在官场上打拼多年的霍光一看这氛围就感觉毛骨悚然，料定朝中必生事端。于是，他赶紧让自己的心腹前往打探。

当他的心腹将事情的详细经过告诉他以后，霍光的冷汗是唰唰地往下流，他甚至感觉自己的末日已经到了。因为他虽然没有假冒奏书里所说的那么夸张，但实际上每次出行确实是派头很足的。而这种事情经过了上官桀等人的夸张渲染以后，一个十四岁的孩子，他能不被骗吗？他能认为自己没有不臣之心吗？

所以，现在霍光只求自己能够留得一命。怎么样才能让自己免除一死呢？那就只有放低姿态了。

于是乎，当所有大臣都进殿以后，只有霍光跪在朝房之中不敢进殿。那意思很明显了，就是要等着汉昭帝处理自己了。

上官桀、桑弘羊等反霍联盟见霍光如此窘态，也都露出了胜利的笑容，他们相信，今日便是霍光的祭日了。

可当众多大臣都进入正殿以后，汉昭帝并没有马上审问霍光，而是向下面的文武百官扫了一圈儿，而后疑惑地道："怎么不见大将军？他上哪里去了？"

上官桀站出来志得意满地道："启禀陛下，霍光因为被别人发现了自己的罪行，所以跪在朝房等候发落，不敢进入正殿了。"

话毕，汉昭帝没有再看上官桀，而是对手下的大太监道："去，请大将军进来。"

"是！"

就这样，胆战心惊的霍光被大太监带进了正殿。

一进正殿，霍光立即脱下官帽，然后匍匐下跪，叩头向汉昭帝请罪。

霍光现在只求能够活命，或者饶恕他的家人，仅此而已，不做他想。

可就在他万念俱灰之时，汉昭帝却说："大将军，请你戴上帽子，这件事朕知道是假的，和你并没有什么关系，将军你没有任何罪责，所以无须谢罪。"

话毕，正在微微冷笑的上官桀、桑弘羊等人直接愣在原地，原本正在极力叩头的霍光也蒙了。

过了一会儿，霍光一激灵，然后几乎带着哭腔对汉昭帝道："陛、陛下圣明！请问陛下您是怎么知道微臣是冤枉的？"

汉昭帝微笑着道："大将军你去广明校阅郎官，这是最近发生的事，选拔校尉也不超过十天，这么短的时间内，燕王怎么可能会知道这些事呢？哪怕他知道了，又怎么可能在这么短的时间内将奏书送过来呢？况且，大将军你手握天下兵权，你要是真想造反的话，还用得着这么费事吗？"

话毕，殿下的大佬们全都愣住了，并且久久没有回过神来。

一个十四岁的孩子，他怎么会有如此的头脑？他怎么会如此的冷静？难道我们真的赶上了一个圣君吗？

想到这儿，这些大臣几乎在同一时间跪拜汉昭帝，异口同声地道："陛下英明。"

可这事儿到这还没有完，紧接着，汉昭帝说出的话让上官桀等反霍联盟如临深渊。

"左将军，左将军！"

正在愣神的上官桀突然听到汉昭帝在叫他，一个激灵后，赶紧回道："在，臣在！"

汉昭帝："这个折子是谁给你呈上来的？"

上官桀："是，是××。"

汉昭帝："来人！"

"在！"

汉昭帝："立即给我将××带上来！"

"是！"

一众郎官闻声而去，可过了大概半炷香的时间以后，这些郎官却没有将

××带回来，因为他早就跑了。

因此，汉昭帝更加确信霍光完全是被某些人诬陷的，所以立即叫道："廷尉何在？"

廷尉："臣在！"

汉昭帝："立即给我全国通缉××，我要亲自审问他，看看到底是谁给他的胆子，敢诬陷大将军！"

"是！"

就这样，廷尉亲自带人去捉拿××了，如果不出意外，没多长时间，这个××就会被廷尉所抓获，而此人一旦被抓获，保不齐就会将上官桀给供出来，所以，上官桀慌了，这人要是一慌就容易丧失理智，而一旦丧失理智，他所做出来的事情就会蠢得让人忍俊不禁。

果然，那边廷尉刚刚走出正殿，畏惧至极的上官桀便站了出来，当着满朝文武的面说出了他这一生最蠢的话：

"陛，陛下，这件事情只不过是一件小事，我看就不要这样穷追着不放了吧。"

这话一说，满朝文武齐刷刷地都将目光盯向了上官桀，他们都不敢相信，一个权倾朝野的托孤大臣竟然会说出这样的话。这不就等于向汉昭帝承认了是自己诬陷的霍光吗？

果然，当他说出这句话以后，跪在地上的霍光恶狠狠地盯着他，身在朝堂之上的汉昭帝也冷笑着看着他。

汉昭帝本来就怀疑这事儿和上官桀有关系，如今上官桀"不打自招"，他就更确定这事儿是上官桀搞的鬼了。

于是，汉昭帝斩钉截铁地道："左将军，这可不是小事啊，我怎么可能放过罪魁祸首呢？你还是不要说了吧。"

就这样，散朝了，本来意气风发的上官桀在下朝之后却心灰意冷、万念俱灰。可当上官桀回到家中以后，本已经如死灰一般的眼睛突然闪过一道凶光，然后他自言自语地道："不行，绝对不行，我上官桀不能这样等着别人来判我死刑，既然都是死，那就搏他一把，总比坐在这里等死要强。"

于是，上官桀一面派人前往燕国，告诉燕王刘旦，让他快点儿造反，只要他那边一动手，这边便杀死霍光，并充当他的内应，助他成为新任汉皇。

另一面则联系反霍联盟的成员，向他们反复强调相互之间都是唇亡齿寒的关系，之后大家一起制定政变策略，那就是只要燕王刘旦那边准备完毕，这边便让鄂邑长公主请霍光吃饭，然后在席间杀死霍光，进而夺得兵权，软禁汉昭帝。

那上官桀的计划会成功吗？最早的时候是很顺利的。

先说燕王那边，连做梦都想坐到皇帝宝座的燕王刘旦收到上官桀的信件以后大为兴奋，当即便给上官桀回复，承诺等事成以后便会在第一时间封上官桀为王。

可都已经把信寄出去了，刘旦这才反应过来，他还没和自己的幕僚商议就草草做决定了。

于是，等到这时候，刘旦才将自己的国相，一个叫平的人招来，询问他的意见。

平先是叹息一声，然后道："大王之前曾经同刘泽共谋政变，可事情还没等成功消息就已经走漏，进而导致事情的失败。这是因为什么呢？是因为刘泽这人性情浮夸，不稳重。我长安的朋友和我说过，左将军这个人，好像也不比刘泽强到哪里去，他的儿子车骑将军比他更甚。所以，我粗浅地认为，他们根本办不成大事，或者哪怕事情最后成功了，他们也会背叛大王的。"

这些话说得一点儿都不错，不过现在一是刘旦已经把信件寄出去了，属于一种箭在弦上，不得不发的状态；二是刘旦心心念念着造反，心早已经飘到九霄云外去了，当然不会听和自己想法相左的意见。

所以，哪怕是燕相平说得很有道理，刘旦也没有听取，毅然决然地走上了灭亡的道路。

而事情果然如同燕相平所料一般，还没等燕王那边有所动作，长安这边就已经把消息泄露了！

那这又是怎么回事儿呢？主要的问题是出在上官桀的儿子——车骑将军上

官安的身上。

上官安听说了父亲的密谋以后，竟然不满足，还私自勾结一群人打算等事成以后将刘旦也给废了，让自己的爹当新任皇帝，那自己不就成了太子了吗？

结果，这事儿不知道怎么被一个叫燕苍的给知道了。

这燕苍得知了上官桀和上官安的阴谋以后丝毫没有停留，直接告到了大司农杨敞那边。

那为什么要告诉杨敞呢？因为杨敞是霍光的心腹之一。

可这杨敞是个窝囊废，当他得知上官桀父子的阴谋以后却不敢上报给霍光，怕被牵连，所以直接派人将此事告诉了谏大夫杜延年，希望他能够替自己将此事告发。

杜延年很明显没有杨敞的那些顾忌，倒不是他胆子大，而是杜延年知道，像上官桀父子这种人是成不了什么大事的，所以料定他们必败，这才充当了一个马前卒的角色。

于是，杜延年在得到杨敞的暗示以后便马不停蹄将此消息报告给了霍光。

霍光闻讯只是冷笑一声，便前去寻找汉昭帝了。

于是，公元前80年九月，汉昭帝下诏，命丞相田千秋率领宫廷卫士突击了上官桀、上官安、桑弘羊和丁外人的府邸，将他们全部抓获，然后在第一时间将这些人满门抄斩。

鄂邑长公主也是"反霍联盟"的一员，她怕汉昭帝将她扒皮抽筋，于是畏罪自杀了。

燕国方面，此时的燕王刘旦颓废地跪坐在地上，一脸不知所措。

这时候，燕相平急匆匆地赶了过来。

刘旦一看燕相平来了，急忙站起来，如同抓住救命稻草一般抓着燕相平的手道："国相啊，事情已经败露，上官桀等人几乎全被族诛，我现在应该怎么办？是不是要立即造反呢？"

燕相平长叹一声，然后回复道："现在左将军已经被杀死，全天下的人都已经知道了大王您谋反之事，我想，这时候是不会再有人跟随大王您起事了，如果大王还要勉强起事的话，最后不但您的性命不保，甚至连您的香火也无法延续下去了。"

听了这话，燕王刘旦再次跪坐在地上，这一次，他的脸上已经充满了绝望，再也没有半点儿精神了。

大概过了一炷香的时间，刘旦又看向了燕相平，进而询问道："国相啊，寡人现在不求其他，只想让我的子孙后代延续下去，难道这也不能吗？"

平回答道："这是可以的，通过微臣多年来的观察，咱们当今的这个皇帝，他的城府和他的年龄是不相仿的，并且像极了当初的文帝。这种人最不愿意背上杀害亲族这种罪名。所以，只要大王您……"

刘旦："说下去。"

燕相平："只要大王您能够自绝于天下，相信陛下一定会善待您的家人的。"

话毕，刘旦惨笑一声，然后命王宫中的厨子们准备了一桌最盛大的酒席。

酒席上，他和亲近的臣子以及宠爱的王妃诀别以后，便用自己的绶带将自己勒死了。

刘旦认为，汉昭帝一定会善待自己的老婆和孩子。

可他万万没有想到，因为平时自己对妻妾们太好的缘故，这些妻妾们虽然在刘旦生前口口声声答应会好好活着，可等他自尽以后，这些妻妾们也都随着刘旦自杀了。

最后，汉昭帝也没有为难刘旦的孩子们，只不过废除了他们的封国，将他们贬为平民而已，这也算是给刘旦一脉留下了香火。

这事儿过去以后，很多朝中大臣都受到了牵连，汉昭帝乃于朝中大换血，新任命了很多官员，并重赏了平定上官桀之乱的有功之臣。

其具体名单如下。

一、右扶风王诉接替桑弘羊成为御史大夫。

原因：因为王诉是从底层一点一点干起来的，非常有才能，上任右扶风以后也将管辖之地治理得井井有条，所以用他来接替桑弘羊的御史大夫之职。

二、拜光禄勋张安世兼任右将军之职，使他成为霍光的副手。

原因：张安世为原御史大夫张汤之子，他完全继承了父亲的才能，做事干练，从来不拖拖拉拉。并且张安世还有他父亲没有的优点，那便是为人忠厚，没有什么野心，对霍光没有什么威胁。基于此，霍光才提拔张安世为自己的左右手（右将军：战国已有，汉不常置，地位仅次于上卿，具体职务或者是带领士兵保卫京师，或者保卫边境）。

三、封杜延年为建平侯，并拜其为太仆、右曹（右曹：汉郡与县分曹办事，以功曹、五官曹、督邮、主簿为右曹）、给事中（给事中：常伴皇帝左右，负责顾问应对之事）。

原因：除个人能力以外，最主要的原因是举报上官桀有功（至于杨敞则没有一点儿赏赐）。

四、封韩延寿为谏大夫。

原因：韩延寿的父亲叫韩义，原来是燕王刘旦手下的郎中，因为劝谏刘旦不要谋反而被刘旦诛杀，汉昭帝为了向天下证明，哪怕是死了，但只要你有功，你的后辈们也会受到奖赏。基于此，才封韩延寿为谏大夫。

其他诸如燕苍和王山寿也因为平定政变有功，皆被赐了侯爵。

1.8 过渡（8）

同年（公元前80年），就在上官桀之乱刚刚结束，长安方面还没消停几天的时候，北方的匈奴再次南下寇掠汉朝边境。

经过这么多年的休养生息，匈奴的人口和畜牧业都得到了一些恢复，壶衍鞮单于认为自己行了，便在这一年出动了两万大军，分四路同时寇掠汉朝边境。

他以为这次一定会得到不菲的财富，甚至以为这一次要是顺利，会再次逼迫汉朝与匈奴和亲，进而每年都能从汉朝那边获得海量的物资。

可他错了。

汉朝属于农耕国家，而匈奴则属于游牧国家，农耕国家供食要比游牧国家稳定，经济要比游牧国家富有，科技要比游牧国家发达，人口增长更是游牧国家无法相提并论的，更不要提汉朝的土地、气候还比匈奴的更优质了。

所以，如果说匈奴这些年通过休养生息所恢复的数值是十的话，那么汉朝恢复的数值就是五十。

并且，汉昭帝这些年来一直都沿用着文帝时期的政策，所以匈奴根本无机可乘。（注：文帝时期政策为对内大力发展农业、经济和畜牧业，对外则防守边境，不让外敌入侵，这就好比是一个人左手持着一顶大盾防御敌人，右手则拿着一把尖刀不停地蓄力，等力量蓄得差不多，一刀将敌人捅死。并且，现在的匈奴经过汉武帝多年的打击，再加上后来的天灾和分裂，早就无法和全盛时期的匈奴相提并论了，所以结果已经不言而喻。）

果然，当匈奴骑兵团进入汉朝边境以后，汉边防军迅速行动，几乎在同一时间派出了四支步骑混编部队主动出击匈奴。

结果，汉军这次作战共斩杀俘虏了九千匈奴骑兵，并生擒匈奴瓯脱王，汉军则没有什么损失（《资治通鉴》载："汉无所失亡。"）。

这两万人现在已经是匈奴能出动的比较庞大的部队了，而这一下就死了将近一半，使得匈奴的整体实力再次下滑，壶衍鞮也终于知道现在汉朝的实力不但不比以前差，甚至还更强。

所以，壶衍鞮生怕汉昭帝也和汉武帝一样，给他来一个回马枪，便赶紧将中央王庭迁徙至更远的西北，不敢再随便南下寇掠了。

而汉朝呢？汉昭帝现在正在全力发展国力，当然没有时间理会壶衍鞮，只拿了匈奴的一点儿土地作为惩罚。

于是，同年某月，汉昭帝迁部分百姓和士兵前往原属于匈奴瓯脱王的屯田，并建立军事殖民地。

公元前79年四月，因为汉朝连年的丰收，还因为之前靠着边关的将士们将匈奴打得大败，这些使得汉昭帝极为高兴，乃于本月从建章宫迁到未央宫，并大宴群臣，和他一起分享这份喜悦。

席间，汉昭帝大赏群臣，从郎官一直到宗室子弟们，每人都有二十万钱的赏赐，对于向朝廷献上牛、酒以助兴的百姓，汉昭帝也赏赐给他们每人一匹帛作为回报。

同年六月，汉昭帝为了减轻老百姓的生活压力，直接废除了马口钱（马税）。由此可见，此时的汉朝已经逐渐向文帝时代的富裕靠拢。

可这一年的后半年，汉朝接连发生水灾。

针对于此，汉昭帝于公元前78年正月派出了众多北军将士，让他们带着太仓中的粮食前往各地赈灾。

并且汉昭帝还在这一时间段向天下受灾地区的百姓发布诏书，免除了之前百姓所欠的所有官方借款的利息。

同年同月，泰山上有一块大石头自己立了起来。

而在此事不久之后，上林苑中又有一棵枯死倒地的柳树再度复活并站立了起来。

几乎是在这同一时间，民间又有虫子在树叶上啃出了"公孙病已立"的字样。

见到这些怪象，符节令眭弘感觉这是老天给天下人的暗示，便上书汉昭帝，奏书是这么写的："大石头自己站起来了，这是代表着什么呢？已经死去的柳树又重新复活了，这又是代表着什么呢？我觉得，这代表着即将有一位平民百姓要成为天子。并且，这天子一定是一个叫公孙病已的人。当今的皇帝陛下啊，您刘氏属于尧舜的后代，先天就注定了要将国家传给别的人。所以，臣请奏陛下，应该满天下地寻找这个叫公孙病已的人，然后将皇位传给他，您自己去做一个拥有百里之地的诸侯吧，这样才能顺应天意。要不然，老天一定会降下严厉的惩罚，我们汉朝人将没有一个人能继续存活啊。"

当这封奏书到了汉昭帝手中以后，汉昭帝气得满脸通红，直接将他处死了，其罪名就简简单单的四个字：妖言惑众。

同年，壶衍鞮再次命人统率数千部队攻击汉朝边境。

结果，再一次被汉朝边防军打退，仅有数百人成功逃回了匈奴。

公元前78年四月，从来都对霍光言听计从的丞相田千秋没能保住晚节，最终和霍光发生了冲突，从而郁郁而终。

那这是怎么回事呢？

要说这事儿，还要从上官桀等"反霍联盟"被杀的时候开始说起。

1.9 晚节不保

话说反霍联盟被族诛以后，桑弘羊之子桑迁不知是通过什么手段成功逃脱了官府的追捕，逃到了曾经桑弘羊部下侯史吴的家中。

后来汉昭帝大赦天下，侯史吴感觉应该没事儿了，便前往廷尉署自首。

廷尉王平和少府徐仁是当时负责这个案子的人，两人都认为桑迁是受桑弘羊谋反所牵连，本身并没有什么罪，而侯史吴窝藏桑迁也不能算作窝藏反贼，应该算是窝藏连坐者，所以按照大赦赦免了侯史吴的罪责。

这本来不算什么事，可问题的关键是王平曾经得罪过霍光，霍光见王平处理侯史吴之事有破绽，便开始运作了。

结果，在侯史吴被大赦没几天以后，侍御史突然重新查处此事。

之后，侍御史上了折子给汉昭帝，上面说桑迁之前不可能不知道桑弘羊有谋反的意图，可是他却不加以劝阻，这和谋反者根本就没有两样，而侯史吴身为三百石官吏，竟然敢窝藏谋反者，按罪当诛。而王平和徐仁同为九卿，竟然知法犯法，放纵谋反者，也应该诛杀，以正法度。

在汉朝的时候，像这种级别的折子是要先给丞相过目的，等丞相看过一遍之后才会交给皇帝。

可如今则不一样了，霍光这个大将军才是权倾朝野的第一重臣，所以这程序便又加了一层，那便是丞相看过一遍之后递交给霍光，当霍光认为没有问题才能交给皇帝。

以往，田千秋和霍光配合得相当默契，从来没出过什么娄子，可这一次不行了，因为这里面被牵连的少府徐仁是田千秋的女婿。他是不可能看着自己的女婿被杀死的。

所以，田千秋有好几次想找霍光求情，希望他能饶徐仁一命。

按说，田千秋这么多年来如此支持霍光，霍光应该会答应他的请求。可最终田千秋还是没去找霍光，为什么？是因为王平得罪过霍光，霍光必须要置他于死地，如果放了徐仁的话，那也就要同时放了王平，所以田千秋认为求了霍光也没有用，这才扣住折子久久没有呈交给霍光。

可这也不是办法，霍光早晚都会知道折子被扣，到时候不但徐仁会死，田千秋也将晚节不保啊。

基于此，田千秋把心一横，最终决定和霍光对抗一把，逼霍光就范，哪怕过后不要这张老脸去向霍光道歉认错也要保住自己的女婿。

于是，田千秋在未央宫北门私自召见朝中二千石以上文官和一众博士，和他们共同讨论应该如何处理侯史吴这个案件。

他认为，凭他田千秋这些年来积攒下来的关系，这些同僚们一定会卖他一个面子，一致力挺他，进而以大众的力量将侍御史的折子给驳回。

可田千秋错了，在绝对的权力面前，什么关系都没用。

果然，这些朝中的老狐狸害怕得罪霍光进而给自己招来灾祸，所以在讨论的过程中一致认为侯史吴大逆不道，应该听从侍御史的建议，将有关人员全部诛杀。

到这儿，田千秋已经没有半点儿办法了，只能颓废地将折子送到了霍光的面前。

可过后，当霍光听说田千秋私自召唤二千石高官以后，他大怒异常，竟想要废掉田千秋，因为田千秋此举属于聚众抵制自己，这已经完全触及了自己的底线。

那些朝中大臣虽然都想帮助田千秋，可碍于霍光的权势，所以只能在心里默默地给他祈祷了。

最后，就在霍光即将动手废了田千秋的时候，杜延年找到了霍光，并为田千秋求情，还强调了田千秋在朝中的人气。

杜延年，说他是霍光的恩人也不为过，要不是他，霍光等人是不可能在第一时间知道反霍联盟的谋反企图的。

所以，霍光对杜延年很尊重，再加上杜延年说的也对，这些年，田千秋在丞相之位上帮助了很多人，在朝中积攒了相当的人脉，如果强硬地将田千秋从丞相的职位上拉下来，那结果很有可能使自己得罪一大批人，这绝对不是一笔划算的买卖。

基于此，霍光没有对田千秋动手，只是把相关的人都杀了。

没能保住自己的女婿，使得自己的女儿整日以泪洗面（一说徐仁死后田千秋的女儿也自杀了），田千秋的心情也非常不好，整日唉声叹气，这身体也是一天不如一天。

结果，还没到半年的时间，田千秋便积郁成疾，不久便离开了人世。

1.10　新的敌人

同年（公元前78年）冬季，位于汉朝东北塞外的乌桓突然背叛了汉朝，起兵寇掠了汉朝的边境。

之后，这些乌桓人马不停蹄地杀向了匈奴境内，掘了历代单于的坟墓。

乌桓，便是过去东胡人的一个分支。

曾经东胡人是多么强大，可当冒顿将他们打败以后，一些东胡残余便退往了乌桓山，在此定居。所以，从这时候开始，人们就称呼这些东胡人为乌桓人了。

乌桓人非常善于骑射，他们的轻骑兵作战水平几乎和匈奴人没有什么差别。他们居无定所，哪里水草肥美就到哪里定居。

他们不吃大米蔬菜，只吃肉和奶酪，所穿的衣服全都是兽皮所制。

他们尊重青年人，鄙视老人，认为人到老了就应该赶紧去死，不然会白白浪费部落的粮食，所以乌桓人一旦到老就要受到非人的虐待。

乌桓人性格凶悍暴虐，生气的时候经常会杀死自己的父亲和兄弟，只有母亲不会被杀，因为母亲有自己的族氏，一旦杀了自己的母亲就要承受母族的怒火。

乌桓人崇拜勇者到了极致，选大人只选那些最能打的，不过不能世袭。

乌桓每个邑落都有自己的小帅，数百上千户自成一部，每当大人有事情集结众人的时候便会派人给那些小帅送去木头，虽然木头上没有文字，但却没有一个人敢违抗命令。

乌桓人没有自己的姓氏，几乎都是用大人的名字作姓。

乌桓大人以下的所有人都有自己的牲畜要养，相互之间不承担任何劳动。

乌桓的男人没有娶媳妇一说，看中哪个女的就去女方的家里硬抢，抢来以后直接扛回自己家中守着，一百天之内，任何人都可以到这个男人的家中将女人抢走，前提是武力要在对方之上。

等到成功守了一百天以后，这个女人便成为男人的合法妻子，不允许任何人再行抢夺。

然后，男方便会带着自己的合法妻子和一堆牛羊前往女方家中下聘礼，并在女方家中当一年多的仆役。

在做仆役期间，但凡是见到女方的家人都要行奴仆大礼，哪怕对方只是一个尚在襁褓中的孩子。

不过，对女方的父母用不着行礼，因为女方的父母属于老人，而老人在乌桓人眼中只不过是浪费粮食的蛀虫。

一年多以后，男方在女方家中完成奴仆任务就可以带着妻子回到自己家中了，不过女方家里要准备丰厚的嫁妆回赠给男方。

为了促进人口发展，乌桓的男人死了以后，儿子必须要娶后母为妻，弟弟必须要娶嫂子为妻，不过等女方死去以后必须要和最早的丈夫合葬在一起。

在乌桓，除了战争以外所有的事情都要由妻子来做决定，所以乌桓绝对是一个女权主义国家。

此外，为了打架的时候不被人抓住头发，乌桓人不管男女老少，几乎所有的人都剃光了头发，只不过女人在嫁给男人以后才被允许留头发。

乌桓人以战死为荣，以正常老死为耻辱。

对于战死的勇士，乌桓人在他刚刚死去的时候都会哭得昏天黑地，可举行葬礼的时候却又载歌载舞，还会将勇士生前的所有东西烧掉，用来做他的陪葬。

法律方面，除了不准违抗大人以外，乌桓没有什么硬性法律。如果在乌桓内部有两个部族的人相互杀害，那就要用打群架的方式分出胜负，不管谁杀谁，胜利的便等同于无罪，失败的便要赔偿一定数目的牲畜。如果两个部落全都不死不休，乌桓大人就会亲自出面调停，通过打群架死去的人数来判定谁胜谁负。

在乌桓，如果有杀死自己父亲、哥哥和老人的，一律不治罪，由部落内部自行解决。

以上，便是乌桓的一些法律和风俗，接着，我们再来看看这些年乌桓都经历了什么。

最早，乌桓人还居住在乌桓山的时候，他们向匈奴臣服，成为其附属势力，每年都要向中央王庭上交一定数量的马、牛、羊。如果超过规定的时间了，匈奴人便会派出军队进入乌桓，抢走相当数量的女人和孩子。

这些女人和孩子到达匈奴以后，无一例外地全都会成为匈奴人的奴隶，所以乌桓人虽然表面上臣服于匈奴，实际上却是非常痛恨他们的。

多年以后，汉朝崛起，在汉朝军界双星卫青和霍去病的双重打击下，匈奴的经济和人口都受到了毁灭性打击。

乌桓大人见匈奴势力越来越弱，便脱离了匈奴人的掌控，迁徙到汉朝上谷、渔阳、右北平、辽西、辽东五郡的北方塞外生存，并派出使者请求汉武帝接纳他们，他们愿意成为武帝的屏障，帮助汉朝打击匈奴人。

汉武帝当时没想那么多，便答应了乌桓的请求，并创立了护乌桓校尉一官

（两千石），负责监察统领乌桓，不让他们和匈奴有所来往。

等到汉昭帝时期，乌桓经过多年的繁衍，已经成了一个拥有相当人口的大势力。于是，乌桓大人以为自己行了，便同时对两个超级大势力宣战，不但寇掠了汉朝边境，还掘了历代匈奴单于的祖坟。

壶衍鞮听到这件事以后差点儿没气得背过气去，当即便抽调两万骑兵横穿汉朝边界，兵锋直指乌桓。

可匈奴如此大规模的行动却引起了汉朝边关的警觉，遂上报至长安霍光处。

因为匈奴之前屡次袭击汉朝边境，虽然每一次都是大败亏输，但不给他们一个血的教训，恐怕这些蛮子还是不会善罢甘休。

所以，霍光召来比较懂军事的赵充国和范明友，询问两个人汉朝应不应该教训匈奴。

赵充国对霍光道："大将军，乌桓之前虽然是从属于我们大汉，不过这一段时间以来，他们已经不止一次袭击我们的边境了，而本次匈奴攻击乌桓，正是让他们自相残杀的好机会，我们为什么还要出兵干预呢？我想，不如就让他们互相打吧，我们乐得坐享其成。"

话毕，范明友接着道："大将军，我的意见和赵将军有所不同，虽然匈奴和乌桓都是我们的敌人，但乌桓不管是地盘还是国力都不能和匈奴相提并论。所以，匈奴还是我们的头号大敌。这一次，匈奴出动了两万精锐攻击乌桓，属于劳师远征的疲惫之军，如果我们能在这时候截击他们，那么这支部队十有八九是能被我们全歼的。再算上之前匈奴攻击我们所损失的兵力，我想，匈奴在一段时间之内就再也没有能力进攻我汉朝边境了。并且，成功打击匈奴也能震慑乌桓，让他们不敢再随便对我汉朝实施抢劫。"

话毕，霍光犹豫再三，最后还是听从了范明友的意见，并拜其为度辽将军，统两万精锐骑兵截击匈奴。

不过霍光却在范明友出征之前语重心长地和其道："范将军，本次出征匈奴为陛下继承皇位后的第一次主动出击，所以这场战争一定不能空手而回，不然不论是对陛下、对我都不好。所以，如果匈奴人不敢和我军交锋，进而撤退的话，你也要给我拿出一定的成绩回来。不然，别说陛下那一关，就是我这一关你也过不去。"

范明友深深对霍光拜了一拜，然后道："末将知道了，不过到底该怎么干，还请大将军能给末将一个章程。"

霍光微微点头道："我的意思是这样的，如果你没能和匈奴人成功交手的话，那就直接带领士兵给我杀到乌桓去，这样你和我都好交差。"

"是！"

就这样，范明友率领着两万汉朝骑兵出塞杀向匈奴。

而事情果然如同霍光担心的那样，匈奴部队的斥候打探到汉军的动向和意图以后，马上跑去汇报给了主帅，匈奴主帅哪里敢和汉朝人硬拼？要知道，这两万骑兵相当于现在的匈奴基本三分之一的士兵了，如果再被汉朝所歼灭，那他一家子的人头就都保不住了。

于是，这名匈奴将领连半点儿犹豫都没有，直接领兵退回了中央王庭。

再观范明友这边，听说匈奴退兵以后，他带领士兵马不停蹄地直奔乌桓之地，乌桓人从来没和汉朝正规军正面交锋过，所以根本就没理会他们，乌桓大人直接派出了人数相当的骑兵前往同汉军作战。

可这一交手乌桓人直接吓蒙了，因为汉朝正规军的甲胄太坚固、兵器太锋利，你砍他们好几刀都没事，人家砍你一刀就要了你的命。

于是，交战没多一会儿，乌桓军便被汉军压在了下风。

乌桓大人见势头不妙，即刻命士兵四散而退。但范明友怎么会轻易地放过这些乌桓人，所以立即命两万汉军分成多股部队狂追乌桓败兵。

最后，范明友斩杀了乌桓六千多人，并获得了三名头领的首级，然后得胜班师。

按照史料所载，这次战争之后，"匈奴由是恐，不能复出兵"，并且好一段时间乌桓都没有再对汉朝的边境进行寇掠。

1.11 生猛傅介子

公元前77年正月，因为此时的汉昭帝已经十八岁了，所以在长安城中举行了盛大的加冠典礼，这也就是说，从此刻开始，汉昭帝正式掌管了汉朝中央的权柄，霍光也应该交权了。

不过经过这么多年来的配合，汉昭帝用霍光已经用习惯了，并且霍光对汉昭帝极为忠心，从来没有什么逾越之举，所以汉昭帝并没有卸磨杀驴，而是依然让霍光掌权，陪他共同治理国家。

同年六月，霍光采用当初桑弘羊给汉武帝的策略，派一个叫赖丹的人带领一部分士兵前往轮台屯田，企图增加汉朝在西域的影响力，趁机扩建军事殖民地。

此举完全触及了龟兹的底线，为什么呢？因为龟兹在西域也是一个拥有八万多名百姓、两万多名士兵的大国。

此国紧挨着轮台，而汉朝不停地屯田，不停地向自己的方向"扩张"，这就严重威胁到它的边境安全，所以龟兹国王派遣军队杀死了赖丹（只杀掉了赖丹，没动其他的汉朝人），然后上书向汉朝请罪。

不过这个请罪完全是没有诚意的，那意思就是我就把人给杀了，你们汉朝能拿我怎么样，难道再耗费钱粮来一次千里大奔袭？你们汉朝难道不发展了？

汉昭帝当然非常愤怒，可他还没等对此事做出反应，楼兰又出事儿了。

原来楼兰现在的老国王病死了，但因为匈奴距离楼兰要比汉朝更近，所以是最先得到这个消息的。

为了拉拢楼兰，壶衍鞮用最快的速度，将尚在匈奴充当人质的楼兰王子安归护送回国，并帮助安归成了楼兰国王。

那安归在年纪很轻的时候便被送到匈奴当人质，匈奴人对他一直都不错，再加上匈奴确实距离自己比汉朝要近一些，所以安归继承了楼兰王以后，立即改变了外交策略，从两面讨好汉匈的外交策略变为彻底投靠匈奴，抛弃了汉朝。

此举使得汉昭帝异常大怒，即刻便派使者出使楼兰，让楼兰王安归赶紧来长安朝拜汉昭帝。

不出意外地，安归婉言拒绝了汉朝的要求。

此举让汉昭帝大为光火，正巧这时候有一个叫傅介子的要出使大宛，汉昭帝便命傅介子顺便前往楼兰和龟兹，并向两国国王表示汉朝的不满。

而那时候表达不满是有相当高的含金量的，那意味着破口大骂，甚至要动刀子的，更严重的还要动用军队。

话说傅介子到了楼兰以后，以极不客气的口吻和楼兰王安归道："楼兰王！你楼兰为我大汉的从属国，每有新王继位是必须要去长安拜见的。之前我们汉皇陛下召你前去拜见你为什么不去？"

楼兰王赔笑道："汉使不要动怒，主要是本王最近身体不适，实在是禁不起折腾啊，这样吧，等我身体有所好转以后我一定亲自前往长安拜见，这还不行吗？"

傅介子冷哼一声，然后接着道："好，这事儿先不提，我前一段时间听说匈奴使者从你这里路过，而匈奴是汉朝的敌人，你楼兰身为我大汉的从属国，为什么不向长安方面汇报？"

楼兰王："这个，确实有这么回事儿，不过那匈奴人来得快去得也快，我抓不到他们的影子啊，后来一想也没多大的事儿，便没有向长安汇报，下次我会注意的。"

满满的应付之语，傅介子怎能听不出来，他虽然生气，但也无可奈何，便只能赶往下一个地点——龟兹。

到了龟兹以后，傅介子同样质问道："龟兹王，我问你，是谁给你的胆量杀我汉朝官员的？"

龟兹王装作很惊异的样子道："汉使大人，这事儿不能怪我们吧，那赖丹统率你们汉人部队跨越到了我们的土地上种田，有这个道理吗？再说，我也只是杀了一个赖丹而已，可并没有杀其他的汉朝人啊，所以这事你怪不到我，只能怪那个赖丹太嚣张了。"

傅介子愤怒地道："好！那这个事情先放在一旁不说，我问你，你为什么要接待匈奴使者？你们不知道我汉朝正在和匈奴交战吗？难道你们想要背弃汉朝转而投靠匈奴吗？"

龟兹王道："哎，汉使这话怎么说的，我们龟兹可是一直都和汉朝交往更加深厚一些啊，他们匈奴的使者确实来过我们这边，我承认是我疏忽了，忘记了汉朝现在还在同匈奴交战。我这边向你赔罪还不行吗？这样吧，下次匈奴使者如果再来，我就把这事儿报告给汉朝，你看这还不行吗？"

还是应付，不过在别人的地方上傅介子也无能为力。完成了汉昭帝布置的任务，傅介子便出使大宛了。

不过在出使大宛回国的途中，突然有龟兹士兵拦住了傅介子一行的去路，将龟兹王的一封信交到傅介子的手中便走了。

信的大概意思是这样的。

亲爱的汉使大人：

  现在，有一批匈奴使者已经进入了我的国家，我现在正在招待他们，可实际上是困住他们，这个匈奴嘛，使者大人您也知道，不是我们一个小小的龟兹能得罪得起的，我可不敢对他们怎么样，所以将这个消息告诉汉使，您看看怎么处置吧。

龟兹王×××

公元前77年六月××日

这封信的意思太明显不过了，就是告诉傅介子，我得罪不起匈奴，但我已经把他们的行踪告诉你了，我是不敢把他们怎么样的。

龟兹王断定，傅介子没那个胆量，肯定不敢来龟兹了，这样他以后再和匈奴人进行邦交汉朝也说不出什么了。

可他完全低估了傅介子，因为傅介子可以说得上是西汉第一"悍"使。

那傅介子看完了龟兹王的信件以后二话不说，直接带着自己的使者团

"杀"向了龟兹。

到了龟兹都城以后，傅介子直奔王宫，正好见到了龟兹王正在接待匈奴使者，那傅介子见到匈奴使者以后二话不说，直接抽刀，上去便砍，汉朝使者团也在他的带领下抽刀砍向了其他的匈奴人。

那匈奴使者团根本没来得及反应，不一会儿便被傅介子领导的汉使团占据了上风。

一时之间，整个王宫到处充斥着喊杀声和鬼哭狼嚎声。

一边是大汉，一边是匈奴，这两个势力他们谁都得罪不起，没有办法，那些龟兹卫士只能将龟兹王和那些王公大臣们保护好，看着下面的"汉匈之战"。

大概又过了一会儿，所有的匈奴人都被汉使杀死，龟兹王目瞪口呆。然后傅介子拿着宝刀，一个一个地割掉了匈奴人的人头，顿时，鲜血溅满了龟兹王宫。

割下了人头以后，傅介子淡淡地看了一眼龟兹王，然后微微一拱手："失礼了。"

说完，转身就走，只留下呆滞于原地的龟兹王。

等傅介子回到长安以后，不管是汉昭帝还是大将军霍光都对他的英勇表现赞赏有加，遂封其为中郎、平乐监。

连续训斥了楼兰王和龟兹王，紧接着又在龟兹的王宫中当着龟兹王的面杀了匈奴使者团一行人，傅介子已经超额完成了任务，那这阶段的故事是不是就应该结束了呢？

没有，到这里故事才进行了一半而已，如果就这样结束了，那傅介子也称不上西汉第一"悍"使了。

汉昭帝当众封完了傅介子以后，傅介子的脸上并没有多少欢乐，还是有些欲言又止的样子。

汉昭帝对傅介子道："爱卿，你还有什么想说的？但说无妨。"

傅介子对汉昭帝深深一拜，然后道："启禀陛下，大将军，各位王公大臣，通过这一次的出使，我发现不管是龟兹人还是楼兰人，他们都是一群敬酒不吃吃罚酒的人。所以，我认为，如果单纯地向他们表达不满是解决不了问题的。"

听到这儿，汉昭帝来了精神："哦？那爱卿你有什么想法？不妨说来听听。"

傅介子："启禀陛下，我发现不管是龟兹王还是楼兰王，他们都比较贪财，所以请陛下给我一些金银财宝前往接近二王，然后直接杀了他们！之后立新的王子为王，这样，两国以后便都不敢再和我们汉朝较劲儿了。"

汉昭帝无不担心地道："使不得！那不是拿爱卿你的命往虎口里送吗？这绝对不行！"

傅介子："多谢陛下关心，可臣料定他们没有那个胆子！我汉朝的实力冠绝天下，谁敢轻易同我汉朝发动战争？再者，西域那些小国的王储们巴不得国王快点儿死呢，所以只要国王一死，新王登基，臣不但能全身而退，还会得到隆重的招待呢。"

话毕，汉昭帝默默点头，但没有表明态度，很明显还是在犹豫当中，而这个时候，大将军霍光站出来道："启禀陛下，臣觉得傅中郎的提议可行，正所谓不入虎穴，焉得虎子，不过龟兹距离我们长安还是要远一些，估计中郎大人那边杀了楼兰王以后还没等到达龟兹就会被发现意图。所以，臣请傅中郎杀掉楼兰王就回长安吧，这样也能成功震慑龟兹。"

汉昭帝想想也是这个理儿，便准了霍光的奏请，再派傅介子带着无尽的金银财宝出使楼兰。

估计是上一次傅介子把楼兰王数落得太惨，给他造成了严重的心理阴影，所以这一次出使楼兰，楼兰王竟然不见傅介子了。

傅介子听说楼兰王不见自己以后不慌不忙，不是不见我吗？行呀，那我就走。

可在走之前，傅介子却将所有的财物全都暴露在楼兰随行官员眼前，并且让翻译对随行官员道："这些财宝都是汉朝皇帝要赏赐给西域诸国的，你们楼兰王不来接也没有关系，那我们就赏给别人了。"

随行官员看到这么多金银财宝，眼睛都直了，赶紧制止了傅介子，然后疯了一般地跑向宫中，向楼兰王报告了这个消息。

楼兰王一听有这么多金银财宝，赶紧派使者前往邀请傅介子来王宫一见。

可这回傅介子端起架子来了，他和楼兰官员道："我身为大汉天使，之前前去拜见你们大王却得不到应有的招待，这严重地损害了我大汉的天威，所以，让我再回去拜见你们大王是坚决不可能的，除非你们大王能主动来见我，这样我还可以考虑一下。"

那楼兰国不过是一个只有人口一万四千多、士兵三千的小国而已，汉昭帝给他们的财富足够楼兰国一年总收入了，所以楼兰王肯定是要来的。

于是，楼兰王迅速换成了一张笑脸，亲自到傅介子处宴请傅介子。

大概酒过三巡以后，楼兰王喝得有些高了，傅介子抓住了这千载难逢的机会和楼兰王道："大王，其实这次我出使楼兰还有一件事要对你说，这可是我们皇帝陛下让我单独对你说的，如果这件事儿能够办成，那我们汉朝将会赏赐给楼兰更多的金银财宝，让楼兰王你拥有享不尽的荣华富贵。"

一听这话，已经喝晕了的楼兰王一双眼睛里全是光："好！汉使有话就说，本王必尽全力！"

傅介子："不过这件事情是顶级机密，除了陛下和你我之外绝不能让第四个人知晓，咱们两个还是进入我的帐篷详谈吧。"

那楼兰王根本没想到傅介子敢杀他，所以没有怀疑便和傅介子往帐篷中走去了。

可刚刚进入帐篷，就看到两个手拿尖刀的汉朝猛汉冲了过来，噗噗噗噗噗！还没等楼兰王叫出声来，他的身体已经被捅成了马蜂窝。

之后，这两个猛汉熟练地割下了楼兰王的人头交给傅介子。

而傅介子呢，根本没犹豫，提着人头便走出了大帐。

血淋淋的人头进入了众人眼中，在场的人一时间全都呆住了。

可过了一会儿，反应过来的楼兰官兵提着武器就要杀向傅介子。

就在这时，傅介子一声怒吼："都给我站住！我看你们谁敢？"

这一声怒吼，还真就将这些士兵镇住了。

傅介子接着又吼道："楼兰，一直都是我汉朝的从属国，可自从安归上任以后，却在毫无告知的情况下弃明投暗。所以，我汉皇陛下才让我前来刺杀楼兰王，并把现在长安为人质的楼兰王子立为新任王。现在，我汉朝大军已经在边关等待，只要我掉了一根汗毛，你们楼兰国都要被血洗，还望你们都考虑清楚再动手。"

话毕，有一个楼兰大臣赶紧跑出来，哐当一下跪在傅介子面前，无不恭敬地道："汉使这是说的什么话，安归弃明投暗，理应当诛，我们都是不服的，只不过是碍于他的淫威，所以一直都没敢反抗。如今，他已经被汉使所杀，我们怎么会有一点儿反抗的念头呢，不过国不可一日无君，还请汉使大人在第一时间将王子放回。"

话毕，在场所有的楼兰官员和士兵你看看我我看看你，全都跪在傅介子面前。

如此，傅介子成功返回了长安，长安方面也同时放了楼兰王子，让他回到楼兰继位。

楼兰王子回国成功继位以后，为了表示对大汉的尊敬，将国名改为鄯善。所以，从此刻开始，楼兰这个名字正式从历史的舞台上消失。

而龟兹国王在听说此事以后也吓得不轻，赶紧派遣使者前往长安向汉昭帝称臣，并表示从此都会站在汉朝这一边，再也不和匈奴人来往了。

再说傅介子，当他回到长安以后，立马成了热门人物，上到公卿大臣，下到黎民百姓，每当提到他，无不竖起大拇指，称赞他是一个有勇有谋的大才。

汉昭帝也对傅介子的功绩非常认可，所以在傅介子回到长安的第一时间便封他为义阳侯，给食邑七百户。

并且，凡是跟随傅介子前往楼兰的随行使者全都被封为了侍郎。

一时间，汉朝的威名冠绝西域。

1.12　汉昭皇帝

同年六月，霍光上奏汉昭帝，劝汉昭帝趁着威名正盛之际，复使将领在西域实行屯田。

汉昭帝纳其言，复派将领往轮台和伊循屯田。

这回，再也没有国家敢阻拦汉朝屯田了。

公元前76年夏，汉朝北部大旱，汉昭帝在第一时间征发全国的罪犯和畏罪潜逃的逃犯前往辽东实行屯田。

同年，丞相王诉去世，御史大夫杨敞接替了他的职位，少府蔡义则接替了御史大夫之职。

蔡义，河南温县人，擅长各种经术。

蔡义从小好学，因通晓经术，所以在大将军府担任幕僚，多年后，汉武帝寻找精通《韩诗》之人，蔡义因此得宠，被提升为光禄大夫、给事中，教授当时还是太子的刘弗陵学问，和刘弗陵建立了友好的师生关系。

汉昭帝继位以后，大力发展自己的嫡系，所以蔡义被升为少府，如今则代替杨敞接任御史大夫之职。

公元前74年二月，汉昭帝下诏，减全国百姓十分之三的赋税，由此可见，现在的汉朝已经是相当富有的了，而此时距离汉昭帝继位仅仅十二年而已。

可就在这前景一片大好的时候，年仅二十岁，正准备施展拳脚大干一番的汉昭帝却突然驾崩了。这简直就是整个汉朝的悲哀。

汉昭帝，八岁继位，在他继位之初，汉朝局势并不怎么乐观，因为汉武帝连年征战和大搞封建迷信的关系，使得国库空虚，人口不到文景鼎盛时期的一半。

可在汉昭帝执政的日子里，汉朝重复实行当初汉文帝时期的"温养"政策，与外界休战，和平共处，进而积攒力量，使得国家又变得富足，老百姓的生活又开始富裕起来。

可惜，天妒英才，一个如此伟大的皇帝就这样离开了，呜呼哀哉！

第二章

刘邦的无敌血脉

2.1 第九任"皇帝"？

汉昭帝就这样突然地死去了，每个人都伤心欲绝。

可这伤心的风波很快便过去了，为什么呢？因为汉昭帝死的时候太年轻，他根本就没有儿子，而汉朝这么大的一个国家，没有皇帝怎么能行？

所以，霍光立即召集朝中众臣商议到底应该立谁为皇帝。

在当时，持有汉武帝儿子身份的人只有一个广陵王刘胥了，所以丞相杨敞和一些官员们都主张立刘胥为皇帝。

但此种提案直接便被霍光给否决了，为什么呢？史书上说原因是刘胥这人不管是身为皇子的时候还是广陵王的时候行为都不甚检点，汉武帝活着的时候不喜欢他，老百姓也不喜欢他，所以霍光才否决了立他的提议。

可后面霍光选的这个皇帝人选让人不得不怀疑他在这件事上是抱有私心的。

这个人不是别人，正是历史上赫赫有名的二十七日皇帝——刘贺。

刘贺，昌邑王刘髆之子，汉武帝刘彻之孙。

此人自从成为昌邑王以后，在封国之内毫无节制，风评非常差。

想当初，汉武帝刚刚驾崩之时，整个天下上到诸侯王，下到黎民百姓，没有一个人不在为其哭丧。

只有昌邑王，对于爷爷的死根本没有半点儿伤心，依然外出巡游狩猎，竟然不到半天的时间便骑马奔驰了二百多里远。

他手下有一个叫王吉的，讲了很多的大道理让刘贺不要这样做。可是刘贺表面上赏赐了王吉，并说他忠心为自己，但实际上依然我行我素。

这还不算，刘贺手底下有一个叫龚遂的人，此人忠厚刚毅，一向坚持原则，并对刘贺忠心耿耿，时常当面指责刘贺的过失，并引经据典地规劝刘贺改正。

刘贺每每都会被龚遂逼得捂起耳朵逃跑，然后在逃走之后对自己的玩伴道："这个龚遂，怎么总是揭我的短？"

那刘贺为人豪爽，不拘小节，经常和自己的厨子与车夫席地而坐，大吃大喝，毫无节制地赏赐他们。

有一次，龚遂实在是忍不了了，正当刘贺和下人们大吃大喝的时候，他突然闯了进来，然后哐当一下跪在刘贺面前，紧接着哐哐哐地给刘贺磕头，还一边磕头一边哭。

见此，刘贺赶紧道："哎，郎中令你快起来，为什么要哭啊？"

龚遂："我为您的封国即将灭亡而感到痛心，希望您能赐给我一个向您诉说的机会。"

刘贺低头沉思了一会儿，然后对左右挥了挥手。当下人退出去以后，龚遂对刘贺道："大王知道当初的胶西王刘端为什么会因为大逆不道而灭亡吗？"

刘贺摇摇头："不知道。"

龚遂："我听说胶西王活着的时候，他身边有一个叫侯得的奸佞之徒，这侯得专会溜须拍马。当时，胶西王已经干了很多的桀纣之事，可是侯得呢？依然将胶西王形容得好像尧舜一般伟大，这就使得胶西王做事更加肆无忌惮，进而走上了灭亡之路。所以，交什么样的朋友就会有什么样的结局，这是一定的。而如今，大王身边亲近的人全都是善于阿谀奉承的小人，如果长此以往，大王一定会重蹈当初胶西王的老路。所以，大王对于此事不得不慎重啊。我建议，大王应该挑选通晓各种典籍、并兼品行端正的人陪在身边，这样对大王是有百利而无一害的。"

话毕，刘贺想了好久好久，最终感觉龚遂说的完全在理，便从了此言，让龚遂挑选那些饱读之士做他的随从。

可这龚遂也是简单直接，没有任何过渡，将刘贺身边不学无术之人全部换成了"书呆子"。

果然，这种日子没过多长时间，刘贺就因为无法忍受此种折磨，将这些随从全都赶走了，然后换上了原班人马陪在自己左右。

龚遂见此大急，再次劝谏刘贺，这回甚至连鬼神之事都搬出来了，可依然无法打动刘贺，刘贺还是我行我素。

由此可见，霍光选择刘贺来当皇帝绝对是有私心的。

可让霍光万万没想到的是，这个刘贺并不是他能随心所欲控制的。

同年同月（公元前74年四月）的某一天晚上，朝廷征召刘贺前往长安继位的使者到了昌邑。

当时，刘贺还在睡觉，闻听此事以后很不乐意，对手下道："太晚了，让使者去驿馆歇着吧，明儿个一早我再去见他。"

他手下闻声答应，可就在刚刚走出刘贺内室的时候却被王吉和龚遂撞了个正着，只见龚遂非常严肃地和下人道："你干什么去？大王呢？"

下人："启禀大人，大王正在睡觉，让我去告诉使者明儿个再见。"

一听这话，龚遂气得大骂："糊涂！你给我在这儿等着，绝对不能去见汉使，要不然我杀了你全家！"

下人："是，是，小的不敢。"

就这样，龚遂就要往里面闯，可王吉一把将他拉了回来，非常郑重地道："龚兄，你为人直爽，说话容易得罪大王，所以一会儿进去以后你不要吱声，就由我来劝说大王可好？"

龚遂沉思了一会儿道："好，一切听你的。"

就这样，二人进入了内室之中。

再一次被惊醒，刘贺怒不可遏，当即就要训斥，可一见来的是王吉和龚遂，他立马怂了，忍着心中的愤怒和二人道："这大半夜的，你们两个来做什么呢？"

王吉对刘贺深深一拜，然后道："启禀大王，朝廷的使者已经到了，您是不是应该出去迎接一下？"

刘贺不屑地道："不就是一个使者嘛，我又没说不见他，这大半夜的，明天再见不行吗？"

龚遂就要发作，王吉赶紧将他拦住，进而道："大王，皇帝陛下新崩，这事儿您不会不知道吧？"

刘贺："嗯，刚刚知晓。"

王吉继续道："知道就好，陛下，如今先帝驾崩，膝下并无半子，您觉得这时候长安方面派使者来会是什么事呢？"

这话说完，刘贺先是沉思了片刻，然后突然一激灵，进而跳下了床，急匆匆地道："你，你，你是说……"

没等刘贺说完，王吉便道："没错，本次使者前来，十有八九便是要接您到长安做新一任皇帝。而对于这种事情，大王您一定要快，不然极易生变！还请……"

没等王吉说完，就见一道闪电破门而出。

王吉一愣，然后对着刘贺的背影吼道："大王！您先穿衣服！"

大概一炷香的时间以后，慌忙穿完衣服的刘贺在王吉、龚遂的陪同下急匆匆地赶到正厅，而这个时候，汉使正焦急地来回踱步。

刘贺见此，赶紧走上前去，拉住汉使的手激动地道："使者大驾光临，小王未曾远迎，还望使者赎罪啊。"

见未来的皇帝如此客气，使者将头摇得和拨浪鼓一样，赶紧给刘贺下跪道："昌邑王真折煞小人了，小人不敢。小人本次前来，主要是因为先帝驾崩，膝下无子，大将军和丞相等一众大臣经过反复商量，打算拥立大王为新一任皇帝，还请大王早做准备，快快赶往长安登基，这是朝廷的诏书，还请大王过目。"

刘贺激动地将诏书拿在手中，同王吉和龚遂映着烛光看了三遍，这才确定此事千真万确。

于是，整个晚上刘贺都没有再睡觉，不但他没有睡觉，他府中的一干随从亲信也没有一个睡觉的，他们都在连夜收拾行李，准备陪刘贺一起前往长安。

次日拂晓，经过一夜的折腾，刘贺的随从们终于将行李打点完毕，那刘贺等不及坐上皇帝之位，所以根本没让手下的人休息，直接怒吼道："出发！跟着我全速前进！"

刘贺一马当先，猛地向前冲，后面那些随从们骑马的倒还好，没骑马的可就遭了殃了。

如此，只用了半天的时间，刘贺一行人就到达了定陶，行走了一百三十五里。在这期间，累死的随从和马匹到处都是。

终于，龚遂利用刘贺休息的时间费了九牛二虎之力追上了刘贺。而那刘贺看到龚遂来了，觉得自己休息够了，直接上马便又要往前冲，龚遂用尽全身力气吼道："停！别跑了！"

只见他上气不接下气地跑到刘贺的身边道："呼，呼，别，呼，别再跑了，呼，呼。"

刘贺奇怪地道："为什么？不是你让我快点儿的吗？"

龚遂道："呼……大王不必如此，呼……呼，保持适中的速度就可以了，不然容易遭人非议，呼……呼……陛下您刚刚即位，呼……呼……凡事必须要小心，呼……我这有两件事情和您说，呼……呼……您一定要听我的，呼……不然您的皇位有可能坐不稳啊。呼……呼……"

刘贺一边拍打着龚遂的后背一边道："快给郎中令弄点儿水去，郎中令你先别急，喝口水再说。"

龚遂感激地对刘贺一抱拳，然后喝了一口水，平复了一下道："陛下，想当初商高宗武丁在刚刚即位之初，连续三年没有向天下发布任何号令，唯一做的就是哭，不停地哭。他为什么要这样做呢？难道真的是孝顺吗？并不是这样的。武丁继位之初非常年轻，权柄基本上都把持在朝中位高权重的大臣手里。他知道，哪怕是自己真想做什么，也会有诸多限制，导致他的政策失败。所以，这三年，他什么都没有管过，明面上虽然在痛哭，可实际上朝中人员的一举一动都在他的掌控之中。这期间，他不断秘密派出心腹结交对他忠心的朝中人士，并且派人在民间散布谣言，说朝中权臣架空了他，让他无事可做，所以才不敢发号施令。最终，朝中的那些大臣扛不住舆论的压力，便三番五次地请求武丁管理朝政，武丁只能'不情不愿'地开始接手朝政。可他一接手，便以雷霆之势提拔了众多心腹到各个重要岗位，甚至连相国都换上了自己的心腹。等那些大臣反应过来的时候，武丁已经牢牢地控制住了朝中的一切。最后，武丁不只彻底地掌控了朝廷，还赢得了民间百姓的尊重，这可真是一石二鸟的好计谋。如今，先帝新崩，大王应该做的第一件事便是从即刻开始不停地哭，使劲儿地哭，以此赚取天下百姓和众多大臣的拥护。等到了长安以后，在短时间内一定不要违背大将军霍光的指示，凡事都要听他的调遣，等到时机成熟以后再行计较，这样定可万无一失。"

这话说得可真是太好了。

可刘贺是个没什么大心机的人。当初他爷爷死了他都没命地玩儿，如今一个八竿子打不着的老叔死了，他能哭才怪！

还有，刘贺这么着急去长安就是因为他想早点儿当上皇帝。有了至高的权力却还让他装，他刘贺怎么可能会干？所以，刘贺只是哼哈地答应，却半点儿没往心里去。

这还不算，刘贺还在途经弘农的时候派下人去给他搜罗民间美女供他"消遣"。结果这事儿不知怎么地传到了霍光的耳朵里。霍光心里虽然对刘贺的行为很"满意"，可表面上还是装作很生气的样子，并派遣使者前往刘贺处训斥刘贺。

刘贺可是以后的皇帝，你就是给使者八百个胆子他也是不敢当面训斥刘贺的。所以，使者找到了昌邑国相安乐，并将朝廷的意思向安乐说了一遍，那意思就是让安乐想点儿办法提醒一下刘贺。

安乐知道问题的严重性，可他并不是刘贺的心腹，便将汉朝使者的话原封不动地转告给了龚遂。

龚遂大急，火急火燎地找到了刘贺，然后近乎质问地道："陛下，我问您，您是不是在途经弘农的时候派一个叫善的下人给您搜罗美女了。"

刘贺吓得一哆嗦，眼睛骨碌碌一转，然后矢口否认道："没有的事儿！现在都什么时候了，我怎么可能在这种时候干如此落人把柄的蠢事呢？"

龚遂狠狠地盯着刘贺，再道："真的没有？"

刘贺连连摇头，眼神坚定地道："没有，绝对没有！"

龚遂长长地呼了一口气，然后道："既然如此，那就请大王将这个善交给朝廷，让朝廷处理他吧。"

刘贺大急："这怎么能行？善是我的亲随，我怎么能让他遭人冤枉呢？"

龚遂："陛下！您知不知道现在问题的严重性？如果您还要维护善的话，那您不就等于是在包庇他吗？朝中的大臣会怎么想？民间的百姓又会怎么想？您觉得您的皇位还能坐得稳吗？所以，只有将善交给朝廷才能使您获得清白的名声，我这么说您懂吗？"

最后，在万般无奈之下，刘贺只能从了龚遂之言，将善送到了朝廷。最后，这个叫善的被霍光判处了死刑。这无外乎在刘贺上任之前给了他一个狠狠的下马威，刘贺因此事恨死了霍光。

又是几日以后，刘贺的队伍到达灞上，距离长安已经不远了，霍光派大鸿胪前来迎接刘贺，并按照礼仪，将刘贺的大车换成了小车。

郎中令龚遂见此，紧坐在车内，时刻跟着刘贺给他出谋划策，生怕他又做出什么傻事儿来。

就这样，刘贺乘坐的小车保持着缓慢而又不失庄严的速度驶向长安。

可等到了长安东门的时候，龚遂来了一句："哭！"

刘贺一愣："哭？哭什么？"

龚遂赶紧给刘贺解释："陛下呀，按照我大汉《九章律》的规定，但凡国王前来国都给新崩皇帝送葬，那都是要看到国都就哭的，而您还是前来继位的，怎么能不哭？这马上就要到东郭门了，您再不哭可就来不及了。您，您还看着我干什么？赶紧哭啊！"

刘贺："可是，我和我老叔总共都没见过几面，什么感情没有，你叫我怎么哭啊？"

龚遂："您，我……陛下啊！您知不知道前面等您的都是什么人？他们都是在政坛上屹立多年而不倒的政坛大佬！这些人城府极深，您的一个失误就有可能成为他们以后制约您的把柄。当初，文帝新登之时，文武百官早早地就列队到长安之外迎候。可如今，您都已经进长安了，这些官员们还没有出现。这是什么意思？这不就是给您一个下马威吗？您如果表现出哪怕一点点对先帝的不尊敬都会被这些人利用的。所以您哪怕是不想哭，但为了您以后的安稳，您还是赶紧哭吧！"

刘贺："可，我嗓子疼，哭不出来。"

龚遂："你，你……"

就在这主仆二人还在争论之际，运送他们的马车已经到了未央宫东门，现在已经可以看到霍光等一众大臣在列队等着他们了。

到了东门以后，负责牵马的御者跪在马车外一声不吭。

过了一会儿，来了一名官员对车内的刘贺道："请昌邑王下车，接受皇帝符节。"

身在车内的刘贺刚要下车，龚遂一把将他拽了回来，表情近乎扭曲地和刘贺道："陛下，我最后再说一次！这也是您最后一次机会了。您下车以后必须马上跪下，然后尽您平生之力嘶吼痛哭，什么时候哭得大臣前来劝您了您才停止，不然，哪怕是哭死在这儿，您也绝不要停！切记切记！"

刘贺想了一会儿，这才无奈地点了点头，算是答应了龚遂的请求。

就这样，一切按照流程顺利进行。

刘贺哭，哭了一会儿以后大臣劝，然后拜还没有刘贺大的上官皇后为上官太后，这才顺利接收了符节，成为西汉第九任皇帝。

可这，只不过是一个开始。

按照正常的逻辑，新皇上任以后，正是权力最不稳固的时候，刘贺必须先安抚住朝中具有最大权力的大臣，逐渐赢得众人的认可以后才能稍微试探性地做一些自己想做的事情。

可是呢，刘贺并不想这样做，反而在上任之初便触碰了霍光的底线。

他上任以后没有给霍光等大臣任何一点儿赏赐，反而大用自己的亲信，破格提拔了很多人，俨然一副要将朝中大权牢牢掌控在手中的样子。

霍光当然很生气。那他打算用什么办法来对付刘贺呢？他什么办法都没用，因为霍光久经官场，要么不出手，出手必置人于死地。他在等，等待着刘贺自己把自己给断送。

而对于刘贺来说，这种机会简直太好找。

刘贺上任以后，淫乱荒唐，毫无节制。不但每日泡在红粉佳丽中，还天天和手下的亲信们饮酒作乐，观看虎豹搏斗，到处外出打猎。

要知道，现在可是汉昭帝的服丧期间，他这样做和送死也没两样。

在刘贺还是昌邑王的时候，王吉和龚遂说的话他还听，可自从他当上了皇帝以后，谁说的话都不听了。

龚遂实在是没有办法了，便找到了原来的昌邑国相，现在的长乐卫尉安乐，哭着对他道："安兄，大王现在纵欲无度，谁的话都不听了，你是老相国了，你得劝劝啊。"

安乐也是万般无奈地道："呵呵，陛下现在连你的话都不听了，还能听我的吗？实话和你说了吧，我现在都想辞职不干了，要是再跟着陛下干下去，我这条老命早晚都会丢了。可现在众人都在盯着陛下的派系，我是想走也走不了，装疯卖傻又怕被识破，我也没办法啊。"

话毕，两个人你看看我我看看你，毫无办法，只能长长地叹息。

而二十天以后，霍光感觉时机已经成熟，可以着手对付他了。

那一天，霍光将一些铁杆心腹秘密叫到府中，无他，就是想试探一下，这些平时对他忠心耿耿的心腹在这关键时刻到底支持不支持他。

于是，霍光开口试探道："各位，你们觉得咱们这位新任皇帝这一段时间的表现怎么样呢？"

张安世等人愣在当场，一时间没反应过来霍光到底是什么意思，只有一个叫田延年的听罢眼睛一亮，然后掷地有声地道："表现得不怎么样！大将军，请恕小臣直言，这个刘贺根本就不是当皇帝的料，应该早些另立新主才是正道！大将军觉得呢？"（田延年，字子宾，祖籍齐国，现籍贯居阳陵，就是如今的陕西省西安市高陵区西南，是战国时期齐国王室后裔。因为很有才能，所以被霍光看中，拉到地方历练，结果地方让他治理得井井有条。所以，霍光将其调到长安，任其为长史，成了自己的重要部下之一。）

话毕，在场几个人全望向霍光，都想在第一时间读出霍光到底是怎么想的。

而霍光呢，没有作声，只是装作思考的样子默默点了点头。

这下大家都知道霍光是怎么想的了，可没等别人吱声，还是田延年率先发话："大将军，您身为国家的顶梁柱，既然认为他刘贺不行，那就应该立即禀明上官太后，一起废掉他，改立一个新的圣贤之主为皇帝。"

话毕，霍光还是默默地点了点头，看着下面的几个心腹，若有所思地道："你们认为呢？"

众人没有丝毫犹豫，几乎异口同声地道："我等也是这个意思。"

见众人全都表明了态度，这时候霍光才真的放心了。

他转而看向田延年道："说句心里话，废掉他刘贺对我来说是易如反掌，不过我唯一担心的是怕落人口实，毕竟废掉皇帝这事儿好说不好听。如果因此而落下口实，那我的损失就太大了。不知道以前有没有人做过废掉皇帝的事呢？"

田延年微微一笑："大将军多虑了，这种事情当然有人做过。想当初，伊尹为商朝之相，辅佐年幼的太甲，最终因为太甲不争气，所以将他废黜，后人非但没有对他进行辱骂，反倒是歌颂他忠君爱国。如今大将军这样做，那您就是汉朝的伊尹了，完全不必担心落人口实。"

霍光听罢大为欢喜，立马提拔他为给事中，和车骑将军张安世共同计划本次废黜刘贺之事。

最终，计划拟订完毕，共分四步。

前提，在刘贺不在长安的时候迅速行动。

第一步，张安世和田延年分头"劝说"朝中重臣和霍光站在同一阵线上。

第二步，临时召开廷议，"劝说"整个长安的官员全都赞同废掉刘贺。

第三步，由霍光带领百官前往上官太后处，"劝"她和霍光一起废掉刘贺。

第四步，将刘贺骗到太后处，让他交出玉玺符节。

这计划可谓简单粗暴，可还没等实行就差点儿出了娄子，让霍光惊出了一身冷汗。

公元前74年六月，毫无危机感的刘贺如往常一样，带着一大堆随从前往上林苑打猎。

可还没等出发，光禄大夫夏侯胜便挡在了刘贺的车架前，死活都不让他出行。

刘贺被夏侯胜这突然的举动搞得有些怕，便赶紧下来问道："爱卿你这是何意？快起来，咱有话好说。"

夏侯胜赶紧站起来道："陛下，书中有云，天久阴而不雨者，乃臣下有不臣之可能。所以陛下此次出行是非常危险的，还请陛下能够三思而后行啊。"

天阴就不能出行，这是什么理论？枉刘贺被吓出了一身冷汗，一听夏侯胜这话，他勃然大怒，对一旁的卫士道："来人！"

"在！"

"给我将这妖言惑众的狗东西关起来！等我回来以后再处理他！"

"是！"

就这样，夏侯胜被抓起来了。

而这事儿的发生却将霍光吓出了一身冷汗。为什么？因为自己正在策划的事情属于谋逆大罪，刘贺不知道还好，他要是知道的话，完全有可能通过手中的虎符调集南北军杀死自己。

自己虽然手中有全国一半还多的兵权，但一是他怎么说都是臣子，调动这些士兵攻击皇帝会很困难。二是这些士兵都分散在全国各地，而京师的南北军只服从于皇上，见了虎符才会出击。

所以，当霍光听说夏侯胜之言以后吓得半"死"，赶紧将张安世和田延年召到府中，让他们暂停政变，并阴狠狠地和二人道："说！你们俩，到底是谁将消息泄露出去的？"

张安世和田延年把头摇得和拨浪鼓似的，张安世更是和霍光道："大将军，我与田兄跟随您多年，我们的为人您还不了解吗？这种大事，就是给我们八个胆子我们也不敢泄露啊。"

霍光想想也是，疑惑地道："那到底是怎么回事儿呢？他夏侯胜是通过什么渠道知道我要废掉刘贺的呢？"

田延年道："大将军，那夏侯胜劝刘贺的时候可没说您要发动政变啊，我想，这其中是不是有些误会呢？您不妨将这个夏侯胜叫过来问个清楚。"

霍光想想也是，便将夏侯胜从监狱里弄到了府中，并问道："夏侯胜，本将军且问你，你为什么说有人要发动政变？你是不是听到了什么消息？"

霍光绕来绕去就是想将事情问个明白，可夏侯胜接下来的回答差点儿没让霍光晕死过去。

只见夏侯胜道："我没听说什么消息啊，《洪范传》上说得很清楚：君王有过失，上天就会惩罚他，天气久阴而不雨，那就是臣下有人要谋反。如今，陛下经常到处游玩而不顾朝中大事，天气有好几天阴沉而不下雨，所以我料定，肯定是有人要谋反了，这才劝谏的陛下。"

霍光一头雾水，整了半天是这么回事儿啊，遂将夏侯胜又押了回去。

田延年不失时机地上来问："大将军，计划还正常进行吗？"

霍光阴狠狠地道："一切正常！"

就这样，田延年和张安世分头行动，前往朝中重臣的府中去了。

那些位高权重的大臣们料定刘贺绝对不是老谋深算的霍光的对手，所以几乎都没有半点儿犹豫便答应了田延年和张安世的劝说，只有丞相杨敞，那是犹豫犹豫再犹豫。为什么呢？因为他胆小惯了。

之前就是因为他的胆小，所以霍光扳倒了"反霍联盟"以后没有给他半点儿赏赐，如今，他还是没长记性，依然不想蹚浑水，而是想做到两边都不得罪。

那边看到磨磨叽叽的杨敞都半天了还是没有表态，前来劝说的张安世脸色逐渐变得阴冷，正要再说什么，岂料杨敞的媳妇突然走了出来，先对张安世行了一礼，然后以一种比较抱歉的口吻和张安世道："劳驾车骑将军稍等片刻，我有话和丞相说，马上就会让他表态的。"

话毕，拉着杨敞就往内室钻。

到了内室以后，杨夫人啥也不说，直接就是一下子，将杨敞的耳朵掐得血红血红的，之后不待杨敞发作，便生气地道："老家伙你是疯了吧，那车骑将军为大将军之心腹，现在他来找你商议废黜刘贺之事，那便是大将军那边已经下定了决心！现在的情况是，开弓没有回头箭，覆水难收。大将军就是要逼着你表态，所以你如果再不答应，那就证明你不支持大将军的行动。你觉得年纪轻轻又根基不稳的刘贺能斗得过大将军吗？"

杨敞想了想，然后摇了摇头道："好像是不能。"

杨夫人："什么好像？根本就不可能斗得过！而你现在摇摆不定犹犹豫豫的，等刘贺倒了以后，下一个死的就轮到你了！你个老家伙死了不要紧，难道你还想让我和孩子们给你陪葬吗？"

这话说完，杨敞一激灵，赶紧便跑去向张安世义正词严地道："车骑将军，请您回去禀告大将军，就说我杨敞一百个赞成他的提议！还请他放心。"

张安世是又好气又好笑，客气一番便转身走了。

最后，所有的朝中大臣全都赞成了霍光的提议。

霍光第一步行动顺利完成。

之后，霍光以辅政大臣的身份迅速召集了朝中所有两千石以上的高官前往未央官展开廷议。

等众位大臣全都到达未央官以后，霍光开门见山地道："众位王公大臣，刘贺这一段时间的举动你们都看在眼里了，多了我也不说，我觉得，似此等昏庸妄为之人根本不配坐在皇帝的宝座上，长此以往，高祖辛辛苦苦打下的大汉江山即将毁于一旦。我提议，废掉昌邑王刘贺，再立明主登基继位，不知各位王公大臣可有什么不同的意见啊。"

话毕，之前那些被"劝降"的重臣们一个个全都表了态，只有尚不知情的官员们你看看我我看看你，一个个不知所措。

而就在这时，田延年突然走了出来，然后对着那些尚未表态的官员们横眉竖目地道："武皇帝临崩之前将当时尚幼的孤儿交给了大将军，并表明了态度，所有的国家大事全都要由大将军做主，那是因为他相信大将军的忠心，同时也相信大将军的能力，相信他一定能够让大汉江山万古长存！可如今，因为那个昌邑王刘贺弄得整个朝廷乌烟瘴气，如果再不处置，我大汉江山就岌岌可危了！所以，今日的会议，在场所有的官员都必须要表态，如果谁再犹豫不决，斩立决！"

话毕，田延年对霍光深深一拜，然后回到了自己的位置上。

紧接着，霍光点了点头，虽然语气平和，却充满了威胁的口吻道："嗯，大司农说得非常对，我等着你们的表态。"

于是，在场所有的大臣几乎同时向霍光深深一躬："我等愿听大将军命令行事。"

第二步完成了，大事已经进行了一大半，紧接着直接进行第三步。

将在场的所有大臣都"劝降"以后，霍光带领着他们前往后宫的上官太后处。

年幼的上官太后一看这阵仗吓了一跳，还以为这些人要废了她呢。可一听是要废刘贺，她就安心了。

现在大权都在霍光手上，她一个妇道人家能干什么？你说什么就是什么，我配合你就是了。

所以，上官太后二话没说，直接答应了霍光废黜刘贺的奏请，并直接让宫廷卫士前往刘贺处，让他赶紧回来，还下诏吩咐宫廷卫士，一切都要听霍光的安排。

几日以后，此时的刘贺还在上林苑打猎游玩儿，可就在这时候，朝廷的使者到了，说上官太后有急事要皇帝陛下马上回长安面见。

刘贺疑惑地问："太后找我？到底是什么事你知道吗？"

使者赶紧摇头，无不恭敬地道："启禀陛下，属下并不知道是什么事，不过看太后很急的样子，陛下还是快些准备吧。"

话毕，也不磨叽，好像逃跑一样告退了。

刘贺根本看不出什么来，可他手下能人是真不少，虽然王吉、龚遂、安乐等人现在长安（已经被扣住了）没跟他出来，但其他的人也非常厉害，一名不知名的心腹见此使者神色慌张，再联想现在的情况，突然和刘贺道："陛下！现在万不可回长安，不然定有极大危险。"

刘贺："哦？爱卿何出此言？"

××："陛下想想，您登基之后没有给大将军一丁点儿的赏赐，反而大封亲信，这明显就是要逐渐将大将军排挤出去。大将军不傻，不可能不知道陛下的意图。如今，陛下刚刚离开长安不久，皇太后便派人前来催您，您觉得这正常吗？事出反常必有妖！我觉得，这一定是大将军看您不在长安，所以立即控制了大臣和皇太后，让她发布诏令，只等您回到长安便发动政变！所以陛下您万不可回长安！"

刘贺："哦？这样吗？那你觉得应该怎么办呢？"

××："此事好办，现在虎符在陛下手中，陛下可当即前往北军军营调出所有北军将士，让他们陪您一起前往长安。如果没有人发动政变则罢了，如果真像臣所说的那样，那就血染长安，将霍光及那些参与政变的主要大臣全部诛杀！从而使陛下彻底掌控朝中大权！"

阴狠！准确！有效！

如果刘贺按照此手下的意见来办，那历史很有可能会被改写。

可刘贺竟然没有听信这位臣子的话，傻傻地来到了长安。

这边刘贺前脚刚刚迈进未央宫门，后面的大门就哐当一下突然关上，将刘贺那二百来名心腹随从全都拒之门外。

然后，突然冲出了一堆卫士，将这些心腹全绑了起来。

刘贺那边也好不了，未央宫的宫门一关上，刘贺便感觉大事不妙，于是哆哆嗦嗦地问道："大将军，你这是何意？"

霍光冷笑着下跪道："这并不是臣的意思，而是上官太后下令不让陛下您的随从进入的。"

说完，刘贺激灵一下，杵在原地不知如何是好。

这时候，霍光也站起来了，他走到刘贺的背后，用手轻轻推着刘贺道："陛下不快一点儿还等什么呢？"

刘贺哆哆嗦嗦地道："大、大将军，咱们慢一点儿不行吗？干吗把人家吓成这个样子？"

霍光只是冷笑，什么都没有再说，一直将刘贺"推"到一个房间以后，霍光连看都没看刘贺一眼，只是和一旁的几个宦官道："你们听着，对于这个人，一定要好生看护，如果他突然死亡或者自杀了，我霍光就要背负着弑君的骂名，而你们的全家也会因此而受到牵连，我这么说你们懂吗？"

四个小太监吓得匍匐在地，异口同声地道："大将军放心，小奴定死死盯紧。"

就这样，霍光走了，去请上官太后和众多大臣了。

过了一会儿，被四个小太监死死盯住的刘贺有些发毛，便干笑着问这些太监："那个……我问一下，大将军为什么要将我关到这个屋子里呢？到底发生了什么事儿啊？"

没人搭理刘贺，搭理他的只有四双"全神贯注"的眼睛。

大概半个时辰以后，一名谒者带着一队宫廷卫士匆匆赶来，对四个小太监道："奉皇太后之命前来召昌邑王刘贺觐见！"

一听昌邑王这三个字，刘贺一激灵，他几乎嘶吼道："我犯了什么罪？皇太后召我干什么？我不去！不去！"

那名谒者冷冷地看了一眼咆哮着的刘贺，然后对后面的卫士使了个眼色，几名卫士没有半分迟疑，直接架起刘贺便走。

此时，未央宫承明殿，上官太后处于中心位置，大将军霍光站在右首，满朝文武百官分两列而站，数百名精锐武士则负责守护工作。

紧接着，就听一阵哀号声，无他，刘贺被押进来了。

几名卫士将刘贺押到承明殿以后，直接给他摔在地上，然后站立于两边。

刘贺见阵仗这么大，心中的恐惧已经到了极致，可还没等他说话或者是求饶，一名官员便突然站出来拿着诏书对刘贺宣读。

诏书的大概意思就是诉说刘贺自从登基以后所犯的种种罪过数都数不过来，现在立即废除他的皇帝称号，在昌邑王邸等候发落。

诏书宣读完毕，霍光便上去打算抢下刘贺的玉玺和虎符。

这时候刘贺终于知道他即将面对的是什么了，他不想死，更加不想失去这个光彩夺目的皇位，所以在霍光到他面前即将抢夺他的玉玺和虎符的时候，刘贺悲伤地道："大将军且慢！我听说，如果天子身边有忠心的臣子的话，哪怕他是无道昏君也不会失去天下，朕如今知道了，知道你就是……"

没等刘贺说完，霍光一把就给他拽了过来，阴狠狠地道："皇太后都已经宣布废黜你了，你还自称什么天子？还自称什么朕？"

话毕，直接将刘贺的玉玺和虎符抢了过来，转手献给上官太后保管。

然后，霍光带着一众人等驾着刘贺走出了承明殿，走出了未央宫，直奔昌邑王邸。

等众人走出未央宫以后，已经确定自己再也不能重新夺回皇帝之位的刘贺再一次给霍光跪下了，并恳求道："大将军，我知道错了，我也知道凭我的德行根本就不配统治这个天下，我都知道了，还请大将军能够饶了我的性命，我现在只有这一个请求了。"

不用说，这是刘贺最后的保命手段了，他现在是当着整个长安的官员和百姓的面恳求霍光不要杀他，如果最后自己真的死了，那杀自己的一定是霍光。

而刘贺不管怎么说都当了二十七天的皇帝，现在一个皇帝跪在自己的面前向自己求饶，如果霍光还装得高高在上，那就太说不过去了。

霍光是个"老狐狸"，当然不会因为这种事情被别人抓到破绽。

于是，他对刘贺道："快起来吧，昌邑王您这是干什么，您当然能活，谁也没说要让您死啊。"

如此，刘贺才安心地上了车驾。

可刘贺突然整的这一幕让长安的那些百姓全看到了，这些百姓这个兴奋哪，以为能看到大臣杀皇上了，便都跟着"押解"刘贺的行车队伍走，结果人越来越多。

最后，等霍光将刘贺押送到昌邑王邸的时候，长安那些老百姓不说全来了也差不多了。

霍光满心恶心，但没办法，既然这些人都来了，那就开始演戏吧。

于是，老戏骨霍光在众多百姓面前哐当就给刘贺跪下了，然后痛哭地道："呜呜……大王，您是自绝于天下。我如此对您，本来应该自杀身死，可我还有很多事情没有完成，我大汉还有很多事情等着我去做，在做完这些事情以前我是无论如何都不能死啊，所以，大王您以后还是自己珍重吧，臣以后不能再陪在您身边了。"

说完，霍光那眼泪掉得是稀里哗啦，周围百姓无不被霍光所感动，只有那些了解事情详细经过的人才在人群中冷笑不已。

刘贺，现在是无论如何都不能杀了，但绝不能再让他回到昌邑国当王，这样的王绝对是一个定时炸弹。

所以，霍光在和众多大臣共同商议后，决定废除刘贺的昌邑国，并将刘贺贬到汉中的房陵县，给他两千户让他终老，这也算是开了天恩吧。

至于刘贺手下那二百多亲随，他们毫无意外地，全遭到了弃市。这些人在临死之前痛恨刘贺的优柔寡断到了极点，所以在刽子手将屠刀落到他们脖子上之前，每个人都冲天狂吼："当断不断，反受其乱！刘贺！老子被你坑死了！"

2.2 刘病已小传

刘贺，这个只当了二十七天的皇帝被废了，现在摆在霍光等一众大臣面前最大的难题是到底应该立谁为皇帝。

广陵王刘胥？

不行，之前丞相杨敞等官员就要立他，却被霍光给挡回去了，如果再立他为皇帝的话，那霍光还活不活了？所以刘胥万不能被立为皇帝。

那立谁呢？

结果众人商量来商量去，汉武帝的近亲当中还真商议不出人来了。

而正当霍光想要将目光转向武帝远亲的时候，突然有一个叫丙吉的道："请奏大将军，当初戾太子（刘据）有一个孙子叫刘病已，现已十八九岁，可以被立为皇帝。"

刘病已？刘病已是谁？

当初汉武帝下令攻打戾太子刘据之时，刘据全家都惨遭波及，只有一个叫刘病已的，因为尚在襁褓之中，所以没有被杀死，而是被扔进了监狱。

如果没有意外，等待着他的将是饿死的命运。

可意外，最终还是出现了。

当时主要负责审理巫蛊一案的人是鲁国人丙吉，看着被孤零零扔到牢房，饿得嗷嗷大哭的刘病已，丙吉非常心疼，同时他也知道刘据其实是无辜的，而牢房里的这个孩子更是无辜，便让名叫胡组和郭微卿的两个女囚负责照顾刘病已，充当刘病已的乳母。

刘病已就这样活了下来。

可过了一段时间以后，不知道是哪个星象学家和汉武帝说："陛下，臣观长安监狱中有一股天子之气，陛下如不预防，恐怕以后生变啊。"

那时候汉武帝还没放弃修仙的希望，所以对这种事情高度重视，便当即派谒者郭穰带人前往监狱，意图将监狱中的罪人全部斩杀。

当晚，丙吉正在监狱门外抱着刘病已玩儿，突然一群满脸杀气的人冲监狱走来。丙吉见势不妙，飞速冲到监狱里面，然后狠狠将大门一关，死活不让郭穰等人进入。

郭穰大怒，一边踹门一边吼："丙吉！你疯了！我是奉陛下之命前来斩杀狱中囚犯的，你凭什么不让我们进去？你小子不要命了吗？"

丙吉在里面喊道："别跟我废话！皇曾孙现在就在监狱之中，一般人尚且不能不分青红皂白乱杀，那就更不要提皇曾孙了！等以后皇帝陛下醒悟过来，你觉得你们能活命吗？"

郭穰："我不管！我只服从皇帝陛下的命令！我再问你一次，你到底开不开门？"

丙吉："不开不开……"

就这样，两个人从晚上一直僵持到白天。最后，郭穰一看实在奈何不了丙吉，便留下一句狠话后走了。

反观丙吉，当他确认郭穰走后，满身冷汗的他瘫坐在地上，不过看着女囚手中抱着正在熟睡的刘病已，他还是慈祥地笑了。

而这时候，整个监狱中的囚犯也知道是丙吉救了他们的命，所以一个个地全都对丙吉感恩戴德。丙吉挥了挥手，有气无力地和他们道："别谢我，要谢就谢这个孩子吧。要不是他，你们谁都活不过今天晚上。"

救活了，不过只是一个晚上而已。丙吉知道，自己触了汉武帝的龙威，他活不长了，而一旦他死了，监狱中的人谁都活不了。所以，整整一天，丙吉都抱着刘病已，心疼地看着这个襁褓中的孩子。

可让丙吉意外的是，第二天汉武帝非但没有杀了他，反倒还大赦天下，放了监狱中所有的犯人。

那这是怎么回事儿呢？

原来，郭穰回到皇宫以后，将事情原原本本地禀告给了汉武帝，汉武帝听罢，沉思了好久好久，最后长长地叹息了一声："唉，看来是老天让丙吉留了我那皇曾孙一命啊。罢了，听天由命吧。"

就这样，刘病已又逃过了一劫。

大赦天下以后，狱中所有的人都是要被释放的，丙吉也不想让刘病已留在狱中，所以便写信给京兆尹，希望京兆尹能将刘病已送到他所管辖的类似于孤儿院的机构。

可刘病已的身份太过于特殊，没有汉武帝的诏令他怎么敢接纳呢？

所以，京兆尹直接拒绝了丙吉的请求。

并且，因为长期照顾刘病已的胡组和郭微卿全部都被释放了，再没有人喂食刘病已，所以刘病已整天哭闹，甚至得了一场大病。

丙吉无奈，只得从自己的腰包里拿出钱来雇胡组回到狱中照料刘病已。

可一个曾皇孙，让他长期待在监狱里面算个什么事儿啊。

于是，丙吉便到处寻找刘病已的亲戚。

在寻找刘病已亲戚的这几个月中，刘病已所有的花销都是由丙吉自己出的，甚至生了好几场大病也是丙吉找医生给刘病已治疗的。

丙吉可谓是刘病已人生中的贵人了。

最后，不知道通过什么途径，丙吉打听到了刘病已的奶奶史良娣尚在人世，便将刘病已送到了她的家中。

老太太见自己的孙子如此可怜，当即老泪纵横，并收养了刘病已。

后来，所有的事实都证明了戾太子刘据是被冤枉的，汉武帝建思子宫以祭奠刘据，同时可怜自己的曾孙，便下令恢复刘病已皇族属籍，同时命负责掌管宫女事务的掖庭张贺养育刘病已。

那张贺是张安世的哥哥，同时也是当初刘据的门客，所以对这个小家伙非常好，甚至都想等他长大以后将自己的女儿嫁给他。

就这样，一年又一年，刘病已逐渐长大成人，因为张贺将刘病已视如己出，所以刘病已从小就得到了最好的教育。

同时，因为刘病已不算是真正的张家人，所以他从小便没有半点儿公子哥的样子，而是将全部的精力都用在了学习上，十五岁的时候便已经精通很多典籍。

那时候，汉昭帝刚刚举行完加冠典礼，张贺的弟弟张安世以右将军的身份辅政，张家可算得上是高门望族了。族长是谁不必说，当然是张安世了。

当时，张贺经常向张安世夸奖刘病已，并提出想把自己的女儿嫁给刘病已的想法。可张安世却对这件事情非常抗拒。他对张贺道："哥哥你糊涂啊，刘病已那孩子身为戾太子的后代，如今能以一个普通人的身份由国家养着就已经是非常侥幸的事情了。你难道还指望着他以后能做个诸侯王什么的吗？不要开玩笑了。这种人，他这一辈子也就这样混着了，让他娶我们张家的女儿只会给我们脸上抹黑。所以，嫁女儿这件事情你就不要再提了，我是不会答应的。"

族长都这样说了，即便身为哥哥，但那又能怎么样呢？无奈，张贺只能放弃此种想法。

可不管是丙吉还是张贺，对刘病已都是真的好。所以，张贺虽然没能将自己的女儿嫁给刘病已，但也想给刘病已找一个好媳妇。

当时，张贺的众多手下中，有一个叫许广汉的，虽然只是一个暴室啬夫，但家境总归算得上富裕，他的女儿也比较贤良淑德。

所以张贺就在某一天摆上了一桌丰盛的酒席，邀请许广汉吃酒。

张贺，那可是许广汉的顶头上司，平时想巴结都巴结不到。所以，那边张贺知会一声，许广汉这边便很快跑来了。

这天，张贺没有一点儿架子，还频频给许广汉敬酒。

这天，许广汉受宠若惊。

这天，许广汉喝多了。

酒过三巡之后，见许广汉已经喝高了，张贺便趁机对许广汉道："哎，我说广汉兄，你知不知道刘病已这个小伙子？"

许广汉："知道！当然知道了，他不一直都是大人您负责抚养吗？"

张贺："呵呵，一点儿不错，我和你说哈，这小伙子可是一表人才啊。最重要的是，他是先帝的曾孙，我估摸着，以后再不济也是一个关内侯，可谓是身份尊贵了。我是一直都想把自己的女儿嫁给他，可我那弟弟不同意，所以我也就没敢。"

话毕，张贺拉着许广汉的手道："不过，广汉兄你是我最器重的属下，我寻思着肥水不流外人田，就让你女儿嫁给刘病已怎么样？这样短则几年，长则十年，你们许家一定会发达的。"

许广汉是个实在人，听张贺这么说，喱当一下就给他跪下了，并对其千恩万谢。

可等第二天酒醒以后，许广汉把这事儿和自己的媳妇一说，他媳妇都快气疯了，把许广汉一顿数落。

许广汉寻思寻思也是，一个废太子的孙子，怎么可能还有机会出头呢？估计这辈子也就是个混吃等死的主了。

可现在已经答应了顶头上司这门婚事，再拒绝自己也没有好果子吃。所以，许广汉只能硬着头皮将自己的女儿嫁给了刘病已。

那时刘病已只不过是一个十五岁的少年，他有什么钱哪？所以，几乎所有的聘礼都是张贺给刘病已出的。

从那以后，刘病已依仗着自己的老丈人和祖母家的救济继续研究学问，年纪轻轻就已经学富五车了。

不过刘病已可不是人们眼中的书呆子，他不但酷爱读书，对于行侠仗义之事也非常热衷，经常出没于三辅地区，探访民间底层生活，所以非常了解老百姓最想要的是什么。

同时，随着年龄的增长，他的学识也越来越渊博，最后甚至在长安官场之中都小有名气。

好了，这就是刘病已之前的一些事迹了，现在让我们书归正传吧。

2.3　汉宣帝刘询

话说刘贺被废以后，丙吉奏请大将军霍光任命刘病已为新任皇帝。

因为刘病已当时只有二十岁（一说十八岁），并且没有什么政治背景，方便控制，所以霍光在和众多大臣们"商议"之后，当即拍板，让刘病已成为新一任汉皇。

不过刘病已这个名字，实在是不太好听，所以在继位之前，刘病已就在某些人的建议之下将姓名改为刘询。

公元前74年七月，原来的刘病已，现在的刘询，正式成为了汉朝第十任皇帝，是为汉宣帝。

汉宣帝不比刘贺，他从小就是在基层长大的，明白很多二世祖不明白的道理。

他知道，自己的位子要想坐得稳，那就必须先把一个人搞定。这人就是霍光。

公元前73年正月，也就是汉宣帝本始元年，刚刚继位的汉宣帝为了稳住霍光，在这一年给了他西汉有史以来对臣子最高规格的赏赐。

那一天，汉宣帝一下子赏了霍光一万七千户食邑，连同以前的，现在霍光的食邑已经达到了两万多户。

那一天，汉宣帝赏给了霍光七千多斤黄金，钱六千万，优质奴隶一百七十人，骏马两千匹，长安官区最豪华别墅一栋。

那一天，汉宣帝对霍光行大拜之礼，并颁布命令，以后所有的事情不管大小，都要先请示霍光，然后才能送到自己这里。

自西汉建立以来，一次性赏给臣子这么多实惠的皇帝有吗？没有。

汉宣帝是不是胆子太小了，他有这个必要吗？有！

因为自汉昭帝即位以来，霍光便屡屡通过手上的职权将自己的亲戚心腹安排到重要部门。到反霍联盟垮台之后，霍光更是大封特封，他手下的那些心腹们就不说了，单看霍氏一族现在在朝中的位置各位就一目了然了。

霍光的儿子霍禹和霍光兄长霍去病的孙子霍云皆为中郎将，负责皇帝随身护卫。

霍云的弟弟霍山为奉车都尉、侍中，几乎天天贴在皇帝身边，并且兼领一部分胡越骑兵。

霍光的两个女婿分别担任东、西宫的卫尉，负责两宫的安全守卫。

其他的诸多女婿、外孙等也都身处朝中重要部门。

现在霍氏一党在长安已经强大到只手遮天的程度。

所以，汉宣帝只能将示弱政策进行到底。

可霍光身为"官场老油条"，绝不会被汉宣帝的糖衣炮弹轻易击倒。为了试探汉宣帝到底是真的倚重他还是另有居心，霍光在汉宣帝宣布赏完自己以后立即站出来道："陛下，您对微臣的厚爱微臣感激不尽，不过陛下您现在已经到了可以执政的年纪，所以还请陛下能够亲自执政，臣实不敢僭越，还请陛下成全。"

话毕，霍光就那样看着汉宣帝，看他会有什么反应。

本以为汉宣帝多少会有一点儿犹豫，可让霍光没想到的是，这个年纪轻轻的汉宣帝智商一点儿都不比汉昭帝低。

因为霍光说完以后，汉宣帝没有半点儿犹豫便赶紧对霍光道："哎，大将军怎能如此说话，朕刚刚继位，才疏学浅不说，有太多的地方还需要向大将军请教。所以，还请大将军不要推辞了。"

就这样，一个"老狐狸"，一个"小狐狸"，两个人相互谦让三次，霍光这才"不情不愿"地接受了汉宣帝的"好意"。

霍光被安抚住了，然而紧接着还有一件事情和霍光有关。对于这件事情，汉宣帝却不想再让步了。

2.4　毒杀许皇后

　　汉宣帝在民间的时候娶了许广汉的女儿为妻,此女不仅心性善良,还将家里操持得很好,对汉宣帝也是千依百顺。所以,当汉宣帝成为皇帝以后,立即将妻子召到宫中,让他成为自己的婕妤,并打算过一段时间稳定以后立她为皇后。

　　可现在有一个问题摆在眼前,那就是霍光权倾朝野,正巧他有一个叫霍成君的女儿和汉宣帝年纪相当。所以,霍光有意将霍成君许配给汉宣帝,让她成为大汉皇后。

　　可霍光这人办事一向谨慎,不好自己说,便暗示其他和自己没有"关系"的官员请示汉宣帝,迎娶自己的女儿并立其为皇后。

　　我想,为了保住自己的权力,换别的皇帝一般都会选择抛弃自己的原配,而迎娶霍成君为妻吧。

　　可汉宣帝这人非常有意思,他既不缺乏聪明的头脑,又非常重情义。

　　所以,当一些大臣们提出想要立霍成君为皇后的时候,汉宣帝罕见地没有立刻答应,而是意有所指地和众多大臣道:"众位王公大臣,朕在民间的时候曾经有一把剑,这把剑跟随我多年,我对它的感情很深,可前一段时间不知怎么搞的,这把剑突然不见了,你们谁能帮朕找到这把剑,朕会非常感激你们的。"

　　在场的官员全都是历经官海的"老油条",谁不知道汉宣帝什么意思?再说,人家说的也确实有道理,许婕妤贤良淑德是出了名的,还在宣帝困苦之时就一直跟随,不离不弃,不立她立谁?

　　也许谨慎的霍光也觉得自己有点儿太过分了吧。所以,当汉宣帝说完以后,霍光第一个站出来道:"臣请立许婕妤为皇后。"

霍光都表态了，其他人还有什么可说的？所以，许婕妤顺利地成了大汉皇后。

按说，霍光都没有意见了，事情到这儿应该就算是过去了吧？

呵呵，没有，因为有一个人不乐意了。这人不是别人，正是霍光的媳妇——显（显的姓氏未知，并且古人妇随夫姓，所以以后便称她为霍显了）。

那霍显本以为自己的丈夫权倾朝野，汉宣帝此孺子无论如何都不敢违抗他的意思。可当霍显听说汉宣帝没有答应立霍成君为皇后以后气得暴跳如雷，从此便一门心思地想办法，让自己的女儿成为皇后。

这个机会还真就来了。

话说当时许皇后已经给汉宣帝怀了孩子，可某一天，她的肚子非常疼，看样子是要生了，而负责给许皇后接生的是一个叫淳于衍的女医。

那天，正在家中的淳于衍接到了朝廷的旨意，请其前往宫中为许皇后看病，淳于衍刚要起身，她丈夫就一把将她拽了回来，并语重心长地和她道："我跟你说啊，这次去后宫之前你无论如何先去一趟大将军府。把正事儿办了以后再去后宫。"

淳于衍："行行，我知道了，你放心好了。"（注：因为经常给霍显看病，所以淳于衍和霍显关系不错，淳于衍的老公就想让自己媳妇走走后门，给他升个官什么的。）

就这样，淳于衍来到了大将军府。

那霍显一听淳于衍来了，两眼一亮，竟然亲自前往迎接。

这可让淳于衍受宠若惊了，要知道，以往自己前来拜见霍显可都没有这种待遇啊。

就这样，在霍显亲自迎接下，两个人来到了霍显的厢房。

俩人闲聊了一会儿之后，淳于衍感觉时机差不多成熟了，就和霍显道："夫人，说句唐突的话，小女子本次前来实际上是有事情想求夫人的。"

霍显阴冷一笑，然后对左右挥了挥手。

厢房之内的下人们会意，都默默走出了厢房。

霍显道："有什么事儿，妹妹你说吧。"

淳于衍："嘻，还不是因为我家那个老不死的吗？他对现在自己这个官职有些不满意，所以想升几级，还请夫人能走走大将军的关系，给我家那老不死的升一下官职。"

霍显："哦，这个事情也不是不能办，不过嘛……你求我办事，我也有事想要求你，这样才公平。你说是不是呢？"

淳于衍："是，是，夫人说的有道理，夫人只要有需要小女的，小女不敢不尽力。"

霍显："嗯，好，有你这句话事情就好办了。你也知道，大将军和我平时最喜欢的就是小女成君了，所以呢，我们想让成君成为皇后，这件事就请你多费心喽。"

这话一说，淳于衍先是一愣，然后疑惑地道："夫人，您不是开玩笑吧？我倒是也想让成君成为皇后，可我就是一个女医而已，怎么会有那么大的权力呢？"

此时，霍显也没有了脸上的笑容，而是阴冷地道："妇人生孩子是大事，说是九死一生也不为过了。你可以找一个机会用毒药把姓许的给毒死，这样的话，我家成君就可以顺利地成为皇后了。你放心，等事成之后，我霍显一定和你共享富贵，绝对少不了你的好处。"

话毕，淳于衍吓得魂不附体，哆哆嗦嗦地道："这、这万万不可啊。夫人，您是知道的，在宫中，凡是给那些尊贵的皇族喂药，都是需要先经过别人品尝的，所以，我根本就没有机会毒死许皇后啊，还请……"

没等淳于衍说完，霍显直接打断了他，阴狠地道："你不用和我说那些没用的，办法肯定是有，不过那就是你的事了，我没有义务给你想办法，你今天就给我撂下一句话，这事儿你到底干还是不干？"

话毕，淳于衍陷入了久久的沉思。

为什么呢？因为现在霍显已经和她摊牌了，她如果不答应的话，等待她和她全家的将会是什么谁都清楚。所以，与其被大将军一家害死，那还不如拼死一搏，兴许还能搏一个富贵。

再者说，大将军在长安权倾朝野，为了自己的身家安全，他也一定会保住自己。

所以，经过了一番思想斗争的淳于衍最后把心一横，干了！

于是，在伺候许皇后分娩以后，淳于衍避过了试尝人员，将放入了附子的药丸给许皇后喂了进去。

可当许皇后吃完了药丸以后，突然头痛欲裂。

她抓住了淳于衍的手，近乎嘶吼地道："我的头为什么这么痛，这药里面是不是有毒"？（因为负责给许皇后配药的女医不止一个）

见状，淳于衍赶紧给许皇后跪下，然后哆哆嗦嗦地道："启、启禀皇后，婢女再三检查过，并没有发现有毒的物质。"

"啊……"

许皇后不停地嘶吼，汗珠已经将她全身浸湿……

结果，没过一会儿，许皇后便活生生被痛死了。

许皇后就这样被毒死了。汉宣帝听说此事以后如遭五雷轰顶，他像疯子一般冲到皇后居室。

而当他看到许皇后那因为疼痛而扭曲的尸体之时，他彻底疯了。

只见汉宣帝嘶吼着对下面的人道："传太医，给我传太医！"

"是，是！"

话毕，一名小内侍连滚带爬地去找太医了。

大概半炷香以后，一名老太医火急火燎地前来此处，当他见到许皇后的惨状的时候简直不敢相信自己的眼睛。因为之前都是他给许皇后诊的脉，就是正常生孩子，根本没有什么其他的毛病。而现在孩子已经平安生出来了，中间没有出现任何意外，那就证明，许皇后的死绝对不是因为生孩子所导致的。那结果就只有两种可能。

第一，手下伺候的相关人员没有照顾周到。

第二，有人给许皇后下毒！

而不管是哪一种，这都是汉宣帝不能原谅的。

所以，汉宣帝直接将这些相关人员全都给扣押了。

当然了，这里面就包括淳于衍。

而就在淳于衍被关进大牢的那一刻，身在大将军府的霍显害怕了。

本来，她不想把这件事告诉霍光，就想这样隐瞒一辈子。可是现在淳于衍已经进去了，霍显知道，如果自己不救淳于衍，过不了多久，她就会把自己给供出来。

所以，万般无奈的霍显只能硬着头皮将这件事向霍光坦白。

起先，霍光听了这件事以后大惊失色，可过了一会儿，霍光的眼神从惊异逐渐变成平淡，再后来变得冷漠，这中间他没有说一句话，只是默默地穿上了他的官袍，然后直奔皇宫。

当天，未央宫偏殿，汉宣帝还沉浸在无尽的伤痛之中。

这时候，有一谒者和汉宣帝道："启禀陛下，门外大将军求见。"

汉宣帝一听是霍光来了，忙整理了一下衣衫，准许霍光觐见。

"臣，霍光，拜见陛下。"

汉宣帝赶紧走上前去，亲自将霍光搀扶起来，然后相当客气地道："大将军快快请起，朕不是说了嘛，以后大将军来见的时候不用行跪拜之礼。"

霍光："……"

汉宣帝："不知大将军此来是有何事啊？"

霍光："臣听闻许皇后不幸早逝，悲痛莫名，所以前来安慰陛下。陛下，人死不能复生，还请陛下节哀。"

汉宣帝："唉，朕知道了，多谢大将军的慰问。"

霍光："另外，臣还有事请奏陛下。"

汉宣帝："大将军但说无妨。"

此时，霍光将头抬起，就这样看着汉宣帝的眼睛道："陛下，关押的医师中有一个叫淳于衍的，臣确定此事和她没有关系，还请陛下能将她释放。"

这话一说，汉宣帝全身一抖！他猛地抬头看向霍光。而此时，霍光也在看着汉宣帝，眼神中没有一丝畏惧和惊慌。

见此，汉宣帝赶紧背过手去，微笑着和霍光道："朕信得过大将军。唉，大概这也是天意吧，怪不得谁。大将军放心，朕这就将那些关押的医师们全都放了。"

霍光："谢陛下，还请陛下早些歇息，臣告退。"

霍光走了，而汉宣帝始终在其背后微笑着目送着他，一直到他的背影消失为止。

可谁都没有发现，此时汉宣帝背后的双手死死握在一起，甚至指甲盖已经扎到了血肉之中。

2.5 黄霸和夏侯胜

汉宣帝的挚爱许皇后死了，可汉宣帝不敢也不能怎么样，但他为已经死去的爷爷和太奶奶平冤昭雪应该不会有什么吧。

于是，同年四月，汉宣帝命人将当初草草埋葬的卫子夫挖了出来，重新给她风光厚葬。

之后，汉宣帝亲自带着文武百官前往祭祀了自己的爷爷——戾太子刘据。

同月，汉宣帝向天下人发布诏书，宣扬朝廷的德政，意思很明显，那就是让百姓放心，他也会像当初的汉文帝和汉昭帝一样励精图治，发展农业，不会轻易发动战争。

还是同月，汉宣帝大力选拔人才，下诏命全国各郡都要向长安方面输送一名全郡文科第一的人才。

同年五月，汉宣帝为收买天下人心，特意在本月免收全国一年的田租。

遥记得从武帝中期，张汤为御史大夫开始，整个汉朝便开始大规模起用酷吏为官来治理百姓，虽然很有效地打击了犯罪分子，但也难免会让百姓担惊受怕。

汉昭帝时期虽有所改善，但程度也不甚理想，因为这个东西已经根深蒂固，不是那么容易就能改得了的。

所以，急于巩固政权，让天下人知道现在的皇帝是一个慈善的好皇帝的汉宣帝在这一年起用了黄霸为廷尉，意图让他带领并改变汉朝的那些酷吏，让他们逐渐从严酷转为温和。

黄霸，字次公，淮阳郡阳夏人。

黄霸从小就非常喜欢各种法律条文，并立志长大后做一个杰出的官员。

因为家里面非常有钱，并且黄霸长大以后正巧赶上了汉武帝末期，所以便花钱买了一个官当。

可谁能料到，这黄霸刚刚当上官儿，屁股还没坐热呢，他那个不争气的大哥就因为犯罪而导致他被弹劾罢免了。

结果，不甘心失败的黄霸再次花钱买了一个左冯翊手下的二百石卒吏。

左冯翊可是两千石以上的京官，掌管着三辅的大片地区，根本看不上黄霸这种花钱上来的小卒子，所以轻视他并不给他重要位置，只让他负责郡县里面钱、谷的出入工作。

而黄霸呢？并不在意，自从任职以后，他记账从不隐瞒，他所管理的账本从来没有任何出入。所以，左冯翊对他的态度逐渐转变，最后甚至很是器重，所以黄霸没干多长时间便因为廉洁而被升为河东郡均输长。

后来，黄霸又因在任期间廉洁而被升为河南郡太守丞，辅助太守处理事务，日理万机。

黄霸这人善于观察，才思敏捷，又极为熟悉法律条文，所以河南郡自从他来了以后很少出现冤案。

最重要的是，黄霸待人温文尔雅，善于团结众人，一点儿都没有酷吏的做派，所以老百姓非常敬爱他。

于是，急于为汉朝转型的汉宣帝盯上了黄霸，让他担任了九卿之一的廷尉。

这明显是要重用黄霸了。

可谁也没想到，就像以前一样，黄霸还没等熟悉廷尉的业务呢，便又被弄到监狱里去了。

为什么呢？因为夏侯胜。

夏侯胜是谁？

之前说过了，就是以经典断定刘贺走后必有政变的那个人。

因为夏侯胜精通《尚书》和各家所长，再加上他又不是刘贺的亲信，所以没有被刘贺所牵连。

不但如此，霍光还上表上官太后，升夏侯胜为长信少府，封关内侯，赏两千户食邑。

而等汉宣帝继位以后，连续给自己的爷爷和太奶奶平冤昭雪，大概是不想给别人留下话柄，汉宣帝便在这之后下诏书大大地赞扬了汉武帝一番，并提议给汉武帝建立宗庙，受万世祭祀。

凡是刚刚即位的皇帝，他发布的诏令不管是对还是错，只要不是太离谱，基本上是没有人反对的，因为这时候正是皇帝积累声望、巩固政权的时候，谁要是在这时候否决皇帝的提议，那和找死也没有什么两样了。

所以，汉宣帝的提议基本上没有人表示反对。

可基本上并不代表这种人不存在。

这不，汉宣帝那边刚刚发布诏令，这边就有人反对了，反对的还不是别人，正是上面介绍的那位夏侯胜了。

夏侯胜竟然在汉宣帝刚刚发布诏令后便回怼道："武皇帝虽然有平定四方、开拓边境的功劳，但他在任期间，死伤的士兵和劳力不计其数，他迷信鬼神，挥霍无度，造成了天下空虚，百姓流离失所，死亡大半。就是因为他的种种暴行，使得苍天震怒，于是蝗灾大起，成片成片的田地颗粒无收。就是因为他！使得我大汉的经济、农业、人口遭受了毁灭性打击，直到现在都还没有完全恢复过来。这种人，怎么能给他祭祀？怎么能给他建立宗庙？怎么……"

"大胆夏侯胜！怎能如此口出狂言？"

没等夏侯胜说完，在场众多官员全都对他口诛笔伐，并一起参夏侯胜，请汉宣帝判其大不敬之罪。

这期间，除了黄霸支持夏侯胜以外，在场官员没有一个挺他，就连霍光都连连摇头。

所以，汉宣帝直接给夏侯胜和黄霸判处大不敬之罪，将二人统统打进大牢。

可这一老一少简直不可以常理喻之，他们竟然在监狱里研究起了学问，并且一研究就以年来计算。

别人进牢房都是愁眉苦脸，他俩在牢房里却欢天喜地。（注：两个人被关进了同一个牢房，因为夏侯胜熟知《尚书》，所以黄霸虚心求教之。）

这俩人还要在牢里面待几个年头才能出来，我们还是将目光看向那遥远的北方吧，因为许久没有出现的匈奴又开始张牙舞爪了。

2.6　女民族英雄——刘解忧

公元前72年，身处乌孙的解忧公主突然派来使者向汉宣帝求救。

而几乎与此同时，乌孙官方也派来了使者，请求汉朝能够出兵攻击匈奴，乌孙愿意出五万精锐骑兵配合汉朝围攻匈奴（这已经是整个乌孙一大半的兵力了）。

嫁给乌孙的公主不是细君公主吗？要细说这事，我们还需要将时间往前移三十年，从细君公主嫁入乌孙以后开始说起。

话说当年细君公主被汉武帝嫁到乌孙以后，儿单于也不甘落后，几乎在同一时间将匈奴拥有单于血统的"公主"嫁到了乌孙。

老奸巨猾的昆莫猎骄靡为了两头都不得罪，便封细君公主为右夫人，匈奴公主为左夫人。

并且，这老头儿对谁都特别好，从不偏向任何一方，不管是对右夫人还是左夫人都赏赐一样的财物，甚至连去"探望"的次数也是一模一样的。

匈奴的公主不用说，从小便生长在一个环境恶劣、缺乏礼仪、文化落后的国家，所以性格十分坚韧彪悍，只要是为了国家的利益，她可以承受所有苦难。

可细君公主就不行了，她是典型的柔弱公主性格，根本适应不了西域的文化和气候，所以整日以泪洗面，什么都不关心。

逐渐地，她的地位便被匈奴公主所超越，乌孙的外交重心也开始向匈奴偏移。

又过了一段时间，老猎骄靡的身体是一天不如一天，眼看就要归西了。而他不想在死去以后自己辛辛苦苦建立的国家被汉朝和匈奴祸害，便提议给汉朝公主和匈奴公主，让她们都嫁给自己的继承人（猎骄靡的孙子）军须靡。

匈奴公主不用多言，只要能让乌孙的外交偏向匈奴，就是杀了她也没有关系，再加上这本就是匈奴的风俗，所以啥也没说，直接答应了猎骄靡的提议。

反观细君公主可就不一样了，按照汉朝的礼法，女子就应该从一而终，自己的老公死了再嫁给老公的孙子，虽然和自己没有什么血缘关系，但从礼法上就接受不了。

所以，当听闻猎骄靡的提议以后，细君公主反应极为激烈。她不但严词拒绝了猎骄靡，还上书汉武帝，请求返回汉朝。

可汉武帝并没有派人前来接细君公主回国，只送回一封信，信上八个明晃晃的大字给细君公主打击得摇摇欲坠。

"入乡随俗，社稷为重！"

就这样，细君公主在极为痛心的情况下嫁给了军须靡。

自从这以后，细君公主整日以泪洗面，不久便抑郁成疾，没过多长时间便归西了。

新任昆莫军须靡和他爷爷的政治思想一模一样，都想两头不得罪，所以派遣使者去长安，请求长安再派一个公主嫁给自己。

结果，在汉武帝的再三挑选下，选了一个叫刘解忧的罪王之后嫁给了军须靡。

本来，汉武帝以为这个小女子也和细君公主一样，是一个柔柔弱弱的花瓶，毫无用处。

可谁能料到，就是这个小女子，最终使得乌孙彻底抛弃了匈奴，并和汉朝合作，给予匈奴极其惨痛的打击，使得汉武帝最终彻底"除掉"了匈奴这个心腹之患！

刘解忧的先祖是第一代楚王刘交（刘邦的弟弟）。刘交不但行军打仗不错，对于书籍经典也非常精通，楚国在他的带领下一度繁荣昌盛。

刘交死后，次子刘郢客继承了王位。他的能力也不比父亲差，甚至有过之而无不及。其在任期间，身边全都是类似于申培公那样的大儒，楚国也因此越来越繁华。

可富不过三代（西汉的皇帝除外），到西汉第三代楚王刘戊继位以后，整个楚国全都被他毁了。

那刘戊不学无术，生性淫荡，申培公等一众大儒都劝他不要这样做，可他却对这些人连番羞辱。

最后，申培公等人全都拂袖而去，从此告老还乡。

所以，当时刘戊手下的人全都是一群溜须拍马之辈。

最要命的是，刘戊因为对汉景帝削去他的封地有所不满，竟然和刘濞勾结在一起，共同弄了一出七国之乱。

结果那些反王没有一个是好下场的，刘戊也畏罪自杀了。可他的家人被他坑惨了。因为从这以后，刘戊家产全部被充公，封国被废除，他的后代无依无靠，只能过着老百姓的生活。

直到公元前120年，就在汉武帝痛殴匈奴、张骞开拓河西走廊的时候，刘解忧出生了。

当时，因为刘戊后代已经死的死逃的逃，现在还在楚国生活的也都逐渐变成老百姓了，所以刘解忧就是出生在这样一个普通的百姓家中。

如果就让时间这样走下去的话，相信刘解忧这一辈子也就是一个普普通通的女子。

可不平凡的人这一辈子注定是要经历惊心动魄的人生旅途的。

公元前101年，在细君公主死去以后，汉武帝不想让自己的金枝玉叶受苦，便找到了一个罪王之后，让当时刚刚二十岁的刘解忧前去与乌孙和亲了。

刘解忧虽然出身贫寒，但她性格开朗，活泼好动，从小到大都没有过一次怨天尤人，而是乐观充实地过着自己的每一天。

最重要的是，刘解忧有一颗对国家忠诚的心！

刘解忧虽然从小贫穷，虽然他们刘戊一族的没落也要"归功"于汉景帝一脉，但她从来没有恨过。

她只知道自己要为国分忧，要为国家拉回乌孙这个相对强大的盟友！

所以，当解忧公主收到汉武帝的命令以后根本没有半分犹豫，直接启程往乌孙而去了。

话说解忧公主到达乌孙以后并没有立即得到军须靡的宠幸。这并不是因为解忧公主不漂亮，而是因为此时的匈奴公主已经占了先机。

首先，因为细君公主在乌孙多年自怨自艾不作为的表现，使得匈奴公主占据了主动，将很多自己的心腹之人安排进了重要部门。

其次，在细君公主死去，解忧公主还没到乌孙这期间，匈奴公主用尽了浑身解数来讨好军须靡，使得军须靡对其宠爱有加。

最重要的是，在这期间，匈奴公主竟然给军须靡生了一个大胖小子。军须靡非常高兴，当即便给这个儿子起名叫泥靡，并确立了他继承人的位置。

所以，此时正是军须靡和匈奴公主的热恋期，解忧公主被冷落也就不是什么新奇的事了。

如今，继承人是匈奴公主的孩子，军须靡宠幸的也是匈奴公主，按说解忧公主该知难而退了。可她并没有因此而放弃，相反地，她还运用她的聪明才智，数次接近军须靡，并用汉朝女子独有的淑女手段渐渐将军须靡拉入了她的怀抱。

解忧公主通过一段时间的表现，匈奴公主惊异地发现，这个新来的汉朝公主绝对不是好对付的，如果继续放任下去，绝对会对她形成相当的威胁。

于是，匈奴公主通过自己在王宫中的心腹，暗中在解忧公主的食物中投放了慢性毒药。

结果，解忧公主在中毒以后经常上吐下泻，而解忧公主的那些随行的医生们虽然用尽全力来给解忧公主治病，但无奈最终都是疗效甚微。

最后，他们把心一狠，用还没有研究成熟的濯足（足疗）医疗方式配合内服药来给解忧公主治病。

还真别说，这误打误撞的治疗还就真把解忧公主的中毒给治好了。

解忧公主觉得此种方法甚是奇妙，便将其报告给了军须靡，希望他能够推广给乌孙的百姓。

军须靡在解忧公主的陪伴下试了试这个濯足。试完以后还真是舒服得很。于是，他便从解忧公主之请，将此法在乌孙广为推广。

一时间，濯足疗法普及了整个乌孙，老百姓每每提到解忧公主都会为其竖起大拇指。

可不管老百姓有多么认同解忧公主，军须靡有多么喜欢她，现在有一个问题却始终横在解忧公主面前而不可解，那就是匈奴公主的孩子现在是乌孙的继承人。

而解忧公主呢？还没有自己的孩子。

如果继续这样下去，等泥靡长大成人以后，那便是解忧公主的末日了。

可天佑解忧，那军须靡竟然在泥靡尚在襁褓之中的时候便撒手人寰。

因为当时泥靡还太小，所以军须靡没有将王位传给他，而是传给了自己的堂弟翁归靡，并让翁归靡保证，一定要在泥靡长大以后将王位还给他。

翁归靡答应了，军须靡便含笑九泉。

值得一提的是，这翁归靡因为太胖，所以大家都习惯称呼其为肥王。

那为什么我之前要说天佑解忧公主呢？军须靡死了又对解忧公主有什么好处呢？

因为按照乌孙的制度，除了亲生关系以外，只要自己的老公死了，那些妻妾们是都要嫁给下一任统治者的。

所以，解忧公主和匈奴公主全都改嫁给了翁归靡。

而这翁归靡爱解忧公主爱得发狂。在他继承了乌孙王位以后，几乎是对解忧公主言听计从，每天都会到解忧公主那里度过良宵。

大概是天天能够得到宠幸的缘故，在这期间解忧公主一连给翁归靡生了五个孩子！

他们分别是元贵靡、万年、大乐，还有两个公主。

难得的是，哪怕解忧公主是五个孩子的妈了，翁归靡依然对她百依百顺、言听计从。

这还不止，最重要的是，这解忧公主处理国政也是一把好手。自从翁归靡继位以后，解忧公主便常常亲自到民间，以翁归靡的名义慰问贫苦百姓，使得翁归靡大得民心。

她还将汉朝先进的农耕技术传到乌孙，使得乌孙的农业水平得到大幅度提升。

解忧公主还常常任用贤能的人来做国家大臣（实际上是给自己培养势力），使得乌孙政治清明。

在解忧公主的努力下，整个乌孙蓬勃发展，不管是经济还是农业水平都高速发展，几乎所有的乌孙百姓都尊敬地称呼解忧公主为乌孙的太阳。

相对来讲，匈奴公主就太惨了。因为在不知不觉中，解忧公主已经将匈奴公主全方位打压，不但继承人由泥靡变成了元贵靡，外交关系上乌孙也几乎朝汉朝一边倒，派往匈奴的使者也是一天少过一天。

匈奴公主实在是斗不过解忧公主了，如果继续这样下去的话，自己的性命甚至都有可能会被解忧公主拿走。

所以，已经没有丝毫办法的匈奴公主只能搬起后面的庞然大物砸向乌孙。

这个庞然大物自然是匈奴无疑了。

公元前74年，壶衍鞮单于正式向翁归靡发国书警告，让翁归靡赶快将王储改为泥靡，并且立即将解忧公主交到匈奴手中，不然，兵戎相见。

在匈奴最巅峰的时候乌孙都没有惧过匈奴，现在，经过汉武帝多年打击的匈奴早就已经成了没有腿的残狼。就这样还想威胁自己？

基于此，翁归靡严词驳回了壶衍鞮的警告，让他有多远滚多远。

可理想总是那么丰满，现实却又是经常骨感。

匈奴又是被汉武帝打，又是内部分裂，现在的实力确实已经大不如前，不过有一点不得不承认，那就是在马背上拼斗，匈奴骑兵的战斗实力除了比不上当时拥有高科技的汉朝骑兵以外，其他国家的骑兵很少有是他们的对手的。

所以，在最开始的阶段，乌孙是落了下风的。

见此，翁归靡算是看清了自己的真实实力。所以，在解忧公主的劝说下，他不再逞强，而是一边抵挡着匈奴人的进攻，一边派遣使者前往汉朝请求援助。

可当时汉宣帝刚刚继位，汉朝正是需要稳定的时候，所以汉宣帝便没有在第一时间支援乌孙。

2.7　围殴匈奴

时光匆匆而过，转眼间到了公元前72年。

这一年，匈奴对乌孙发动猛烈的攻势，铁蹄践踏了乌孙一个又一个城市。

翁归靡无奈，再一次派遣使臣前往汉朝请求援助，并且郑重承诺，只要汉朝能够出动军队攻击匈奴腹地，那乌孙便出全国之骑兵配合汉朝行动。

而此时，正是汉宣帝继位的第三个年头。

这几年来，霍光被他稳住了，政局被他控住了，百姓、大臣、士兵们也都渐渐地接受了他。所以，汉宣帝觉得是时候提高自己在众人心中的威信了。

而如何才能最快地提高自己在国中的威信呢？那无外乎就是来一场超级大捷了！

所以，这一次汉宣帝没有拒绝乌孙使者的援兵求助，而是在第一时间召开了廷议，询问大将军霍光和其他一众大臣的意见。

不知道是感觉自己愧对汉宣帝还是霍光也觉得这事儿靠谱，反正当汉宣帝提出此意见以后霍光没有表示反对，那就是默认了。

众位大臣见皇帝陛下热情这么高，霍光又没有反对，他们也没有必要当恶人，所以一个个也没有说什么，这事儿就算是敲定了。

于是，一时间，无数威风凛凛的骑兵向边境集结，边境整日轰隆隆的马蹄声如同地震一般震人心魄。

这次汉宣帝一共动用了十六万精骑！

并且这些士兵里面没有一个"民兵"，清一色全是汉朝正规军！

经过再三的分析，汉宣帝和大将军霍光制定的战争方略具体如下。

第一路：

主帅：御史大夫、祁连将军田广明。

兵力：四万精骑。

作战意图：扫荡祁连山一带的游散匈奴骑兵，为大部队的后方提供安全保障。

第二路：

主帅：度辽将军范明友。

兵力：三万精骑。

作战意图：向北佯攻阿尔泰山脉，给匈奴制造压力，分散其兵力。

第三路：

主帅：后将军、蒲类将军赵充国。

兵力：三万精骑。

作战意图：向西北同乌孙军会师蒲类海，然后合军攻击匈奴。

第四路：

主帅：前将军韩增。

兵力：三万精骑。

作战意图：攻击匈奴东线，分散其兵力。

第五路：云中太守、虎牙将军田顺。

兵力：三万精骑。

作战意图：在范明友和韩增左右两翼的掩护下北进阿尔泰山脉，主要意图为分散西线匈奴兵力，如果条件允许，是要进入阿尔泰山脉腹地攻击匈奴人的。

从以上布置来看，汉军本次的作战分配还是比较消极的，因为主要进攻的点只有赵充国一路（还是辅助），其他的部队几乎都是为牵制匈奴所用。

不过不管这些汉军的作战意图到底是什么，他们的作用都是巨大的，因为这些汉军不管是数量还是精锐程度都深深地震撼了匈奴人，让他们不敢无所顾忌地攻击乌孙。

同时，这些汉军也对整个匈奴军团的士气造成了不小的打击。

好了，我们先来看一下五大汉军集团的作战流程。

第一路，祁连将军田广明出塞以后直奔祁连山脉，并在此山脉来回搜索匈奴游散骑兵。

可祁连山早在武帝时期就已经基本被汉军肃清了，哪里还有匈奴人的踪影？再者说，本次汉军的声势如此之大，哪怕就是有人也早就跑没影儿了。

所以，田广明搜索来搜索去什么都没搜着。

无奈，他只能继续往前走。

而大概到了鸡秩山一带的时候，突然有人来报，说鸡秩山以西有大量的匈奴骑兵，应该马上出兵进击！

我估计，这要是卫青或者霍去病的话都乐抽了。可田广明并不是那样杰出的将领，他甚至连一个三流的将领都算不上，顶多就是一个没有战争经验的文官而已。

所以，田广明没有向匈奴人进击，而是撤兵而还了。

再看度辽将军范明友的第二路汉军。

此汉军和田广明所部截然相反，出张掖以后向北急袭一千二百余里，意图吸引匈奴主力部队，为西方战线创造优良作战条件。

可匈奴人完全不敢接招，面对庞大的汉朝骑兵团，他们除了跑就是跑。所以，哪怕是范明友已经杀到了匈奴腹地，最后的战果也只是斩首七百余人，俘马牛羊万余头。

再看第三路赵充国所部。

赵充国率部从长安出发以后直奔蒲类海，意图同乌孙军会师以后向东总攻匈奴人。

可让人无奈的是，乌孙所部要比事先约好的时间早到了蒲类海，乌孙统帅见赵充国并没有提前到达，便先行前往攻击匈奴了。

见此，赵充国没有前往追赶乌孙所部，而是带着部队扫荡蒲类海一带的匈奴部落，后斩三百余匈奴人，俘马牛羊七千余头而还。

再看前将军韩增的第四路汉军。

本次出击，韩增的主要目的便是攻击匈奴东线，分散敌军兵力，以及掩护五路军右翼。

可以说，本次出击，韩增很好地完成了长安方面给他布置的战略任务。因为他从云中出击以后向北进击两千余里，成功地掩护了五路军的右翼。

不过因为此时的匈奴已经大面积撤退，所以韩增的第四路军团也没有什么太好的战果，只杀了一百余匈奴人并俘获马牛羊两千余头。

再看虎牙将军田顺的最后一路汉军。

此时，范明友和韩增已经将田顺的左右两翼保护得严严实实，按说他应该向阿尔泰山脉进击了。

可田顺竟然尿了。

就在田顺出塞行军八百余里以后便驻兵不前了，原因就是他畏惧匈奴人的骑射功夫，同样不想因为兵败而导致自己身死。

于是，他诈称已经兵至阿尔泰山，并斩首敌军一千九百余人，俘获马牛羊七万余头。

以上，便是本次五路汉军的作战经过了。

看上去声势倒是挺大的，就是没有用，根本就没有什么实质性的战绩。可从结果来看就不一样了。

那壶衍鞮本来已经做好同乌孙全面战争的准备，可就在即将决战的时候，汉朝五路大军如同泰山压顶一般杀到，使得壶衍鞮大恐，遂急速传令各个部落，让他们在第一时间携马牛羊及老幼撤离。

全无准备的匈奴人突然遭遇如此变故怎能反应过来？所以一个个仓皇逃窜，并且在逃亡的过程中不知道累死了多少老人和孩子。

这种恐慌的情绪也如同瘟疫一般传到了匈奴全军，使得他们的作战能力大大降低。

见此，乌孙昆莫翁归靡亲自统五万精锐骑兵向东急袭匈奴所部。

首先，乌孙五万骑兵直袭驻扎在乌孙境内的四千匈奴骑兵。

这些匈奴人不敢迎击，仓皇逃回匈奴境内同壶衍鞮会师。

那壶衍鞮也是条汉子，不管南方风风火火的汉军，毅然决然地统领几乎全部家当前往蒲类海方向，意图消灭乌孙骑兵团以后再向北逃窜。

如果汉军还要追击他们的话，那壶衍鞮就用游击的战术逐个击破。

可壶衍鞮太高估自己的实力了，同时也大大低估了乌孙骑兵的作战能力。

因为此时整个匈奴的全部力量绝对不到十万骑兵，刨掉保护老幼辎重的部队，出击乌孙的部队应该在五万上下，所以基本上和乌孙军团差不了多少。

并且，虽然匈奴轻骑兵的单兵作战能力在当时是世界第一，但乌孙也不比他们差多少。

重要的是，乌孙攻击匈奴并没有后顾之忧，可匈奴人身后却顶着一个庞大的汉朝五路大军。

所以，两军的士气和心态也不可同日而语。

而有关本次乌孙对匈奴的战争经过史料上并没有详细记载，只说乌孙大败匈奴，斩三万九千余匈奴骑兵（此种损失对于那时的匈奴绝对是毁灭性的）。

壶衍鞮在战场上严重受挫，九死一生才从乌孙骑兵的追击中逃生。

可很明显，乌孙人不想放过他，所以大胜之后并没有撤兵回国，而是继续向东进击，深入匈奴腹地，意图一举将匈奴屠杀殆尽。

所以，刚刚逃回王庭的壶衍鞮还没等歇一口气，那边乌孙的骑兵就如风一般杀了过来。

现在，身处于王庭的匈奴残部经过前番的大败，不管是兵力上还是士气上都极大地落后于乌孙，所以壶衍鞮根本不敢硬碰，而是带着自己的亲戚们溜了。

可拖家带口的逃亡速度一定是受到牵制的，所以乌孙骑兵没过多长时间便追上了壶衍鞮的部队。

事情到了如今这一步，壶衍鞮也不管什么家人了，能跑多远就跑多远吧，于是，他抛弃所有亲人，只带着能快速奔跑的骑兵溜走了。

结果，壶衍鞮的残余部队保住了，但是他的哥哥、嫂子、各种小王，全被乌孙所俘获。

耻辱！除了当初卫青、霍去病时代以外，此种情况在匈奴建国到现在都是从来没有发生过的。

这还远远没完！

因为就在壶衍鞮逃窜到更北方、乌汉联军刚刚撤退之际，冬天来了。

而这个冬天，要比以往更冷一些。

因为本次汉乌联军的出击使得匈奴受到了极为惨重的羞辱和打击，所以壶衍鞮在国中的威望日渐衰弱。

为扳回已经摇摇欲坠的地位，壶衍鞮必须在第一时间实行报复行动。

那报复谁呢？汉朝不可能，现在的汉朝对于匈奴来讲绝对是庞然大物，是他根本得罪不起的。

所以，壶衍鞮只能将屠刀伸向乌孙。

本年冬天，壶衍鞮亲自带领现在匈奴所有士兵突袭乌孙（约五万人）。

因为乌孙翁归靡没想到这个时候匈奴还敢杀一个回马枪，所以全无防备，边境便被匈奴大大地寇掠了一场。壶衍鞮得到了他想要的，满载而归了。

可天不佑匈奴，因为就在壶衍鞮的大军撤退之际，突然天降暴雪，在这狂暴肆虐的雪中还掺杂了无数的雨滴，这就形成了百年不遇的巨型暴雪加雨，并且达到了一日雪深丈余的恐怖程度。

而当时的匈奴人正在这场天灾的正中心，他们避无可避，只能迎着这场暴雪往回走。

当时，匈奴人在冬天基本上都用兽油和兽皮取暖，根本就没有抵抗这种天灾的能力。

所以，当匈奴部队冲出了这个天灾的"包围圈"之后，他们所剩下的人马已经不足出兵时候的十分之一了。

因为本次出征壶衍鞮所带领的是现在匈奴所有的正规军，这一下子损失惨重，这对他、对匈奴的打击都是毁灭性的。

这个"极具"毁灭性并不单单是匈奴人口多年以后也恢复不回来的问题，

更要命的是其他势力都不会再给它这个机会了。

因为在这次天灾以后，汉朝秘密联系乌孙、乌桓、丁零三股势力组成包围网，同时从东、南、西、北四个方向围歼匈奴，并在很短的时间内大伤匈奴。（注：丁零为汉朝北方的少数民族，于冒顿时期臣服于匈奴，因为长期受匈奴的压迫，所以在匈奴处于最弱势的时候突然反水。）

此役之后，匈奴再次损失仓促组织的数万士兵，战马近十万匹，牛羊不计其数。

屋漏偏逢连夜雨，就在包围网撤了以后，已经奄奄一息的匈奴又因为长期战争和天灾而导致了饥荒，饿死的百姓根本无法统计。

这还不是最严重的，因为匈奴是一个多游牧民族组成的国家，所以内部结构非常复杂，之前匈奴强大，所以这些人不敢闹事，可现在匈奴衰败，匈奴内部又饥荒不断，他们还忍什么？再忍可就饿死了。

于是，一时间，匈奴属国瓦解，相互攻杀抢劫而无法制止。

所以自此以后，匈奴越发衰弱，再也无法对汉朝形成曾经的威胁了。而匈奴和汉朝之间的战争，也是时候告一段落了。

2.8 新人

公元前71年，丞相蔡义去世，韦贤顶替其为丞相，魏相则顶替韦贤为御史大夫。

与此同时，汉宣帝决定大力治理京兆地区，乃调赵广汉为京兆尹，主管此地区。

那这三个人都是谁呢？

韦贤，字长孺，鲁国人，大学问家，对于《诗经》《礼记》《尚书》都十分精通，被人称作当代大儒。

后来，因韦贤不管是人品、学问还是声望都非常高，所以朝廷征召其为博士，授官侍中，教授汉昭帝学习《诗经》。

再后来，韦贤逐渐受到汉昭帝的青睐，被升为大鸿胪。

等到汉宣帝继位以后，因为韦贤拥立汉宣帝也有一定的功劳，所以被升为关内侯，有赏食邑。

直到本年，丞相蔡义死，韦贤大多数时间都在钻研学问，很少搞政治斗争，再加上性格清静无为，所以在朝中口碑很好，便被汉宣帝立为丞相。

魏相，字弱翁，定陶人，后来迁徙平陵。

因为魏相对《周易》颇为精通，所以被地方举荐为贤良方正入京对策。

还因为魏相的名次比较靠前，于是便被安排到了茂陵县充当县令。

魏相执法严格，茂陵在很短的时间便被他治理得井井有条。

并且，魏相对手下极为爱护，所以，魏相不仅在民间有很高的声望，自己的手下甚至都愿意为他献出生命。

一次，御史大夫桑弘羊的一名宾客路过茂陵县，想要靠着桑弘羊的名头白吃白喝，便和本地政府部门谎称桑弘羊即将到来，让他们准备好迎接。

可当天县丞不知因为何故，并没有前来上班，宾客大怒，便在县衙等待县丞，等到他露面以后便将其绑了起来抽打。

当魏相听说自己的县丞被那不知死活的宾客捆起来打以后气得脸都绿了，当即让人将此宾客五花大绑然后拿起鞭子就要打。

宾客见魏相如此彪悍，当即嘶吼道："你是什么人？你知不知道，我是御史大夫桑弘羊的宾客，如今御史大夫就要驾临，你要是敢动我，我让你全家都死！"

这魏相一听宾客的威胁以后更来劲儿了，当即便道："我不管你是谁的人，但你毫无道理便将我的县丞捆起来打，这就不行！"

话毕，魏相抡起鞭子噼里啪啦对宾客就是一顿狂揍。

一时间，此宾客的哀号声遍布县衙的各个角落。

这可是御史大夫桑弘羊的宾客！鞭打了他会有什么后果自不必多说。

而魏相呢？他就打了！并且是为自己的手下而打的。

基于此，县衙门的那些兵卒们一个个激动得手直哆嗦，县丞更是被深深感动。

可鞭打之后怎么办？一想到这儿，大家都为魏相感到害怕。

可魏相并没有半点儿畏惧，将此宾客打得奄奄一息以后就在大堂之上等着桑弘羊驾临。

可魏相和一众官员左等右等也不见桑弘羊驾临。

时间很快到了晚上。

这时候，魏相明白了。

他回过头来微笑着看那个宾客，魏相的微笑非常和蔼，可这种笑容在这宾客的眼中却是那样的让人不寒而栗。

结果，桑弘羊的这个宾客被魏相当街处死。

那时候正是反霍联盟和霍光交手最激烈的时候，魏相此举使得霍光对其大为赞赏，乃擢升其为河南太守。

众所周知，河南乃天下的中枢地带，在古时候更是天子脚下之地，所以本地土豪的关系错综复杂，非常难治理。

不过魏相到了这地方以后根本不管你有没有什么保护伞，所有的事情都是按照法律来办，于是没过多久，河南的治安情况就直线上升，老百姓得以安居乐业，那些黑社会也不敢作奸犯科了。

这种情况没持续多少年，身为丞相的田千秋便郁郁而终。

因为田千秋在死之前和大将军霍光有一些不愉快，而大家又都认为魏相是霍光的人，所以，田千秋的儿子，当时在洛阳掌管兵器库的田××害怕魏相以后收拾他，便让人代他上交了辞呈，然后仓皇逃跑了。

但魏相听闻此事以后非常惊恐，赶紧派人前去追田某某。可田××早就跑没影儿了，上哪去追呢？

听到来人说没能追上田××，魏相一脸颓废："完了，我的官运到此为止了。"

身边的官员非常奇怪："大人，那田××是自己上交了辞呈后逃跑的，跟您根本没关系，您为什么要如此说呢？"

魏相："你们是有所不知啊，我是大将军一手提拔来的，世人都认为我是他的人。如今，上官桀和桑弘羊等反对大将军的人全都被消灭了，之前和大将军唱过反调的田千秋也死了。这时候的大将军虽然权倾朝野，可同时也是他最危险的时候。凭大将军的聪明谨慎，他不可能看不出自己的潜在危机。所以，此时的大将军最想做的便是以德服人，而不是被人冠以落井下石、赶尽杀绝的恶名。而如今，丞相刚死，他的儿子便从我手下辞官逃跑了。这说明什么？这说明是我逼得他逃走的，大将军定会因为这件事情怨恨我，轻则将我罢官，重则直接杀了我都有可能啊。"

官员："那太守你还等什么啊，赶紧派人去往长安送信解释啊。"

魏相："唉，算了，这时候发生这种事情，就算是我派人解释了，大将军为了堵住众人的口依然还会处置我，那样只会让双方闹得不愉快而已，我还不如直接背了这个锅得了。"

那么，事情会不会如同魏相所预料的那样呢？

简直一模一样。

那霍光得知田××被魏相开除以后气得咬牙切齿，当即便和周围的人吼道："真是混账！武库是储藏兵器的地方，而兵器乃是一个国家安全的根本！朝廷为什么要让田某某去看守武库？就是因为信任他！可这个混账魏相，竟然看丞相死了便处理他的儿子。这是多么卑劣！多么无知！一个人的格局怎么能够小到这个地步？这种人怎么配活在这个世界上！来人啊！"

"在！"

"你，去！现在就给我去把魏相那畜生抓到京师！"

"是！"

就这样，魏相被抓到了长安，扔到了牢房里，等待秋后问斩。

而在这期间，魏相一句冤枉的话都没有为自己喊，因为这一切都在他的意料之中。

同时，他也相信，他绝不会死，哪怕是当今权倾朝野的大将军想要杀他！

而这一次，魏相又猜中了！

因为几乎在魏相被抓走的同一时间，河南的老百姓就在第一时间得到了消息。

那魏相虽然执法严酷，但不管你是什么身份，他从来都是公平公正，从不偏袒任何一方，河南也在他的治理下政治清明，越来越富有，老百姓都十分珍惜魏相在任的日子。

这一下子自己的青天老爷被抓走了，老百姓当然不干！

于是，不管是男的、女的、老的、少的，这些百姓成群结队地往长安走，先头"部队"竟然就达到了一万三千之巨！

守函谷关的官兵大惊，赶紧关闭函谷关大门，做好了战斗准备。

可当这些手无寸铁的老百姓到了函谷关的时候，这些守关的卫士们却惊呆了。

因为这些百姓中男女老少全都有啊！并且这些百姓没一个身着盔甲，没一个带兵器的。

函谷关守将感觉不对劲儿了，便派一个人询问带头的三老到底是怎么回事儿。

结果打听到原来这么多人都是来给魏相请命的。

那函谷关守将见魏相人气如此之高，哪敢有半点儿懈怠？便一边安顿这些情绪躁动的老百姓，一边派人前往长安禀报霍光去了。

霍光深知得民心者得天下的道理，听说一万多名百姓堵在函谷关为魏相请命，对此高度重视，快马加鞭赶往了函谷关。

而当他站在函谷关上，看到下面黑压压的百姓的时候，霍光大惊失色。他从来没想到，一个官吏竟然能被百姓爱戴到这种程度。

霍光不敢怠慢，赶忙走下了函谷关，亲自和带头三老交谈。

岂料霍光一下函谷关，突然冲出来两三千名青壮年。

周围士兵想要保护霍光的安全，可全都被霍光喝退。

那些青壮年将霍光围起来以后全都跪在了地上，近乎嘶吼地同霍光道："大将军，我们求求您了，饶了魏大人吧，我们愿意为国家无条件服一年的劳役，大将军……"

"咳咳……"

未等这些青壮年说完，带头的三老拄着拐杖颤颤巍巍地走了出来，霍光赶紧走上前去将此三老扶住，可还未等霍光说话，三老便抢先说道："大将军，我们都是普通的老百姓，没有什么文化，也没有什么教养，更没有为魏大人开脱的证据，但您要说太守公报私仇，在场有一万多人，我们是无论如何都不相信的。多的我也不说，我这儿有魏大人这些年来勤政爱民的记录，大人您看了就明白了。"

话毕，三老对霍光深深一躬，就站在原地默默等待。

这明显就是要霍光当场看啊。

霍光无奈，只能在现场观看记录。

魏相究竟是个什么样的官之前也说过了，所以霍光越看越是心惊，心中断定这样一个官员是不可能公报私仇的。

于是，下定决心的他再三向这些百姓保证，说自己一定不会杀掉魏相，百姓这才逐渐退去。

之后，霍光又沉默了一会儿，然后和手下道："你去一趟河南，给我查查这到底是怎么回事儿。"

"是！"

几日以后，霍光的手下不但将事情的始末调查得清清楚楚，还将魏相和手下说的那些话也原原本本地禀报给了霍光。

听了魏相这些话以后霍光才知道，原来这个魏相如此聪明贤能。这样的人怎么能杀呢？不但不能杀，还必须重用。

所以，霍光只是做做样子，将魏相关到监狱里面一个冬天，便借着大赦的由头将魏相弄出来了。

之后，霍光将魏相弄到了扬州当刺史历练，准备大力提拔。

果然，没过多长时间，朝廷便传来了诏令，命其回到长安担任谏大夫一职。

可那边魏相屁股还没坐热呢，河南又闹腾起来了。

原来，河南的百姓怀念当初有魏相在的日子，所以一听说魏相重新回到长安了，便联名请朝廷让魏相重新回河南。

霍光心想让他多在地方积累名望和政绩也不错，便再次放魏相到河南做郡守。

时光匆匆而过。

几年以后，汉昭帝崩，汉宣帝继承大位，因为有霍光的提拔，再加上人家魏相本身干得就好，所以逐渐被提升为大司农。

到本年（公元前71年），魏相则一帆风顺地补了韦贤的缺，成为新任御史大夫。

最后一位要介绍的便是赵广汉了。

赵广汉，字子都，涿郡人，治理地方的超级强人。

据《汉书》所载，京兆地区的老人们常讲，论治理地方，赵广汉要说自己是第二，整个汉朝廷没有一个人敢说自己是第一。

赵广汉年轻的时候曾经做过郡吏和从事，因为他办事极为聪明干练，再加上为人廉洁奉公，礼贤下士，所以没过多长时间便打出了自己的名声。

后来，因为名声响亮，赵广汉被推荐到长安，长安方面则将赵广汉下派到阳翟（今河南省禹县）充当县令。

结果，没用多长时间，阳翟便被赵广汉治理得井井有条。

霍光满意其治理地方的优秀才能，便升他为京辅都尉，代理京兆尹，全权治理京兆地区。

结果当时正好赶上汉昭帝驾崩，这下可好，赵广汉屁股还没坐热呢老大就死了。

而他这个"代理"京兆尹又是刚来的，所以给汉昭帝监修陵墓这事儿肯定轮不到他。

那轮到谁呢？是一个叫杜建的京兆掾。

这杜建在京兆掾的位置上多年，经常利用职位给自己谋求私利，并且横行霸道，没少干欺压百姓的事情。

可因为他上下打点得非常到位，所以至今都没有人动他。

这不，顶头上司赵广汉刚刚上任，他不但没有一丁点儿的尊敬，反倒还"抢"了赵广汉的活儿。

赵广汉虽然心中对杜建很恼怒，但手中没有什么把柄，便没有发作。可对杜建这种恶人，想抓住他的把柄能有多难？

这不，杜建这厮在监修汉昭帝陵墓的时候偷工减料、中饱私囊，而且平时依然我行我素，一点儿都不拿汉朝的法典当回事。

而这一切，被赵广汉看得清清楚楚。

于是，收拾杜建的时机到了。

那赵广汉料定杜建仗着自己在朝中的关系，一定不会将自己的话放在心上，乃决定先礼后兵，这样便不会被别人抓住破绽。

一天，赵广汉非常客气地找到了杜建，劝他不要再触犯法律了，那姿态，谦卑到哪里有顶头上司的样子。

见赵广汉如此德行，杜建当然不理会他，只是嗤笑一声便下令送客了，以后该怎么干还怎么干。

可他没发现的是，在被自己"请"出府邸以后，赵广汉的嘴角却出现了一丝冷冷的浅笑。

这之后，在杜建再一次触犯法律之时，赵广汉重拳出击，几乎在第一时间便派人将他擒拿归案，并将他之前所犯的众多罪行统统提了出来，直接判处了杜建死刑。

这一下事儿可闹大了，朝中一些拥有大权的官员们、官中大宦官以及很多在本地有名望的豪族全都来找赵广汉，希望他能网开一面，放过杜建。

但在官场上，对敌人仁慈就是对自己残忍，要么老实待着，但只要动手了就是不死不休。

赵广汉深谙此道，绝对不会放过杜建。

所以，但凡来人求情，赵广汉都是一句话就驳回去："我之前已经给过他机会了，是他不懂得珍惜而已。"

见软的不行，那就直接来硬的吧。

杜建的那些族人们竟一起商量着要通过劫狱的手段将杜建给救出来。

可这一切都没能逃出赵广汉的眼线。

当赵广汉听闻此事以后直接将这些人全都叫了过来，和颜悦色地和他们道："我知道你们想的是什么，也知道你们这两天晚上想要干什么，不过我还是奉劝你们不要这样做，因为一旦做了，你们全家都会被波及，谁都跑不了。"

这话一说，一众杜建族人全都愣住了，然后一个个地磕头如捣蒜一般，都发誓绝不会做傻事。

最后，杜建被赵广汉给杀了。

京兆地区的那些百姓平常没少受杜建的欺负，一听新京兆尹刚刚上任就把这厮给弄死了，无不拍手称快。

所以一时间，赵广汉的大名响彻整个长安。

后来，因为废除刘贺的事情赵广汉也有功劳，霍光便请汉宣帝封其为关内侯。

再后来，霍显毒死了汉宣帝的结发妻子，这事儿在当时虽然算得上是"秘密"，但朝中官员没有谁不知道是怎么回事儿，只不过是畏惧霍光的权威而不敢明言而已。

再加上汉宣帝明哲保身，面对霍光的时候很卑微，霍光这时候是真的权倾朝野了。

可赵广汉最看不上的就是霍光这种"乱臣贼子"，所以，从这时候开始，赵广汉就和霍光杠上了，有的时候甚至故意在朝堂之上和霍光唱反调。（注：开始的时候赵广汉对霍光还是忠心的，可自从霍显毒死了汉宣帝的结发妻子以后，赵广汉便开始对霍光"另眼相看"了。）

可赵广汉哪里是大将军霍光的对手？两个人根本就不是一个级别的。

所以，没过多长时间赵广汉便被霍光下派到颍川当郡守去了。（注：其实霍光还是比较珍惜赵广汉的才能的，要不然凭借霍光的权力，想弄死赵广汉简直易如反掌，还能让他做一郡之长吗。）

在当时，颍川境内共有两大豪族，他们分别是原氏和褚氏。

这两大家族相互通婚结为亲家，并且和一些官员狼狈为奸，在本地横行霸道，前几任郡守根本整治不了他们，只能时不时地敲打一下这两大家族，让他们做事情不要太无所顾忌。

倒不能说是这些郡守没用，关键是这两大家族的势力实在是太强大了。你要是动他们，自己和家人就有生命危险。

你要是不动他们，那便会有数之不尽的贿赂。

所以，想要拿办这两大家族，非得有一个不要命并且能力出众的郡守不可。

而赵广汉便是这样的人。

那赵广汉在还没到颍川之前便已经将此地的情况打探得清清楚楚，并且一到颍川以后二话不说，立即带领士兵突袭了原氏和褚氏的府邸。

两个氏族的家主还没弄明白是怎么回事儿，赵广汉便在第一时间命手下将两个家主的脑袋给砍下来了。

然后，赵广汉站在无头尸体面前公布了这些年两家的种种恶行，说明了为什么要杀他们。然后，转头就走了。

可那些老百姓都吓蒙了，这一下子就把两大家主都给弄死了，颍川这是要变天了。

可事实并没有这样。

因为赵广汉在杀死两大家主的第一时间便在颍川颁布了一项政策，那就是欢迎颍川的乡亲父老们来举报本地的黑社会势力团伙。只要举报属实，那政府就会给予价格不菲的奖励。

重赏之下，必有勇夫。

因为就在这个昭告颁布以后，那些本地的老百姓都风风火火地前来举报，甚至有些黑社会小头目为了钱也都来举报和自己不是一个帮派的黑社会。

一时间，举报的旋风席卷颍川大地，那些失去了头领的黑社会大佬们一个个如坐针毡。

而赵广汉则哈哈大笑。

赵广汉趁着这股告密热潮施展自己的种种手段，将很多告密者的姓名都抹去，换上了不同家族告密者的名字，并透漏给这些家族的"大佬"。

因为两大家族刚刚死了族长，所以无法协调统一，再加上这两大家族的小辈们也都是一群无谋之辈，真以为这都是对方给告的密，便也都拿着手中对方的罪证前往赵广汉处告密。

结果事态越来越严重，两个家族甚至开始火并起来，不用赵广汉出手便相互杀得两败俱伤。

最后，在两大家族伤得最严重的时候，赵广汉出手了。

他将这两大家族相互告密的罪证全都拿了出来，然后将凡是有犯罪记录的人全都抓了起来，该杀的杀，该流放的流放。

结果，不到半年的时间，困扰了颍川不知道多少年的治安问题便被赵广汉轻松解决，赵广汉从此声名大噪，甚至都传到了北方的匈奴。

那时，匈奴包围网刚刚解散，正是内忧外患之时，大的部落相继背叛，小的部落相互攻伐，整个匈奴一片大乱。

壶衍鞮单于曾感叹："如果我的手下也有一个赵广汉这样的人，相信所有的困难都会解决了吧。"

时至今日（公元前71年），一是因为赵广汉的名声太响；二是因为汉宣帝也需要培养自己的亲信，便和霍光商议，想调赵广汉回长安任京兆尹。

霍光没有道理反对，也不想反对，便同意了汉宣帝的提议。

赵广汉就这样顺利地成了京兆尹。

而重新回到长安的赵广汉这次可学乖了，他虽然没像其他的官员一样巴结霍光，但也做到了不和霍光对立，甚至见了霍光还会对他微微行礼。

所以，他的这个京兆尹当得非常顺利。

而最重要的是，这赵广汉对于治理地方实在太有办法，并体现在方方面面。

对待下属，赵广汉能够做到关怀备至，每每工作上有了成绩，他都会将这个功劳让给自己的下属。"这都是我手下某某的功劳，和我的关系不大。"这种话经常会从他的口中说出来。

所以，他手下的官员经常受到朝廷的奖赏和提拔。

也因此，赵广汉的手下都甘愿为了他赴汤蹈火。

京城，那是全国最难治理的地方，因为这地方的人非富即贵，关系非常错综复杂，一个案子断不好，有可能就会万劫不复。

所以，除了郅都、宁成等所谓的"酷吏"以外，很少有人能将这地方给治理好。

可赵广汉不一样，他既不是郅都那种所谓的"酷吏"，又不属于崇尚仁义道德的儒家，而是完全以证据断案的人。

据说，赵广汉断案从不严刑拷打，而是能从蛛丝马迹中寻找到铁证。

那些满口喊冤的犯人每每都会在赵广汉的铁证下低头认罪。

这就是赵广汉，一个料事如神的汉朝福尔摩斯。

2.9 人面兽心——刘去

公元前70年正月，汉宣帝下令，从此以后，不管是关东人还是关西人，他们出入函谷关都不需要再出示身份证明了。

"通关用传"制度始于战国，用意便是防止奸细或者反贼以此为空隙窥探情报或者发动叛变。

当初，汉朝让汉文帝治理得国泰民安，便取消了这个制度。

等汉景帝继位以后，爆发了七国之乱，刘濞以此为空隙派出刺客偷偷埋伏在汉军的必由之路，意图拖延周亚夫的部队。

最后要不是田禄伯的建议，战争结果很有可能会被改写。

所以汉景帝在七国之乱以后延续了这项制度。

由此可见，"通关用传"还是很有必要的。

那这么好的一项政策汉宣帝为什么要在函谷关这个东大门处取消呢？

因为匈奴的威胁现在已经完全被消除，各路诸侯王经过景、武、昭三帝的打压下也已经无法形成气候。

所以，在此背景下，汉宣帝想提高自己的威望，向天下人表示，在自己上任的期间内，整个汉朝已经国泰民安，大家再也不必担心兵祸的问题了。

随着时间的推移，汉宣帝现在在皇位上是越来越稳固了，可同时他也知道，不管自己的皇位有多么稳固，实际上真正的实力还是比不上霍光的。

而之前霍显毒死许皇后的事情使得两个人的关系出现了裂痕，虽然双方表面上还是客客气气的，可大家心里都知道，汉宣帝和霍光都是在防着对方。

汉宣帝知道，如果自己的皇位想要真正坐得稳，那就必须要和霍光"真心"相交。同时他还知道，如果自己真的想拿回皇帝应该有的权力，那就必须和霍光成为亲人。

于是，同年三月，汉宣帝将霍光的女儿霍成君立为皇后。

想当初，汉宣帝的结发妻子许氏在被毒死以前，为了让汉宣帝不留人话柄，不管是吃的还是用的都非常节俭，哪怕是身边的宫女也都是一身素服。

可霍成君成为皇后以后就大不一样了，穿金戴银，顿顿山珍海味，出入行走所跟随的宫女仆役众多。并且，只要谁让她欢心了，那赏赐的金银都要以万来计算。

汉宣帝最讨厌的就是这样的骄奢做派，可搞政治的人不能有任何的个人感情，他只能把自己变成一台为达目的而不择手段的政治机器。

所以，汉宣帝不但什么都不说，反倒继续纵容她、娇惯她。

同年四月，也就是霍成君刚刚成为皇后不到一个月的时间，汉境内四十九个郡国竟然在同一天发生大规模地震，能统计出来的死者就达六千余人。

当时汉朝的那些老人们都说，这都是因为新任皇后不贤淑所造成的。

此流言就像一股大风一般，迅速席卷了大江南北。这不但对霍皇后的地位造成了严重的影响，甚至还波及了霍光和霍家。

不得不说，这是霍光无论如何都始料不及的。

可办法总是会有的。

同年五月，有北海郡守来报，说本郡安丘和淳于两县发现了一群凤凰朝长安方向齐拜。

凤凰乃百鸟之皇，是传说中存在的东西。在古代，凤凰更是祥瑞，同时象

征着这天下正有一位杰出的女性正身处高位。那这个女性说的是谁呀？当然是
霍成君。

所以，本次的凤凰事件虽然是北海郡太守上报来的，但幕后真正的主使，
我想除了霍光以外根本没有第二人选。

同年秋季，一个丧尽天良的人被汉宣帝废除王爵，驱逐到汉中郡去了。

此人从小锦衣玉食，因为受不了苦日子，便自杀身亡了。

他的名字，叫作刘去。

他的王号，叫作广川王。

刘去，汉景帝曾孙，是前广川王刘缪的儿子。

公元前91年，刘缪身死，因为有罪而被废除了封国。

后来，大概是汉武帝可怜刘缪一家，便让刘缪的儿子刘去继承了广川王的
位置。

那刘去长得非常帅气，一副奶油小生的样子，并且精通《周易》《论语》
等经典。

可刘去那光鲜的外表之下却隐藏着一颗黑暗之心。

刘去一共有两个恶趣味，我们一一来说。

首先要说的是盗墓。

大周王朝从春秋开始就已经陷入了一个群雄割据的时代，直到战国结束，
不知有多少英雄豪杰的墓碑屹立在华夏大地之上。

这些墓，本应该是让人祭祀的，本应该是受人尊敬的。可在那些盗墓贼的
眼中，这些墓的主人生前是谁不重要，尊不尊重死人也不重要，他们要的只是
里面的钱。

古人以"死者为大"，在他们心中，不管是谁，只要进了坟墓，那就不应
该去打扰。

所以，在古时候，那些盗墓的一般都是一些素质极差的流氓或者活不下去
的无业游民，稍微有点儿身份的人都不会去打死人的主意。

可刘去不是这样，别看他是一个身份尊贵的诸侯王，可只要能玩儿得开

心，他什么都愿意做，才不会管墓地主人生前是什么人。

为了能将广川境内所有的墓地都盗了，刘去全力打击广川的盗墓贼。所以在很短的时间内，整个广川的盗墓贼全都销声匿迹了。

百姓都为刘去点赞，认为他是尊敬死者才会这样做的，可事后刘去的表现却让他们惊掉下巴。

那刘去肃清了广川的盗墓贼以后，勾结了一群地痞无赖，整日寻找墓地挖掘，并且乐此不疲。

据说，整个广川的陵墓无一幸免，全被刘去给盗了，甚至连晋灵公的墓地都逃不过刘去的毒手。

而且，刘去不尊重死人已经到了极致，凡是被他盗窃过的墓地都被破坏得干干净净，甚至有的时候为了寻求刺激，他还会将已经死去好几百年的干尸给挖出来重新鞭打一遍，其恶劣行径已经到了令人发指的地步。

而这只不过是刘去两大兴趣的其中之一而已。

要说刘去最大的兴趣并不是盗墓，而是杀人，用残忍的手段杀人。

他杀的人不可计数，但史料有载的只有两批人，一批是自己的老师一家人。而另一批，便是自己的后宫了。

首先来看刘去的老师。

因为刘去在本地的恶行已经到了臭名昭著的级别，所以他的老师实在是看不下去了，便找到了刘去，让他一定改正，不然就把他的种种行径报告给长安。

刘去大惧，怕自己的老师真把自己的这些恶行给捅到长安去。于是，刘去表面上对老师百般认错，可等他的老师一走，他便招来一群亡命之徒，命他们在夜里将自己老师一家给屠杀殆尽。而且是用相当残忍的手法，他竟然下令这些人一定要将自己老师的全家给活活剐死。

剐死他们以后还要这些人将老师一家的血肉拿给自己看。

不过这和下面要说的杀自己的老婆来比，又是小巫见大巫了。

那刘去是一个色中恶霸，后宫到底有多少个妾不得而知。

不过这里面刘去最喜欢的还是王昭平和王地馀，并承诺过一段时间以后给她们两个都封为王后。

二女听闻此事以后自然高兴，可任谁都没有想到，本来已经板上钉钉的事情，到最后却被一个叫作阳成昭信的女人给毁了。

昭信，为刘去众多妻妾中的一个。

一次，刘去在去盗墓的过程中，染上了一座古墓的不明细菌，因此大病一场，差点儿归了西。

而在众多的妻妾中，只有昭信的服侍是最周到细致的。所以，当刘去大病痊愈以后，马上移情别恋到昭信的身上。至于封王昭平和王地馀为王后这件事情，刘去早就抛到九霄云外去了。

眼看着到手的王后之位没了，这让王昭平和王地馀相当愤怒，同时也感到了极度的恐慌。为什么呢？因为如果继续让事态这样发展下去的话，不要说继承王后之位了，甚至自己能不能活都是未知数了。

所以，二女决定先下手为强，赶在昭信对自己动手之前干掉她。

要说像二女这种身份的人想要杀掉一个昭信根本就不是什么难事，找人暗杀或者找人投毒都可以，可这二女竟然想要自己动手杀掉昭信，所采用的办法还是最让人啼笑皆非的，就是整天在自己的袖子里藏着一把匕首，什么时候看到昭信便上去捅死她。

这怎么可能会成功呢？

果然，那边二女还没等杀昭信呢，这边计划就被刘去知道了。

一天，刘去去找王地馀"玩"，突然王地馀的袖子里面掉出了一把刀子。

刘去大怒，认为王地馀是想要杀掉自己，便将她绑在一根铁柱子上，不停地用鞭子抽打她，问她究竟要用这把刀子做什么。

可不管刘去怎么抽打王地馀，她都不肯承认是要用这把刀杀刘去。

刘去阴狠地看着王地馀，然后将鞭子一扔，换了一根细长的铁针。

之后，他用这根铁针在王地馀的皮肤上一针一针地扎，直到将此女扎得体无完肤，王地馀终于受不了折磨，便将自己和王昭平的密谋全都说了出来。

大怒的刘去逼出口供以后将所有的妻妾全都召集到一起，之后又将王昭平也绑了起来。

等这些妻妾全都到达现场以后，刘去抽出短刀，对着王地馀便是一顿猛刺，王地馀断气。

然后，刘去将这把刀递给了昭信，并和她说："这两个贱人是要合力杀死你。我现在帮你弄死一个，剩下的那一个要你自己动手。"

那昭信和刘去也是一路货色，接过短刀以后甚至连犹豫一下都没有就将王昭平给捅死了。

杀死二人以后，刘去还是觉得不过瘾，便又将王昭平和王地馀最信任的三个婢女也刺死了。

然后，他将这五个女子的尸体全部焚烧。

最强的两个情敌全都死了，昭信毫无意外地成了刘去唯一的皇后。

可古人的妻妾总是很多的，尤其是那些身份高贵的男人，他们从来都不缺女人，再加上刘去又是一个喜新厌旧之人，所以要让他从一而终，那简直比登天还难。

这不，刚宠幸昭信还没几天呢，这刘去便又开始宠幸上一个叫陶望卿的女子，三天两头就往她那边跑。

此种行为大大地触及了昭信的底线，于是，她便对刘去进谗言，说陶望卿和其他的男人关系不明。

这刘去对昭信的话是言听计从，从没有半点儿怀疑，昭信那边一说，这边刘去甚至连调查都没有便带人冲到了陶望卿的住所，当场脱掉了陶望卿的衣服，然后在众人面前用皮鞭狠狠地抽打她。

那陶望卿根本就没和其他男人私通过，怎么承认？所以哪怕是将陶望卿打得伤痕累累，她依然紧闭牙关，死活不承认和其他人私通。

见此，刘去开始用更狠毒的办法来对待陶望卿。

他将一个铁棍烧得通红，然后让自己的妻妾们戴上避热装备，每人拿铁棍烧一次陶望卿。

伴随着惨叫哀号之声，陶望卿已经被烧得全身坏死，可是她依然不肯承认自己和别人有私情。

有可能这时候刘去也感觉事情有些不对劲儿了，便将陶望卿放了，留下狠话，转身便走了。

看着已经面目全非的自己，陶望卿失去了继续活下去的勇气。

于是，伤心欲绝的她直接投井自杀了。

此事很快传到了刘去的耳朵里。"好啊，亏我还以为误会你了，闹了半天你真的有问题，不然畏罪自杀干什么？"

抱着此种想法的刘去越想越生气，便命人将陶望卿的尸体捞了出来。

刘去先是拿了一个木棒从她的下身塞了进去，然后割掉了她的鼻子、嘴唇和舌头。

之后，也许是肢解得兴奋了，刘去还将昭信叫到了身边，给了她一把刀，夫妻二人一起肢解。

最后，陶望卿被卸得七零八落，夫妻二人便将这些肢体碎片扔到了大锅里面煮，还让所有的妻妾全都来观看，以达到震慑的目的。

可这些行为依然不能让刘去平息愤怒。为什么呢？因为始终没有抓到那个给自己"戴绿帽"的男人。

所以，刘去把主意打到了陶望卿家人的身上以泄愤。

他先是残忍地杀害了陶望卿的妹妹，然后又将陶望卿的"残尸"和陶妹的尸体拿给陶母看。

都说自己的孩子不管变成什么样母亲都能认得出来，以此取乐的刘去就是想要看看这个说法到底准不准。

结果，陶母一看到陶妹的尸体就认出来了，然后哭得稀里哗啦。

刘去冷笑一声，之后又在陶母面前扔了一堆碎肉，问陶母认不认识这堆碎肉的主人。

看着陶母一脸的迷惑，刘去哈哈大笑："都说这世间不管自己的孩子变成什么样子，他的母亲都能认出他。如今来看，世人皆肤浅之辈矣，老太太，这堆碎肉的主人可是你乖巧的大女儿啊，你竟然认不出来？啊？哈哈哈哈哈哈……"

话毕，陶母直接愣在原地，然后如同疯了一般冲向刘去，意图和他同归于尽。

可陶母只不过是一个上了年纪的妇人，怎么会是刘去的对手？

所以，她还没等冲到刘去的面前，便被刘去一刀捅死。

至此，陶望卿一家，就因为昭信的一个谗言便统统惨死。

而这之后没有多久，刘去又开始宠幸一个叫荣爱的女子。

昭信便又说荣爱和别人也有私通情节。

陶望卿之事相去不远，众妻妾还活在她惨死的阴影当中，所以当荣爱听说昭信污蔑她以后吓傻了，竟然连申辩都没有为自己申辩便投井自杀了。

可荣爱比较倒霉，因为她投的井是一口死井，所以并没有死成。

那刘去将没有死成的荣爱"捞"上来以后再次对她严刑拷打，逼问她到底和谁私通。

荣爱不想自己的家人受到刘去迫害，便胡乱说和一个医师私通。

刘去闻言大怒，当场将自己佩带于腰上的刀子用火烧红，然后活生生地刺瞎了荣爱的双眼。

这还不够，他还用这把刀割下了荣爱的双股，用铅水将荣爱的肚子灌满，然后肢解了荣爱，查看铅水进入人体以后会起什么反应。

荣爱，一个貌美如花的少妇，就这样死于昭信的诬陷之下。

而以上的陶望卿和荣爱事件也只不过是刘去众多暴行的其中之二而已。

据说，刘去的那些妻妾，死于昭信诬陷下的便有十四人之多！而刘去呢？依然对昭信的话坚信不疑。

最后，刘去的暴行终于传到长安，几乎所有的官员听到此事以后都说要杀死刘去这个丧尽天良的暴徒，可汉宣帝和汉文帝一样，不想担一个杀害王室宗亲的恶名，便没有杀刘去，只是剥夺了他的王位，废除了他的封国，给了他一百户食邑，让他滚到其他地方生活而已。

可那刘去从小锦衣玉食，过惯了王爷的生活，怎么可能习惯如此落差？便在前往封地的过程中自杀身亡了。

2.10 廷尉于定国

公元前69年三月，汉宣帝下令全国各州郡地区，让各地政府职能部门将本地官田以很低的价格租借给没有地种的贫苦百姓。

同年十一月，楚王刘延寿忽悠广陵王刘胥谋反未遂，自杀。

刘延寿为楚元王刘交六世孙，他认为现在只有刘胥才是汉武帝的儿子，是早晚都会被立为皇帝的，便暗中依附，巴结广陵王刘胥，并和刘胥结了亲家。

之后，大概是觉得时机到了，刘延寿派赵何齐到广陵，将自己的一封亲笔密信交到了刘胥手中，大体意思是让刘胥从现在开始扩充军事编制，等汉宣帝遭遇了什么不测以后直接出手，绝对不能再把皇位拱手让人了。

可现在汉朝被汉宣帝治理得井井有条，老百姓安居乐业，每个人都对现在的生活非常满意。

最重要的是，诸侯王从汉景帝时期开始被不断削弱，现在几乎没有造反的实力了，所以刘延寿的想法到最后必然失败。

赵何齐的父亲不想自己的儿子和全家陪刘延寿丧命，便将信中的内容秘密报告给了长安。

汉宣帝得知此事以后高度重视，立即让廷尉派人押解刘延寿进入长安。

结果，刘延寿对自己的行为供认不讳，继而在监狱中畏罪自杀。

因为汉宣帝不想担杀害宗亲的罪名，再加上刘胥也确实没有回应刘延寿，便没有治刘胥的罪，这事儿便不了了之了。不过从此以后，汉宣帝却更加警惕刘胥了。

同年，于定国成为汉朝新一任廷尉，使得汉朝的法度更加清明，当时天下人都在说："张释之为廷尉，天下无冤民。于定国为廷尉，民自以不冤。"

　　张释之是在文帝时期相当成功的廷尉，汉朝在他的作用下冤案大减。那么这个于定国又是谁呢？怎么就能和张释之相提并论了呢？

　　于定国，字曼倩，东海郡人士。

　　和张汤一样，于定国也有一个精通法律的父亲（名字未知，史料称之为于公，本书从之），当地人非常敬重于公，甚至为他建立祭祀之庙。

　　但于公跟张汤的父亲不一样的地方在于，于公从来不打自己的儿子，每当于定国犯了错误他都会引经据典地对他进行说服教育，所以于定国从小便懂事有礼貌，性格和张汤截然相反。

　　因为父亲的关系，于定国也和张汤一样，从小便对法律方面的事情非常有兴趣，便跟随父亲于公学习。

　　等到于公死去以后，因为于定国法律方面的知识非常丰富，便顺利成为了县中的狱史。

　　之后，因为才能出众，升迁为郡中决曹，几年以后又升迁为朝廷廷尉史。

　　于定国成为廷尉史以后，协助廷尉和御史中丞处理大小案件过百，从来没有出过一次差错，没有过一件冤案，所以在几年之后被提升为御史中丞。

　　再后来，汉宣帝继位，因为宣帝本身就是类似于汉文帝的人，所以对于定国这种优秀的"儒家"执法者非常喜欢，便逐渐提拔他为光禄大夫，平尚书事，相当受重用。

　　直到本年（公元前69年），于定国很顺利地成为朝廷新一任廷尉。

　　九卿，是除三公以外最为尊贵的职位，而廷尉在九卿之中的含金量不言而喻。所以，很多人到了这个位置上都不免要开始飘飘然了。

　　可于定国没有，他反而更加谨慎，并且对于来访的客人不管身份高低，他都会亲自相迎，从来都没有什么架子。所以，在长安官场之中，于定国那可谓是好评一片。

　　而对于地方判决上来有关于人命的案件，于定国从来都是慎重慎重再慎重！但凡证据不是那么充分的，他都会从轻发落，案件中有牵扯孤寡老人的，他都会优厚对待。

汉朝的法律中"酷吏天下"的思想也在于定国的努力下慢慢消失。老百姓对于定国赞誉有加，因此，汉宣帝便对于定国更加看重。

据说，于定国有一个习惯，那就是喜欢在审理案件的时候喝上两盅，这样的话，他审案的时候脑子就更加清晰了。

2.11 霍光死，霍氏灭

公元前68年，一个天大的"好消息"传到了汉宣帝的耳中。

什么好消息呢？霍光病了，病得非常严重，甚至连床都下不了了。

汉宣帝听闻此消息以后想笑、想跳，甚至想当着众人高歌一曲，可身为一名老到的政治家，他绝不能这样做。因为他知道，哪怕是霍光成了这个德行，他依然可以对自己构成威胁，所以自己非但不能高兴，还要表现出很悲伤的样子，甚至还要在霍光死去之前给霍家无限的荣耀，让霍光可以安心地赶紧走。

于是，汉宣帝亲自前往霍光家中，在霍光床前紧紧地握住霍光的手，又是哭又是号，悲伤之情溢于言表。

而霍光呢？没有作声，他就是那样地望着汉宣帝，望得汉宣帝全身直发毛。

大概一炷香之后，霍光好像想通了什么，他长长地叹了一口气，然后对汉宣帝道："启禀陛下，臣现在即将死去，但在死之前还有一个请求，希望陛下能够恩准。"

汉宣帝："大将军尽管说，只要朕能做到的，一定不会推辞。"

霍光："陛下，之前有很多事情，您和我都知道。以后将会发生什么，您和我也知道。如今，我已经是一个将死之人，不想再考虑那么多的事了，只求陛下能够准许，让我分出三千户食邑给我的哥哥霍去病的孙子霍山，让霍氏一族还能传承下去。"

这话一说，汉宣帝整个身体一震，他怔怔地看了霍光好一会儿，然后不自然地笑道："大将军这是说的什么话，您霍氏对我汉家天下是有大功的，怎么会没有传承呢？我答应您，会将您的三千户食邑分给霍山。这还不止，我还会将霍云也封为右将军，让他手执重权，继续辅佐我左右。"

话毕，霍光只是微笑着看着汉宣帝，却没有作声。

大概又过了差不多半炷香以后，霍光慢慢地闭上了双眼。

公元前68年三月，权倾朝野数十年的大司马大将军霍光病逝。

当天，汉宣帝和上官太后全部来给霍光吊丧，汉宣帝还特意为霍光设置了一个临时机构，负责修缮霍光的坟墓。

陪葬霍光的金银珠宝也是不计其数，整个葬礼不管是规模还是档次都不低于历代皇帝。

葬礼过后，汉宣帝隆重地赞扬了霍光对汉朝的功劳，以及霍氏对汉朝的杰出贡献，并且以张安世为大司马、车骑将军，领尚书事；以霍云为右将军，以霍山为奉车都尉，领尚书事。

如此布置算得上是给已经成为惊弓之鸟的霍氏一族吃了一颗定心丸，因为自从霍光死后，所有的奏章汇报都将会直接交到汉宣帝手中，从此再也没有谁能够直接制约汉宣帝了。所以，为避免霍氏一族狗急跳墙，汉宣帝才有了如此布置。

不过有意思的是，官场"老油条"张安世听说汉宣帝要立他为车骑将军以后吓得腿发软，竟然连夜跑到未央宫，在汉宣帝的面前连连叩头，极力贬低自己的能力，只求汉宣帝能够饶他一条老命，让他安度晚年，并向汉宣帝承诺，以后不管发生了什么，他都会为汉宣帝尽忠效死命。

那么张安世为什么会有如此大的反应呢？难道做一个车骑将军不好吗？对于别人也许是好事儿，但对于精于官场规则的张安世来说，这个车骑将军基本等同于催命符。

第一，张安世在汉宣帝曾经是平民的时候羞辱过他（娶媳妇事件），张安世不认为汉宣帝已经原谅了他。

第二，张安世之前一直都是霍光的心腹和左右手，而霍光和汉宣帝真正的关系到底怎么样，他比谁都清楚。

基于以上两点，张安世断定，汉宣帝无缘无故封了他一个车骑将军，这绝对不是什么好事，反而是要收拾自己，这才有了上面那一幕。

而汉宣帝也知道张安世心中的顾忌，但说实话，凭汉宣帝的心胸和城府，他还真就有可能原谅了张安世当初的羞辱。（注：最重要的是汉宣帝有两大恩人，其中之一便是张贺，而张贺正是张安世的哥哥，所以看在张贺的面子上汉宣帝也不会去动张安世。）

所以，汉宣帝微笑着对张安世道："爱卿多虑了，我知道你心中的顾虑，但还是请你不要多想，如果你不做这个车骑将军的话，那我想整个天下也没有谁配坐这个位子了，你就不要推辞了。"

皇帝都已经把话说到这个地步了，张安世哪里还敢推辞呢？只能哆哆嗦嗦地接受了汉宣帝的任命。

公元前67年四月，汉宣帝立当初许皇后给他生的孩子刘奭为皇太子（六岁）。这表明了汉宣帝就是想让自己原配的孩子继承自己的位置，同时向天下说明了，他心中真正喜爱的女人除了许氏以外别无他人。

可霍显得知这则消息以后差点儿没被气"死"，她怒吼道："好啊！好你个刘询，我丈夫刚刚去世你就敢这么干！你以后还想反了天不成？你立一个小杂种当太子，难道还想让以后皇后给你生的孩子做诸侯王吗？看来你是忘了当初那个姓许的是怎么死的了。好，那我就再让你体会一下！"

想到这儿，霍显当即写了一封信命人到宫中交给霍皇后，让她找机会毒死刘奭。

而霍皇后和她母亲一样，是一个恶毒无脑的女人，收到霍显的命令以后连想都没想便准备好毒药，然后假惺惺地去东宫看望太子，并给他好吃的（这好吃的并没有毒，只是霍皇后的一个试探）。

可让霍皇后崩溃的是，每次她给刘奭好吃的，总会冲上来一帮小宦官和奶娘先行试吃，确认没有毒以后才会给年幼的小刘奭品尝，使得霍皇后半点儿机会都没有。

可从来没喜欢过刘奭的霍皇后最近频频前来看望刘奭，这令宫中的大臣们大为不满，因为很多人都知道当初就是霍氏一族毒死的许皇后。怎么？如今看皇帝陛下立的不是你家的儿子当太子，现在就又想毒死太子了？别做梦了！

当初因为有权倾朝野的霍光在朝中撑腰，所以不管霍氏子弟做了什么大家都敢怒不敢言。如今，霍光这棵大树已经倒了，你们霍氏一族还想嚣张？休想！

于是，很多大臣都在朝堂之上，以各种隐晦的名义透露霍显的危险性，希望汉宣帝不要再让皇后去见太子。这里面属赵广汉最狠，他不但在朝堂之上力挺那些大臣，还公然闯到霍府捣乱。

那天，霍显正在同霍禹聊天。突然，一个下人慌慌张张地跑到了霍显的面前，惊慌失措地道："夫、夫人！大事不好了，京兆尹领着一大帮官兵硬闯我们的府邸，来者不……"

没等这名下人说完，砰的一声巨响，曾经尊贵无比的霍府大门被京兆尹赵广汉一脚踹开，他领着一众凶神恶煞的官兵径直走了进来。

见赵广汉如此嚣张，霍禹站起来指着赵广汉吼道："赵广汉！是谁给你的狗胆，敢公然闯进我大将军府，难道在你眼中已经没有王法了吗？"

面对霍禹的质问，赵广汉只是轻蔑一笑，然后不阴不阳地道："大将军府？呵呵，你糊涂了吧？现在这天下哪儿还有什么大将军？再说，我这次前来贵府可不是来闹事的，而是听说贵府私藏了很多见不得人的东西，这才来搜查的，还请你不要妨碍我的公务，不然后果可不是你能承受的。"

霍禹怒吼："你们……"

没等霍禹说完，霍显便打出了手势制止，然后阴冷地和赵广汉道："京兆尹大人，一个人做事情总是要付出代价的，希望你能承受得起你之后所付出的代价。"

这摆明就是威胁了。可没有霍光的威胁在赵广汉这里一文不值。

只见赵广汉以同样阴冷的口吻意味深长地道："是呀，人这一辈子总要为自己的行为付出代价，霍夫人您也知道？哈哈哈哈，来人呀！"

官兵齐声："在！"

赵广汉："给我查！狠狠地查！"

"是！"

赵广汉话音一落，这些官兵就好像土匪一般，在霍府拼了命地打砸，霍府的大门、厢房，甚至连酒缸都被赵广汉带来的官兵砸了个稀巴烂。最后，赵广汉什么都没查着，他鄙视地瞥了一眼霍显和霍禹后，以极为嚣张的口吻对霍显道："夫人，下官打扰了。"

话毕，连一句像样的道歉都没有便领着士兵转身走了。

看着赵广汉那嚣张跋扈的背影，霍显气得浑身哆嗦，嚣张惯了的她何时受到过如此的侮辱？只见她近乎嘶吼地对下人道："来人！"

"在，在，夫人您有何吩咐？"

霍显："去！赶紧给我去后宫，将今日之事全部告诉成君，让她给我们做主！"

"是！"

这霍皇后收到母亲的信息以后也是气得七窍生烟，当即便跑到汉宣帝处，请求汉宣帝为自己做主。

汉宣帝心里乐开了花，不过表面上还是答应了霍皇后的请求。不过多少天过去了，他甚至连训斥都没有训斥赵广汉一次，这其实就是一个很明显的信号了，表明汉宣帝实际上是支持赵广汉这样做的。也同样表明，汉宣帝打算开始收拾霍氏一族了。

同年，汉宣帝突然以减少军事开支，造福百姓为由，罢黜了车骑将军张安世及右将军霍云的兵权，转而任命张安世为卫将军，霍云为大司马。

表面上来看，大司马是三公之一，职位要高过卫将军，可卫将军却把持着两宫卫尉以及全部北军。

很明显，汉宣帝对霍云是明升暗降，对张安世则是真心把他当作心腹来看待。

然而这还远远没完。

封完了两人以后，已经七十多岁的韦贤以年老为由提出辞职，想要回到本籍养老。汉宣帝答应了他，之后汉宣帝开始了官场大换血。

他将魏相提升为丞相。

恩人丙吉提升为御史大夫。

霍光的女婿——度辽将军、未央宫卫尉范明友调任为光禄勋。

霍光的二女婿——诸吏中郎将羽林监任胜外放到京师担任安定太守。

霍光姐姐的女婿——给事中光禄大夫张朔外放到蜀郡担任太守。

霍光的孙女婿——中郎将王汉外放为武威太守。

霍光的长女婿——长乐宫卫尉邓广汉调任为少府。

霍光的中女婿——散骑骑都尉光禄大夫赵平原的兵权全部解除等。

总之只要是霍氏一族在京城还有兵权的，汉宣帝要么就把他们下派到地方去，要么就以种种名义将他们的兵权罢黜。

而这频繁的调动也使得霍氏一族如履薄冰，为此，霍显、霍山、霍云三人在一起痛哭并商议接下来的对策。

结果商议来商议去都没有商议出什么好的策略，到最后他们悲哀地发现，好像只有发动政变，将汉宣帝赶下台去才能让霍氏一族重新拥有当初的富贵。

可发动政变哪有那么简单？当初霍光权倾朝野，扳倒皇位不稳、罪行累累的刘贺也是小心翼翼。如今，汉宣帝在国中威望日隆，各个重要职位也都换上了他的亲信，想要扳倒他可谓难如登天。

所以，三人虽然有这个心思，却始终拿不定主意。

可就在霍氏三人犹豫不决的时候，有一个人却在没有通知霍显的情况下预谋造反，结果被发现，成为逼霍氏造反的最后一根稻草。

霍云有一个舅舅名叫李竟，李竟有一个损友名叫张赦。

张赦见整个霍家都因为汉宣帝的频频调动而惶惶不安，便对李竟献计道："大人，现在天子的意图已经很明显了，那就是打压霍氏一族，什么时候将霍氏打压殆尽才会结束。而您和霍氏一族有着千丝万缕的关系，所以一旦霍氏倒台，那您的末日也就不远了，不知您对如今的局势有什么看法呢？"

李竟："先生所说之事我也清楚，可如今大将军已死，我们还能有什么办法？"

张赦："当然！可还记得当初的昌邑王刘贺？"

一听这话，李竟一抖，然后凝重地道："你是说……"

张赦："没错！就是这个意思！大人，现在丞相和御史大夫都是天子的人，如想废掉天子，必先除掉二人！大人现在即刻前往通知太夫人（霍显）此事，然后合谋除掉丞相和御史大夫。只要除掉这两个人，那废掉天子就是太后一句话的事了。"

话毕，李竟陷入了良久的沉思。大概一炷香的时间后，李竟狠狠地敲击了一下几案，便起身往霍显家中，决定行事。

可让李竟和张赦没有想到的是，就在他们商量政变之事还没结束的时候，一个叫张章的男子却偷偷地离开了李竟的府邸，转而奔向了未央宫，将二人商量的事情原原本本地报告给了汉宣帝。

而汉宣帝并没有大肆屠杀，只是将谋划政变的张赦给抓起来了。

汉宣帝为什么要这样做？因为他和汉文帝一样，不想担卸磨杀驴的恶名，所以就想一点儿一点儿地将对手逼疯，然后名正言顺地除掉对手以及所有同对手有关的潜在威胁。

当天，李竟将自己的图谋和霍显、霍山、霍云说了一遍，三人觉得这个事儿挺靠谱的，正想答应。可就在这时，一名下人慌慌张张地跑了进来，将朝廷抓了张赦的事情原原本本地报给了众人。

众人听了这话以后大惊失色，霍显马上问下人："天子难道就只抓了张赦而没有下令怎样处置我们吗？"

下人连忙道："没有，真的没有，朝廷只抓了张赦一人，并没有其他任何行动。"

话毕，霍显陷入了沉思。见霍显还在犹豫，霍山赶紧站起来道："姨娘！天子之所以没有难为我们是因为他不想担上恶名，可现在我们已经彻底地得罪了天子，之前您还让人毒杀过许皇后，陛下哪怕是再宽容，您难道认为他会宽恕我们吗？所以，这之后，天子的手段一定会一波接一波地来，什么时候整死我们霍家他才会罢休。我们不如按照李竟所说，直接反了得了！"

霍显想想也对，便答应了霍山的建议。

于是，霍显"分兵两路"，一边让霍山和霍云联络一众霍家男人，寻求他们的支持，另一边则让李竟联系一众诸侯王，到时候他们在背后力挺自己而制衡长安南北军。

霍山和霍云那边一切顺利，几乎所有的霍氏男子都赞同他们的政变。可李竟那边却栽了。那这到底是怎么回事儿呢？

因为李竟做事不够缜密，在联系一众诸侯王的时候被朝廷发现，从而锒铛入狱。在狱中，李竟不但对自己预谋发动政变的事情供认不讳，甚至还将霍氏的图谋全都供了出来。

而汉宣帝还是没有动霍家，他只是在等，等着霍氏一族自己把自己逼疯。

而事实也的确如汉宣帝所料。

本次消息泄露以后，霍氏一族就像一群老鼠一样在原地瑟瑟发抖而不敢动弹，但怪事确实一件又一件在霍府中发生。

第一件：

霍显在一次睡觉中梦见了自家园中的水井翻涌，将整个庭院全都淹没了。而让人崩溃的是，这些水还自带火属性，将霍府所有的房屋全都焚烧殆尽。

第二天，霍显再次做梦，不过这一次没有梦到火和水，而是梦到了霍光。梦中，霍光死死地抓着霍显的手对她说："快！快快行动吧！你知不知道，我霍氏一族就要灭绝了。"

第二件：

一天，霍府中突然出现了成群结队的老鼠，它们在霍府中惊慌乱窜，甚至连人都不怕，只是不停地用尾巴在地上写着什么。

第三件：

那是一个白天，霍府园中的树上突然飞来了一只猫头鹰，这猫头鹰不停地叫不停地叫，好像是在向霍氏族人说着什么，急切地说着什么。

第四件：

一天夜里，霍府中人都在睡觉。可就在这时，"砰砰砰砰"的声音响彻霍府，这声音将霍府众人惊醒，他们睁开惺忪的睡眼，远远望去，只见一个黑影在自家房屋的上方不断地往下扔瓦皮，一边扔还一边比画着什么，好像是要向霍府众人传达什么信息。

一开始，众人以为是谁在捣乱，一个个义愤填膺地冲了上去，可到了跟前一看，房顶上面根本没有任何人，只有一地的瓦皮。

霍显大怒，让下人们好好看守，自己则回屋睡觉去了。可还没等睡着，又传来了"砰砰砰"的声音。

霍显再次冲了出去，并大声训斥下人。可下人却如同见了鬼一般，哆哆嗦嗦和霍显道："夫、夫、夫、夫人，我确定见到黑影了，可、可、可每当我想要去抓它的时候它总会凭空消失，我和××都在四周看护，我断定这黑影没有跳下去，它就是这样凭空消失的。"

话毕，霍氏族人吓得不轻，都躲在屋子里再也不敢出来了。而当他们回到屋子里后，这黑影又走了出来。这次，他手中拿着一把超大的斧头，对着霍府的大门就开始不停地劈砍，"哐哐哐""当当当"，这种声音让人崩溃。

就这样，整整一个晚上，霍氏族人全都龟缩在屋子里不敢出来。

第二天一早，当太阳升起以后，这种摄人心魄的声音终于消失了。可众人出来一看全都傻眼了，因为不管是正门还是后门全都被砸了个稀巴烂。

霍显、霍山、霍云三人现在本就如履薄冰，这一段时间又连连出现怪事，更令他们惊恐不安。

三人再也无法忍受这种折磨，他们认定，这一定是霍光给他们的提示，让他们赶紧造反。

于是，霍山建议霍显想办法让上官太后宴请丞相和御史大夫，然后在大宴的过程中让范明友和邓广汉带人杀了二人，之后逼上官太后发诏废掉汉宣帝，再选一个听话的皇帝上位。

这时候，已经精神崩溃的霍显想都没想便答应了霍山的提议，并打算在几日以后实行。

可还没等他们发作，霍山有一个手下却通过霍山对府中士兵的频频调动中发现他有谋反的意图，便前往未央宫中状告霍山造反。

这时候，汉宣帝感觉时机已到，便立即命人抓捕霍山至狱中严刑拷打，意图逼问出他想知道的事情。

霍显那边听说霍山被捕，吓得亡魂皆冒，在第一时间便前往宫中请求汉宣帝能够放过霍山。为此，她愿意献出城西的豪宅和一千匹骏马给朝廷。

可汉宣帝只是冷冷地看着霍显笑，并没有答应她。

果然，在严刑拷打之下，霍山承受不住这种痛苦，将所有的事情都招了。

之后，大概是感觉对不起霍显和霍云，大概是认为自己之后也是必死无疑，霍山在狱中畏罪自杀了。

而霍云、范明友听说霍山已经将所有的事情都招了之后也畏罪自杀了。

这之后，汉宣帝开始了血腥大清洗，霍显、霍禹，以及所有霍氏族人全被汉宣帝诛杀，霍皇后虽然没有被杀，但也被汉宣帝废掉了皇后之位，转而被幽禁于昭台宫一直到死。

诛杀完霍氏一族以后，汉宣帝的屠刀还没有放下，而是继续杀杀杀。据《汉书·霍光传》所载："与霍氏相连坐诛者数千家。"就是说本次汉宣帝的大屠杀行动杀了一万多人，这里面官员和富贵之人更是不计其数。

当天，整个长安都被鲜血所染红，长安的贵人和官员几乎被杀了一半有余。刑场都被人头堆满。汉宣帝轻易不杀人，可当他抽出手中的屠刀以后，就连鬼神都要退避三舍。

第三章

宣帝大治

3.1 过渡（9）

霍氏一族被族诛，与霍氏一族有关系的人也全被杀死了，汉宣帝通过一场血腥的屠杀彻底使自己成了汉朝的"皇"。

而这段时间匈奴又发生了什么呢？汉宣帝以后又将如何治理天下呢？我们这就来看看吧。

公元前68年，壶衍鞮单于归西，他的弟弟继承了单于之位，这便是虚闾权渠单于了。

虚闾权渠单于继位之后，将右大将的女儿立为新任阏氏，废黜了已故单于所宠幸的颛渠阏氏。

因此，颛渠阏氏的父亲左大且渠十分怨恨，便有了造反的念头。

当时，因为匈奴实力大大地减弱，所以汉朝边境再也没有被寇掠的事情，汉宣帝因此放弃了一些边塞上的屯兵，让他们成为百姓，专门种田，以此使边境更加繁华。

虚闾权渠听闻此事以后相当高兴，认为这是重新和汉朝结为亲家的绝好机会，于是便打算派遣使者前往长安方面寻求和亲。

可这时候，左大且渠却站出来道："大单于！您此举是在向汉朝人示弱吗？想当初，汉朝武帝时期，那时候汉人的使者前脚来，后脚汉朝的军队就冲上来了，经常会打我们一个措手不及。如今，我们匈奴虽然没有以前强大，可天单于的血脉依然在我们身体中流淌，狼的意志依然在我们匈奴得以延伸。而狼，是孤傲的，是绝对不会向敌人低头的！所以，我建议，我们也像当初的汉朝一样，一边派出使者亲善汉朝，一边出动军队突袭他们的边塞，那样既能打击汉朝，还能为我们抢到无限的物资！何乐而不为呢？"

说实话，左大且渠这建议简直不怎么样，因为现在的汉朝经过了汉昭帝和汉宣帝的治理以后已经逐渐恢复到文景之治的巅峰时期，而匈奴呢？和现在的汉朝比起来简直就像一个幼儿一样不堪一击。

所以这时候正是匈奴和汉朝结亲，进而休养生息之时，怎么还能在这时候和汉朝结仇呢？那不是找死吗？

而虚闾权渠竟然答应了左大且渠的建议。

结果匈奴在本年派出了几乎全部家当，共两万骑兵来寇掠汉朝边境。最后竟然被汉朝五千骑兵吓得仓皇而逃。

结果，虚闾权渠非但没有从汉朝抢来东西，反倒是损失了不小的威信。

然而这还不算完。

就在虚闾权渠寇掠汉朝边境失败以后，匈奴境内又出现了千年难得一见的大饥荒，使得匈奴不管是人口还是牲畜的数量都比原来减少了百分之六十之多。

曾经纵横亚洲的霸主从此彻底没落，那些归附于匈奴的部落再也不看好匈奴。

于是，他们迁徙他处，不再从属于匈奴。而现在的匈奴本来就缺少人口，怎么能让他们逃离呢？

因此，虚闾权渠派出了很多骑兵前往追击。

而这些部落的人料定逃不出匈奴的铁骑，便南下投降了汉朝。

公元前67年，汉宣帝报复匈奴，派遣使者前往西域各城邦国，希望他们能够协助汉朝打击匈奴的属国车师。

至此，汉朝已经成为整个亚洲最强大的国家。

至此，匈奴已经成了被拔掉钢牙的废狼，还有谁会怕他们呢？并且，打败车师以后还能抢到车师的财富，何乐而不为呢？

于是，这些西域城邦国全部联合在一起组成联军进攻车师。

那车师本就是一个只有二百来名士兵的城邦小国，怎么会是一众联军的对手，基本上是一触即溃。

所以本次战役，车师国国王被联军生擒献汉，车师国内的财物被联军抢掠一空，成功逃脱联军屠刀的车师人全都去投了匈奴，车师至此基本算是被灭国。

为什么说是基本被灭呢？因为车师那些难民逃到匈奴以后，虚闾权渠单于给了这些人一片地盘，又立了被掳去的车师王的弟弟兜莫为王，所以，车师应该还算是一个国家。

而就在车师被"灭"以后，汉宣帝却迅速行动，他派遣郑吉带领一众士兵前往车师原属地屯田，在此建立军事殖民地。

此举有两点好处。

第一，从此以后汉朝在西域也有了正式的军事据点，可以大大提高汉朝在西域的震慑力。

第二，可以从此断绝西域和匈奴之间的关系，让匈奴出现四面被围的颓势。

而虚闾权渠同样知道这地方的重要性，所以在未来三年之内不断地派出士兵，想要重新"夺回"这块地方，可无奈的是，现在的匈奴实在是太弱了，根本没有和汉朝叫板的资格。

所以，不出意外地，虚闾权渠此后三年的军事行动全都以失败而告终。

再看汉宣帝那边。

同年十一月，汉宣帝选拔天下人才，命全国各个郡国都要挑选推荐有才能的人前往长安任职，但这些人都必须有一个品质，就是都要孝顺父母。

同年十二月，一个叫路温舒的廷尉史找到了汉宣帝，并谏言道："启禀陛下，臣听说春秋时期齐国出了一个姜无知，使得齐襄公惨遭身死，最后却使得齐桓公能够兴起；臣还听说春秋时晋国有骊姬的谗言，进而导致了很大的灾难，可最后却因此使得晋文公称霸诸侯；而在我朝，很久以前曾经历了吕氏之乱，到最后却成全了文帝的功绩。所以从这些往事来看，福和祸往往是相依相存的，而大乱之后必然会出现与往日大大不同的变革措施。如今，陛下登上了至尊之位，而您自从登上大位以后所实行的种种政策都与天意相符，真的是伟大的帝王。所以，在这种时候，正是您改掉前代的失误，解除百姓的疾苦，以顺应天意的时候。"

话毕，汉宣帝微笑着看着路温舒，玩味地道："哦？前代失误，那是谁呢？所谓的民间疾苦又是什么呢？"

对于此种敏感的问句，路温舒没有半点儿畏惧，而是正色回答道："启禀陛下，当初武皇帝时期，国家征调频繁，百姓困乏，穷苦的百姓触犯法律之事数不胜数。为了应对当时这种情况，武皇帝便用张汤和赵禹之类的酷吏制定出了种种严酷的法令。此种法令虽然在短期内有效地制止了民间的犯罪，可随着时间的推移，一些奸猾的官吏便运用起此种法律的漏洞来给自己谋求私利，造成了很多的冤案。而审判定罪，是治理天下非常重要的事务之一，稍有不慎便会铸成大错，当初秦朝之亡陛下不可不鉴。自陛下继位以来，虽然不断地实行儒家仁政，可还是有很多的司法官员沿用着武皇帝时期的法律，无论是上司还是下属，他们都以用法严苛为贤明，刑法判得越重，他们就越能获得'公正'的美誉。而执法平和的那些官员却往往被归为异类。是的，陛下之前确实用了很多的儒家官员到朝中担任要职，意图用表率的办法来减少民间的酷法，可这根本就是治标不治本的办法。如果陛下是真心想要削减酷法，那就必须从根本上做起。"

汉宣帝："你说，怎么从根本上改？"

路温舒："八个字！'减省法令，放宽刑法！'"

话毕，汉宣帝深深地点了点头，而从第二天开始，汉宣帝便开始了司法方面的改革。

第一，修改法律。

汉宣帝将汉武帝时期很多的酷刑都做了修改，又改回了景帝时期的处罚标准，并且将种种繁多的法律条文一一删除，使得民间百姓生活越发自由。

第二，中央监督。

汉宣帝在本年十二月设置了廷尉平四人，专门负责再审地方重大案件，争取做到"零"冤案。

第三，百姓自律。

还是本年十二月，汉宣帝觉得法律如果光靠政府来实行的话还是收效甚微，因为汉朝有很多的老百姓都是法盲，往往很多时候不知不觉地就犯了罪。

所以，应该让每一个百姓都熟知汉朝的法律条文，这样才能增强他们的自我约束能力。

基于此，汉宣帝命令有关部门书写了很多的公告下发到地方，并派遣专门的培训人员前往当地去教授这些百姓法律。

汉宣帝的这些改革做出来以后收效如何史书上并没有记载，不过汉宣帝的此种做法符合盛世的法律标准，所以我个人粗浅保守地估计，哪怕不比以前好，也一定不会比以前更差。

公元前66年五月，山阳、济阴方向突然下起了大雹子，据说每个冰雹都好像一只小鸡崽儿那么大。

本次雹灾共砸死了二十多人，飞鸟尽死。汉宣帝因此小赦天下，下令凡是儿孙小辈隐瞒自己长辈罪责的，朝廷都不予追究，并册封了当初广川王刘去的兄弟为新任广川王。

同年九月，汉宣帝下诏减天下盐价，并下令地方监狱一定要好好善待那些犯了罪的人们，绝不能出现在狱中病死或者被官员折磨致死的情况。

3.2　龚遂治渤海

同年十二月，一直都不太稳定的渤海再次发生了动乱，太守费了好大的劲儿才将动乱平息。

汉宣帝为此非常苦恼，生怕没过多长时间这地方的"刁民"再次发生动乱。

而这时候，丞相魏相看出了汉宣帝心中的苦闷，乃献计道："陛下可是为渤海之事而苦恼？"

汉宣帝："正是。"

魏相："陛下大可不必如此。臣认为，渤海这些年来之所以动乱不断，其主要原因并不在于那地方经常遭受天灾，而是在于为政者能力不足，只要陛下将那地方的太守换成另一个人，我保证此地以后再也不会发生动乱。"

汉宣帝："哦？丞相心中难道已经有了人选？是谁？"

魏相："我要向陛下推荐的人叫龚遂，陛下只要肯用他，不出几年，渤海必定大治！"

汉宣帝："好啊！那他人现在何处？赶紧给朕带过来！"

魏相："这个……这个龚遂现在还在监狱里呢。"

龚遂，字少卿，生卒年皆不详，为山阳郡南平阳县人（今山东省邹城市），其最初为昌邑王刘贺的心腹之一，因为刘贺自从继位为汉皇以后肆意妄为，龚遂就多次劝告刘贺，让他不要如此。

可刘贺根本不听，依然我行我素，终于在当了二十七天的皇帝以后被赶走了。

在当时，刘贺手下基本上全被斩尽杀绝了，只有龚遂和几个曾经劝过刘贺的人得以幸免，但最终被削去头发，一直关在监狱里面。

如今，身在监狱的龚遂已经有七十多岁了，可汉宣帝还不知道自己即将任命的太守是一个行将就木的老人。所以，当汉宣帝命人将龚遂从监狱里捞出来以后直接傻眼了。因为这时候的龚遂不仅腰直不起来，甚至走路的时候都哆哆嗦嗦的，这和汉宣帝心中的龚遂形象严重不符。

于是，汉宣帝狠狠地瞪了一眼魏相，那意思已经很明显了，就是对魏相本次的推荐极为不满。

可魏相还是微笑着和汉宣帝道："还请陛下不要以貌取人哦。"

"唉……"

汉宣帝长长地叹了一口气，然后看着龚遂，十分不情愿地道："那个……老人家，您老今年高寿啊？"

龚遂："啊？"

汉宣帝："我说您多大岁数了！"

龚遂："啊……嘿嘿，老家伙我今年七十多了，还年轻得很哪！"

都七十多了还年轻呢，再过两年都入土了，我要这么个老家伙有何用啊？

汉宣帝心里很憋屈，但没办法，丞相的面子总是要给的，所以汉宣帝打算问龚遂几句以后就打发他走了。

于是，汉宣帝极不情愿地和龚遂道："老先生啊，这渤海郡动荡不定很多年了，朕因此非常担心，不知道您有没有什么办法能改变现在的情况让朕满意呢？"

龚遂用他那近乎嘶哑的声音和汉宣帝道："陛下啊，在回答您的问题之前我还有问题想问陛下，还请不吝赐教。"

汉宣帝："您说。"

龚遂："那渤海属于极东滨海之地，所以受圣上教化很少。并且，那边经常会遭遇天灾，百姓经常吃不饱肚子，所以他们所谓的造反根本就称不上'造反'，而是像小孩子肚子饿了和爸爸妈妈要吃的一样简单。那么您是打算用武力来制服这些人呢，还是要用大德来安抚这些人呢？"

这话一说完，汉宣帝眼前一亮，顿时感觉这老头儿不是那么简单了。

于是，汉宣帝收起了那副漫不经心的神情，而是郑重地和龚遂道："老先生，我早就听说您是一个有德行的人，今天之所以向您请教办法，就是想命您为渤海太守，以大德来治理当地的百姓。"

龚遂："多谢陛下的信任了，不过老朽认为啊，这个以德治人就好像理顺没有条理的绳子，是不能心急的，应该一点一点地将绳子整理规整。所以，想让老朽将渤海治理好，陛下必须给我足够的权力，不能让丞相和御史大夫来限制我。这样我才会安心前往上任。"

话毕，汉宣帝一愣，不过马上微笑着答应了龚遂的要求，此外，汉宣帝还赐给龚遂很多黄金，并派专车将他送到了渤海境内。

渤海郡的那些官吏们一听新任太守来了，还是驾着朝廷给派的专车，没有一个人敢怠慢。

一时间，几乎所有境内的官员全都到必由之路去迎接龚遂了。

这要是个贪官见到此种景象一定会非常高兴，而要是廉洁的官员一定会非常生气，继而将其赶走。

可龚遂呢？既没有多么高兴也没有多么生气，他见官员们都来拜见，便下了车，然后将所有的官员都召集在一起，就这样和他们当场开了一场露天会议。

只见龚遂慈祥地和一众官员道："诸位啊，你们都看到了，我就是一个即将入土的老人，所以什么都不在乎了，就是想为百姓做一些好事，以后转世投胎也投个好人家。所以大家都不要有什么好的（加重语气）或者坏的（加重语气）想法，只要跟着我干就行了。"

众人："是是是，太守大人，您说怎么办吧！"

龚遂笑道："诸位不要紧张，陛下这次派我前来主要就是抓好本地的治安，对于其他的，陛下没让我去管，我也不会管。"

这话一说，很明显在场的官员都大大地松了一口气，然后几乎一齐道："要我们怎么干？还请太守示下！"

龚遂："很简单，要说咱们渤海的百姓啊，其实并不是什么大奸大恶之徒，他们为什么要造反呢？其实就是因为没有饭吃的缘故，再加上这里面有一些奸猾之徒从中挑拨离间，这才造成了如今的局面。所以，各位在回到当地以后第一件要做的事情便是开仓赈粮，首先填饱老百姓的肚子，这样他们造反的情绪就会大打折扣了。"

话毕，有的官员眉头紧锁，非常严肃地道："太守说的是，可渤海有很多百姓造反多年，还连带着数之不尽的新造反力量，因为他们都有前科，所以哪怕是让他们填饱了肚子，估计也会因为畏惧被杀而继续造反，而如果他们继续造反的话，定然会煽动其他的人跟着他们继续干，这样的话，怕是太守您的办法就不会太灵了呀。"

龚遂："这好办，各位在开仓赈粮的时候百姓一定都会集中在一起，到时候各位就和百姓说：'今后如果大家都将兵器换成锄头，和太守在一起共同振兴农业的话，那以前不管你干过什么都既往不咎，可如果继续拿着兵器造反的话，那你就是朝廷的敌人，朝廷必和你不死不休。'"

这话说完，在场的官员全都点头同意，然后"各回各家"，按照龚遂的办法实行了。

而结果果然如龚遂所料，这些前来领取官粮的百姓一听这话，一个个全都放弃了继续造反的心思，那些顽固派的领袖实际上是不想和朝廷妥协的，可朝廷已经把机会和台阶都给你了，你要是再不接，那估计你也再没有口实领导手下的百姓了。

所以，虽然有些人很不情愿，但也只能接受了这个结果。

结果，刚刚到渤海郡还没半年的龚遂就已经在表面上解决了渤海乱民的问题。

可同时龚遂也知道，这样的解决只不过是表面上的，实际上并没有从根本上解决问题。

那么根本上的问题又是什么呢？

渤海，在春秋战国的时候属于齐国，而齐国自从齐桓公和管仲实施大改革以后便转向资本主义社会，所以那个地方的人多数都喜欢做生意而讨厌农耕，因此这地方虽然经济发达，但农业一直都比较落后。

所以，但凡有什么天灾人祸，三齐之地的人都需要从外地运粮来解决饥荒问题。如果得不到及时的救助，他们就会为了自己的肚子铤而走险。

基于此，龚遂下了死命令，强制渤海郡的百姓进行农耕。那就是不管你的主业是什么，只要你是渤海郡的百姓，一家就必须要种一棵榆树、一百本薤，养两头猪、五只鸡；春季和夏季必须在规定的时间进行农耕作业。

这种强制性农耕虽然让习惯了经商的渤海人心有不快，但渤海郡还真就从此多有存粮，再有灾祸来袭也不必担心饿肚子了。

所以，龚遂的政绩不但得到了长安方面的认可，同时也得到了本地百姓的支持。龚遂，终于在入土之前火了一把。

3.3 莎车国之反

同年（公元前66年），随着匈奴的没落，汉朝在西域的影响力提高，有越来越多的西域城邦国断绝了和匈奴的关系，转而投向汉朝的怀抱，尤其是龟兹国，竟然连国王都亲自到长安来朝拜汉宣帝。

龟兹，位置在今新疆库车一带，与其他的城邦小国相比，龟兹绝对算得上是大国了，因为他有户六千九百七十，人口八万一千三百一十七人，兵两万一千零七十六人。

那刘解忧虽然是乌孙的王妃，可她的女儿却为了乌孙和龟兹的邦交而嫁给了龟兹国王。

因为刘解忧是大汉公主，所以她的女儿也算是半个汉人，还因为现在的汉朝如日中天，所以龟兹也想和汉朝建立关系。

因自己的夫人和丈母娘都是汉朝人，所以龟兹王断定，自己哪怕亲自往长安拜见汉宣帝也绝对不会有危险。

所以，龟兹王亲自致信汉宣帝，虔诚地向汉宣帝表达了要去长安朝拜的愿望。

威服众邦，这本来就是历代皇帝最宏大的愿望，他汉宣帝也不例外。

所以，当汉宣帝收到这封信以后，立即回信给龟兹国王，表明热切期待他的到来。

公元前65年正月，龟兹王携自己的王后跨越了七千四百八十里，终于来到了长安。

当天，整个长安张灯结彩，整个街道都被肃清，街道两旁守护的全是身穿精制鱼鳞甲的宫中郎卫。

长安的繁华、规整，汉朝士兵的威武精良，这一切都深深地震撼着龟兹王。

而到了未央宫承明殿以后，龟兹王这个一国之主，竟然携自己的王后给汉宣帝行了跪拜礼。

这说明了龟兹王的态度，也说明了从此以后龟兹国便成了汉朝的附属国。

见此，汉宣帝极为振奋，他亲自走到殿下将龟兹国王扶起，并和龟兹国王同乘一辆马车参观长安城。

之后，再次回到未央宫，汉宣帝当着文武百官的面下诏，封龟兹王后为真正的汉朝公主，并承认龟兹王汉朝附属国王的身份。

然后，汉宣帝赏赐了无数的金银财物给龟兹国王，让他满载而归。

于是，从此刻开始，龟兹正式成为汉朝在西域的附属国。

同年同月，也就是刚刚送走龟兹王两口子没多久，汉宣帝开始为自己修建杜陵，并迁国中拥有百万资产者至此生活，以此来提升当地的人口、经济，并因此空出了很多土地给国中贫苦百姓。

同年同月，大宛国派出使者团前往长安进行正常的友好访问。汉宣帝为进一步加强汉朝在西域的威慑力，便组建了一支以冯奉世为首的汉朝使者团，意图和大宛使者一起前往西域，然后同所有的西域诸国进行邦交。

可就在使者团刚到西域没多长时间，却突然传出了莎车国背叛汉朝，逼迫其他城邦国投靠匈奴的事情。

冯奉世听闻以后大惊失色，便暂时放弃了出使西域之事，改前往诸多诸侯国处。

那莎车国是什么来头？他又为什么要反叛汉朝呢？冯奉世又为什么要临时改道前往其他诸侯国呢？

莎车国，位置大概在现在新疆维吾尔自治区喀什地区南部，向东距离长安有九千九百五十里，有户两千三百三十九，人口一万六千三百七十三人，兵两千零四十九人，是一个名副其实的中小型城邦国。

最早的时候，因为匈奴是整个中西亚的霸主，所以像莎车这样的国家全都臣服于它。

可多年以后，汉朝不但将匈奴"打残"，还彻底将他赶出了西域。

所以，自从这以后，莎车便臣服于大汉的怀抱。

可当时基本上绝大多数的西域国全都臣服于汉朝，所以莎车这种小国就显得没有什么存在感了。

为了能让大汉重点照顾自己，让自己不受其他西域大国的欺负，莎车国众多大臣竟然在莎车王归西以后想到了一个破天荒的办法，那便是让一个有乌孙和汉族血统的人来做自己的国王。

这个人便是万年了。

万年，乃是刘解忧和翁归靡所生次子，不知何故，在长大以后便一直生活在莎车国。

老莎车王在生前非常喜欢这个孩子，所以经常以开玩笑的口吻说："我死以后，你就是我莎车国的继承人了。"

这是不是开玩笑呢？还真不一定是，因为老莎车王虽然一直都没有立万年为储君，不过这个位置从来都是空的，并没有立其他的儿子为继承人。

所以，当老莎车王死去以后，为了能讨好大汉朝廷，莎车的众多大臣便派遣使者前往长安请求汉宣帝允许他们立万年为新一任莎车王。

那万年拥有汉人血脉，他汉宣帝当然没有理由拒绝。

于是，万年便正式成为了莎车王。

但这个万年根本就是一头披着羊皮的狼。

在莎车王还活着的时候，万年把自己伪装得特别忠厚仁孝。可等到自己真正成为莎车王以后，他的狼尾巴就露出来了。

那万年在继位以后相当残暴，不但滥杀无辜，还在国内大肆挥霍，使得莎车国那本来就不怎么充裕的国库没多长时间就告竭了。这使得莎车不管是大臣还是百姓都对万年极为不满。

已故莎车王的弟弟呼屠徵一直都对这个莎车王位抱有野心，如今，见万年如此不得人心，便在一个夜晚发动了政变，并在杀死万年以后自立为莎车王。

可杀死了拥有汉朝血统的万年，这绝对是把汉朝彻底得罪了，呼屠徵估计用不了多长时间汉朝便会出兵来攻击自己。

这可怎么办呢？凭自己的国力和兵力同汉朝对抗？这简直就是痴人说梦。

不过，办法就像海绵里的水，挤一挤总是会有的。

现在整个天下还有谁敢和汉朝叫嚣呢？不用说，自然是匈奴了。

如今的匈奴虽然是日薄西山，不过瘦死的骆驼比马大，再加上现在敢和汉朝对着干的国家也只有它了，不找它又能找谁呢？

所以，呼屠徵在第一时间派出使者前往匈奴，希望继续臣服于匈奴，并请求匈奴在汉朝攻击他的时候拉自己一把。

虚闾权渠单于自然是满口答应，可现在匈奴也处于休养生息的阶段，如果没有绝对的优势，他是不敢和汉朝决战的。

于是，虚闾权渠和莎车的使者道："想让本单于帮助贵国来抵抗汉朝这没有问题，不过我这边也有一个条件，如果贵国能够满足我的话，那本单于便帮助你们。"

莎车使者："大单于请明说。"

虚闾权渠："现在西域诸国基本上全都臣服了汉朝，所以哪怕是我派援兵到西域也绝对不占优势，所以，我建议莎车王能够在西域分化诸国同汉朝的关系，让他们重新回到我大匈奴的怀抱，如果成功的话，我匈奴便有在西域和汉朝决战的底气。不然的话，哪怕是派了援兵，在没有地利、人和的情况下我也打不过汉朝。"

话都说到这份儿上了，莎车使者只能满口答应，然后跑回莎车去了。

而呼屠徵现在只能靠着匈奴而苟活，他还有什么讨价还价的资本呢？所以，几乎是在使者回到莎车的第一时间，他便行动了。

呼屠徵先是派出使者再次出使匈奴，表示答应虚闾权渠的条件，然后便派出间谍到周围的西域小国四处造谣，说现在汉朝在西域的军队已经全都被打败了，匈奴人不日便要重新夺回在西域的霸权。

可还没等呼屠徵展开下一步行动（派使者前往诸多小国，并威胁他们重新拥护匈奴），这件事就传到了冯奉世的耳中。

冯奉世认为，这一定是呼屠徵的诡计，必须马上处理，如果处理得慢了，那结果便会非常糟糕，这些西域小国还真有可能会在短时间内投奔匈奴。

于是，决定了如何行动的冯奉世根本就没有禀报汉宣帝便手持符节前往各个城邦国辟谣。

冯奉世还威逼利诱这些诸侯国，让他们都归自己节制，然后组成联军，共同出击莎车国。

这些西域小国哪里敢反抗大汉的天威？所以基本连犹豫都没有便派出了几乎全国的兵力随同冯奉世前往莎车"平叛"。

到最后，冯奉世竟然组织起了一万五千多名士兵！

不得不说，此时汉朝在西域的影响力确实无人能比。

联军一共一万五千多人，而莎车国举国的兵力也就三千多人，单兵作战能力和联军还处于伯仲之间，所以根本就没有什么抵抗能力，没过多长时间国都便被联军攻破了。

国都一破，莎车国的那些士兵更是在第一时间投降了。兵败如山倒，呼屠徵认为自己绝对会被汉人万般羞辱后斩杀。与其这样，还不如死得刚烈一点儿。

于是，呼屠徵在汉军生擒他之前便自杀了。莎车之乱在呼屠徵死的那一刻也宣告平定。

之后，冯奉世找到了莎车王的尸体，并将他的首级割了下来送往长安，然后解散了军队，继续进行自己出使西域诸国的任务。

因为冯奉世这次的行动使得他的大名传遍了西域，所以那些西域诸国的国王见到冯奉世的时候无不异常恭敬，大宛国王更是献上了国宝龙象（日行千里的好马），请求冯奉世能够将龙象转交给汉宣帝。

冯奉世超额完成了任务，这使得汉宣帝大为振奋，他重新册封了已故莎车王兄弟的后代为新任莎车王以后，便打算封冯奉世为侯。

当时，不管是丞相还是御史大夫都非常赞同汉宣帝的赏赐，只有博士、谏大夫萧望之对此表示反对。

他对汉宣帝道："启禀陛下，冯奉世作为汉朝的使臣，他的使命只是护送客人和出使西域诸国，可他擅自用陛下的名义征调各国的军队。虽然最后建立了功勋，却不能鼓励后人效法。如果真的封了冯奉世为侯，那么以后奉命出使西域的使者定然会争相征调各国的军队，以图建立功勋于万里之外，使我汉朝在外族地区多生事端，所以此风断不可长！我看，只给冯奉世升些官职也就够了。"

汉宣帝觉得萧望之说得很有些道理，便绝了封冯奉世为侯之念，只升其为光禄大夫、水衡都尉。

同年，汉宣帝想选用一批年轻的、富有才能的博士和谏大夫到地方历练，以后好重用，而萧望之便在其中。

萧望之，字长倩，东海郡兰陵县人，家中世世代代都是以务农为生，从来没出过什么书生。

只有萧望之，他从小就非常喜欢读书，等长大之后更是在《齐诗》、《论语》和《仪礼·丧服》上多有研究，后受推荐前往长安候诏。

当时，长安许多著名的文人听说萧望之来了，都去登门相见，由此可见，在那个时候，萧望之在汉朝的文学界便有相当的名望了。

那时候，汉昭帝和大将军霍光还在世，并且霍光刚刚消灭了"反霍联盟"，正是如日中天之时，所以不管是召见谁都要对方脱去外衣，然后经过仔仔细细地搜身后才能放其入内。

可萧望之为人极为高傲，认为脱掉外衣搜身是对他的一种侮辱，所以当他在霍府听到下人说明以后直接转身，撂下一句"这种人，不见也罢"之后，转身便走了。

这一下可把大将军府的下人们惹恼了，他们大声对萧望之吼道："这儿是霍府，不是你想来就来、想走就走的地方！"

于是，他们一起冲上去擒住了萧望之，便要强脱他的衣服搜身。

而萧望之誓死不从，于是双方开始争执起来。

也许是闹得声音太大了，竟然把霍光都惊出来了，霍光见众多下人将一个书生压倒在地上，吓得一激灵，赶紧让下人们将萧望之放了。

可下人刚刚放了萧望之，还没等霍光问清缘由，萧望之便气势汹汹地走到霍光面前，然后如同数落一般和霍光道："大将军请了！将军您以功德仁厚为由来辅佐年幼的皇帝，这是好事，所以天下的文人全都争相投奔您的麾下。可如今一看，好像不是那么回事啊！想当初周公姬旦辅政，为了能够得到有才能的人，不管是谁，只要来拜见他的，他都能做到一饭三吐哺、一沐三握发，可如今大将军您呢？有士人来拜见您，您竟然要对其进行搜身！就好像对待平民百姓那样，呵呵，我真不知道该如何评价了。"

这一通如同机关枪一般的教训，将霍光说得哑口无言。最重要的是，这可是在大庭广众之下数落霍光，就是脾气再好的人也受不了啊。

所以，当时前来拜见霍光的人最后霍光全都用了，唯有萧望之，霍光连个闲职都没有给他。

三年以后，萧望之混得非常惨，只不过是一个看门的郎官，而才能不如他的王仲翁都混到了光禄大夫给事中的职位。因为经常出入宫廷，所以王仲翁总能够看到萧望之，便时常不忘在萧望之面前炫耀自己的尊贵。

"我说萧望之啊，当初你的才能可是远高于我啊，却因为不服从大将军的指令而混成一个看门的，我看你这一辈子算是完了，不如早早回乡去种地吧，这样才能活出你所谓的'尊严'不是？哈哈哈哈……"

如此羞辱，估计换个人都要无地自容了。可萧望之不过淡漠一笑，然后鄙视地看了王仲翁一眼，只说了四个字，"人各有志"。

这很明显就是在讽刺王仲翁的志向只在溜须拍马。

王仲翁一听这话大怒，冷哼一声便策马而去了。

这之后，萧望之再被打压，因为一个莫须有的牵连之罪被外放到地方做了一个小小的郡吏。

而等到多年以后，霍光的身体一天不如一天，大概都已经忘了萧望之是谁了，当时任御史大夫的魏相怜惜萧望之的才能，便任用他为自己的属官，为自己出谋划策。

又过了一段时间，见霍光果然没有因为这件事为难自己，魏相确定霍光一定是把萧望之给忘了，便提拔其为大行治礼丞。

两年以后，随着霍光病情的日益严重，长安突然来了一场雹灾。

见机，萧望之直接上了一个本子，希望汉宣帝能够给他一个向其诉说自然灾害的机会。

而汉宣帝在民间的时候就听说过萧望之这个人，可一直都不知道他在长安任职。所以，当汉宣帝看到萧望之这三个大字的时候，直接惊叹地道："这不是东海郡的萧先生吗？怎么他现在是大行治礼丞？快！赶快去把萧先生给我请过来。"

就这样，萧望之和汉宣帝第一次见面了。

而萧望之也不负汉宣帝的期待。他在和汉宣帝谈话的时候虽说在表面上谈的都是有关天灾的事情，可从里到外都透露着让汉宣帝广招天下人才，培养自己的势力，等霍光死去以后将霍氏连根拔起的意思。

聪明的汉宣帝一下就看出来了，萧望之这次前来是和自己表态来了。而汉宣帝这时候最缺的就是心腹。

所以，他直接便将萧望之封为自己的谒者，并从这以后对萧望之大大地倚重。

虽然史料上没有说明汉宣帝在铲除霍氏的过程中萧望之起了什么作用，但出谋划策绝对是少不了的，再加上萧望之个人的能力也非常强，所以在将霍氏连根拔起以后，汉宣帝就封了萧望之为谏大夫、丞相司直。

这就是萧望之之前的经历了，我们书接上文，再将时间拉回到公元前65年。

这一年，汉宣帝想要选用一批年轻的、富有才能的博士和谏大夫到地方上去历练，以后也好重用。而萧望之呢？就在这一批人之中。

可萧望之毕生的愿望就是想在朝廷任职，根本就不想去什么地方，便上书汉宣帝，拐弯抹角地表达自己不愿去地方的意志。

汉宣帝实在是太喜欢萧望之了，见他实在是不想到地方上去，便给他开了后门，破格提拔他为九卿之一的少府。

而自从萧望之当上少府以后，汉宣帝便发现此人行事果决、老成持重，并且议论政事也是头头是道。此种人才绝对是丞相的不二人选。所以，汉宣帝便任萧望之为左冯翊，掌管三辅一部分地区，打算日后提拔。

可这萧望之一听汉宣帝要把他弄到地方去，又不乐意了，认为这是降了他的职。

萧望之自认为，自己从当上少府以后从来没犯任何错误，所以汉宣帝根本没有理由降自己的官职。

于是，他生气了，以有病为由不上朝，也不去上任左冯翊之职。

对此，汉宣帝哭笑不得，只能派人前往萧望之处把话说明白了。

萧望之一听是要提拔自己，这才收拾行装前往上任了。

那萧望之以后发展又会如何呢？我们后面再表。

3.4 赵广汉之死

公元前64年二月，自从霍皇后被废到现在，汉宣帝一直都没有再立皇后。然而，身为大汉之主，没有皇后是万万不行的，朝中的各个大臣也都急切地希望汉宣帝能再立一个皇后。这样，一个国家才能有国家的样子，那纷纷乱乱的后宫也才能有一个管制。

基于此，汉宣帝乃有新立皇后之念。

可同时，汉宣帝的顾忌也颇多。

在当时，汉宣帝最宠爱的女人有三个，她们分别是华婕妤、张婕妤以及卫婕妤。

按说选皇后就应该从这三个人中挑选，可有一个问题摆在眼前，那就是这三个女人都有汉宣帝的孩子，而现在的太子为当初许皇后和自己的儿子刘奭，如果从她们三人中选皇后的话，这三个人必定会想尽办法让自己的孩子成为太子，那么刘奭可就有生命危险了。

所以，为了儿子，汉宣帝毅然决然地放弃立这三个女人为皇后的想法，改立了一个姓王的婕妤为皇后。

因为这个王婕妤并没有怀上汉宣帝的孩子。

汉宣帝相信，只有立她为皇后，太子刘奭才能够安全地长大。

于是，汉宣帝在立完这个王婕妤为皇后以后，大大地赏赐了她的家里人。可从这以后，汉宣帝再也不碰王婕妤一下了，并且三番五次地嘱咐王婕妤，让她无论如何都要照顾好年幼的刘奭。

可王婕妤也没有办法，她就是因为刘奭才能够登上皇后的宝座，并且以后要想延续富贵，就必须把这个太子给伺候好了才行。

所以，她心甘情愿地做刘奭的大保姆。

同年冬，治理地方的第一悍将，京兆尹赵广汉被判处腰斩。

话说当初赵广汉在霍光死去以后带人将霍府一顿狂砸。这之后，汉宣帝并没有对他有半点儿怪罪，反而是越发器重。赵广汉因此开始慢慢变得肆无忌惮了。

当时，因为赵广汉得到了汉宣帝的器重，所以有很多官员都挖门盗洞地将自己的孩子送到赵广汉手下做官。

而赵广汉呢，来者不拒，因为他也不想一个京兆尹当到死，也想往上蹿一蹿，整好了兴许还能当个丞相什么的。

可赵广汉没想到的是，这却为他招来了灾祸。

几年以前，赵广汉手下的官二代仗着赵广汉的喜爱而吃"小食"，竟然非法在长安城中卖起了酒（昭帝时期曾经取消了酒类专卖制度，宣帝继位以后又恢复了此制度）。

可这小子还没卖多长时间，就被一个叫苏贤的骑士给告到丞相府去了。

像这种非法卖酒的案子实际上是要蹲大牢的，可丞相手下的官员见此人是赵广汉的手下，便没有为难，只是将他轰走了事。

按说，事情到这就应该算是完了，毕竟谁都没有什么损失。可赵广汉一听手下被轰走当时就生气了，但丞相的手下是属于正常办案，赵广汉又不能拿他怎么样，便将所有的怒火都发泄在了苏贤的身上。

身为京兆尹，想要弄死一个小小的骑士还不是和捏死一只蚂蚁一样吗？

于是，赵广汉便让一个叫禹的心腹手下想办法污蔑苏贤，然后自己再拍板处死苏贤。

这种事估计赵广汉以前应该没干过，所以手法非常生涩，因为但凡是一个官员想要污蔑别人的时候首先应该做的便是查一下被诬陷人的家世，如果此人家世强大的话，那就应该及时收手。

可很明显，赵广汉并没有调查苏贤的家世，而是直接将他收捕到监狱里面准备秋后问斩了。

这事发生以后，苏贤的父亲当然不会坐视不管，便通过一个叫荣畜的关系将状告到汉宣帝那里。

汉宣帝对此事很是重视，便让廷尉署全权审查此事。

廷尉署经过严格的审查，最终断定，赵广汉污蔑苏贤之罪成立，请求将禹弃市，并将赵广汉收押到监狱。

而汉宣帝最痛恨的就是这种以权谋私的事情，所以也不管长安被赵广汉治理得如何好，便批准了廷尉署的意见。

就这样，禹被斩杀，赵广汉也蹲了大牢。

按理说，赵广汉这一辈子应该就算是完了。可让汉宣帝无奈的是，长安这地方真不是一般人能治理好的。因为就在赵广汉被收押进大牢以后，长安的犯罪率开始节节攀升，老百姓都希望朝廷能让赵广汉重新回到京兆尹的位置。

那赵广汉出狱以后，第一时间便通过关系网追查到苏贤的父亲是通过荣畜的关系将告状信送到汉宣帝那里去的，所以他恨极了荣畜，在出狱后不久便找了一个理由将荣畜弄死了。

那荣畜是因为给苏贤父亲办事才得罪的赵广汉，最终遭到了死劫，所以不管从什么角度出发，苏父都有义务给荣畜报仇。

于是，苏父再次状告赵广汉，说他公报私仇，以莫须有的罪名处死了荣畜。

得到这封状告，汉宣帝真是气蒙了。他实在没想到赵广汉已经嚣张到了这种地步。

这一次，汉宣帝也不找廷尉署了，而是命丞相、御史大夫和廷尉来了个三堂会审，共同查办赵广汉一案。

赵广汉得到这个消息以后真心吓蒙了，他实在没想到，动了一个小小的荣畜竟然引出了这么大的事端。现在该如何是好？如果任凭这三个位高权重的大官追查自己，估计没多长时间就会真相大白，到时候自己就完蛋了。怎么办？怎么办？

咦？急中生智的赵广汉突然灵机一动，想到了一个他自认为是好办法的办法，那就是派人一天到晚地在丞相魏相的门前蹲点儿，意图抓住魏相的犯罪证据，然后以此威胁他，判自己无罪。

没想到魏相所谓的"犯罪证据"还真就被赵广汉给找到了。

一天，据说魏相所宠爱的一个侍女突然在丞相府上吊自杀了。赵广汉感觉这事很不正常，便派人前往探查事情的经过。

结果，赵广汉的手下查出了一个所谓的"真相"，那就是这个侍女因为受丞相宠爱，所以经常被丞相夫人毒打。得知这个情况以后，赵广汉断定，这次侍女的死绝对不是什么自杀，而是丞相夫人杀死她以后伪装的自杀现场。

于是，赵广汉便命手下前往找到了魏相，并暗示他，让他不要再追查自己陷害荣畜的案子，不然的话，他赵广汉有很多手段能将侍女的死安插到你魏相的身上。

岂料魏相根本就不怕赵广汉，非但没有放弃查案，反而查得更加紧迫。

于是，赵广汉开始了全面反击，他直接上书控告丞相的罪名，理由是丞相和丞相夫人二人合谋害死了府中的侍女。

汉宣帝眉头紧皱，当即便将此事交给赵广汉全权处理。

赵广汉得到权限以后，立即带人前往丞相府中兴师问罪。

可无奈，丞相夫人说什么都不承认自己曾经毒打那个侍女，也不承认自己和丞相谋杀了她。

赵广汉这回可真是急了，从来都不严刑逼供的他竟然也开始玩儿起了这一套。

为了坐实魏相杀人的罪名，赵广汉将丞相府十几个婢女全都抓了起来，然后严刑逼供，逼她们冤枉丞相和丞相夫人。

如果事态照着这种形势继续发展下去的话，相信过不了多久，这些婢女就撑不住了。

不过魏相也不是省油的灯，他几乎是在赵广汉抓走婢女的同一时间便前往未央宫和汉宣帝喊冤："陛下！臣和臣妻根本就没杀死侍女，那赵广汉之所以这样，就是想要威胁臣，让臣不再查处他的案子！所以，他是有绝对的私心的！我请求陛下不要再用赵广汉来查这个案子，因为他就是在公报私仇！只要换一个人！不管是谁，陛下都能查到真相。"

汉宣帝也感觉是这么回事儿，便将案子交给了廷尉来审理。

后来，经过廷尉再三审查断定，丞相府的这个侍女和魏相从来都没发生过什么肉体上的接触，丞相夫人也没打过这个侍女，此侍女之所以自杀，主要原因是在丞相府中犯了错误，被魏相一顿好打，然后赶出丞相府。

这名侍女在收拾行李的时候感觉自己出了丞相府以后一定会饿死，于是才在绝望之下于相府自杀，根本就不是赵广汉说的那样。

此案一断，立马引起朝廷的一片哗然，因为很多官员都想拍魏相的马屁，所以几乎一齐上书汉宣帝："陛下！赵广汉诬陷、侮辱丞相，妄图以暴力的手段来挟持执法大臣，此种行为简直就是天理不容！臣等请陛下将其腰斩！以示正法！"

汉宣帝之前就因为赵广汉的跋扈而厌恶他了，如果不是因为他治理地方太过优秀，汉宣帝早就杀死他了。如今可倒好，放了他他还不知道悔改，反而一次又一次地触犯自己的底线，所以汉宣帝想都没想，便直接答应了众臣的要求，等待秋后再行问斩！

赵广汉即将被斩的消息很快便传遍了长安的各个角落。

古时候的老百姓要的是什么？他们要的并不一定就是廉洁的官员，而是一个能给他们带来安全和公平的官员，仅此而已。

而自从赵广汉成为京兆尹以后，长安焕然一新，本地的百姓直到这时候才感觉自己活得像一个人！可如今，这么好的一个官员就要被朝廷杀死了，长安的百姓能答应吗？当然不能！

一天，长安城中万人空巷，百姓全都集中在皇宫大门之外为赵广汉请愿，他们都在哭，他们都在号。他们企图以这种真心来改变汉宣帝的决策。

有几个年过六旬的老翁更是站出来和门前的郎卫道："小伙子，我们这些人活了一辈子都没为国家做出过什么贡献，现在更是没有用处了，我们也不求苟活于世，只想用我们的命来换赵大人一命，让他以后还能治理我们长安，行吗？"

行吗？

不行！

因为不管赵广汉对长安做出过什么贡献，他犯的毕竟是死罪，还是汉宣帝亲自下令诛杀的，如果这一次因为老百姓的求情而放过赵广汉，那汉朝以后还怎么依法治国呢？

所以，赵广汉必须死。

那赵广汉虽然是因为有罪而被诛杀，但他在担任京兆尹期间办案出色，威制豪强，使得老百姓得到了相当的实惠，所以一直到东汉的时候，长安的百姓都在追思赵广汉，真心希望上天再派下来一个如他这样的官员来治理长安，这是当初郅都都没有的待遇啊。

3.5　是胆小如鼠，还是谨慎保命？

公元前63年春，天降祥瑞，汉宣帝因此而大赦天下，同时向天下发布诏书，赏赐曾经对自己有恩的人，凡是汉宣帝在民间的老相识，上到朝中官员，下到狱中奶妈，全都被赐予了官禄、土地、房屋、财物。

这其中，汉宣帝最想要赏赐的便是御史大夫丙吉和张贺了。

丙吉好说，汉宣帝赏了他无尽的财宝和丰邑，还封他为博阳侯。

可张贺就不好赏了，因为这时候他已经归西了。

为此，汉宣帝追封张贺为阳都哀侯，并赏他年仅七岁的曾孙为散骑、中郎将，并赐关内侯。

与此同时，曾经大将军霍光的左右手，看不上汉宣帝的张安世也终于安全地离开了人世。

话说张安世被任命为卫将军以后，虽然得到了汉宣帝的信赖，可张安世曾经对汉宣帝非常不好，同时还是霍光的左右手，所以一直都对汉宣帝心存畏惧。

他怕的倒不是汉宣帝把自己怎么样，而是害怕自己的那些孩子会有生命危险，所以从此以后他都小心谨慎地为人处世。

霍氏一族被灭以后，张安世的孙女张敬因为是霍氏外亲族之妇，所以按理也应该被诛杀，张安世因此整日愁眉不展，但又不敢为其求情。

汉宣帝知道张安世想要什么，所以直接赦免了张敬。张安世因此对汉宣帝很是感激，同时却更加如履薄冰。

当时，因为汉宣帝真正执政的时间还不是太长，对一些问题处理得还不是很熟练，所以每每都会将这些难以解决的事情交给张安世来办。

而每到这个时候，张安世都会打起十二分精神，经过反复审查，并和很多人商量，感觉没有漏洞之后才会拍板决定。

所以，宣宗朝廷之所以多年无事，除去汉宣帝的能力外，和张安世也是大有关系的。

并且，张安世在"当权"以后，为了保命，他从来不敢收受任何贿赂，用人一向以能力和品德结合。

而且，他提拔官员以后，会想尽办法让官员不知道是谁提拔的他，最后哪怕是哪个官员知道了，张安世也会想尽办法躲避他，争取相互不见面。

一旦哪个官员前来府中拜访张安世，哪怕是他在府邸门前磕头，张安世也绝对不会见他一面！

张安世就是谨慎到了如此程度。

这还不止，一般官员只要是在朝中身负要职的，都会想尽办法将自己的孩子往长安调，争取让自己的孩子在中央发展。可张安世偏偏反其道而行之。他为了不落人话柄，屡屡将自己的儿子调往地方，只让他们担任一些太守、县长什么的。用张安世的一句话说，就是："到地方去看看他们到底有没有能力，如果没有能力就不要浪费国家的钱粮来养着他们。"

最后，连汉宣帝都看不下去了，亲自下令将张安世的儿子调到长安。

时间很快到了公元前63年。

这一年，汉宣帝大赏了那些曾经对他有恩的人，因为张贺只有一个儿子，并且和张贺相继离世，所以现在张贺的后人只有一个曾孙了。

为此，汉宣帝除了赏张贺的曾孙以外，还让张安世的少子张彭祖成为张贺的养子，并赏了他好几百户的食邑和关内侯的爵位。

张安世一听这封赏吓坏了，当即便前往未央宫请求汉宣帝收回成命。

汉宣帝实在太了解他了，所以也不和他废话，直接一句话给张安世顶回去了："你不要再说了，这是我要赏赐给我已经过世的恩人的，不是赏赐给将军你的，你快起来回去吧！"

张安世这才没敢再说什么。

可这之后，大概是因为张安世的年龄大了，抑或是得了什么病，总之到本年末，张安世突然大病不起，并上书汉宣帝请求告老还乡，落叶归根。

汉宣帝倒不是不近人情，而是他真心离不开张安世，所以哪怕张安世已经快不行了，汉宣帝也希望他能在长安专心养病，自己有什么疑难问题也好到他的府中请教。

为了自己的后代能安安全全的，哪怕是不能落叶归根又能如何？所以，张安世义无反顾地留在了长安。

张安世还拖着老迈又病重的身体，到未央宫去协助汉宣帝处理朝政。

看着张安世为了自己的后代每天都颤颤巍巍地来朝中工作，汉宣帝的眼睛不禁湿润。

于是，汉宣帝在公元前62年的时候决定，亲自给他颁发印绶，并赐他百名宫中郎卫和敬侯之号。

可就在赏赐的队伍行走到一半儿的时候，张安世却死在了家中。

据说，张安世在死去的时候，一双眼睛都闭上了，表情非常安详，嘴角甚至还带着微微的笑容。

是呀，张安世这一辈子值了！

在年轻的时候，他跟着大将军霍光一起权倾朝野，老了以后，他用自己的极度小心谨慎保护着自己的儿女家人，他没有什么可遗憾的了。

3.6　老将赵充国之威

同年（公元前62年），就在张安世死去没过多长时间，已经销声匿迹许久的羌族多部突然形成了大联盟，并共同袭击汉朝的边境地区。

羌族不是在汉武帝时期就已经被打到西海和盐池去了吗？怎么又开始寇掠起汉朝的边境了呢？

没错，羌族是被赶走了，可人家原本居住的地方是湟中地区，此地不管是气候还是水草都要比西海和盐池强好多好多，所以羌族自从大迁徙以后，日子便过得非常苦，一直都想重新回到湟中去生活。

为了能够达成目的，羌族诸部每年都要派出好多使者前往长安给汉皇进献贡品，并不停地发誓，说以后再也不会听从匈奴的命令了。

可不管是后期的武帝，短命的昭帝，还是前期的宣帝，他们都没有答应这些羌族人的请求，因为这几个皇帝都不相信这些蛮人。

不过在几年以前，因为羌族诸部这些年来实在送了太多的礼物，所以汉宣帝也不好意思对他们不闻不问了，便派光禄大夫义渠安国前往两地巡视羌族诸部，并让义渠安国在合理的范围内给予这些羌族一定的许诺或者赏赐。

可义渠安国根本没有领会到汉宣帝的意思，于是，灾难来了。

话说义渠安国到了羌族诸部以后，那些部落的头领使尽全力来招待义渠安国，使得义渠安国在羌族的土地上得到了如同皇帝一般的待遇。

之后，见义渠安国正在兴头上，这些羌族的首领便开始和义渠安国抱怨，希望义渠安国能答应他们重新回到湟中的土地上。

结果义渠安国竟当即答应了他们的请求，并且过了好一段时间以后才想起给汉宣帝上奏。

而这些羌族人知道时不可待，他们怕事情拖久了会有变故，便在义渠安国答应他们的第一时间选择举族迁往湟中。

因为已经有了义渠安国的口头应诺，所以那些守关的将士根本不敢阻拦，羌族诸部就这样顺利地返回了自己当初生活的土地。

而等汉宣帝收到义渠安国的奏报以后，这些羌族人已经回到了湟中，汉宣帝碍于大国的威严也就没再管这事。

一开始，这些羌族人还算消停，可几年以后，事情就不太寻常了。

公元前63年，羌族二百余部结成联盟，相互交换人质。

得到情报的汉宣帝感觉事情有些不对劲儿，便将已经七十多岁、极富作战经验的赵充国叫到身边，问他对这件事的看法。

赵充国对汉宣帝道："陛下，那些羌族人好勇斗狠，非常善于近身搏斗，曾经之所以会被我们大汉轻易制伏，除了我大汉强大的军事实力以外，他们羌族各个部族之间不团结，相互争斗也是重要原因之一。如今，羌族二百余部结成联盟，纵观羌族的历史，这也是极其少见的。那么为什么会这样呢？我觉得原因只有一个，那就是为了对抗我们大汉！而这，还不是最可怕的！最可怕的是，羌族诸部一旦形成联盟，他们便有可能会在第一时间联合匈奴人共同对我大汉予以打击，那时候，如果我大汉没有防备的话，边境的损失一定无以计数。所以，我建议，陛下从现在开始就多往边境加派守军，并时刻监视羌族的一举一动，做好万全的防备措施。"

汉宣帝觉得赵充国说得很有道理，便依计而行了。

而事实果然不出赵充国所料，一个月以后，据前方探子来报，羌族一个叫狼何的首领秘密前往匈奴，请求虚闾权渠单于出兵配合他们袭击河西走廊，摧毁鄯善和敦煌，断绝汉朝和西域各国外交的通道。

汉宣帝听闻此事以后高度重视，立马将朝中的那些重臣召集到一起询问办法。

赵充国认为，羌族这样做早就是意料之中的事，只不过没想到这么快就实行了，而一旦羌族开始行动，那距离他们真正的反叛也就不远了，具体反叛时间一定不会超过下个秋天。所以，汉朝现在长安方面应该马上开始军事调动，并派遣位高权重的将军前往边境巡视、动员军队，做好一切应该做的战争准备。

同时，长安方面还应该派出对羌族外交有经验并且能说会道的官员前往羌族地区分化他们之间的关系。因为赵充国认定，羌族二百来个部族是不可能做到真正团结的。

而这一次，赵充国又说中了，不过朝廷派出去分化羌族诸部的人不怎么样。

这人不是别人，正是之前因为不理解领导意图而将羌族放进湟中的义渠安国了。

义渠安国率兵到了边境以后，立即召集了之前和他大吃大喝的那些羌族首领。

可当初在他的面前都恭恭敬敬的二百多个首领，如今前来拜见他的只有可怜的三十来人。

义渠安国这个恨！他恨自己愚蠢，相信了这些外族的蛮子，让自己现在成了朝中众人的笑柄。

于是，义渠安国在一怒之下将这三十多个支持他的首领全给杀了，并且带领边境的一些士兵杀入羌族地界一顿疯狂寇掠。

西羌最怕的就是部族之间的不和睦与没有进攻的口实了。

义渠安国这下子"一箭双雕"了，杀了那些支持他的首领，使得羌族空前团结。突入人家羌族的领地寇掠，让羌族百姓对汉朝人恨之入骨，这又有了口实。

所以，也不用等到秋天了，羌族诸部很快就公然举起反汉的大旗，疯狂攻击在边境上屯驻的汉军。

这其中，义渠安国正是主要的被攻击对象。

不知这次羌族一共派了多少兵去攻击义渠安国，反正义渠安国手下有三千名汉朝正规军，几乎没怎么抵抗就被羌族人给打崩了。

然后，义渠安国率领少数部众逃脱了羌人的追击，回到长安以后将羌族已经反叛的事情报告给了汉宣帝。

汉宣帝大怒，真想把义渠安国拽过来揍一顿，但现在事态紧急，汉宣帝没空搭理他，所以让他赶紧滚蛋以后就马上召开廷议来讨论具体平叛事宜。

此时，未央宫承明殿，所有的大臣已经就位，在汉宣帝出来之后就要行跪拜之礼。

汉宣帝赶紧打断道："行了行了，各位爱卿，现在正是紧急之时，这些礼仪就先免了吧。大家都知道，现在西面的羌族已经造反了，武力平叛已经是现在唯一可用的手段。所以，朕想派一名将军前往平叛，不知各位认为谁能够担此重任？"

话毕，还未等众人商议，只见已经年过七十的赵充国迈着方方正正的步子走了出来，声如洪钟地道："陛下！没谁比老臣我更合适的了！"

确实，论军事资历，现在的汉朝之中，赵充国说自己第二，没人敢说自己第一。

论实力，赵充国除了当初在李广利手下为兵的时候败过一次以外也没什么败绩。

所以，虽然赵充国现在年纪已经很大了，汉宣帝对他还是信任的。

于是，在赵充国毛遂自荐以后，汉宣帝接着道："老将军壮哉！不过不知敌情如何，老将军平定叛乱又需要多少兵马呢？"

赵充国："启禀陛下，兵书上说'百闻不如一见'，如今，长安和湟中相去甚远，敌人具体是什么情况老臣也不得而知，不过只要陛下给我一万精骑，我便会在第一时间率领他们前往金城（今甘肃省兰州市稍西北）进行判断，很快便能向陛下献上详细的军事形势图和作战计划！"

汉宣帝："一万？老将军，够吗？不行我再多给你派些士兵吧。"

赵充国："陛下多虑了，羌族，不过是一个未开化的小族！羌人，不过是没有脑子的蛮子！我大汉不去将他们消灭就是他们的福气。如今，这些不知天高地厚的东西竟然敢触犯我大汉的天威，我向陛下保证，就这一万！过不了多长时间我就让他们对我大汉俯首称臣！陛下不用担心，就在长安等捷报吧！"

好一个赵充国！汉宣帝本来有些不安的心在赵充国一席话以后完全放松下来，遂将平叛元帅之职交给了老将军赵充国。

那赵充国到了金城以后直接面对黄河，而过了黄河便是羌族的地界了。虽然现在在黄河对面看不到羌族的士兵，不过拥有多年战争经验的赵充国极为谨慎。他害怕敌人对他半渡而击，便大张旗鼓地准备休息，实际上在当天夜里却派出了好几支工程队偷渡到河对岸，然后抢修防御壁垒，等到天明后，简易的防御壁垒已经修好，这些工程兵便拿起武器，抢占有利防守位置，准备迎接敌人。后面的汉军则快速渡河，然后进入防御壁垒协同作战。

可让赵充国郁闷的是，一直到大军全数进入防御壁垒，他也没看到半个羌族士兵，这让赵充国大为不解。

半渡而击这不是兵法上的常识吗？他们羌人为什么不这么做？为什么？

这种形势让赵充国很不舒服，于是他没有贸然行军，而是让本方士兵继续驻扎在防御壁垒之中，等斥候探明敌情以后再行进军。

可没过多一会儿，突然有一百多号羌族骑兵出现在赵充国壁垒的正前方，可这些人只是在距离壁垒还有很远的地方看了一下便转身走了。

手下的汉军想要追击这些人，可赵充国却断定前方一定有羌人的伏兵，这些羌族骑兵只不过是诱饵而已，所以不准士兵离开岗位，等斥候回来以后再行计较。

可等到斥候回来以后赵充国傻了，为什么呢？因为经过斥候的再三探察，根本就没发现半个伏兵的踪影，这也就是说，不管是建造防御壁垒还是"伏兵之计"，这都是赵充国多心了。

可赵充国在愣了一会儿之后却哈哈大笑。

他的那些手下见赵充国如此，都很纳闷儿，便问道："将军，之前您怕敌人半渡而击，费了很多的人力、物力来建造防御壁垒，结果白建了。如今，您怕前面有伏兵，又让兄弟们龟缩在壁垒之中，结果您又算错了，还耽误了行军的时机。将军您出现连续的判断错误怎么还笑得出来呢？"

赵充国微笑着道："正因为如此我才要笑，因为羌族人根本就不会用兵！各位请看！"

赵充国指着前方的一大片山峡道："在你们前面的这片峡谷名叫四望峡，此地地势狭窄，四周高峰林立，是设置伏兵防守敌军的天赐之地！如果羌人在此地设置几千人马，那我们就是再多几万人也过不去！可这些羌人呢？竟然一个人都没派，由此我就可以看出，这些羌人根本就不懂得兵法！同时，他们也不团结，因为一直到现在我都没有看到大规模的部队对我军发动试探性进攻，这就证明他们还在集结部队，而如果这些羌人真的团结的话，他们的集结速度绝对不会如此缓慢。所以，我知道该怎么对付这些人了。"

话毕，赵充国再无顾忌，直接带领大部队快速经过了四望峡，然后深入羌族之地。

然而，就在赵充国深入一定的范围以后，羌族多部所组成的援军果然来了。

见此，赵充国不再出兵，而是修建了极为坚固的防御壁垒，并在壁垒之内坚守不出，不管羌族士兵如何挑衅，他都坚决不和这些人决战。

羌人只得被迫攻击赵充国的防御壁垒，可防守战为汉军将士的拿手好戏，羌人的攻坚战持续多日都不见半点儿功效，反倒是损失巨大，士气逐渐下滑。

那些部落的头领也在这时候出现了严重的分歧，甚至在军事会议上，有的头领直接吼道："我当初就叫你们不要反叛汉朝，你们就是不听，如今好了，汉皇直接派赵充国来对付我们了。那赵充国现在已经七十多岁了，行军打仗一辈子，战阵经验极为丰富，我看你们接下来怎么办。"

而赵充国呢，好像知道敌人的想法一般，在羌人士气低落之时，他将所有的俘虏放了回去，并和这些俘虏道："这次放你们回去，是因为我知道你们并不是什么罪大恶极之辈，而是受到了某些人的蛊惑，这才迫不得已反抗朝廷，我希望你们回去以后能够劝说各自的首领，让他们不要再执迷不悟地抵抗汉朝了，不然早晚会送命。如今，我所率领的部队只不过是汉朝的先头部队而已，后面还有持续不断的部队在往羌地行军。现在我的部队你们都对付不了，后面的部队你们能对付吗？并且，我们的皇帝不忍心残杀生灵，所以给了你们很好的政策，希望你们回去以后相互转告。我们皇帝说：'不管是普通的羌人还是族长，只要能杀了反叛军的大首领，那就赏赐四十万钱；杀死中首领，赏赐十五万钱；杀死小首领，赏赐两万钱；杀死反叛军丁壮一人，赏三千钱；杀死老人、女人和小孩儿的，赏赐一千钱，还可以得到他们所有的家产。'"

赵充国这招可真是够狠了，这意思很明显，就是想通过羌人的贪财来分化他们，从而使得他们相互攻击，进而达到不战而屈人之兵的目的。

而事实也确实如此，在赵充国将这些俘虏放走以后，整个羌族联军中都充斥着一种极为诡异的气氛，每个人在看着其他人的时候脸上都有一种不信任的神情。

军心散到了这种程度，这仗就没法打了，所以没过多长时间，羌军就撤退了。赵充国因此得以继续行军，兵锋直指这次羌族叛乱的发起部落——先零羌（此部族是当时羌族最强的分支，也是最敌视汉人的部族，大家记住这个族群吧，因为在以后的很多年，先零羌都始终顽强地与汉朝为敌）。

可就在赵充国形势一片大好的时候，汉朝内部在此时发出了不同的声音。

因为为了防守羌族，汉宣帝在西部边境已经多布置了六万多的士兵。酒泉太守辛武贤为此向汉宣帝上奏道："陛下！现在各地很多部队都被派往西部边境，所以北面的防务空虚。而这种情况绝不能持续太久，我们的敌人可不只有一个羌族啊！不要忘记，更北方还有一个匈奴呢！所以，我建议用最快的速度一举荡平羌族！现在，羌族最强大的部族有三，分别是先零、罕和开。这其中最强的是先零，可如果没有罕、开二族的支持，先零就如同秋后的蚂蚱一样，蹦不了多高了！基于此，我建议陛下同时出动几路骑兵，让士兵们每人携带三十天的粮食，然后对罕、开二族实施突然袭击，哪怕不能将他们的有生力量全歼，也可以杀光他们的百姓和牲畜，这样他们就再没有活路了！之后，我们就可以倾尽全力来对付先零了。"

汉宣帝觉得这话说得有些道理，便派人将辛武贤的奏策交给了赵充国，让他研究是否可行。

可当赵充国看到此奏策以后却大骂辛武贤，然后直接回了一封奏策给汉宣帝："启禀陛下，辛武贤想同时出动两路骑兵袭击罕羌和开羌绝不可行！第一，一匹马要驮三十天口粮，那最少需要米二斛四斗、麦八斛，加上盔甲和武器，就会使战马的行进速度非常缓慢，根本无法追击敌人。而敌人一定会针对此逐步向后撤退，拖延我军的行军天数，最后在我军无粮之时截断我军粮道。如此，大军定然恐慌，然后在敌军之腹地被全歼！那样的话，羌族从此以后抵御我大汉的决心就会更盛！而辛武贤所谓的夺取对方牲畜进食只不过是一句空得不能再空的空话！要知道，羌族人虽然不懂兵法，但也知道探察敌人动向。一旦他们发现辛武贤出兵袭击他们，定然会全线撤退，到那时，试问辛武贤到哪里去寻找敌人的踪迹呢？

"第二，武威、张掖、日勒都是西北方的军事要塞，有宽敞的山谷和肥美的水草。而一旦辛武贤出兵攻击罕羌和开羌，这三地势必会空虚无守。一旦这时候匈奴来攻，试问陛下拿什么来守住这三个地方。一旦此三地丢失，我大汉和西域的联系就会中断！到时候西域诸国一定会陷入恐慌之中，一些国家甚至会因为恐慌而重新投奔匈奴！

"第三，羌族此次叛乱主要的策划者就是先零羌，其他的部落都是被迫参加的。因此，袭击罕羌和开羌根本就解决不了问题，只会让羌族二百余部更加团结。所以，只有将先零羌这个大头消灭掉才能真正地做到一劳永逸。并且，我可以和陛下打包票，只要先零羌被我大汉所灭，其他的诸羌一定会第一时间投降，如此，便可不战而屈人之兵。"

收到赵充国的奏策以后，汉宣帝实际上并不是那么满意，因为先零羌在诸羌之中属于最强大的部族，想要将其消灭并不是一时半会儿能成功的，而汉宣帝也确实不想继续将士兵都用在西防线了，所以有点儿偏向辛武贤一方。

但赵充国是沙场老将，战阵经验丰富，汉宣帝又不敢武断，便召开廷议，和众大臣们一起讨论这个事情。

当时，朝中绝大多数的大臣和汉宣帝心思是一样的，都想快点儿结束这次战争，所以都赞成辛武贤之请。

有了大臣们的支持，汉宣帝就放心了，乃命辛武贤为破羌将军，并给他一万两千余精锐骑兵，共携带一个月的粮食准备按计划出击罕羌和开羌。

同时，汉宣帝还致信赵充国，狠狠地批评了他一顿，信上说："赵将军，你拖着老迈的身躯在外风餐露宿，这些辛苦朕都是理解的，可有些话朕必须要对你说。将军你的计划要很长时间才能成功，而那时候羌人的小麦估计都已经成熟了，并且老百姓也早就被安顿到安全的地方了。先不说赵将军你的计划最后会不会成功，单说我汉朝边境百姓就会因为你的决策而遭受痛苦。赵将军你知道吗？现在的边防军为了守护边疆都顾不得种地了，张掖以东的地区每石粮食已经涨到了一百多钱，干草一把也要几十钱，将军你不考虑国家的经费支出，不考虑边境百姓的死活，却要用几年的时间来换取一场小小的胜利，我估计整个汉朝除了你也不会再有另外一个人这样做了。"

这只是一封普通的训斥书吗？不是！这不单单是一封批评赵充国的书信，还是对赵充国的警告！非常严厉的警告！

可赵充国并没有因此而退缩，非但没有，他还继续回信汉宣帝，更加详细地说明自己策略的必要性。

"陛下啊，您是圣君，您勤政爱民，您无时无刻不在关心百姓的疾苦，这个我是知道的，我也理解您现在的心情，甚至连遥远的羌族人民都知道您的仁爱。可击败先零羌并不是一个小小的胜利！想要拿下罕羌和开羌也不是陛下您想象的那么简单。兵法上说：'如果你攻击的时候没有绝对压倒性的力量，那么就用这些士兵来防守。'兵法又说：'善于行军打仗的人会让敌人听从他的指挥，而不是反过来被敌人所摆布。'陛下您之前担心敦煌和酒泉被敌人袭击，所以想要快点儿结束战斗，我反而不这样看。这些外族人如果想来，那就让他来好了！我大汉在拥有相当士兵的情况下，于防守战中对外族从来没有失败过，所以如果敌人胆敢来进攻的话，那么敦煌和酒泉的士兵就会用以逸待劳的方法将他们全数歼灭！这样敌人就会国力大降，从而使我方拥有绝地反击的可能。可如果我方首先对罕羌和开羌发动攻击的话，那么恕臣直言，根本没有成功的可能。先零羌是这次羌族叛乱的主导，但因为力量根本无法同我大汉相提并论，所以才和两羌化敌为友，订立盟约。可先零羌同两羌的积怨已经不是一天两天了，所以根本无法做到协调统一，我现在的部队已经开到了先零羌的境内，可除了先零羌组织了一定的进攻以外，其他两羌根本就没有任何一羌前来帮忙。就是有力的证据！所以，先零羌现在最急迫的并不是我们去攻打他们，而是如何才能和其他两羌拧成一股绳。可是，如果陛下派出辛武贤攻击两羌，那先零羌势必会举族援助他们，这样的话，羌族三个最强大势力的联盟就会彻底巩固。到时候，别说是两三年，就是数十年也解决不了祸患了！老臣我承蒙天子的厚爱，父子都身居朝廷要职，我的官位更做到了上卿，还被封为列侯。够了，真的够了，我现在已经七十有六，上了战场还想要什么呢？我想要的只有一个，那就是让我大汉能得到最大的实惠。只要能对大汉有好处，我这条老命，就是扔到羌族又算得了什么呢？陛下啊，请原谅我一遍又一遍不胜其烦地对您重复一件事，那就是一定要首先消灭先零羌，因为只要先零羌一灭，那其他所有的羌族部落都会不攻自破！如果先零羌被灭，罕羌仍然不投降的话，那么等到明年正月我们不是正好消灭他们吗？这还有什么可犹豫的呢？而如果现在就出兵攻击两羌的话，说实话，老臣真心看不到任何好处，希望陛下您能谨慎再谨慎地考虑老臣的话，老臣求您了！"

这一次，赵充国已经把话说到不能再明白了，而汉宣帝也没有再召开什么廷议便答应了赵充国的建议，并将已经准备出击的辛武贤给撤了回来。

为什么呢？

首先，当然是因为赵充国说的有道理。但最重要的是，汉宣帝感受到了赵充国那颗一切为了国家的滚烫真心。

好了，后顾之忧终于没有了，我们再来看看赵充国是怎么对付先零羌的吧。

搞定汉宣帝以后，赵充国依然不紧不慢地在先零羌境内驻扎，他始终都是在防守，从来都没有进攻过一次。

而一次又一次的攻坚失败使得先零羌士气大跌。并且，先零羌不管是将领还是士兵都断定赵充国不敢派出士兵主动攻击他们的营帐，所以每个夜晚都睡得特别香甜。

可本年七月的某一天拂晓，正在先零羌士兵睡得最熟的时候，汉军防御壁垒却静悄悄地打开了。

紧接着，一批又一批的汉朝骑兵手持着银光闪闪的首环刀慢慢从壁垒之中走出。

又过了一会儿，突然一声鼓响，无数的火把点燃，然后杀声震天，马蹄声震慑大地，汉军好像火海一般杀进了先零羌族的大营。

他们不停地杀不停地烧，先零羌的士兵大惊，遂四散奔逃，根本无法组织有效的抵抗。

先零羌的首领见兵败如山倒，只能带领少数的亲随返回驻地，并通知所有的百姓，让他们赶紧收拾东西迁徙跑路。

一时间，先零羌内乱作一团，有的人在收拾他们赖以生存的牛羊牲畜，而大部分人根本顾不得收拾，而是直接带老婆孩子往湟水方向奔逃，意图渡过湟水再行安家。

赵充国手下的副将见此就要率军急速追击屠杀这些先零羌人，可赵充国却制止了他的举动，反过来让士兵跟着那些狼狈逃窜的百姓慢慢追击，就好像猫在戏弄老鼠一样。

赵充国为什么这样做呢？很简单，因为前方是湟水，如果将先零羌的百姓和逃兵逼急了，他们势必会背水摆阵，然后和汉军决一死战。

困兽犹斗，哪怕最后胜利了，汉军也必定会损失不计其数的士兵。所以赵充国就是这样慢慢逼近，意图让这些先零羌的百姓相互踩踏，然后在仓皇渡过湟水的时候淹死。

事实确实如赵充国所料。那些带着牛羊牲畜的百姓全都在逃亡队伍的最后面，他们见汉军距离他们越来越近，无不将自己视若生命的牲畜扔掉，然后疯狂地向湟水奔逃。

本次逃亡，虽然被汉军追上杀掉的先零百姓只有五百多人，但在逃跑中相互踩踏和淹死的百姓却无法计数。

并且，汉军所俘获的牛马羊就有十万多头，战车也有四千多辆，这就够汉军吃用好长时间了。

还有，在赵充国继续追击先零羌的过程中路过了罕羌的领地。赵充国为了有效分化先零羌和诸羌之间的关系，乃发军令，严令禁止汉军对罕羌的百姓施暴，违令者斩！

罕羌的首领靡忘见汉军路过他的领地秋毫无犯，无不兴奋地对手下道："看来我不帮先零羌攻击汉朝是对的，看哪，汉朝军队果然不对我们发动攻击。"

紧接着，靡忘又沉思了一番，他认为，这次是讨好汉朝的绝佳时机，便派人前往汉军中向赵充国投诚，承诺以后都会臣服于汉朝，永世不叛，希望汉朝能够接纳他们，并让他们回到最早生活的地方。

赵充国口头答应了使者，并在同一时间也派出了使者前往长安方面奏请汉宣帝，希望他能答应靡忘之请。

要说这靡忘真是个实在人，那边汉宣帝回复还没下来，他就火急火燎地亲自前往汉军营之中拜见赵充国。

赵充国亲自接待了靡忘，并让他放心，说只要他以后一心为汉朝尽忠，汉朝不但不会攻击他，还会给他无尽的好处。

就这样，宴会在热烈的气氛中收尾，罕羌宣布从此臣属于汉朝，赵充国不战而屈人之兵的策略迈出了坚实的一步。

这之后，赵充国继续追击先零羌，大概在距离先零羌新聚集地百里之外的土地上又驻扎了起来。

赵充国认为，现在先零羌已经到了末路，如果继续进逼的话，一定会激起他们同仇敌忾之情。所以与其和他们"同归于尽"，还不如改进攻为屯田，慢慢地消磨他们的斗志，并分化诸羌之间的关系。

可就在这时，身在长安的汉宣帝又开始催促赵充国出兵了。

因为赵充国现在的年龄实在是太大了，所以在这长期行军打仗的折腾中，小腿也不利索了，肠胃的消化也都不好了。汉宣帝怕赵充国什么时候突然归西了，就赶紧派辛武贤到赵充国的军中充当起部将，并催促赵充国赶紧和先零羌决战，早早将这个祸害给灭了。

此决定和赵充国现在准备的方案完全不符，所以赵充国就打算写信反驳汉宣帝的决议。

可赵充国的儿子，现在长安当官的赵卬非常了解自己的父亲，认定父亲一定不会同意汉宣帝的提议，所以几乎是在汉宣帝的命令发出同时便写信给赵充国，信的大概意思是："父亲呀！这次您就从了陛下吧，这都多少次了？您总是这么三番四次地反对陛下，儿请求您这次不要再拒绝陛下的提议了，就从了吧！"

赵充国从了吗？没有，几乎是给汉宣帝写完回信就再回信给赵卬了。

不过对于自己的儿子，他很明显就没有那么客气了。

"之前你说的那是什么话？难道你把个人的生命看得比国家还重要吗？朝廷如果早点听我的话，敌人还能猖獗到如今这个程度吗？当初派往羌族的使者，我推荐的是谁？是辛武贤。丞相和御史推荐的是谁？义渠安国！结果出现了如今的事情。之后，羌族还没有反叛，那时候金城和湟中一带大丰收，谷子的价钱已经贱到每斛八钱。当时我就告诉耿中丞，让他趁此时机收购二百万斛粮食，这样就有后备，羌族也就不敢动了。可这个耿中丞呢？就收购四十万斛，基于此，羌族才有勇气起兵。事情就是这样，往往差之毫厘，谬之千里。如今，不知又是谁给陛下出的馊主意，我要是不制止的话，战局不知道又会往什么方向发展了。你小子是我赵充国的儿子，我希望你以后都要一心想着国家，而不是什么保全性命！"

赵卬收到这封信以后果然不敢再劝赵充国明哲保身了。

之后，我们再来看看赵充国是怎么给汉宣帝回信的："陛下您圣明伟大，所做的一切都是为了国家和百姓，我知道，您想早点结束战争，以免除百姓的困苦和劳役。可是陛下，羌人一向好勇斗狠，可头脑简单四肢发达。和他们硬拼，到最后哪怕是胜利了也会损失我大汉的士兵。我汉人血统高贵，实在犯不上和这些蛮人同归于尽。我认为，只有用计谋来分化他们才是最佳的选择。在我心中，已经有了一套大规模屯田的办法来对付这些羌人了，虽然耗费的时间较长，但一不影响百姓的正常生活；二不需要国家破费；三可让我精锐的汉军重新返回长安执行其他任务，这何乐而不为呢？陛下，老臣粗略地估算了一下，从临羌东面一直到浩亹一共有两千多顷田地，可用于一万多士兵耕种。所以，老臣请求将本军的正规军全部派回长安，只留减刑犯人和民兵一万二驻留即可。这样的话，每名士兵都有田可种，大大节省了朝廷的开支，我就可以任意地使用计谋来分化诸羌之间的关系了。"

汉宣帝是个不懂兵法的人，虽然对赵充国的奏策不怎么赞同，不过还得遵从老规矩，召开廷议来商讨此事。

结果，大殿之上，文武群臣给赵充国一顿否定，尤其是丞相魏相，激动地和汉宣帝道："陛下！照赵将军这么做，什么时候羌族之乱才能平息呢？请恕臣直言，臣从出生到现在，从来没见过谁打仗这么磨叽的。"

话毕，其他官员也是一片附和。可之前已经有过一次经验教训了，所以汉宣帝还是没有致信训斥赵充国，而是比较不客气地派使者前往赵充国处问道："皇帝问后将军，'你建议撤去骑兵，留下万人来屯田，如果依将军之计，敌人何时才能消灭呢？叛乱何时才能平定？屯田战术，朕听过，但从来没见过，所以根本不懂它有什么好处，希望后将军能够提供详细的报告，不然朕实在无法信服，也无法再让后将军统军作战了'。"

赵充国回信道：

"陛下，'不战而屈人之兵'，这是兵法的最高境界。因此，作战最该重视的是谋略，而不是战斗！羌族虽然都是一些野蛮人，但他们也不可能不重视自己的礼仪，不可能不怕死。如今，先零羌已经被我赶出了水草肥美的土地，投降和死亡的人就已经达到了一万余人，还有七十多个羌族部落现在也已经脱离了先零羌的联盟。

"所以，臣可以保证，臣根本就不用出兵，只需在此防守屯田，先零羌就会自行崩溃！

"臣可以断言，一年之内，叛乱必定平息！

"如果臣这样说陛下还不懂的话，那臣就列举十二点，把话再说得透彻一些。

"第一，……

"第二，屯田战术可以将先零羌隔断开来，让他们回不到富饶的地区，这样久而久之，先零羌就会因为贫穷而产生内部矛盾，进而激化成血腥政变。

"第三，……

"第四，军马一个月的用粮就要抵普通屯田士兵一年的用粮量，所以撤掉所有骑兵不但能达到防守的目的，还能节省大量的粮饷。

"第五，因为是一万两千余人进行屯田，所以到时候一定会有多余的粮食，我们可以将这些粮食送给先零羌周围的羌族，加速他们联盟的解体。

"第六，……

"第七，军队在敌方地界进行攻击，那就免不了受到相当的伤害，可如果采用我军最擅长的防守战术，那就再给他两个先零羌也绝不会攻进我军的堡垒，所以，我是稳操胜券的。

"第八，……

"第九，……

"第十，因为我军现在身处的位置只需面对先零羌，而长期的屯田就是向诸羌表明我们的态度，那就是只针对先零羌一个部族，和其他的部族没有半点儿关系。这样的话，诸羌就更不可能叛变，我皇可高枕无忧矣。

"第十一，如果采用屯田战术，老臣就有大把的时间在湟峡中间修建道路桥梁，可以一直修到鲜水。如此，我大军再想攻击羌族的话，部队行军就会像在平道上一样容易。

"第十二，……"

《屯田策》完全是说给不懂军事的人听的，有些磨叽了。可汉宣帝却看得津津有味，还再次召开廷议，和大臣们共同商议赵充国之策。

而这次，有一半的大臣都沉默了。他们不再和魏相声讨赵充国，而是非常仔细地品味赵充国的《屯田策》，然后无不为其策略所打动，继而赞成赵充国。

最后，只有魏相不赞同赵充国的建议，并和汉宣帝道："荒谬！陛下！后将军此策荒谬啊！一年内结束？呵呵，他上嘴唇一碰下嘴唇说得轻巧，可事实真的是如此吗？未必吧。一旦我朝廷正规军撤出羌族之地，这些羌人一定会想方设法地来阻止我屯田军进行屯田，我就想问问后将军，这事儿他怎么制止？如果制止不了，那屯田还如何进行？如果屯田之计失败的话，正规军又不在，大军定然全死于敌境之上，到那时，辛辛苦苦这么长时间的战果就全都没了！还有！罕羌虽然臣服，但开羌可从来没有向我们表示臣服啊，如果到时候他们突然配合先零羌从两个方向来攻击我们，试问，到时候怎么抵抗？"

汉宣帝觉得魏相此议很有道理，便将这番话原封不动地转告给了赵充国。

结果，赵充国再一次回复了汉宣帝和众多朝中大臣。而这一次，除了有限的几个家伙以外，再也没有人对赵充国的计划抱有疑问了。

赵充国回复道："启禀陛下，您不在战场，所以不知道现在的情况。如今，先零羌虽然还有不少人，可善于搏杀的精壮士兵只剩下不到八千人了，只有这么点儿人，哪怕是在平坦之地骚扰我们也是非常困难的，就更别说我军现在已经占据地利了。

"现在，我军屯田之地四周多有高山，我已在这些高山之地建立了瞭望点，随时都能有效地掌握敌军的一举一动。一旦有先零羌的人来犯，我军便可以迅速化零为整，对其予以打击。

"试问，一个只有不到八千正规军的势力敢在这时候和我军决战吗？

"您还问我，如果开羌这时候进攻我们怎么办？这个陛下完全不用担心。如今，随着先零羌越来越弱，开羌不但没有过来帮助他们，反倒是落井下石，不断地袭击先零羌之地，抢夺他们的牲畜，掠夺他们的财产。

"试问，就这么一个不知道团结的种族，他们还有可能联合在一起攻击我汉朝吗？所以，一年之内，羌祸必为老臣所平定！还请陛下不要再担心了。"

这封奏策送上之后，汉宣帝真是没脾气了，当初跟着魏相反对赵充国的那些大臣也不吱声了，甚至连魏相听到赵充国的这些回答以后都跪在汉宣帝的面前认错道："臣愚笨无知，不懂得军事上的事情，所以一次次地质疑后将军。如今，通过后将军的解释，愚臣终于明白其中的奥妙！现在，愚臣拿生命来担保，后将军一定能成功平定羌族之乱！"

丞相大人都这么说了，还有谁会唱反调呢？所以一个个全都赞同了赵充国的提议。

可就在汉宣帝准备散朝之时，破羌将军辛武贤却以性命担保，说只要给自己一些军队，自己就能横扫诸羌，给汉朝打下一个铁桶江山。

这已经是辛武贤第二次向汉宣帝请战了，也许是对赵充国还不是很放心，也许是对辛武贤有那么一点点的愧疚之情。汉宣帝这一次是给了辛武贤一些士兵，让他带着这些士兵出击先零羌。

而赵充国那头呢，汉宣帝也同意他的战略，他想怎么样就怎么样，其用意就是想看看到底谁的做法才是正确的。

结果呢，非常明显，因为不到一个月的时间，辛武贤在损失一定士兵的情况下才斩杀了两千多名先零羌士兵。

而赵充国呢？不费一兵一卒，前来投降他的先零羌人就有五千之众。

这还有什么可说的？汉宣帝当即便派遣使者让辛武贤赶紧滚回来，之后便再无顾虑地相信赵充国了。

时间匆匆而过，转眼间一年就过去了，这一年间，先零羌打不了赵充国，又无法和其他的羌族结盟（因为赵充国这么长时间以来的离间之计），并且身处于极为恶劣的贫瘠之地，所以越来越多的先零羌人放下了手中的武器，前来投降了赵充国（三万一千二百人）。

到最后，整个先零羌只剩下四千多人了，这些人都是极鹰派分子，誓死都不投降汉朝，可也不敢继续留在原地了，便只能迁徙到更遥远的地方以求得苟安。

为了能讨好汉朝，罕羌的首领靡忘还带着超过百族的诸羌首领前往赵充国军中，共同发誓从此效忠汉朝，并主动请缨将之前逃亡的先零羌人全部抓获。

赵充国自然乐于这样做。

至此，羌族之乱算是彻底平定了，赵充国因此写信给汉宣帝，请示回京。

公元前60年秋，四处躲藏的先零羌大首领犹非和首领杨玉被诸羌所擒杀，先零羌彻底被灭。

之后，羌族诸部众多首领前来汉朝朝拜汉宣帝，宣誓从今以后誓死效忠于汉朝。

汉宣帝非常高兴，只一天的时间便将这些来朝拜他的首领全都封了侯。并在这些首领回去之后设置了金城属国，创立了护羌校尉这个官职，其主要任务便是管理羌族事务和镇压羌族造反者。

那么应该派谁来担任护羌校尉呢？按照道理来说除了赵充国以外没有第二人选，但赵充国的年纪实在太大了，不适合继续奔波在外，汉宣帝便立辛武贤的小弟弟辛汤为护羌校尉。

可那边圣旨刚刚下来，还没等辛汤上去任命，赵充国就赶紧跑到未央宫劝谏汉宣帝："陛下绝不可用辛汤！那辛汤嗜酒如命，并且酒品极差，如果用他来管理少数民族的事务，那就等于是逼着这些人造反，还不如用他的哥哥辛临众，这样才能安全有效地管理羌族事务。"

汉宣帝这时候对赵充国的信任真的是无以复加，所以赵充国那边一说，这边汉宣帝就答应了，立即改任辛临众为护羌校尉。

那赵充国不管是打仗还是推荐贤良，出发点无一不是为了国家的利益，中间没有一点儿私情。可很多人却不是这样，而辛临众便是其中之一。

接到任命的诏书以后，辛临众怕家中从此不再和谐，便以有病为由辞去了护羌校尉之职，并再三推荐自己的弟弟辛汤为护羌校尉。甚至连五府都推荐辛汤为护羌校尉了（五府：三公、大将军和太傅）。

汉宣帝见众人都力挺辛汤，便只能任命其为护羌校尉了。

而事情果然不出赵充国所料。辛汤自从成为护羌校尉以后整日烂醉如泥，并且一喝多就开始"欺辱"羌人，羌人在他的影响下，对汉朝的好感是一日一日地往下坠。

可以这么说，羌人以后接二连三地反叛汉朝，辛汤是"功不可没"的。不过这都是以后的事儿，我们到时再说，现在还是再将目光瞄向北方的匈奴吧，因为这头本就奄奄一息的苍狼又雪上加霜了。

3.7　大分裂的前奏曲

匈奴在前些年经历了天灾人祸以后，本身实力呈直线下滑，后来又被汉朝、乌孙、丁零、乌桓趁机四面围攻，这就更加速了匈奴的败亡。

这其中以丁零人为甚，他们趁着匈奴这头饿狼垂死之际，不断在其身上拔毛，匈奴人虽然多次派兵前去围剿，可丁零人的游击战打得特别好，使得匈奴一直都没有什么太好的办法。

到了公元前60年，虚闾权渠单于在这种情况下死了。

可让虚闾权渠单于没想到的是，因为他的死，使得匈奴再次分裂。并且此次分裂，为匈奴内部诸多分裂之最。

当初虚闾权渠刚刚上位时便废黜了颛渠阏氏。从这以后，颛渠阏氏便开始和右贤王私通，图谋一些不可告人的事。

等到公元前60年的时候，右贤王参加匈奴大会，会毕后正要离去，颛渠阏氏便找到了他并告诉他，让他先不要离去，因为现在虚闾权渠单于病得非常厉害，估计也不剩几天了，所以让他想尽办法留在本地，一等虚闾权渠归西便想办法让他成为新任单于。

果然，大会才完没几天，虚闾权渠单于便归西了。

按照匈奴的习惯，接下来继承单于之位的应该是虚闾权渠的儿子抑或是日逐王，可右贤王与颛渠阏氏早有准备，所以在虚闾权渠刚刚归西就开始了血腥政变，几乎将虚闾权渠生前信任的大臣全都给屠戮一空，并用本族子弟和颛渠阏氏氏族的子弟占据了各个重要的职位，然后右贤王自立为握衍朐鞮单于。

握衍朐鞮单于认为事情发展到这一步应该就没什么问题了，可令他万万没想到的是，匈奴内部依然有很多人不支持他，非但如此，还有的人甚至背叛了他，这里面当然就有日逐王先贤掸一个了。

遥记三十六年以前（公元前96年），且鞮侯刚死，真正应该被立为单于的应该是先贤掸的父亲，可因为狐鹿姑当时在匈奴的声望如日中天，先贤掸的父亲就将单于之位让给了他。

狐鹿姑非常感动，当时就在众人面前发下重誓，说等自己百年之后，一定会将单于之位让给先贤掸，而不是自己的儿子。

所以，匈奴的老百姓一直认为先贤掸才应该是下一任的匈奴单于。

可狐鹿姑单于死去以后，匈奴就发生了内乱，先贤掸从此便与单于之位无缘，可他心中成为单于的野心却是一直都在的。

如今，握衍朐鞮再一次用"非法"的手段夺取了单于之位，这也就宣告了先贤掸从此再与单于无缘了，因为他现在的年龄实在是太大了，大到已经等不到握衍朐鞮死去的那一天了。

再加上先贤掸和握衍朐鞮本来就有相当大的矛盾，先贤掸认为握衍朐鞮一定会要了他的命，所以便在握衍朐鞮刚刚成为单于没多长时间便带着自己的部众（超过万人）向南投奔汉朝去了。

而这，只不过是匈奴大分裂的一个前奏曲而已，后面还有更大的分裂在等着匈奴人去承受，不过这事儿还在两年以后，我们到时候再表。

3.8　盖宽饶之死

还是公元前60年，这一年九月，西汉几大廉洁官员之一的盖宽饶自杀，虽然并不是汉宣帝直接将他杀死的，但间接的罪责也跑不了，所以此事一过，汉宣帝那近乎完美的个人简历上终于多出了一个小小的污点。

盖宽饶，字次公，魏郡人，因为通晓儒家学说而被选为郡文学，再之后又以孝廉的身份做了郎官。

其身为郎官期间，行为一板一眼，从来没出现过什么差错。所以，不久便被推荐为方正，并在一次对策中被选为首席，升为谏大夫。

盖宽饶不管做什么都一心奉公，六亲不认，很有些当初汲黯的影子。所以，那些自认为很受汉宣帝宠爱的臣子就倒霉了。

在当时，谁最受汉宣帝宠信呢？当然是丙吉和张安世。尤其是张安世，其为人小心谨慎，万事不沾身，正是最受宠的时候。

可就是这样的人依然会受到盖宽饶的弹劾。

有一次，张安世的儿子张彭祖不知是怎么回事，在路过殿门的时候并没有下马车步行，此罪可大可小，往小了说不过是一时疏忽而已，可要是上纲上线的话，说他是大不敬也是不为过的。

而对于盖宽饶这种极度一板一眼的人来说，张彭祖此举完全就是大不敬无疑了。所以，他立即上书汉宣帝参张彭祖大不敬，并且趁机连他父亲都给参了。

因为张安世当时帮人不留名，为了自己能够活命，但凡有什么功劳都不往自己身上揽，甚至连提拔了别人都不让那人知道，每每下朝便着急忙慌地"逃"回家，生怕被别人误会结党。所以，盖宽饶错误地认为张安世只是一个占着位置不做事的窝囊废，便在参张彭祖的时候也参了张安世一把，希望汉宣帝能将张安世给撤了，再换上一个能干事儿的上来。

汉宣帝收到此上奏以后对这个没有眼力见儿的年轻人特别生气，便以张彭祖实际上在殿门前下了车，盖宽饶举报不实为由，将盖宽饶降职为卫司马。

可当盖宽饶到了卫司马的官署以后，麻烦来了。什么麻烦呢？这不吗，盖宽饶第一天上任，就碰到了公然索贿这种事。

当时，盖宽饶刚要走进官署，可卫尉（卫司马的顶头上司）却直接拦住了盖宽饶，并嚣张地道："想进去吗？行！必须要孝敬老子，不然你就是进了这个门，以后也没有你好受的。"

盖宽饶一愣，然后满脸涨得通红，这就要发作。可突然走过了一个认识盖宽饶的小官，急忙将盖宽饶拉到一边，然后在他耳边悄悄道："我说盖大人，正所谓县官不如现管，您现在可不是原来的谏大夫了，只不过就是卫尉手下的一个卫司马而已，您还是不要得罪卫尉了吧？这样以后才有好日子过。再说了，都说这个卫尉上面有人，所以经常强行收受他人财物，这里面谁没被他强收过？所以您也不必觉着没有面子，赶紧交吧，省得又有闲事缠身。"

盖宽饶那可是和汲黯一样的彪悍之臣，怎么可能轻易屈服呢？所以，他理都没有理这卫尉，直接转身走了。

那个认识盖宽饶的小臣直摇头。而卫尉呢？却是冷哼一声便转身走了，看那样子是要等日后好好收拾盖宽饶一顿了。

可大概一个时辰以后，这卫尉还没回到官署呢，盖宽饶就先回来了。不过这次他回来得气势汹汹，并且后面还跟着一群五大三粗的郎卫。

还没等官署一众人缓过神来，盖宽饶就将他们全都关了起来，依次询问他们卫尉是如何收受贿赂的，并记录在案。

那些官员本来就暗恨卫尉，这一看来了一个搞事情的，那还有什么说的，全说了得了。

而就在盖宽饶"审问"众人之时，那卫尉却回来了。他见一堆大兵挡在官署之前就感觉大事不妙，当即就要往里面闯。

可门口的郎卫只认盖宽饶而不认卫尉，所以给他挡在门前不让往里面进。卫尉大怒，就要调兵前来。

可此时，盖宽饶也"审讯"结束了。他冷漠地看了一眼卫尉，然后拿着状纸就往三公府方向走去。

后来，关于朝廷是如何处置这名卫尉的史料并未细表，不过可以肯定的是，从这以后，卫尉官署再也没有强收贿赂的情况了，风气得以大正。

汉宣帝对盖宽饶非常满意，遂升其为司马，管理一定数量的士兵。

那盖宽饶为司马以后，虽然对士兵们非常严格，但相对地，他也极为关心这些士兵的日常起居。他经常前往士兵的住处检查士兵是否吃得好穿得暖，如果有一个士兵受到了不公平的待遇，他都会严厉斥责管事的官员。甚至有士兵患上了疾病，他都会亲自前往看望，并喂其食药。所以，他手下的士兵们无一不为盖宽饶以死命侍之！

一年以后，老兵的兵役服完了，该回家了，新的士兵又来了，汉宣帝当时心情非常好，便宴请那些期满准备回乡的卫卒们。

可是这些卫卒和往年高高兴兴离去的卫卒有些不同。他们不是笑，而是痛哭流涕。

汉宣帝不解，便问他们为什么，为什么这好几千卫卒在即将回家之际非但不高兴，反倒要号啕大哭？

这数千大兵一听汉宣帝问了，全都给汉宣帝下跪并齐声道："陛下！我等愿再服一年的兵役，以报答盖司马大人的厚德恩情！"

汉宣帝见士兵们如此拥戴盖宽饶，便询问一些官兵为何如此。

当汉宣帝得知事实的真相以后，便更加喜欢盖宽饶了，于是再升他为太中大夫，负责巡察各地官吏，整顿贪污腐败的问题。

盖宽饶自从为太中大夫以后，简直就成了数千年前的大禹。

他整日在外奔波，查处贪官污吏，根本就不管家里如何，所以只一年之内，被盖宽饶弄下去的官员就超过了百人！并且这里面全都是贪官，一个好官都没有。

这其中有很多人在长安都有自己的保护伞，那些保护伞不止一次写信至盖宽饶处求情，可盖宽饶根本就不吃那一套，所以这些贪官污吏们没有意外地，全都被罢免了。

汉宣帝对盖宽饶这种不畏强权的举动非常满意，乃升其为司隶校尉，负责监督三辅地区的官员和治安。

可让汉宣帝没有想到的是，这个盖宽饶实在是太不畏强权，甚至都开始威胁到自己的头上来了。

长安，自从赵广汉被弄死以后又开始逐渐恢复了当初的"热闹"，历届京兆尹皆不能治之！

可自从盖宽饶成为司隶校尉以后，几乎将自己全部的俸禄都给了自己的眼线，并让他们暗中调查城中的不法之事。一旦有人犯法，京兆尹、左冯翊、右扶风又没有及时管理断案的，盖宽饶便会上奏朝廷狠狠地参他们。

如此，使得三辅之官无不如履薄冰，都打起十二分精神处理三辅之事，三辅地区的治安情况也在盖宽饶成为司隶校尉以后迅速变好。

如果按照这样的线路继续走下去的话，相信盖宽饶最后不是三公也能混成个九卿了。可这盖宽饶呢？偏偏要自寻死路。

话说自从汉武帝以后，汉朝的法度逐渐开始变得严苛，虽然到汉宣帝的时候已经比武帝时期要轻得多，可对那些所谓的"儒生"来讲还是太严苛了。

他们认为，只有文景时期的法律才是真正的好法，只有五帝时期的法律才算得上是圣法（主要是指禅让制度）。

汉宣帝认为，法律虽然不能太严苛，但也绝对不能太仁慈。不然，国家的百姓和官员对于政府就没有畏惧感，就会知法犯法。所以，汉宣帝并没有全盘否定汉武帝时期的法律，只不过是相对地削减而已。

可就是因为这样，惹得盖宽饶不高兴了，所以，他说话了。

这时候，汉宣帝相当信任一个小宦官，这小宦官的姓名不得而知，却得到了汉宣帝的青睐，汉宣帝还破天荒地让他担任中书官一职。

盖宽饶因此大怒，便借题发挥，狠狠地将汉宣帝耍了一把。

那天，朝会之上，盖宽饶突然走出，当着满朝文武的面和汉宣帝道："陛下，各位王公大臣，鄙人认为，当今我汉朝的圣人之道已经几乎废弃了，某些人不重用儒家，反而用一个低贱的宦官来充当周公和召公，并用法律来代替《诗》和《书》，这简直就是滑天下之大稽！试问，这样如何才能治理好国家呢？如何才能使天下臣民心服呢？"

这话一说，满朝哗然，谁都没想到盖宽饶竟然莽到了这种程度。

汉宣帝开始一愣，后来气得双手哆嗦，要不是他有些素质，估计当场就要咆哮了。

只见汉宣帝阴狠狠地看着盖宽饶，然后冷冷地道："哦？那司隶校尉认为朕应该用什么样的手段来治理天下才能算得上是成功的呢？"

汉宣帝那阴冷的语气都能把人冻死，大家都看出来他动了真火。可是盖宽饶就好像没有听出来一般，依然自顾自地道："想当初，五帝公天下，三王家天下。家天下是将位置传给自己的孩子，公天下则是将位置传给拥有贤德的人。那么，到底是有贤德的人适合治理天下还是自己的孩子治理天下更好呢？我想这就不用臣多说了吧？"

盖宽饶真是疯了，他这是要干什么？这是要将刘氏，甚至将汉宣帝赶下皇位啊。

汉宣帝再也忍不住了，就要发飙。可就在这时，执金吾突然蹿了出来，指着盖宽饶怒吼道："一派胡言！盖宽饶！说出这些话你简直是大逆不道！我们当今圣上就是高祖的血脉。怎么？照你这么说是不是我们陛下现在就应该退位让贤了？让谁？谁贤？你盖宽饶吗？"

话毕，执金吾根本就不给盖宽饶解释的机会，直接转头和汉宣帝道："陛下！似此等大奸之辈，臣实在想不出有什么理由再留他性命！臣请奏，即刻将这个奸人弃市，以儆效尤！"

话毕，还未等汉宣帝说话，平素和盖宽饶关系不错的谏大夫郑昌便赶紧站出来道："陛下请息怒，臣听说'山中有猛兽，就不能再去采野菜；国中有忠臣，奸臣就永远不能当道'。司隶校尉自从为官以后不求安逸，食不求饱，进殿则有忧国之心，退殿则有死节之义气，此种情怀，怕是古时候的忠臣也未必赶得上吧？如今，司隶校尉只是用词不当，实际上他并没有执金吾大人所说的想法，还请陛下能够原谅司隶校尉口误，不要再去计较了。"

郑昌说得好听，可盖宽饶确实触动了汉宣帝那不可触碰的逆鳞。所以，汉宣帝注定不会原谅盖宽饶，乃将其交给廷尉署审讯判决。

盖宽饶最后是在狱中自杀了。

而盖宽饶死后，三辅的百姓无不痛哭流涕，有的人甚至偷偷地咒骂汉宣帝，这大概就是汉宣帝一生为数不多的所谓的污点之一吧。

3.9 "好好老先生"韩延寿之死

公元前59年三月，干了整整九年丞相的魏相离世，御史大夫丙吉接替了他的位置，成为汉朝新任丞相，而左冯翊萧望之也在同一时间被汉宣帝提拔为御史大夫，接替了丙吉的空缺，汉朝出了名的"好好老先生"韩延寿也在同一时间顶了萧望之的缺，成为左冯翊。

丙吉与萧望之前都讲过了，那这个韩延寿又是什么来路呢？他怎么就成了"好好老先生"了呢？

在详细说韩延寿之前，先说一下丙吉。

话说丙吉为人宽厚，能力出众，在汉昭帝还在位的时候就受到了霍光的重用，升其为光禄大夫给事中。

当初汉宣帝小的时候虽然数次被丙吉所救，可那时候汉宣帝太小，并且没过几年就和丙吉分别了，所以到后来继位以后，他根本就没想起丙吉就是当初救自己的那个叔叔。

而丙吉呢？他也绝口不提当初自己对汉宣帝有恩的事情，所以除了丙吉自己一个人以外，整个朝廷都没人知道丙吉当初救过汉宣帝。

可没过多久，有一个叫则的女人却让自己的丈夫上书汉宣帝，声称自己在汉宣帝小的时候曾经伺候过汉宣帝，希望他能给自己一定的赏赐。

汉宣帝确实记得自己小的时候在监狱里面曾经有一个叔叔和两个阿姨对自己特别的好，便招来掖庭令，让他考察此事的真伪。

可事情已经过去那么长时间了，让掖庭令去判断事情的真伪，他根本无从下手。所以一段时间内事情并没有什么进展。

突然，那个叫则的女人想起了什么，然后火急火燎地去找了掖庭令，和其道："大人！大人！我想起来了，当初在监狱里面管事儿的那个人叫丙吉，只要找到他，就能证明我当初伺候过皇帝。"

丙吉，那可是现在朝中的光禄大夫给事中，谁不知道他啊。所以，掖庭令赶紧带着则找到了丙吉。

可当丙吉听说了则的请求以后大怒，直接指着她道："呵呵，真是厚颜无耻之徒！当初你是伺候过如今的皇帝陛下，可你是怎么伺候的？你伺候陛下从来都是应付了事，没有一次是用心的。有一次还差点儿把陛下摔死！就你这样的还想要赏赐呢？不打死你就不错了，还不快滚！"

则一听这话吓坏了，灰溜溜就跑了。

掖庭令不敢再留，也想告退，可这时候丙吉却拉住了他道："掖庭令你先别走，我有事要和你说。"

掖庭令："大人请说。"

丙吉："当初，皇帝陛下在监狱的时候是有两个女人用心照顾陛下的，他们分别是渭城的胡组和淮阳的郭微卿，如果陛下实在想要报恩的话，就找这两个女人报恩吧。"

掖庭令将丙吉之言全数告知了汉宣帝，而汉宣帝也是报恩心切，赶紧便派人去寻找二人。

可最后的结果却是这二人已经全都老死了，现在只剩下她们的子孙还在世。

汉宣帝无奈，只得重赏了二女的子孙，甚至连那个叫则的女人都赏赐了十万钱。

事情到这儿，汉宣帝才突然反应过来。丙吉怎么会知道这事情的来龙去脉呢？当初还有一个叔叔救过我好几次，难道……

想到这儿，汉宣帝一激灵，赶紧将丙吉召唤到未央宫，并且亲自询问他当初到底是怎么回事，那个叔叔到底是不是丙吉。

事情到了这一步，丙吉也知道，不能再隐瞒了，只能承认，乃将当年的事情经过详细地告知了汉宣帝。

汉宣帝当时感动坏了，没过几天便册封丙吉为博阳侯，并赏赐食邑一千三百户。可还没等赏赐的诏书送到丙吉手中，丙吉却突然大病了一场，甚至连床都下不了了。

听到这个消息，汉宣帝吓坏了，第一时间便派出了好几个太医轮番前往照看，并下了死命令，让他们无论如何也要治好丙吉的病。

汉宣帝还亲自前往丙吉家中看望，且每日忧心忡忡，就怕丙吉突然离世。

可天佑丙吉，在汉宣帝派去太医的精心照料下，丙吉终是有惊无险地度过了危险期，并在一个月以后彻底康复了。

汉宣帝因此非常高兴，当即便派人前往，将侯爵的印信赏赐给丙吉。

可丙吉却坚决辞谢，上书说自己不能靠当初对汉宣帝的恩情来接受这些封赏。

汉宣帝赶紧回书说："朕封你为侯，并不全是你当初对朕有救命之恩的缘故，同时也是对你能力的肯定。并且，知恩图报，这是古时候圣贤就知道的事情。现如今，你不接受朕的赏赐，这不就显得朕无德无怀、知恩不报了吗？如果这样的话，朕以后还怎么去面对天下人的芸芸众口呢？现在天下没有什么乱事，你在为政上又是经验老到之人，所以朕希望你能好好爱惜自己的身体，因为以后朕还有很多事情要委托你去做。"

听了这话，丙吉才受了汉宣帝的赏赐，并且在这之后不长时间，汉宣帝便升丙吉为御史大夫。

我们再将时间拉回公元前59年。

这一年，丞相魏相驾鹤西去，丙吉毫无意外地接替了他的职位，成了汉朝新一任丞相。

丙吉虽然出身于刀笔小吏，可他后来在跟随霍光的时候钻研了《诗经》《礼记》和各种史书，从中学到了很多的为官之道，所以在当上丞相以后，丙吉从来都是以宽怀大度、礼让他人为自己的为官之道。

并且，丙吉为相只管大方针，小事情他从来都不过问，很有些战国时魏文侯和西汉初曹参的影子。

有的宾客对于丙吉的举动十分纳闷，便询问道："相爷，您现在已经是大汉的丞相了，可为什么对人要比以前更加宽容呢？甚至有作奸犯科的官员您都不去管，这是为什么呢？"

丙吉简单地回答道："呵呵，我身为三公之首，却要耗时费力地去管那些小小的官吏，这不是太折我的面子了吗？"

丙吉回答得实在是太简单了，因为他根本没想和这个人说出他自己心中的真实想法。

各位在去各种部门办事的时候大概都能碰到这么一种情况，下面的刀笔小吏对你的态度十分不好，还经常刁难。可如果是直接面对一把手领导，事情反而没有那么难办，他笑呵呵就会将事情都给你搞定。

这是为什么呢？

因为人只要上到一定的高度，他要的就不单单是业绩那么简单了，更重要的是人心哪。

丙吉现在已经是丞相了，身份不一样，所以要做的事情就不一样，套用陈平当初的话："丞相，对上要辅佐天子，理通阴阳，顺应四季的变化而制定政策；对下则使万物各得其所；对外安抚四夷和诸侯；对内使百姓安居乐业，使卿大夫能够各展所长就够了。"

就像陈平所说的，为什么还要去管其他官员应该管的闲事呢？最早的晁错，之后的张汤，那不都是血淋淋的教训吗？所以，只有陈平的理论才是身为丞相的正道，丙吉也将在这个道路上一路安全地走下去。

我们再来看看接替萧望之成为左冯翊的老好人韩延寿。

韩延寿，字长公，燕国人，年轻的时候担任郡文学，父亲韩义也是燕国的郎中，所以家庭比较富庶。

可好日子没过多长时间，正好赶上燕王刘旦谋反，韩义挺身强谏，可最后却被刘旦残忍杀害。为奖励韩义的这种精神，霍光便提拔韩延寿为谏大夫，后调任到颍川历练。

颍川之前也说过，属于黑社会聚集之地，历届太守中除了赵广汉之外没谁能把此地治理好。

当初赵广汉治理颍川的时候采用的是相互举报制度，让这些黑社会窝里斗，使得颍川告密之风盛行。而韩延寿是儒家之人，他不屑于赵广汉那一套，而是崇尚礼仪，爱好古代教化。总归就是四个字——以德服人。

这招有效吗？不是只有严厉的法度才能制服这些人吗？嗯，可以说是，但同时也可以说不是。因为赵广汉卸任之后，颍川的大型黑社会组织基本全都被灭了，留下的只不过是一些分散的小势力而已，并且这些小势力还经常相互告密，进而引发群殴。长年累月下来，颍川不管是黑社会还是老百姓都过得提心吊胆的，急需稳定的生活。

而韩延寿正是赶上了这么个好时候来到颍川。

韩延寿成为颍川太守以后直接取消了对告密者的赏赐，然后任用儒家贤士，将他们分散到地方去教化人民，并兴建、整治学校，在教育上大抓、狠抓。

韩延寿认为，现在颍川的黑社会其实已经不怎么猖獗了，唯一影响颍川治安的其实并不是本地的黑社会，而是颍川周围郡县的黑社会。

所以，韩延寿设置了很多的乡正、伍长，给他们很高的待遇，让他们教育监督本地百姓，不准百姓将坏人或者有不良记录的人带到家里来。

有的人一开始并没将这件事放在心上，所以监督百姓并不用心，但韩延寿知道此事以后非但没有对他们有半点儿怪罪，反倒是痛哭地责怪自己，说自己一定是平时什么地方不注意，因此亏待了他们，这才让他们不认真地工作。

同僚们都因此怪罪那些不尽力办公的人，生怕连带自己丢掉了高俸禄的工作，而那些人也被韩延寿弄得相当惭愧，所以每个人都不敢消极半点儿，全都拼了命地去工作。

更有一次，韩延寿手下的官员不小心犯了一个错误，他怕韩延寿知道以后痛哭流涕，进而使自己受到同僚们的排挤欺压，竟然吓得自杀了。可见韩延寿的威力到底有多大。

后来，因为颍川郡被韩延寿"教育"得规规矩矩的，所以朝廷又调他为东郡太守。

结果韩延寿在东郡任太守几年，因为政绩卓越，所以在公元前59年，萧望之升任御史大夫以后韩延寿补了他的缺，成了新任的左冯翊。

可成为新左冯翊以后，韩延寿除了处理每天常例的那些公文以外，压根就不去地方巡查。下面的丞掾实在看不下去了，劝谏道："我说，大人。您身为左冯翊，应该经常去下面巡视，这样一来可以了解当地的民情风俗；二来也可以考察地方官吏的治理情况。"

韩延寿很从容地摇了摇头，然后满不在乎地和丞掾道："呵呵，每个县都有贤明的县令在，并有督邮监视地方，哪还用得着我再去地方，这样做非但没有什么实质性的作用，反倒会扰民并耽误本地官员的正常办公。"

丞掾："那大人您什么意思？以后就不下地方了吗？"

韩延寿："嗯，本官正有此意。"

这话一说，韩延寿手下的那些属官全都傻眼了。

为什么？难道身为大官少管点儿闲事儿不对吗？对，可那是丞相的职责，而韩延寿呢？他就是三辅一个地方的官员而已。你不去巡查也就罢了，还连累我们这些人。知道的是因为你不想才不下去，不知道的还以为我们和你一样偷懒耍赖呢。不行，绝对不行！死活也要让你去一次，这样以后有事儿咱也给自己留一条后路不是？

于是，韩延寿的这些下属一起前来找韩延寿，以每年春天开始，地方第一长官应该下到地方劝百姓勤耕农桑为由，硬把他拉上了马车。

韩延寿无可奈何，只能这样下到地方。

可就在韩延寿巡查到高陵县的时候，却突然碰到了一桩案子。

这案子说起来也没有什么复杂的，那就是争夺家产。

话说一家的父母都死了，只剩下两个兄弟。结果父母谁都没明确说将这些家产给谁。然后，老大仗着自己是长子，所以想索要多半财产。

老二呢，因为小，所以在家中一直都是老人的香饽饽，便以此为借口讨要大部分财产。

此案比较难断，又不是什么太大的案子，所以本地县令也没有管，就让他们自主协商了。

可这二人谁都不让谁，上哪去协商？便一直拖到现在。

这不，看到左冯翊大人亲自来了，两个兄弟直接到韩延寿这边来闹了。可出乎所有人意料的是，韩延寿见到两个兄弟闹到如此地步，竟然没有断案，而是直接痛哭了起来。

在场所有人都蒙了。什么情况？

虽然不明就里，但也得劝啊。于是乎，在场的这些人赶紧走上前去轻轻拍打韩延寿的后背，劝他不要再哭了。

可韩延寿还是哭个不停，并且哽咽地道："呜呜呜，我有幸位居左冯翊之位，应该教化人民，做人民的表率。可如今，在我所管辖的地界上竟然会出现亲兄弟为了田产而大打出手的事情发生，这是我的失职，这是我的错，我不配做左冯翊，我更不配活着啊。"

话毕，韩延寿将在场所有的官员全都"请"出去了，甚至连下人都赶走了，只自己一个人窝在官府里面，将大门一关，不出来了。

这一下可给高陵这些当官的吓坏了，这可是左冯翊！这要是饿死在我们县，那朝廷不得扒了我们的皮？

于是，县令、县丞等官员都将自己的衣服脱掉，并将自己绑在官府门前请左冯翊大人出来，只要韩延寿肯出来，哪怕是杀了他们都行。

一时间，几乎所有的人都聚集在高陵县衙门前，而那两个争夺财产的兄弟也受到万人的唾弃，根本抬不起头来见人。

于是，在万般惧怕和无奈之下，这兄弟二人都将自己的头发剃去，袒胸露背地跪在官府的门前，并大声对里面的韩延寿大喊，说自己知道错了，以后再也不会因为争夺财产的事情打架了。

韩延寿大喜，这才打开县衙大门，然后和这对兄弟共同进餐。

此事也在一时之间成了美谈。

可让韩延寿没有想到的是，他这种所谓的教育式管理方法却为另一个人所不喜。这个人是谁呢？便是刚刚升任为御史大夫的萧望之了。

萧望之对于韩延寿这种人相当痛恨，认为韩延寿所谓的老好人都是装的，此人就是一个利用道德来绑架别人的饿狼。

所以，萧望之在成为御史大夫以后便开始深扒韩延寿的过往，想要从他的过去找到他犯罪的证据。

因为萧望之认为，似韩延寿这种人，他的根底一定不干净。

而事实也果然如此。

经萧望之查处，发现韩延寿在东郡为太守之时，曾经私自外放了一千多万钱的公款，而这笔公款具体用在什么地方却不得而知，遂将此事上报给丙吉处裁决。

可丙吉根本就不想管这些事儿，便暗示萧望之，之前汉宣帝大赦过天下，所以你不继续追查韩延寿也没有问题，可如果你真的想把这件事查得明明白白，那我也不拦着你。

萧望之就是一个一条道走到黑的人，他怎么可能放过韩延寿呢？于是广布耳目往东郡追查此事的线索。

此事很快便被韩延寿知晓。当初那一千多万钱哪去了？呵呵，全都被韩延寿以各种名义揣进自己的腰包里去了。所以韩延寿对此事极为敏感，生怕被萧望之抓到自己的把柄。

于是，韩延寿暗中派人前去威胁萧望之，让他赶紧停止对自己的调查，要不然后果不是他能担当得起的。

可萧望之从当官开始便非常清廉，和腐败根本就不沾边儿，所以他根本不怕韩延寿的威胁，不但没有停止调查，反倒是调查得更狠了。

韩延寿无奈，只能派人调查萧望之的过往，企图找到什么证据，然后一脚踩死萧望之。

可让韩延寿无奈的是，因为萧望之为官清廉，所以他根本就找不到任何打击萧望之的证据。

最后，大概是实在被逼急了，韩延寿竟抓住了自己的廪牺吏，用严刑拷打的手段逼廪牺吏冤枉萧望之，就说萧望之之前为左冯翊的时候曾经私自挪用过一百万钱。

看着韩延寿狰狞的表情，廪牺吏蒙了："这还是那个老好人？这还是那个万人崇拜的儒家贤者？"

最开始，廪牺吏是誓死不从的，可韩延寿为了逼廪牺吏陷害萧望之，用尽了各种人们想都想不到的残酷刑罚来逼迫廪牺吏。

最后，廪牺吏实在是扛不住韩延寿非人般的逼供，终是昧着良心承认了萧望之的"罪行"。

本着先下手为强的理念，韩延寿迅速冲到未央宫，将萧望之所谓的罪行都报告给了汉宣帝。

可萧望之也不是任人宰割的羔羊。他听说此事以后也在第一时间冲进了未央宫，当着汉宣帝的面和韩延寿吵了起来，并将韩延寿威胁他的事情全说了出来。

汉宣帝一看这事儿闹得挺大，便亲自介入，先将二人都软禁起来，然后让廷尉分别派两批人共同调查二人。

结果，多日以后，经廷尉署审查，韩延寿那一千多万钱确确实实地落入了他的口袋，而萧望之的一百万钱却纯属子虚乌有。

这还有什么说的。汉宣帝直接将萧望之放了出来，然后将韩延寿扔到了大牢里面，并在第一时间便召开廷议，共同研究如何处置韩延寿。

萧望之深知斩草除根之理，便在朝堂之上和汉宣帝道："上次我曾被韩延寿控告，如今若再参韩延寿，众人就都会认为我是公报私仇。"

话毕，他看了朝中的大臣一圈，然后对这些人拱手道："所以，希望在场的同僚能定一下韩延寿的罪。"

这表明了是要看众人的态度了，看这些人谁想和他萧望之对着干。

在场的这些官员全都是官场上滚打多年的"老油条"，谁愿意去得罪御史大夫？再加上韩延寿也确实是贪污了一千多万钱，并且威胁了御史大夫，做个顺水人情也不是什么不可以的。

所以，在场的大臣几乎一边倒地齐参韩延寿，希望汉宣帝能够将他弃市了事。

于是，韩延寿的死期到了。

可在行刑那天，整个长安的百姓全都夹道来送韩延寿上路，更有一些颍川和东郡的百姓千里迢迢跑到长安来看韩延寿最后一眼。

当天，老老少少争相去扶囚车，每个人手中都端着满满的酒肉，就是希望韩延寿在死前能好好地吃上一顿。

韩延寿不忍拒绝这些百姓，所以能吃多少就吃多少，一直吃到自己的肚子再也装不下才作罢。

看着下面满满不忍的眼神，韩延寿微笑着和百姓道："有劳各位了，看到你们今天这样对我，我韩延寿就是死，这心里也没有什么怨恨了。"

话毕，韩延寿微笑着闭上了双眼。

咔！铡刀落下，韩延寿人头落地，整个长安都被哭声所笼罩。

3.10 起起落落的黄霸

同年八月，伴随着盖宽饶和韩延寿的双双离世，汉宣帝进行了深入的思考。到底用什么样的手段才能制止官员们的贪污腐败呢？

高薪养廉？不对啊，那些朝中大臣的俸禄已经够高的了，真的没有必要再给他们往上调了。

那到底是什么原因呢？

朝中有很大一部分官员都是从底层一点一点干上来的，而我汉朝百石以下官员的俸禄非常低，他们是不是在那时候穷怕了，所以在为高官以后才疯狂地贪污受贿呢？

嗯！不管是不是因为这个原因，百石以下官员们的待遇也太低了。

想到这儿，汉宣帝便于本月提高了全国百石以下官员百分之五十的待遇。这招到底能不能有效地制止贪污腐败呢？

这个，我们以后再说。

公元前58年四月，因为新任颍川太守黄霸在颍川郡治理得非常好，所以汉宣帝赐其关内侯之爵，并将其调任至长安担任太子太傅。

不对吧，那黄霸不是当初因为立武帝庙的事情被汉宣帝弄到监狱里面去了吗？怎么这会儿又出来了，还当上了太子太傅，这是怎么回事儿？

咱再把时间往前挪几年。

话说黄霸和夏侯胜在狱中研究了整整三年的学问。三年以后，汉宣帝大赦天下，夏侯胜和黄霸得以出狱。

而出狱以后夏侯胜当了谏大夫，黄霸则赋闲在家。

夏侯胜和黄霸既是狱友还有师徒之实，关系非常铁。所以夏侯胜一定不会看着黄霸没落下去，便向汉宣帝推荐其为扬州刺史。

黄霸治理地方本来就有一手，汉宣帝这边也有印象，所以没有拒绝，答应了夏侯胜的推荐。

之后又过了几年，韩延寿到东郡去做太守了，所以朝廷指派黄霸接替韩延寿成了颍川太守。

那颍川经历了赵广汉和韩延寿的连番治理以后，早就没有了当初乱糟糟的景象，再加上黄霸治理地方的能力也很强，所以颍川郡在黄霸上任不久后便行大治，颍川郡的百姓和官员也都十分爱戴黄霸。

汉宣帝见此，便让黄霸前往长安担任了京兆尹，希望长安在黄霸的治理下也能安定繁荣。

黄霸治理地方的能力大概能和赵广汉相提并论，可论治理长安这种鱼龙混杂之地，他较赵广汉可就差得远了。

因为赵广汉任京兆尹期间，不但长安城内的治安非常好，甚至连市场都运转有序，向边境的运输更是没有出过什么差错。可黄霸到任以后，除了治安良好以外，其他的业务常常出错，甚至连给北方调任骑士的工作都做不好，导致北方边塞的军马无法正常供给。

于是，这个治理地方的能手在长安没待多长时间就被汉宣帝一脚给踹回颍川，继续当他的太守去了。

黄霸自然不甘心。所以回到颍川以后，黄霸拼了命地工作，政绩连续好几年在地方官员中排名第一。

可这根本没有用，汉宣帝已经看出他的真实能力了，所以根本就不往上提他。黄霸无奈，只能用欺骗的手段来提升自己的官爵。

什么手段呢？

那便是迷信。

为了让汉宣帝能够再次起用自己，黄霸不知道从什么地方弄了一大群五颜六色的大鸟，然后上报给长安，说颍川这段时间不断出现祥瑞。

汉宣帝以为这是上天给大汉赐予的祥瑞，并且和黄霸的治理也有脱不开的关系，便再次征召黄霸进入长安，让他担任太子太傅。

大家都知道，现在的太子是刘奭，那是汉宣帝和挚爱许皇后所生。汉宣帝甚至为了这个刘奭，选了一个没有儿子的妃子来做皇后，怕的就是威胁刘奭的太子之位。如果没有太大变数的话，刘奭以后一定会顺利成为天子的。

所以汉宣帝将黄霸安排到太子那边意图就非常明显了，就是要提拔黄霸了。

那黄霸以后的官场之路会一帆风顺吗？我们以后再说。现在还是先说一说另一位吧，因为就在黄霸成为太子太傅的同一时刻，一个外号叫"屠伯"、真名叫严延年的地方大员死了。而他的死，在当时也绝对算是一件大事了。

3.11　屠伯之死

严延年，字次卿，东海下邳人（今江苏省睢宁县），幼年时，其父为丞相属官，所以严延年在很小的时候就接触了不少法律知识。

成年以后，更被朝廷派往东海郡担任郡吏。

后来因为长安方面有人罩着，同时他的表现也很出色，便被升为侍御史。

直到公元前74年，大将军霍光废掉刘贺，拥立了汉宣帝。

当时，汉宣帝刚刚继位，正是霍光权力最为鼎盛之时，可严延年非但没有对霍光有半点儿畏惧，反倒是在一天的朝会上当着满朝文武的面弹劾霍光，说他擅自废掉刘贺，没有一点儿身为臣下的规矩，实在是太不像话，应该重重地惩罚他。

此话音一落，满朝皆惊，文武百官都用看怪物一样的眼神看严延年，甚至连霍光都不敢相信自己的耳朵。

这是怎么回事儿？难道严延年真的口不择言？

不是这样的。

严延年之所以这样做，除了他确实看不上权倾朝野的霍光以外，最重要的是他想要向年轻的汉宣帝表态，证明自己不是和霍光在同一战线上的。因为他知道，新上来的这个皇帝，绝对不会甘心在霍光的手上做一名傀儡。

所以，在弹劾了霍光以后没多长时间，严延年又弹劾了霍光的左膀右臂——田延年，意图是一点一点地将霍光的心腹全部铲除。

可凭当时霍光在朝廷中的能量，说严延年此举是蚍蜉撼树也一点儿都不为过。

果然，在严延年不断的张牙舞爪下，霍光不得不对其进行反击。结果田延年非但没有半点儿事情，严延年还被霍光派人"反诬陷"，被冠以大不敬的罪名准备弃市。

在当时，判处严延年弃市的消息是非常机密的。除了霍光和他几个心腹还有汉宣帝以外是没有任何人知道的。

可是最后这个消息还是被泄露了出去，严延年当即弃官而逃，从此小隐于乡野之间。又过了一段时间，赶上天下大赦，严延年自然而然地被免除了罪名。

而这时候霍光也想不起什么劳什子的严延年了，所以汉宣帝便将他派到了平陵做一名县令，意图慢慢提拔。

严延年此人可谓是酷吏中的战斗机，哪怕是当初的郅都都和他无法相提并论。

他极其厌恶罪犯，凡是犯罪的人，在严延年这边从来都是以重罪论处。所以自从他为平陵县令以后，平陵县的犯罪率虽然呈直线下滑，人却没少死。

可严延年这种酷刑和登基没多长时间的汉宣帝思想是背道而驰的。汉宣帝心中虽然不反对严延年的这种做法，但当时正是他收买天下人心之时，所以此种官吏他是绝对不能用的，因为这样很容易让世人给汉宣帝冠以暴君之名。

所以，严延年没做多长时间县令就被汉宣帝给撸下去了。

而多年以后，随着霍光死去，汉宣帝彻底将大权掌握，严延年的"第二春"也来了。

当时，在西汉接近北边境的诸郡中有一个郡叫涿郡，而在涿郡中有一个家族为高氏，此家族在本地无法无天，极为强大。不但本地的老百姓对他们视若鬼神，甚至连本地的官员都不敢和他们唱反调。

当时，整个涿郡的人都在说："宁可欠债两千石，也不要得罪强大的高氏。"

那么他们为什么这么强大呢？汉朝的官员就真的管不了他们了吗？

不，并不是管不了，而是他们根本没法管，也不敢管，因为高氏的族长始终将这些太守的把柄掌握在自己手中。

高氏族长对付汉朝派过来的这些太守一共有三板斧，而在严延年之前，从来没有人能逃得过这个三板斧。

每当有新任太守前来涿郡以后，高氏族长都会给太守送去成堆成堆的黄白之物。

这还不止，高氏族长还在民间搜罗极品美女，弄到家中以后并不会破了她们的身，而是专门教导她们取悦男人之术，一旦有新任太守前来，高氏族长都会双管齐下，既给他们数不尽的黄白之物，又给他们美若天仙的极品美女。试问，有几个人能扛得住这种诱惑呢？

当然了，这世界上也不乏那些不爱金钱和美女的真贤者，而一旦遇到这种人，高氏族长就会三板斧齐下。

他会先派人前去太守的家中偷偷扔下一封信，以性命威胁其和自己同流合污。

如果这还不行的话，那高氏族长就会将此太守的家人全都偷偷地绑架起来以示威胁。

所以没有一个太守能扛过高氏族长的这一连串手段。最后全在无奈之下和他同流合污了。

所以综上而论，历任太守都没有办法把涿郡给治理好。

可严延年不一样。

当他得知自己要被派往涿郡做太守以后，直接"单刀赴会"，只身一人前去涿郡，并在到达郡治的第一时间将自己的属官赵秀叫来，让他即刻带人前往高氏族中，将连同高氏族长在内的数十名"高层"全都给抓进了牢里。

那高氏一族在涿郡作恶多年，想要他们的犯罪证据根本都不用审问，只需找几个平头百姓便一清二楚了。

可赵秀在涿郡为官多年，或多或少地也受过高氏的贿赂，所以为了袒护高氏，同时也为了保护自己，赵秀弄出了两份供词，其中一份是罪名较轻的供词，另一份是罪名较重的供词。

赵秀的想法是先给严延年那个判处较轻的。如果严延年能够满意的话，那个较重的就不交上去了。

反之，如果严延年对此供词不满意的话，赵秀再将那个判决较重的供词交上去。

可严延年极为聪明，还富有多年的为官经验，好像看出了赵秀的想法一般，只看了一眼赵秀先交上去的供词以后就径直冲了上去，一把将赵秀摔倒并按在地上，然后将他的第二份供词直接搜了出来。

之后，看过第二份供词的严延年直接将赵秀扔到了监狱之中，在第二天就以和高氏勾结之罪将其弃市。

当时，身处于两旁的众多官员无不被严延年吓得两腿发颤。

那高氏一族的结局又好得了吗？当然好不了了。

据《汉书》所载，高氏一族数十口全都被严延年屠杀殆尽，其余党也构不成什么威胁，直接如鸟兽散了，涿郡在一瞬间从污浊不堪变得政治清明。

而严延年此举，也使得汉宣帝对他更是看重，调其任河南太守。

涿郡太守调为河南太守，看似是平调实则不然。

河南，在古代的时候可是天下的最中心，属于天子脚下。这地方经济发达，鱼龙混杂，所以非常不好治理。

可这些事儿在严延年那儿根本就不算事儿。严延年对待河南的豪强们非常干脆，那就是一个字——杀！

据说，严延年自从成为河南太守的那一天起，便大抓特抓有过犯罪记录的河南黑社会，但凡被他抓到的都扔到监狱里面。

然后，在整个监狱快满员的时候，严延年便将他们全部放了出来，一起杀头。

据《汉书》《资治通鉴》等史书所载，由于要杀的人实在太多，所以在斩首的那一天，鲜血流淌数里而不绝，人头或死尸在刑场堆成了小山一般。

百姓被吓得双腿发软，不管是有罪的还是没罪的全都被吓得哆哆嗦嗦。

自从那一天以后，河南人便给严延年起了一个"屠伯"的外号。

并且，整个河南从这以后路不拾遗，政治清明，没有一个人敢犯罪。因为他们都知道，在屠伯的面前，哪怕你犯的只是一个小罪，最后所得到的结果也很有可能是被杀的命运。

这，就是严法的威力。

可让严延年无法接受的是，自己做得这么好，做得这么出色，可每到年终大朝会的时候，汉宣帝总是会表扬和赏赐黄霸要比自己多一些。甚至黄霸现在都成为太子太傅了，自己还在河南做一郡之守。

这些都让严延年极度不平衡，所以每天的火气都特别大。

正巧在公元前58年这一年，河南还发生了大规模的蝗灾，使得大片的庄稼坏死，这就等于是在烈火之中洒下了一瓶油，让严延年更加恼火。

汉宣帝对本次蝗灾也是很重视的，便派遣严延年当初在京城中的好友，时任丞相御史的义前往河南去帮助严延年治理蝗灾。

而义，见到了严延年以后也挺高兴的，便将自己治理蝗灾的一些建议告诉了严延年，希望严延年能够采纳。

岂料严延年非但没有采纳朋友的意见，反倒回过头来对义大吼道："一派胡言！我看你这些年当丞相御史都当到狗肚子里去了。你所说的办法没有一个能用的，我看你还是滚吧，不要再在我这里给我添乱了。"

很明显，严延年此举是在拿自己的朋友撒气呢。而义虽然气得满脸通红，但他也不愿抑或也不敢和严延年撕破脸，大不了以后再不相往来也就是了。

所以，他没有选择和严延年争辩，而是带着无尽的怒气走了。

可令严延年和义都没想到的是，这一次不大不小的事端却成了两个人人生的终点。

因为在义负气离开河南以后，汉宣帝却想要提拔严延年到长安来任职，可因为严延年在民间的名声实在是太过残暴，所以很多大臣出面阻止这件事情，这就使得本来已经拟好的任命诏书没等发出去便被撤了回来。

后来，严延年听说了这个事情，认定是和他有仇的少府梁丘从中作梗这才让自己没能再进一步，所以对其极为怨恨，派出了很多人前往长安在梁丘的家中蹲点儿，企图找到梁丘的一些犯罪证据进而弄死他。

可最后不知怎么回事儿，义却认为这些人都是严延年派过来要收拾他的，原因就是上一次闹得很不愉快的蝗虫事件。

所以，义每天都提心吊胆地生活，生怕一个不注意被严延年抓到把柄，到时候自己就万劫不复了。

然而，义虽然每天都担惊受怕如履薄冰，可严延年派来的人依然没有半点儿减少，反倒是有所增加。

见此，义就更加害怕，整日精神紧张。

反观严延年这边，自从上一次骂了义以后，严延年就非常后悔，总想找一个机会挽回朋友的心，可因为要面子，使得他一直都没有机会前去同义和好。

这一次可倒好，自己要弄梁丘，反倒让老朋友担惊受怕，这就让严延年更加愧疚了。

所以，他也不管什么面不面子了，便派人到长安给好友送了很多礼品，还对之前自己对义的无礼行径表示了歉意。

可这有用吗？非但没有用，反倒是让义更加害怕。

因为义认为，严延年是极好面子的一个人，让他主动向别人认错是绝对不可能的。

所以，这一定是严延年要收拾自己，反过来却派人来道歉认错，很明显就是要玩儿一出瞒天过海，让自己完全放松对他的警惕，进而让自己死于无形之中。

对，一定是这样没错。

想到这儿，本来就精神紧张的义更加害怕，完全变成了一个精神病。

于是，整天不安的义找到了长安城中算命最准的师傅，想让他算算自己以后到底是死是活。

结果悲催了，那个算命师傅给义算出了一个下下签，等于是必死之局了。

而义也在这个下下签面前彻底崩溃了。

他料定自己必死，与其让严延年弄死还不如自己和他同归于尽。

于是，已经近乎疯狂的义将这些年严延年诋毁朝廷的话以及他为官期间做过的一些触犯法律边缘的事情全都捅到了汉宣帝那里。

为了向汉宣帝证明自己说的全是大实话，义还在上书弹劾严延年以后便自杀身亡了。

汉宣帝对此事非常重视，便委托御史中丞亲自带人前往查处。

结果，事实证明义所举报之事全部属实。严延年不但诽谤朝廷，甚至对汉宣帝也是颇多微词。

于是，汉宣帝便以大不敬为由将严延年弃市了。

3.12　分裂再分裂

说完了严延年，我们再将目光瞄向北方吧，因为好久没有出场的匈奴应该出场了，只不过这一次他们的目标不再是汉朝了，而是他们自己。

之前说过，握衍朐鞮单于靠着非法的手段夺得了单于之位以后，并不得国中人民拥戴，甚至还逼得先贤掸带领所部投靠了汉朝。

当时我就说过，这些只不过是匈奴大乱的前奏曲而已，而真正的大乱就在这一年，公元前58年。

先贤掸投奔汉朝以后，握衍朐鞮单于对其非常怨恨，便要杀掉先贤掸两个在匈奴位高权重的弟弟。

可当时握衍朐鞮单于属于刚刚继位，还是采用的不正当手段，所以位子非常不稳，这时候实在不适合杀掉重臣，再加上匈奴重臣乌禅幕和先贤掸的那两个弟弟还是非常好的朋友，所以便劝握衍朐鞮单于道："大单于，现在国中不稳，实在不适合再开杀戒，再者说，如果二人真的和先贤掸是一条心的话，那先贤掸南投汉朝的时候他们为什么不去？所以，此二人一定没有叛变的想法，还请大单于明察。"

这话说得在理，可握衍朐鞮单于根本不听，他认为，先贤掸的两个弟弟之所以没有前往投奔汉朝，其用意根本就不是不想叛变，而是想在匈奴境内充当内应，等汉军前来以后便与其里应外合除掉自己。

所以，握衍朐鞮单于非但没有听信乌禅幕之言，反而立马杀掉了二人，这让乌禅幕非常怨恨握衍朐鞮单于，认为他早晚都会失败。

而事实也确实如此。

打这以后，匈奴的内部便接连发生叛乱。我们先来看奥鞮王之乱。

奥鞮王，这个王爵在匈奴中虽然没有左右贤王的实力，但也绝对是不可低估的重要力量之一。

那握衍朐鞮单于看中了此位置，便派人将奥鞮王暗中杀死，然后立了自己的小儿子为新任奥鞮王。

已故奥鞮王的那些老部下对握衍朐鞮单于的所作所为怨恨至极，便自立已故奥鞮王的儿子为新任奥鞮王，然后率领整个奥鞮部向东迁徙独立。

而握衍朐鞮单于呢？自然不会放过他们，便命右丞相率领一万骑兵去追击他们。

结果，右丞相所部被奥鞮王打得大败，损失了数千骑兵，差一点儿就全军覆没了。

按说，这时候握衍朐鞮大单于也应该消停了吧？可人家没有，依然用最残暴的手段来对待任何他认为有叛变嫌疑的匈奴贵族，这就使得匈奴有越来越多的人对他离心离德。

而这时候，握衍朐鞮单于才继位两年而已。

时间到了公元前58年，这一年，乌桓人再次攻击匈奴，兵锋直指匈奴东边的姑夕王所部，并打败了姑夕王，掠夺了很多匈奴百姓。

握衍朐鞮单于对此十分愤怒，大骂姑夕王废物。

姑夕王畏惧握衍朐鞮单于，害怕他将自己杀害，所以一不做，二不休，直接联络乌禅幕和左地贵人一起拥立在匈奴大有贤名的稽侯狦为呼韩邪单于。

呼韩邪单于这人不含糊，几乎是在继位以后的第二天便出兵三部四万五千骑兵攻击中央王庭。

握衍朐鞮单于也不惧呼韩邪单于，直接带着所有骑兵前往阻击呼韩邪单于。

可握衍朐鞮单于实在是太不得人心了，因为就在两军刚刚对阵，甚至还没交战的时候，中央王庭军便一哄而散了，谁都不去管他的死活。

握衍朐鞮单于见状慌了，一边拼命地逃跑，一边派心腹使者前往右贤王处请求援兵。

可右贤王的回信却让握衍朐鞮单于犹如掉进了万丈深渊："从你继位开始，从来就没有爱惜过你的人民，这还不止，你还到处造杀孽，使我匈奴乱上加乱。就你这样的畜生还想要我发兵来救你？呵呵，我看你就死在战场上吧，不要再派使者来玷污我了。"

见到此信，握衍朐鞮单于知道自己再没有生还的希望了，所以与其被生擒羞辱，还不如死得像样子一点！

于是，握衍朐鞮单于抽出胡刀，抹了自己的脖子。

就这样，握衍朐鞮单于死了，那呼韩邪单于以后是不是就会一路顺畅了呢？

匈奴在他的带领下是不是将重现往日荣耀了呢？

答案当然不是，不但没有一马平川，反倒是让匈奴乱上加乱，最终甚至导致了匈奴彻底分裂成了南北匈奴，再没有机会重现冒顿时期的荣耀了。

不过这是后话，我们后面再表。

现在，还是再将目光转回华夏大地吧。

3.13 自寻死路的萧望之

同年，因为汉朝有很多女人都非常彪悍，一点儿都不顾孔孟之礼，自由恋爱、对丈夫动粗简直成了家常便饭。

所以，汉宣帝颁布了一项政策，那就是赏赐贞妇和顺女金银财帛，鼓励其他的女子有样学样。这招还真好使，据《新编中国历史大事年表》上说，汉朝那些悍女的贞顺伦理观念从此日益增强。

公元前57年正月，汉宣帝带领皇太子刘奭前往甘泉一带巡视，并在泰畤举行祭天大典。

之后，汉宣帝正式为刘奭举行加冠典礼，宣布这个十七岁的孩子正式成年。

公元前56年四月，许延寿被任命为大司马车骑将军。

大司马就是之前的太尉，负责统筹全国士兵，而车骑将军在众多将军之位中论尊贵程度排行第三（第一是大将军，第二是骠骑将军），此两种绝尊身份集于一身之人，那他必定是对国家有大功的天才将领啊！

可这个许延寿真的是吗？并不是。

许延寿之所以能上位，和他的能力没有什么太大的关系，主要因为他是被毒杀的许皇后的哥哥，仅此而已。

因为刘奭现在已经顺利加冠，汉宣帝为保证其在继位以后能有足够的后盾，便在朝中培植许氏外戚，并给了许氏相当的兵权。

同年八月，就在汉宣帝积极为自己的儿子培养势力的时候，一个不知好歹的家伙竟然将黑手伸向了汉宣帝的恩人丙吉，结果，此举惹怒了汉宣帝，使得汉宣帝在这以后一直到死都没再用他。

这人不是别人，便是御史大夫萧望之了。

对于萧望之和丙吉两人的执政风格之前也都提过了，可以说是风格迥异的。而凭借丙吉的性格，他未必看不上萧望之，但萧望之看不上丙吉那是肯定的。

再加上萧望之是御史大夫，那是丞相的第一接班人，所以萧望之经常将丙吉看作眼中钉、肉中刺，总想除之而后快。

但一是畏惧丙吉为汉宣帝的恩人，二是认为丙吉岁数已经很大了，过不了多长时间就得归西，所以萧望之一直都没有对丙吉动手。

可现在已经过去很多年了，丙吉依然很健康，这就让萧望之坐不住了。

于是，在公元前56年八月的某一天，萧望之终于爆发了。

那一天，未央宫承明殿之上，百官朝会已毕，汉宣帝正要起身离开。可就在这时，萧望之走出来，对汉宣帝深深一拜，然后道："启禀陛下，臣还有事要奏。"

看着萧望之来者不善的气场，汉宣帝眉头微微一皱："说。"

萧望之："陛下，如今我大汉虽然表面上光鲜亮丽，可实际上，有很多百姓生活还很贫困，盗贼也不断出现，两千石一级的官吏大多才能低下，根本就无法胜任自己的位置。而这些都是谁的错呢？"

萧望之斜视丙吉一眼以后继续道："书中有言，如果三公中没有合适的人选，那么日月星辰就会失去光泽。陛下可还记得，我朝今年年初之时，日月都被邪风阴云所遮，这是什么意思？这明显是老天都看不过去了，在向我们大汉示警！还请陛下能够圣裁，将没有能力的某些人罢黜三公之列。"

话毕，萧望之默默地退下去了。

可汉宣帝却气得全身发抖，因为萧望之虽然没有指名道姓，可他所说的范畴很明显，那就是在说丙吉啊，并且满满的都是鸡蛋里挑骨头之意。

但汉宣帝身为天子，是不能和萧望之在朝廷上争吵的，所以汉宣帝没有作声，只是用眼神在大殿之上扫了一圈。

在场的官员都是"老江湖"，个个眼疾手快。所以，汉宣帝就这么一扫，侍中建章卫金安上、光禄勋杨恽、御史中丞王忠就一齐大叫："这话说得不对！"

话毕，这三人气势汹汹地走出来和萧望之辩论。

这三人说的是什么史书上没有细表，只说当这些人气势汹汹地来"围殴"萧望之的时候，萧望之没有半点儿慌张，他只是轻轻地闭上眼睛，气定神闲地听着这些人的攻击之言。

萧望之等三人说完之后，才慢慢睁开眼，以极为平稳的语速来回击三人。当他说完以后，三人全都被他辩得哑口无言，进而惭愧地退回原位。

看着三个嘴皮子功夫都不错的官员被萧望之如此轻易地反驳了回去，汉宣帝很是愤怒，且在愤怒的同时还有一些心慌。

无他，汉宣帝真怕在场这些文武百官没有一个是萧望之的对手。

可就在这时，丞相司直緱延寿突然走出来义正词严地和汉宣帝道："陛下！臣要参御史大夫！"

一听这话，汉宣帝如同抓住了一根救命的稻草，赶紧让緱延诉说。

緱延寿道："陛下！侍中谒者曾奉陛下旨意前往御史大夫处宣旨。可御史大夫呢？只是对着圣旨拜了又拜而已，根本没有下跪领旨。侍中谒者看不过去，就大声喝令御史大夫要跪着接旨。结果，御史大夫虽然是跪了，但一句话都不和侍中谒者说，最后甚至把侍中谒者逼到跪下给萧望之圣旨他才肯接。还有！依照我汉朝朝廷惯例，如果丞相生病的话，御史大夫最迟不过第二天就要去探望，这不是为了什么友情，关键是要向御史大夫交代一些重要的事情，毕竟丞相不能上朝这段时间是要御史大夫来做丞相的工作的。可是萧御史他从来没有一次去看望过丞相大人。还有，我大汉丞相那是百官之首，依照规矩，如果在上朝的时候相见，不管你是什么官职，那都是要跟在丞相的后面的。可萧御史却不是这样，他牛得很啊！他和丞相相遇的时候，只是微微一拱手就算完事。还要等丞相先向他施礼以后他才会回拜丞相，有时候两人讨论政事不合萧御史心意的时候他还会阴阳怪气地和丞相说：'丙丞相，你觉得你的年龄够当皇帝的爹你就真的是皇帝的爹吗？我劝你还是把那些旧日的恩情收回去吧，好好当你的丞相，不要搞什么一言堂。'而以上，还只是萧御史众多劣迹之一！他明明知道御史不能擅自差使，却多次让御史前往他的老家去给他带东西，做下人！他还让少史们给他的妻子牵着马去办私事，暗示他们贿赂自己。据我调查，光这些官员给萧御史的贿赂就要有十万三千钱之多！综合来说，萧御史身为朝廷重臣，通晓儒家法典，位居三公之一，本该是道德楷模一样的人物。可他却不奉公守法，不注意自我修养，态度傲慢还不知谦让，并且还大规模收受贿赂。所以，臣请逮捕他，然后依法治罪！"

在緱延寿陈述的过程中，萧望之再也没有了之前的从容，而是阴狠地望着一脸无辜的丙吉。他实在无法想象，平时一向大事不管小事不问的"老好好先生"丙吉竟然让人如此地抹黑自己。

但萧望之会就这样服输吗？当然不会。不过就在辩才了得的萧望之想要为自己辩护的时候，汉宣帝直接堵住了他的嘴。

只见汉宣帝在萧望之为自己辩护之前对其怒声道："好你个萧望之，要不是丞相司直，朕还不知道你如今已肮脏到了这种地步。看你这欲言又止的样子你还想说话吗？你还有什么脸说？得了，你还是别说了。就凭你犯的这些事儿，朕告诉你，朕就是杀了你也不为过。不过朕念你为国家劳苦多年，不忍心下死手，所以从今以后，御史大夫这活你还是别干了，你还是做一个太子太傅，给我好好教育太子吧。记住，这是朕对你的恩赐，你要秉承大道，给我好好教育太子，多教给他一些正直的东西，不要再让朕失望了，你懂吗？"

都到这时候了，萧望之哪里还敢再和汉宣帝顶嘴，所以只能乖乖去东宫任职了。

结果，原本的太子太傅黄霸白白捡了一个御史大夫，偷鸡不成蚀把米的萧望之则被降成了太子太傅。

不过这还不是萧望之最郁闷的，最让他郁闷的是，他成为太子太傅也就几个月，身为丞相的丙吉就老死了。

于是，黄霸白捡了一个御史大夫以后没多长时间又白捡了一个丞相，而御史大夫之位则被河西太守杜延年所取代。

3.14 刘胥之死

公元前55年六月，因为现在的匈奴越来越乱，内战不断，所以越来越多的匈奴百姓背井离乡投奔了汉朝。

汉宣帝为了增加自己的外部保护屏障，同时也为了打击匈奴，乃置河西（今内蒙古自治区鄂尔多斯市东）、北地（今甘肃省庆阳市西北）外大部地区安顿他们，使这些地方的匈奴人从此成为汉朝的从属国子民。

同年同月，做了一辈子皇帝梦的刘胥终于告别了他郁闷的人生。

也许，这对他来说也算是一种解脱吧。

刘胥是汉武帝刘彻的第四个儿子。因为德行不怎么样，所以汉皇之位和他一直都没什么关系。

他却不自知，始终对皇帝之位抱有窥伺之心。

汉武帝驾崩了以后，汉昭帝不出意外地继承了皇位，而这个年幼的小皇帝是个神童，他知道刘胥有野心，所以为了稳住刘胥，便给他加了一万三千户的食邑。

不但这样，汉昭帝还给了刘胥无尽的黄金与财帛，并在不久之后又给他增加了一万的食邑。

可刘胥并不满足，他竟然聘请女巫来诅咒汉昭帝，希望汉昭帝能早早死去，自己好继承大统。

可接连招了好多女巫，效果都不是那么明显，于是刘胥换了一个又一个女巫，最后终于在换到女须的时候，正好赶上汉昭帝驾崩，所以刘胥对女须百般信赖。

可让刘胥崩溃的是，当时的霍光因为刘胥无法控制，所以没有让他继承大位，而是拥立了刘贺为帝。

此举让刘胥极为愤怒，便又让女须作法来诅咒刘贺。

结果，刘贺没当多少天汉皇就被霍光赶走了。刘胥非常高兴，以为他的春天终于要来了。

可最后的结果是汉宣帝又被霍光立为了新任汉皇。

刘胥怒极，大骂："我大哥的孙子都当上皇帝了也不立我！女须！女须！"

女须："在，大王有什么吩咐？"

刘胥："这次不要光诅咒刘病已那小子，连霍光也一齐给我咒死！"

女须闻言，便开始没日没夜地诅咒汉宣帝和霍光。

可几年过去了，人家汉宣帝和霍光依然活得好好的。最后，当汉宣帝立了刘奭为太子以后，岁数已经很大了的刘胥终于万念俱灰，放弃了那缥缈无影的皇帝梦。

时间飞逝，很快到了公元前55年。

这一年，刘胥的儿子刘宝因为滥杀无辜遭举报，被汉宣帝削去了爵位。

可刘宝毫不知悔改，从长安放回封地以后竟然和自己父亲的爱妃私通。结果这事儿不知怎么又被捅到长安去了。

汉宣帝这次是不能再惯着刘宝了，所以将其抓到监狱，没过多长时间便弃市了。

而刘胥也因为这件事恨上了汉宣帝。

巧的是，就在杀死刘宝没多长时间以后，朝廷突然有人提出，因为刘胥的食邑和封田实在太多，所以请求汉宣帝削去刘胥的一些封田来给那些贫苦的百姓。

此时，汉宣帝早就将自己的皇位巩固了，当然不会畏惧任何人，所以一点儿没犹豫，直接同意了此奏请。

平白无故地丢了大片封田，刘胥当然不愿意，便又开始"重操旧业"，雇了很多的女巫来诅咒汉宣帝，希望汉宣帝赶紧滚去见他爷爷去。

可自从刘胥"重操旧业"以后，他的宫殿就开始发生了种种不正常的事情。先是十多棵枣树长了纯红色的树干，接着宫殿的池水也变成了纯红色，再接着又有无数的老鼠在宫殿的广场上蹿下跳，好像在提醒刘胥什么。

这种种怪事无一不是老天给刘胥的警告，让他赶紧收手。

可刘胥并不信这个，依然我行我素。

果然，几个月以后，刘胥诅咒汉宣帝的事情被捅到了长安。

那汉宣帝对诅咒是非常厌恶的，所以直接派出了调查团前往刘胥的封国进行调查。

刘胥这回知道害怕了，便将聘请来的二十来个女巫全都杀了，意图杀人灭口。

可他这样做无疑是在"此地无银三百两"，长安的调查团查到刘胥杀了这些女巫以后都懒得再调查了，直接坐实了此事。

朝廷的公卿大夫也在听闻此事以后要求汉宣帝诛杀刘胥，汉宣帝直接一个"准"字，然后让廷尉亲自往广陵逮捕刘胥。

见到长安派过来逮捕自己的官员，刘胥知道，这次便是自己的死期了。

可身为一个诸侯王，身为汉武帝的儿子，刘胥有他自己的尊严。

于是，他对廷尉道："大人，您说的这些罪名我全都承认，我的确是死有余辜之人，不过能否请你再给我一些时间，让我和家人告别呢？"

廷尉想了一想，觉着反正刘胥也跑不了，就答应了他的请求，并给了刘胥一天的时间。

结果，在廷尉走了以后，刘胥将家中所有的人全叫到了一起，和他们进行了最后的晚餐。

那一晚，刘胥当着自己的儿女和妃子们的面高唱悲歌。身边的家人全都和刘胥一齐哭泣，并轮番向刘胥敬酒。

这场晚餐一直吃到了第二天。而当太阳从地平线上升起，第一缕阳光照进刘胥的宫殿以后，刘胥那污浊的双眼逐渐变得清澈。他微笑着和自己的家人道别，就要登上凳子，将自己吊死。

他的长子刘霸见自己的父亲要远赴黄泉，痛哭着跪在地上砰砰砰地磕了三个响头，然后嘶吼着哭道："父亲！您就安心地去吧，儿子一定会替您报仇！"

听到这话，本来已经打算寻死的刘胥突然又走下了板凳，他将刘霸拉起来，然后非常严肃地和其道："小子，皇帝对我已经好得不能再好了，是我辜负皇恩，是我自寻死路，这和当今圣上没有丝毫关系。所以，我死了以后，我不准你们任何人给我报仇。记住，只要能让我这一脉留有后人，那就是对我最大的孝顺了。你懂吗？"

刘霸哪敢违抗，只能再给刘胥磕了三个头，然后哽咽着答应了。

心事已了，刘胥终是安心地去了。

3.15 苍狼已死，匈分南北

公元前54年正月，因为近些年来汉朝接连丰收，所以粮食的价格不断下降，农民的收入开始减少。

农业，不管在什么时候都是国家的命脉所在，所以，农民的待遇绝对不能太低，否则那样就会使得越来越多的人放弃务农。

基于此，在耿寿昌的建议下，汉宣帝学习姜齐之管仲，定"常平仓"策，在各个郡县大修粮仓，于粮价低廉的时候，由官府以高于市场的价格向农民购买粮食，而在粮价高昂的时候则由官府以低于市场的价格卖给百姓。

这样，既提高了农民的生活质量，又让朝廷大赚了一笔，可以说是官农双收。

公元前53年正月的一天。汉宣帝提早批完了一天的公文。看着自己一天天苍老的双手，汉宣帝知道，自己老了，大概没几年活头了。于是，他叫来了太子刘奭和他一起用膳，想要看看现在的太子到底是个什么人物。

那刘奭温顺仁厚，是很得汉宣帝欢心的，可同时，汉宣帝也知道，一个皇帝光有宽厚仁孝是治理不了国家的。因为自武帝时期开始，国家虽然表面上提倡以儒治国，可哪一任皇帝手下不是一堆的所谓酷吏帮他们做事呢？

于是，在爷儿俩吃得正欢的时候，汉宣帝放下了手中的筷子，看似非常随意地问刘奭道："太子啊，为父想问问你，如果让你来做皇帝，你会通过什么样的手段来治理这个国家呢？"

话毕，刘奭从容不迫地放下了手中的筷子，恭敬地道："父皇，请恕儿臣直言，儿臣始终认为父皇您太依赖于刑法和执法严厉的官员了。这并不符合我们汉朝以儒治国的政策。如果是儿臣来治理国家的话，我一定会将所有的官员都换成儒家的官员，那才叫真正的以忠孝治国。"

这话一说，汉宣帝如遭雷击，他愣愣地看着刘奭，不可思议地道："你说什么？我刚才没听清，你再说一遍。"

刘奭："我说要用儒生来治国，这样国家才能……"

没等刘奭说完，汉宣帝手中的餐具直接飞了过来，然后汉宣帝站了起来，几乎是嘶吼着痛骂刘奭："小子！你给老子听好，我大汉治国，从高祖时代开始就是王道和霸道兼用，所用的官员多是有实干之才的人，而儒家的那些书生，用一些就好，怎能完全以礼仪教化来治理天下？这样的话，我大汉臣民必将失去血性，任人宰割，到时候，就是有再强大的国力也是不够消耗的。再说，那些儒家的臭书生一天到晚地吵吵古人古制，根本分不清什么叫'名'什么叫'实'。试问，这样的人能让他执掌权柄吗？我说的这些你懂还是不懂？！"

刘奭："我，我……"

汉宣帝："你什么你，我看你是圣贤书读得太多了，啊，败坏我刘家天下的人就是你这个孺子了，你给我滚，我再不想看到你！"

刘奭："父皇，我……"

汉宣帝："滚！"

就这样，刘奭吓得哆哆嗦嗦地走了，而汉宣帝从此就看不上刘奭了，这心里便有了废了刘奭改立他人的想法。

可是，几乎能用完美来诠释一生的汉宣帝，最终还是没能战胜自己心中的善良，到死还是没有废除刘奭，因为他是许皇后和自己的儿子啊。

韩非说过，一个真正完美的国君绝对不能有那没有丝毫用处的感情，他所做的一切都要为了国家的长远利益而考虑，哪怕是这种事情再肮脏。

结果，近乎完美的汉宣帝终是晚节不保，到老还是被个人的感情所左右，没有废掉刘奭这个儒家太子。

而毛主席的一句评语则完美地诠释了汉宣帝此举给汉朝带来的祸患："西汉自元帝（刘奭）始即每况愈下。"

好了，不说刘奭了，毕竟不管怎样，那都是以后的事情，我们还是看一下接下来即将发生的事情吧。因为在这一年，匈奴呼韩邪向汉朝称臣，呼韩邪派系的势力彻底成了汉朝的从属国，匈奴也在这一年分成了南匈奴和北匈奴。

话说呼韩邪单于灭掉了握衍朐鞮单于以后，即刻占据了中央王庭。

聪明的他知道，现在匈奴人的厌战情绪实在是太严重了，如果自己不赶紧结束这场战争，他的结局也一定不会比握衍朐鞮单于好多少。

于是，呼韩邪单于立即停止了战争，让所属部落的士兵们回到原本的部落，以此安定人心。

与此同时，呼韩邪也知道，匈奴是一个由多派系组成的庞大势力团体，这里的野心家极多，如果不铲除他们或者立自己的心腹掌权，那么自己的单于之位是绝对坐不稳的。

于是，呼韩邪单于让自己的亲哥哥呼屠吾斯来做左谷蠡王，又派人暗中勾结右贤王的贵人，企图神不知、鬼不觉地干掉右贤王。

原因无他，因为现在匈奴右贤王手中的兵力实在是太强了。

可呼韩邪单于千算万算没有算到右贤王贵人对右贤王的忠诚。他非但没有答应呼韩邪单于的请求，还反将呼韩邪单于的图谋告诉了右贤王。

右贤王得知呼韩邪单于的图谋以后大恐，便与都隆奇一起拥立了日逐王为屠耆单于，然后出动所有的部队（无具体兵力数，史书只说几万）对呼韩邪单于发动了突然袭击。

而此时的呼韩邪单于早已经将大部的主力遣散回部落了，哪里有士兵抵抗这么庞大的攻击呢？所以，说他一触即溃也不为过了。

呼韩邪单于逃跑之后，屠耆单于顺利地占据了中央王庭，并立即立自己的儿子都涂吾西为左谷蠡王，立自己的小儿子姑瞀楼头为右谷蠡王，然后命日逐王先贤掸的哥哥右奥鞬王为乌籍都尉，并让先贤掸和乌籍都尉各率两万骑兵驻扎到东边境防御呼韩邪单于。

到这儿，匈奴已经有了两个单于。

屠耆单于占据中央王庭还不到一年的时间，西部的呼揭王便同唯犁当户策划，一齐向屠耆单于进谗言，说右贤王实际是想自立为单于，希望能将他杀掉，以除心头之患。

说实话，这种造谣实在是比较离谱，如果右贤王想要自立为单于的话他早就自立了，因为他手上有非常强大的兵力，何必要拥立屠耆单于呢？

可是屠耆单于他竟然信了，并且深信不疑，没过几天就将右贤王给弄死了。

过了一段时间，屠耆单于得知了事情的真相，知道是自己听信了谗言，误杀了右贤王。

于是，愤怒的屠耆单于又把唯犁当户给杀了。

身为同谋的呼揭王在听到此消息以后极为害怕，怕屠耆单于下一个杀的就是自己，便带领自己的部落逃出了屠耆单于的领地，并自立为呼揭单于。

到现在，匈奴已经拥有了三位单于。

于是，匈奴彻底大乱了。

身在东边境的右奥鞬王见匈奴如此之乱，干脆自己也自立为车犁单于。

乌籍都尉更是不甘落后，也自立为乌籍单于。

至此，匈奴已经拥有了五位单于，并且后三位还都是从屠耆单于的势力中分裂出去的，屠耆单于大怒！所以，亲自带领士兵向东攻打车犁单于，并派都隆奇去攻打乌籍单于。

结果乌籍单于和车犁单于都被打败了，两人无奈，只能率领剩余的部队向西投奔了呼揭单于（三方势力合军后共有四万骑兵）。

按说，两人既然是前来投奔的，那么就应该去除自己的单于封号，转而共同辅佐呼揭单于。可先贤掸本来就应该是匈奴的单于，老百姓也是这样认为的，所以人心实际上是在先贤掸身上的，再加上现在三方合兵虽然有四万之众，但也没有屠耆单于的兵力多，于是呼揭单于便做了一个顺水人情，将单于之位让给了先贤掸，也就是车犁单于，并和乌籍单于都撤除了单于之号，共同辅佐车犁单于。

至此，匈奴又变回了三位单于。

那车犁单于死灰复燃以后，屠耆单于又惊又怒，这车犁单于在匈奴民众中的威望实在是太大，所以如果再给他一段时间发展，这小子指不定会发展成什么样子呢。

基于此，屠耆单于决定优先铲除这个心腹之患，之后再着手对付呼韩邪单于。

公元前55年，屠耆单于派左大将、都尉各率两万人屯驻中央王庭防备呼韩邪单于，然后亲统余下的士兵向西攻打车犁单于。

按说，车犁单于一共有四万骑兵，屠耆单于留在中央王庭的士兵也有四万，那么按照匈奴现在的人口来计算，屠耆单于亲自带领的士兵就是再多也绝对多不过五万之数。

所以，屠耆单于和车犁单于的兵力应该是八九不离十，相差不多的。

可两军交手没多长时间，车犁单于就被屠耆单于打败，进而向西北逃去，从此躲在"暗处"再也不敢出来冒头了。

屠耆单于也没时间再在车犁单于身上浪费了，因为现在呼韩邪单于的马刀已经砍过来了。

这一年，呼韩邪单于趁着屠耆单于攻打车犁单于之际，遣自己的弟弟右谷蠡王率领众将及数万骑兵突袭屠耆单于之领地，并斩杀了一万多士兵和数不尽的百姓。

屠耆单于闻讯大怒，乃放弃已经被打没影儿了的车犁单于，回到中央王庭，齐聚六万骑兵向呼韩邪单于进攻。

呼韩邪单于闻讯，不敢有丝毫懈怠，同样齐聚全部之兵，共四万骑兵主动迎击屠耆单于。

结果，双方在一个叫嗕姑的地方遭遇了。

拥有兵力优势和种种胜迹的屠耆单于实在没能想到，他呼韩邪单于敢主动迎接自己。所以，有备而来的呼韩邪单于抢占了先机，直接对屠耆单于所部发动了全军突击。

这次战斗史书上还是没能提供任何细节，只知道最后屠耆单于被呼韩邪单于杀得大败，进而落荒而逃，在即将被追上之际，屠耆单于不愿受辱，选择了自杀。这简直和之前握衍朐鞮单于如出一辙。

屠耆单于死了，他的势力也就没有了主心骨，都隆奇便带着屠耆单于的小儿子和右谷蠡王等余部一起向南逃亡投降了汉朝。四处躲藏的车犁单于也在这一时间投降了呼韩邪单于。

至此，匈奴终于又回到了一个单于的"大一统"时代。

可这也仅仅是一个表象而已，通过这么多年的内乱厮杀，人心都已经散了，想要这么简单就重新统一匈奴那是绝对不可能的。

呼韩邪单于的手下们好像也看出了这一点，呼韩邪单于的左大将乌历屈和他的父亲几乎是在呼韩邪单于重新"统一"草原的第一时间，便带领自己的几万部众向南投奔了汉朝。

此举也使得那些本来就抱有野心的人直接反叛了呼韩邪单于的统治。

首先蹿出来的是李陵的儿子，他又重新拥立了乌籍都尉为单于。

呼韩邪大怒，在第一时间派出士兵对其进行捕杀。

结果，李陵的儿子和乌籍单于没潇洒几天就被杀死了。

可同时，呼韩邪单于也在这次平叛的过程中又损失了数万骑兵。

然而，这也只是一个开始。

杀死乌籍单于以后，呼韩邪单子本来就羸弱不堪的战力雪上加霜。见此，屠耆单于的表弟突然造反，率领手下五六百骑兵突然袭击并杀死了左大且渠，吞并了他的军队，然后奔至匈奴东部，自立为闰振单于。

屋漏偏逢连夜雨，就在闰振单于自立以后，还没等呼韩邪单于发兵征讨之时，呼韩邪单于的哥哥，左贤王呼屠吾斯竟然也反叛了呼韩邪单于，并自立为郅支单于。

至此，匈奴又有了三个单于。

按照道理来说，不管是闰振单于还是郅支单于，他们两个都应该联起手来对付呼韩邪单于才是。可不知为何（史料上没有记载），闰振单于竟然没有联合郅支单于，反倒是出兵对其进行了讨伐。

闰振单于的带兵打仗能力和郅支单于根本不在一个水平线上，并且，他的部队也是通过杀死别人而得到的，凝聚力不是很强。所以，双方没交战多久，郅支单于便将其斩杀，全并其部队。

决战获胜，使得郅支单于所部不管是从力量还是士气上都得到了极大的提高。所以，郅支单于趁此时机带领全部士兵攻击中央王庭。

而呼韩邪单于呢？他实在没想到闰振单于会败得这么快，也没想到郅支单于在大败闰振单于以后会在第一时间来攻击他，所以根本没有半点儿防备。

结果，郅支单于突袭成功，呼韩邪单于被打得大败，狼狈而逃。

郅支单于顺利地占领了中央王庭。

公元前53年的某一天，呼韩邪单于的大帐之中，整个大帐之内死气沉沉，看着许久都没有作声的众人，呼韩邪单于再也沉不住气了："诸位！诸位！你们都说一说，现在该怎么办？我们的兵力不如呼屠吾斯，受拥戴的程度也不如他，长此以往，我们早晚都会被他赶尽杀绝。所以，不管有什么主意，也请诸位畅所欲言哪！左伊秩訾王，我看你在那边支支吾吾半天了，有什么主意你就说，我不会怪罪你的。"

话毕，左伊秩訾王想了想，终是下定了决心，向呼韩邪单于道："既然大单于这么说，那鄙人就大胆说了。我觉得现在只有一条路可走，那就是向汉朝称臣！"

这话一说，全场肃静，可没过一会儿，现场就炸了锅，一个匈奴大人走出来指着左伊秩訾王的鼻子道："一派胡言！我们匈奴人是什么？那是天的儿子，是崇尚勇敢、力量而轻视懦夫的人种。战死沙场，那是我们匈奴人的荣耀，谁要是敢卑躬屈膝地向南边的畜生摇尾乞怜，我第一个饶不了他。再说句不中听的，现在我匈奴的情况，说难听点儿叫分裂，可实际上那不就是兄弟之间的相互争斗吗？哪怕是最后我们失败了，统一草原的也一定是我们匈奴人。可如果我们投奔了汉朝，哪怕最后借助他们的力量统一了草原，可到那时候我们就成了别人的附庸，我们就不再是伟大的匈奴人了，而是一只只丧失了尊严和自由的羔羊。大单于，求求你，不要投奔汉朝，我宁愿战死也不想做亡国奴，我求求你了。"

话毕，这匈奴大人竟然哭了起来，在场之人无不动容。

其实左伊秩訾王也不想这样，但是现在局势已经到了非常恶劣的地步，如果再不想办法，最后等待他们的只有死路一条。所以，哪怕是自己再不愿意，哪怕这样做会得罪很多人，左伊秩訾王也是一定要说的，因为人的命，只有一条，不是所有的匈奴人都愿意战死沙场。

于是，左伊秩訾王对呼韩邪单于道："大单于，列位大人，我知道你们心中的想法，而我，左伊秩訾王，又何尝不和你们想的是一样的？可现在的匈奴能够和以前相提并论吗？现在的汉朝又比匈奴强大多少？整个西域城邦国现在都在汉朝的手上控制着，难道各位不知道吗？在这种情况下，如果我们能够放下心中那不能保命的自尊转而投奔汉朝，我们就有重新翻盘的机会。可如果我们现在还为了那点儿可笑的自尊和汉朝对着干的话，那等待着我们的只有死路一条。各位，想报仇，等多久都可以，但命没了，谁会再给你们？大单于，请向汉朝称臣吧！只有这样，我们才有复仇和生存的本钱。"

话毕，之前那些吵吵嚷嚷的人有一半安静了下来，因为他们觉得左伊秩訾王的这些话说得没有半点儿错误。

于是，在接下来的时间里，呼韩邪单于的大帐中，主和派与主战派展开激烈的辩论。

这场辩论一直从白天持续到晚上。最终，呼韩邪单于还是听从了左伊秩訾王以及主和派的意见，派使者前往长安，表示有意向汉宣帝称臣。

此时的承明殿，听着跪下向自己请求臣服的匈奴使者，汉宣帝彻底蒙了！

汉宣帝经过了短暂的呆滞之后当即拍板，答应了匈奴的臣服之事，并派人给呼韩邪单于送去了不少的金银财物，可就是没有派兵前去帮助呼韩邪单于。

呼韩邪非但没有一丁点儿的恼怒，还将自己的儿子派到了长安侍奉汉宣帝，以此表达自己向汉宣帝臣服的诚意。

那为什么汉宣帝不派兵帮助呼韩邪单于他还这么高兴呢？因为不管是汉宣帝还是呼韩邪单于，他们都是聪明人。

汉宣帝知道，呼韩邪单于要的就是自己在明面上对他进行力挺，这样郅支单于就不敢对他进行征伐，可以起到休养生息的作用。

而事实也确实如此，当郅支单于听说呼韩邪单于向汉朝称臣以后，准备对呼韩邪单于发动的军事行动也停止了。

从此，匈奴彻底分裂成了南匈奴（呼韩邪一派）和北匈奴（郅支一派），再也没能统一。

3.16　乌孙之乱

公元前53年，因为南匈奴臣服于汉，使得汉朝北边境压力大减，汉宣帝乃将边防军裁减百分之二十，节省了相当多的军费开支。

同年四月，先是在新丰发现黄龙，可还没等汉宣帝开心，太上皇庙就发生了火灾。

紧接着，文帝庙也被大火所焚烧。

汉宣帝大惊，遂向天参拜祈祷，并身着素服五日。

而这，仅仅是一个开始而已。

我想，两庙之所以会无缘无故地着火，并不是因为上天对汉宣帝不满意了，而是其对汉宣帝的提醒，告诉他西边的乌孙要大乱了。而这个导致乌孙大乱的人便是乌孙新上任的统治者，"狂王"。

我们把时间往前提一些。

话说公元前64年的时候，乌孙昆弥上奏汉宣帝："尊敬的汉皇陛下，外臣冒昧来奏，共有两件事请陛下应允。其一，外臣想立汉朝的外孙元贵靡为我的继承人。其二，为了能让乌孙和大汉朝永结同心，外臣也想让元贵靡迎娶汉朝公主，继续合击对付匈奴。如果汉皇能够答应的话，外臣愿意献出一千匹战马来作为迎娶公主的聘礼，还请陛下应允。"

看完了这封信件，汉宣帝是有些犹豫的。因为乌孙的昆弥虽然在表面上将汉朝捧上了天，可实际上却总存有一些小心思，说他首鼠两端也不为过了。

因此，汉宣帝拿不定主意，便召开廷议，让诸位大臣共同来商议此事。

一听乌孙昆弥的意图以后，当时还是大鸿胪的萧望之第一个跳出来道："陛下，乌孙距离汉朝非常遥远，难保不会发生什么变故。他们现在听从我们的，主要还是因为我们强大，一旦我们哪一天不强大了，臣相信，第一个背叛我汉朝的就是这个乌孙。基于此，您不管派不派公主前往乌孙，结果都是一样的。所以，臣不赞同再派公主嫁到乌孙。"

萧望之说得有没有道理呢？场中的很多大臣都觉得他说得没有道理，因为通过这么多年来解忧公主的努力，汉朝和乌孙虽然没有真正成为兄弟之邦，但乌孙起码表面上已经臣服于汉朝了。

并且，在攻击匈奴方面乌孙也没少出力，所以众多大臣都认为，需要通过和亲来巩固汉朝与乌孙之间的关系。

后来，少数服从多数，汉宣帝也觉得这些大臣说得很有道理，便答应了此事，并派遣使者前往乌孙，先取回聘礼，再派公主前往乌孙。

乌孙方面，当翁归靡昆弥听说汉宣帝同意了自己的提议以后非常高兴，便派出了一个三百人的迎亲队伍，携带一千匹好马前往汉朝迎娶汉朝公主。

当使者到达长安以后，汉宣帝便将解忧公主的侄女相夫立为公主，并给她设置属官、宫女一百余人，让他们住在上林苑，让专门的乌孙老师来教他们乌孙语和一些乌孙的礼仪。

过了一段时间后，相夫"学艺有成"，汉宣帝便派光禄大夫常惠带领使者团送相夫出嫁。

可还未等相夫走出玉门关，突然从西方传来了一个非常不好的消息。说乌孙翁归靡昆弥突然毫无征兆地死了，而依照翁归靡的遗诏，昆弥之位是要传给元贵靡而非泥靡的。

但是，泥靡顺利地继承了乌孙昆弥之位，号狂王。

常惠听闻此事以后赶紧上书汉宣帝："乌孙之事绝不寻常，同时大大地戏耍了我汉朝一次，臣绝不甘心受此屈辱。所以，臣请求先留相夫公主在敦煌暂住，臣则前往乌孙狠狠地数落一下泥靡，扳回我们大汉的面子再回敦煌接公主回长安。"

汉宣帝虽然也非常怨恨乌孙此举，但还是没有草率地答应常惠的建议，而是再次召开了廷议，和众多大臣们共议此事。

而这一次，还是萧望之首先跳出来道："陛下，乌孙这个国家首鼠两端，不讲信义，根本无法与其长时间地建立盟约，解忧公主现在已经在乌孙四十多年了，可谓功勋卓著。但结果又是什么样呢？结果是两国的实际关系并没有多亲密，边境还时常有劫匪出现，从来未得安宁，这就是强有力的证明。今天，乌孙不讲信义，背弃了和我汉朝之前订立的约定，而这只不过是第一次，相信以后还会出现更多次。所以，本次和亲是断然不能进行下去的了，还请陛下马上将少公主接回长安，并派遣使者往乌孙责备泥靡，彰显我大汉皇威。不过，这个使者嘛，派光禄大夫前往乌孙实在是太抬举他们了，他们配吗？臣建议，陛下随便派个人过去就行了。"

这话说得提气，再加上之前萧望之就反对同乌孙和亲之事。如今，所有的事实都证实了萧望之说的才是正确的。所以，这一次再没有任何一个人反对萧望之的建议。

于是，汉宣帝派人迎回了相夫少公主，并派遣魏和意与任昌前往乌孙国都赤谷城责问泥靡。

赤谷城经过解忧公主多年的经营，上上下下已经全都是解忧公主的心腹，所以，在和泥靡会面以前二人首先找到了解忧公主，询问她到底应该如何处置此事。

此时的解忧公主已经六十多岁了，按照乌孙的风俗，她在翁归靡死后便嫁给了泥靡。更让人惊叹的是，这个年近七旬的老婆婆竟然还给泥靡生了一个叫鸱靡的孩子。

不过虽然两人有了孩子，但关系处得一直都不怎么样，因为泥靡要的只是解忧公主在赤谷城中的控制力以及她和汉朝之间的关系。

所以，一旦解忧公主手中的筹码被泥靡扒光，那解忧公主在他手中也就没有什么利用价值了。

聪明的解忧公主把泥靡的这点儿小心思看得透透的，所以早就对其有所防范，正赶上汉朝派魏和意与任昌前来拜见，解忧公主便和二人道："泥靡暴虐无度，早晚和我大汉闹翻，只要有他在一天，乌孙和大汉的关系只会越来越差，我建议，你们也别去数落他了，那根本就不会有任何作用，不如直接将他弄死，一了百了。"

一听这话，魏和意和任昌都哆嗦了一下。

魏和意赶紧道："公主，这话可不能乱说，我们现在可是在赤谷城，这从里到外都是乌孙的士兵，我们拿什么来杀掉泥靡呢？"

解忧公主不屑地道："呵呵，杀掉他太容易了，这赤谷城经我多年经营，到处都是我的人，我们可以这样，再这样……"

某年某月某日的一天晚上，解忧公主派遣使者往泥靡处，邀请泥靡前往内城正宫同汉使一起饮宴。

泥靡不是笨蛋，自从继承昆弥之位以后便暗中防范解忧公主。所以，当他听到此消息以后就绷紧了神经。

因为汉使到赤谷城的消息他早就听说了，可到现在汉使都没有拜见自己，反倒是第一时间到了解忧公主的住处。

这也就罢了，毕竟历来汉使前来乌孙先拜见解忧公主的事也不少见。可问题的关键是还没等汉使见自己呢就要请自己吃饭，这岂能不叫泥靡怀疑？

可不去又不行，本来就是自己的国家不讲信义，如果再把汉使给彻底得罪了，那自己的国家也不会有好果子吃了。

基于此，泥靡带上了很多士兵，硬着头皮便前去赴宴了。

而事实果然如泥靡所想，因为就在酒过三巡，大家喝得正好的时候，解忧公主突然将手中的杯子摔在地上，魏和意和任昌在第一时间便抽出手中的长剑冲泥靡砍了过去。

可泥靡早有准备，始终防着汉使这一招，便在汉使举剑往下砍的第一时间一个打滚，躲过了致命攻击，之后疯一般向外逃窜。

解忧公主见状大惊，直接对宫中的侍卫吼道："还愣着干什么？给我弄死这杀千刀的！"

话毕，那些乌孙卫士只稍稍地迟疑一下，便举刀冲泥靡而去。由此可见，解忧公主这么多年已经将自己的势力渗透到了什么程度。

可让解忧公主没想到的是，泥靡带来的那些心腹也不是好对付的。他们见自己的主子有了生命之危，立即举起手中的兵器杀了过去，几乎是在第一时间挡在泥靡的身前。

泥靡九死一生地逃出了宫殿，不敢有半点儿耽搁，立即逃出了赤谷城。因为他知道，想要在赤谷城和解忧公主斗，那简直就和鸡蛋碰石头没有半点儿区别。

于是乎，他逃出了赤谷城，然后派人向各处城邑求援。

一时间，整个乌孙人头攒动，全都向赤谷城外围集结。

花开两朵各表一枝。我们再看看解忧公主这一方。

当她的人将泥靡的侍卫全都斩杀以后，料定此时泥靡已经逃出了赤谷城，后面必有大部队来攻击此城。

魏和意同任昌因此大惧，急忙询问解忧公主如何是好。

可解忧公主非常淡定，一边派人前往长安请汉宣帝调派援军，一边从容布防。

一时间，整个赤谷城被解忧公主布置得如铁桶一般，怕是苍蝇也休想飞进来。

果然，当泥靡的大军屯集在赤谷城外围以后，虽然日夜攻城，但却没有任何效果。

所以，泥靡在万般无奈之下只能将赤谷城团团围住，意图饿死里面的士兵。

可汉宣帝根本就不会给他这个机会。因为汉宣帝在接到解忧公主的求援信以后便直接下令给西域都护府，让都护郑吉立即率西域一众城邦国的军队前往救援赤谷城。

汉朝在西域的统治力是绝对的，郑吉根本没费多大功夫就将西域众多城邦国的士兵调集在一处，然后兵发赤谷城。

泥靡闻讯大恐，慌忙撤去了所有的士兵，并赶紧在第一时间派遣使者前往长安，向汉宣帝说明自己根本就没有反抗汉朝的意思，之所以会向赤谷城发动进攻，都是因为解忧公主和两位使者要杀死他的缘故。

华夏自汉而始，从来都是一个讲道理的国家，很少在没有口实的情况下对其他民族发起攻击。

如今，因为泥靡的服软，使得汉宣帝不具备继续进攻的口实，便只能下令郑吉停止对泥靡的进攻，并将魏和意与任昌抓回了长安，明面上是将他们斩首了，可实际上却将他们放回了民间。

这之后，汉宣帝再派遣张遵和张翁前往乌孙，让他们调查这件事情的具体缘由，虽然没有明说，可实际上却通过了其他的方式暗示他们，让他们如果有机会的话，便直接杀死泥靡。

可这两个人很明显没有弄明白汉宣帝的真实意图，不仅没有帮到汉宣帝，反而将事情搞砸了，使得汉宣帝大怒异常。

首先是张翁方面，他还真就前去找解忧公主严刑逼供了。

解忧公主真的是无语至极，所以连话都懒得和他说。

好像是自尊心受到侮辱，张翁怒不可遏，竟然揪着解忧公主的头发，逼迫她就范。

可解忧公主只是冷笑着看着张翁，依然不发一言。

张翁也没有丝毫办法，只能放弃了继续审问之事。

之后，解忧公主将张翁如何审问她的事情上报给了汉宣帝。

汉宣帝大怒，便在张翁回到长安以后将其弃市。

而张遵呢，更是让汉宣帝愤怒至极。他在乌孙竟然和泥靡处成了朋友，甚至在回长安的路上泥靡都亲自挑选精锐护送他。

结果，回到长安以后，汉宣帝将其直接打入了死牢，等待秋后问斩。

可张遵怕死至极，竟然宁可遭宫刑也不愿意死去。

汉宣帝也懒得再和他浪费时间，派人对他执行了宫刑后直接将他赶出了皇宫。

可就在汉宣帝对泥靡全无办法之际，乌孙内部却突然发生了政变。

泥靡北匈奴妻子的儿子乌就屠在泥靡被解忧公主赶出赤谷城，威望处于最低谷的时候，竟然领着士兵弄死了泥靡，然后自立为昆弥。

汉宣帝一听这事儿可乐坏了，正愁没有借口攻击乌孙就有人送上了机会，这不是老天所助是什么？于是，汉宣帝立即命破羌将军辛武贤带领一万五千精锐汉军开赴敦煌，并派人测量地形、绘制地图、开凿水井，准备向乌孙发动总攻击。

汉宣帝此举是要干什么？这么大的动作就是要和乌孙不死不休了。并且，很明显，汉朝这一万五千士兵也只是先头部队而已，如果这些士兵灭不了乌孙，后面一定还有更加庞大的部队。

不过乌孙距离汉朝遥远，想要彻底将乌孙打服，还需要有庞大的资金支持。

不过这事儿终究是泡汤了，因为乌就屠投降了。

话说解忧公主当初嫁到乌孙以后，有一个侍女叫冯嫽，此女和解忧公主一样，不是一个简单的女子，她不但熟悉西域事务，还非常精通历史，行为举止很是得体。

为此，解忧公主经常将重要的事情交给她来做。

据说，此女还曾经持汉朝之符节为解忧公主出使西域各国赏赐王公贵胄，很得各国领导人的尊敬和信任，大家都亲切地称呼她为"冯夫人"。

后来，为了让解忧公主在乌孙更有号召力，冯嫽嫁给了乌孙的右大将。而这个右大将和乌就屠的关系比较亲密。

为此，解忧公主和西域都护郑吉秘密致信冯嫽，希望她能劝乌就屠悬崖勒马，赶紧向汉朝投降。

右大将对于自己的夫人是言听计从的，并且乌孙也确实打不了汉朝，投降的话还能保住一条性命。

所以，右大将二话没说，赶紧前往乌就屠处对其进行劝说。

最后，乌就屠向汉朝宣布投降，并将大昆弥之位还给了元贵靡，向汉朝承诺自己只要一个小昆弥的职位就够了。

汉宣帝对于乌就屠的"清醒"比较满意，便答应了他的请求，并将乌孙划分成两个大的自治区，第一自治区有民六万多户，由大昆弥元贵靡统治。第二自治区有民四万多户，由小昆弥乌就屠统治。（注：分成两个自治区的主要意图是让他们相互攻击，永远祸乱，这样汉朝就能永做霸主。）

行了，乌孙就先说到这儿，我们再将目光转回中原。

3.17 青天大老爷

公元前52年，因为汉朝连年丰收，国库日益充盈，汉宣帝乃减天下百姓人丁税三十钱，以此减轻百姓的负担。

同年四月，珠崖郡（今海南省海口市琼山区）部分乱民反汉，没过多长时间便被政府平定。

同年五月，因为杜延年年老多病，所以免除他的职务，任命廷尉于定国为新任御史大夫。

于定国，字曼倩，东海郡郯县（今山东省郯城县）人。他的父亲于公曾经是郡里的决曹。

于令公审判案子非常公平，据说每一个被他判有罪的罪犯都没有怨恨，服服帖帖地接受他的制裁。而通过一个案子最能展现于令公的为人了。

当初在东海郡有一位年轻的寡妇，在刚刚嫁给丈夫没多长时间丈夫便归西了。而此时，这小寡妇正值大好年华，却一直没有改嫁。她非但没有改嫁，还对自己的婆婆非常孝顺。

那她为什么要这样呢？她为什么大好年华还不改嫁呢？难道这个女子真的这么爱自己的丈夫吗？

当初她刚进门的时候还很紧张，很怕自己的婆婆以后会欺负自己。可当她进了家门以后却被眼前的这个婆婆惊呆了。因为她所见的这个老人简直就是个极品！

有些人家的老婆婆总是对自己的儿媳妇一脸凶相，可是自己的老婆婆呢？却对自己慈眉善目。

有些人家的老婆婆总是让自己的儿媳妇干这干那，可自己的老婆婆却什么都不让自己干，还抢着干活。

总之就是老婆婆对这个小寡妇非常好。

基于此，这小寡妇便用等量的爱去回报这个婆婆，以至于自己的丈夫死了她都不改嫁，为的就是能孝顺自己的婆婆。

可她这样做，她的婆婆却受不了，婆婆不止一次劝儿媳妇赶紧改嫁，可儿媳妇却吃了秤砣铁了心，婆婆怎么说她都不为所动。

最后，婆婆为了不浪费儿媳妇的大好年华，竟然上吊自杀了！

由于婆婆家里只有她和儿媳妇两个人，所以已经嫁做人妇的婆婆的女儿断定自己的老妈是被嫂子逼死的，便将其告上了官府。

由于这个案子影响非常恶劣，所以是由郡太守亲自断的案。太守在审讯小寡妇的时候，小寡妇痛哭着说自己没有害死婆婆，可太守已经先入为主，断定了婆婆一定是这个小寡妇害死的，便让人上各种刑具，这是要屈打成招了。

最终，小寡妇忍受不了巨大的痛苦，终是在这不断的拷打下"承认"自己杀了婆婆，痛苦地画了押。

可于令公对于此事非常不满。他认为，小寡妇孝顺婆婆是出了名的，并且婆婆有死志也不是一次两次了，这些事情婆婆的邻居们全都知道，怎么能在无凭无据的情况下，只听婆婆女儿的一句话就判小寡妇有罪呢？

于是，于令公和郡太守据理力争，甚至抱着小寡妇认罪的材料痛哭。

可最终，郡太守还是没能听取于令公的意见，硬是把小寡妇处死了。

小寡妇一死，郡中便开始大旱，并且一连大旱三年都没有丰收。

长安方面因为此事非常恼怒，认定郡太守不是什么好人，要不然老天不会降下如此怒火，便将郡太守罢免了，换上了一个新的太守。

可这又有什么用？老天还是干旱不断。

新任太守因此大为惶恐，生怕步了前任太守的后尘，整日如坐针毡。

聪明的于令公见此，便发觉这是一个给小寡妇平反冤情的好机会。

于是，他马上找到了新任太守，说自己知道老天为什么会久旱不雨。

一听这话，新任太守高兴坏了，马上询问用什么办法来求雨。

于是，于令公将之前小寡妇受冤屈的事说了一遍，然后又道："只要太守大人能为她洗刷冤屈，我想老天应该就会降雨了吧。"

那新任太守觉得于令公说得很有道理，当即便答应了他的建议，马上命人杀猪宰牛，非常厚重地祭奠了小寡妇，并当众宣读公文，表明了小寡妇当年是被冤枉而致死的。

说来也巧，就在新任太守刚刚宣读完毕的时候，这天上就下起了瓢泼大雨，本郡也在这一年大丰收，人们因此更加敬重于令公，甚至在他还没死时就给他建立了庙宇。

而于定国，就是这个青天大老爷的儿子，并且他完美地继承了父亲的优良才能。

于令公死后，精通法律的于定国顺利地接过了父亲决曹的职位。后来因为政绩突出，被朝廷征为廷尉史。再之后，因为审理判断案件极为果断准确，遂被升为侍御史，并且没过多长时间又被升为御史中丞。

汉昭帝死后，刘贺进长安继承皇位，可由于他荒淫无道，于定国便上书规劝。

等到汉宣帝继位以后，霍光非常看重于定国（霍光认为，于定国之前的行为给他很好地打下了基础），便破格提拔他为光禄大夫、平尚书事，很是受霍光的重用。

数年后，于定国又改任水衡都尉，并再次提拔为廷尉。

在于定国以前，几乎历任廷尉都是那种雷厉风行的恶鬼式官吏，可于定国则不然。

于定国为人谦虚恭敬，尤其尊敬通晓经学之人，即使是地位再卑贱的文人，只要是前来拜访他的，他都会平等对待，礼遇十分周到，所以当时的读书人全都夸赞于定国，说他是一个真正的君子。

于定国是一个天生的断案高手，他断案很快，并且执法公正，总是同情那些没有生活自理能力的老弱妇孺，凡是他们因为什么不得已的事情犯案就会从轻处罚。

并且，于定国有一个绝活，那是历代廷尉都没有的，便是断案之前必须饮酒，并且在喝酒以后断案更加精明强干。

在当时，甚至连汉宣帝都公开称赞于定国："当初，张释之为廷尉的时候，天下没有被冤枉的人。如今，于定国成了廷尉，没一个犯人觉得自己是冤枉的。"

所以，从以上可以看出，于定国在汉宣帝的心中还属于是比较可靠的人。

所以，在十八年以后，杜延年因为年老多病被罢免之后，于定国顺利接过了他手中的接力棒，成了御史大夫。

3.18　朝拜

同年（公元前52年），汉朝著名军事家、汉宣帝的第一军事顾问赵充国去世，这给汉朝朝廷增添了一丝的忧愁，更让汉宣帝苦恼。

可这忧愁和苦恼没过多长时间，此种情绪就被一股狂喜所替代。

那么这股狂喜是因为什么呢？就是南匈奴单于，呼韩邪写信至长安，想要亲自来长安朝拜汉宣帝。

因为随着时间的推移，占据更好地理位置的郅支单于更加强大了，遂开始将部队源源不断地开赴边境准备随时对呼韩邪单于进行军事打击。

单于，这个称号代表着汉朝最大敌人的头领，代表着匈奴人的天，代表着曾经的亚洲霸主！

如今，百年过去了，虽然匈奴已经分裂成了南北匈奴，虽然前来投降的单于只是一个南匈奴的单于，但不管怎么说也是一个名正言顺的匈奴单于。

汉宣帝的心情怎能不激动？

所以，汉宣帝当即同意了呼韩邪单于的请求，并且派出了两千精锐骑兵充当呼韩邪的警卫护送他到长安。

而呼韩邪单于呢，这次并不像当初的那些单于一样欺骗汉朝皇帝，而是真的来了，并且是在收到汉宣帝同意信函的第一时间便来了。

公元前51年正月，呼韩邪单于抵达甘泉宫，汉宣帝则在此地接待了他。

那一天，呼韩邪单于当着汉廷文武百官的面慢慢走向了汉宣帝，他的步伐迈得不慢，但是在场每一个官员却感觉他走得很慢、很沉重，仿佛每一步都用了一年一般。

他的步伐迈得没有一点儿威势，但在场的官员却都在发抖。这不是害怕，而是一种兴奋，一种发自内心的兴奋和振奋！

呼韩邪每走一步，在场的官员们都仿佛看到了那些战死沙场的将士和被匈奴残杀的平民百姓。

从高祖刘邦和冒顿单于第一次交手到现在，一共一百四十九年，而当呼韩邪到汉宣帝正前方的时候，正好一百四十九步，在这一百四十九"步"之间，曾经死了多少汉朝和匈奴的勇士及百姓？在这一百四十九步的距离，曾经有多少的汉朝皇帝和匈奴单于含恨而终。可最终，在呼韩邪单于对汉宣帝那一跪之下，这些亡魂终于消散在了天地之间。因为他们知道，汉朝和匈奴之间，终于分出胜负了。

在呼韩邪单于对汉宣帝那一跪之下，在场所有的官员全都不自觉地流下了眼泪。是呀，这一切终于结束了。

"臣，拜见伟大的汉朝皇帝。"（注：为了能最大地满足呼韩邪单于的自尊心，汉宣帝在呼韩邪前来拜见之前就致信呼韩邪，告诉他拜见自己只称臣就可以，不必称呼姓名。）

汉宣帝忍住了心中的激动，很是平淡地道："平身。"

只是短短的两句对话，双方都没有再说什么，吃了一顿饭以后就散了，因为一切尽在不言中。

这之后，呼韩邪单于在汉朝整整住了一个月，其间，他和汉宣帝再无一次见面。并且，如果没有汉宣帝下令的话，他是不会再回匈奴了。因为他在对汉宣帝表明自己虔诚归顺的态度。

而一个月以后，对呼韩邪态度非常满意的汉宣帝便下令让呼韩邪回到匈奴了。只不过，他没有让呼韩邪这一个月白待，而是赏了呼韩邪单于专用的黄金玺印，代表单于身份的宝剑和宝刀各一把，玉弓一张，玉箭十二支，大戟十杆，御车一辆，御用马鞍、马辔（音配）一套，御马十五匹，二十斤黄金，钱二十万，衣服七十七套，杂帛八千匹，粗丝绵六千斤。

最重要的是，汉宣帝还派了长乐卫尉董忠、车骑都尉韩昌率领一万六千精锐骑兵随同呼韩邪单于一起返回了匈奴，其用意便是保护呼韩邪单于不受郅支单于的打击。

还有，汉宣帝还派人往南匈奴前后运送了三万四千斛粮食，这使得长期经受饥饿之苦的南匈奴人如同久旱逢甘霖，怎能不感激汉朝的大恩大德？

北匈奴方面，正准备对南匈奴蠢蠢欲动的郅支单于见南匈奴拉来了一万六千汉朝骑兵和堆积如山的粮食，一下就不敢动了。

他倒不是怕这一万多的汉朝士兵，他怕的是消灭这一万多汉军后会招来更多的汉军，到时候自己可真是吃不了兜着走了。

所以，为了彻底除掉南匈奴这个心腹大患，郅支单于也派遣了使臣朝拜汉宣帝，以此来试探汉宣帝的意思。

而汉宣帝呢也非常隆重地招待了北匈奴使者，可却只字不提南匈奴的问题，只是不停地打圆场，他的意思再明白不过了，就是不想让北匈奴去进攻南匈奴。

所以，郅支单于的计划泡汤了。

但他甘心吗？当然不。不过北匈奴和南匈奴的彻底决战还要很长时间以后，我们到时候再说。

3.19　亡国之种

公元前51年二月，因为四方诸民族都被汉朝所征服，汉朝的光辉照耀四方。同时，也为了显示自己不忘记功臣的德行，汉宣帝乃将自己从登基以来到现在的功臣画像放置在麒麟阁上。他们按次序分别是霍光、张安世、韩增、赵充国、魏相、丙吉、杜延年、刘德、梁丘贺、萧望之、苏武。

这便是麒麟阁十一功臣了。

由于汉宣帝开了这个先例，所以从此以后便有了图画功臣之法。

同年同月，皇太子刘奭最宠爱的司马良娣病重归西。临死之前和刘奭道："殿下，妾之死并不是寿命已到，而是被别人害死的！凶手就是您众多的嫔妃，是她们轮番诅咒妾身，才使妾身早死，殿下，您一定要为妾身报……"

话没说完，司马良娣便归西了。

而刘奭还真就听信了司马良娣的言论，认为自己的爱妾之所以死亡，全都是自己其他妃子诅咒所致。

所以，从这以后，刘奭每天都郁郁寡欢，再也不去宠幸其他的嫔妃。

可刘奭这样做汉宣帝却快要崩溃了。为什么呢？因为在司马良娣生前，刘奭只宠爱她一个人。可这司马良娣没有生育能力，所以刘奭一直到现在都没有个一男半女。而作为一个庞大帝国的统治者，没有接班人意味着什么？意味着这个国家就会不稳，就会因为争夺太子之位而产生相当程度的纷争。往轻了说会血流成河，往重了说甚至都能动摇国本。所以，汉宣帝说什么都要刘奭去宠爱其他的女人，最差也要给自己弄一个孙子出来。

可刘奭说什么都不去碰自己其他的妃子，因为司马良娣的死，刘奭已经对这些女的厌倦透顶了。

刘奭此举使得汉宣帝大为恼怒，但又有什么用，自己的儿子就是这么个德行，还能强行让他行那夫妻之事吗？

那该怎么办呢？聪明的汉宣帝想出了一个法子。你不是不喜欢以前的妃子吗？那好哇，那我就给你挑个新妃子，这你总不会再不给我弄个孙子出来了吧？

于是，汉宣帝遍寻皇城，终是挑出五名貌美如花、品德优秀的女子供刘奭挑选。

可刘奭却对这些如美玉一般的大美女全无兴趣，只是随口应付了一句："反正也只是完成一个任务而已，随便吧。"

说完，竟然转身走了。

这差点儿没把汉宣帝气死，可也没招，谁叫自己就挑了他当太子呢。所以，汉宣帝便询问众多大臣，问他们五名女子中谁能当刘奭的妃子。

最后，经众多大臣商讨，终是挑选了一个叫王政君的女子作为刘奭的新任妃子。而这个王政君，她确实是一个好女孩儿，但就是这么个女孩儿，却成了导致西汉亡国的"罪魁祸首"之一。

王政君乃王禁之女（王禁的孙子就是颠覆西汉的元凶——王莽），其母是魏郡李家的长女。

这王政君从小就是一个美人坯子，并且温柔贤淑，十岁出头就学会了妇人之道，十四五岁的时候更是出落得美艳动人。

最早，王禁是将王政君许配给了一户人家的，可还没等出嫁，男方就突然暴毙。后来东平王也听说了王政君的美貌，便想纳她为妾。

可邪乎的是，王政君还是没等出嫁东平王便暴毙了！当时的人一听这两件事都非常害怕，自此以后再也没有人去王家提亲了。

王禁觉得这事儿不对劲儿，便花重金找了一个非常著名的占卜师为自己的女儿占卜，想要看看到底是什么情况。

可不看则已，一看吓了老王头一大跳。那占卜师给王政君占卜以后，无不惊异地道："恭喜贺喜，您这女儿了不得，以后一定是大富大贵之命！之所以之前接连将众多男子克死，那是因为这些男的根本就不配娶您的女儿。所以，您往高了想，什么样的男人才是这天下间最有权势的男人呢？"

一听这话，王禁又是兴奋又是惊恐。他惊异地对占卜师道："难道是当今皇……"

占卜师："言尽于此，小人告退了，至于这占卜费，小人就不要了，只要以后大人别忘了我就行了。"

话毕，这占卜师分文不取，竟着急忙慌地走了。而自从这以后，王禁也不联系媒婆了，反而请了很多的能人教导自己的女儿才艺，使得年纪轻轻的王政君在十多岁的时候便"十八般武艺"样样精通。

最后，在王政君年满十八岁的时候，王禁将其送入了皇宫之中。而结果也正如占卜师所说，那王政君进宫还没一年便被众多大臣挑选为新任太子妃。

但成为太子妃以后，刘奭对王政君并不是很热心，只是完成任务一般在当夜前往了王政君的住处，行完夫妻之事便穿上衣服走了，从此再也没有宠幸过王政君。

可有心栽花花不开，无心插柳柳成荫，谁都没料到，就是这一晚上，王政君被一发中的，在当年年底就生出了一个大胖小子。

这可把汉宣帝给高兴坏了，竟亲自给自己的这个皇孙取名为刘骜。就是希望自己的皇孙像一匹骏马一般，热烈奔放，要像他的太太爷武帝一样刚强，不要像自己的爹一般懦弱。

可汉宣帝能够如愿吗？到时候再说吧。

3.20 伟大的汉宣帝

公元前51年三月，丞相黄霸去世，汉宣帝任命于定国为新任丞相，任命陈万年为御史大夫。

同年冬，乌孙大昆弥元贵靡和鸱靡相继去世，已经七十多的解忧公主整日以泪洗面，使得已经大不如前的身体更加萎靡。

虽然，现在解忧公主在大昆弥的地盘上依然拥有绝对的权力，可已经一个亲人都没有了的她实在不想折腾了，也实在不想再嫁给一个新的昆弥了。她累了，为汉朝服务了一辈子的她实在是太累了，她想落叶归根了。

基于此，年迈的解忧公主写了一封信给汉宣帝，希望汉宣帝能允许她返回汉朝的土地，希望汉宣帝能允许她死在汉朝的土地上。

此时的汉宣帝也老了，看着解忧公主那字不多却字字真情的信，经历了无数风雨的汉宣帝竟老泪纵横，想都没想就答应了解忧公主的请求。

于是，解忧公主收拾行装，经过数个月的奔波，终于重新回到了这个令她魂牵梦绕的土地上，并于两年以后微笑着离开了人世。

解忧公主的一生，经历过富贵，经历过贫穷，经历过异域风土，经历过生死大险。同时，她也经历过三任丈夫，甚至最后一任丈夫要比她小好多。

在当时，这种事情绝对是汉朝文化所不能容忍的事情，但解忧公主愿意吗？她不愿意，但这都是为了国家，所以哪怕是献出了自己的生命，那又有何妨呢？所以，解忧公主虽然一生操劳，但她是笑着走的，并且没有一个人有资格或者敢嘲笑她侍奉过三个丈夫！因为她这一生都在为了国家而义无反顾地奉献。

公元前50年十月，因为大汉朝始终保护着南匈奴，所以郅支单于不敢再对南匈奴动武，便统领北匈奴人民向西迁徙，准备在西域一带树立威信，增强自己的实力后再图后续。

当时有很多原来呼韩邪单于的手下，因为愤恨呼韩邪单于投靠汉朝而独自往西方自立。其中就有一个不知名的手下，本来是带领着几千骑兵逃往西部独立的。可多年下来，此人吞并了数个西方小势力和城邦国。到现在，竟然发展到了六七万人的部队。

见自己的实力强大了，这个不知名的将领竟然也自立为伊利目单于，意图和郅支单于、呼韩邪单于平起平坐。

可他屁股还没坐热就被前来西方定居的郅支单于给盯上了。

郅支单于拥有绝对优秀的行军打仗能力，所以直接带领自己的族群对伊利目单于发动了疯狂的攻击。

最后，伊利目单于不敌郅支单于，被郅支单于的部队斩杀于战场之上。

见头领已死，余下的士兵皆向郅支单于投降，这使得郅支单于又平白地得到了五万骑兵，让他的实力成几何级数向上蹿升。

见自己老哥的实力蹿升得如此之快，呼韩邪单于非常畏惧，便再次派遣使者前往长安，希望汉宣帝能再派士兵保护自己。

与此同时，为了让汉宣帝答应自己攻击南匈奴，郅支单于也在同时派遣了使者前往长安。

而汉宣帝谁都不得罪，都是隆重款待，但对于南匈奴使者的招待程度却要远远地高于北匈奴使者，这便是汉宣帝的态度了。

郅支单于虽然对汉宣帝的态度非常恼火，但碍于实力不比汉朝，所以还是没敢动南匈奴。

汉宣帝此举可真是把呼韩邪单于感动坏了，其便在公元前49年的时候再次亲身前往长安朝拜汉宣帝。

公元前49年二月，见无法向南攻击南匈奴，郅支单于便带领北匈奴部族再一步往西迁徙，意图联合乌孙合力抗击汉朝。

而这时候，元贵靡死了，乌孙的大权都在乌就屠手中。可乌就屠呢？他虽然有匈奴的血统，但血统一旦牵扯到国家利益就不值一提了。

乌就屠聪明得很，知道自己大权在握，汉朝这个庞然大物对自己肯定是不放心的。为了向汉朝表忠心，他便杀了匈奴的使者，并派很多骑兵对北匈奴发动了突然袭击。

乌就屠这次的军事行动特别突然，但郅支单于不愧是匈奴少有的优秀军事统帅。他一点都没有慌张，而是在第一时间将部队分成了数段，对乌孙骑兵施以帕提亚射击术，自己则带领主力部队作势要逃，可实际上却是悄悄地绕到了乌孙骑兵的后方，然后在乌孙骑兵被北匈奴骑兵射击得士气大跌之时对其发动了绝猛的冲锋。

结果，乌孙骑兵全军覆没，乌就屠大惧，当即宣告全国关闭城门，一旦北匈奴对乌孙展开全面战争便拖住他们，然后向长安方面请求援军。

郅支单于将乌就屠昆弥的小伎俩看得清清楚楚，所以他根本就没给乌就屠昆弥机会，根本就不攻击乌孙，而是在野战上战胜乌孙以后于第一时间向北攻击乌揭国。

结果，乌揭国不是北匈奴的对手，被郅支单于轻易吞并。

之后，郅支单于马不停蹄，又向西吞并了坚昆国，然后向北击溃了对他有一定威胁的丁零部落，并在坚昆建都。

再之后，郅支单于分出多股部队从不同的方向寇掠乌孙，抢夺了无数的人口和财物粮食。

乌就屠昆弥大惧，立即写信送往长安，希望汉朝能派出援兵支援乌孙，乌孙愿意和汉朝一起对付凶残的北匈奴。

可乌就屠昆弥的求援是注定不会有结果了，因为这时候的汉宣帝，已经不行了。

公元前49年十二月，此时的汉宣帝已是弥留之际，他在床上对正在守护自己的太子刘奭道："你，让人去把史高、萧望之和周堪给朕叫过来，把他们叫来以后你就走吧，有些话朕不想和你说。"

良久，刘奭走了，萧望之等三人齐齐走进屋子拜见汉宣帝。

汉宣帝很是艰难地扭过头看了他们三人一眼，然后道："你们三个起来吧。"

三人："谢陛下。"

汉宣帝："朕快不行了，在临死之前要和你们嘱咐一些事情。"

萧望之抹着眼泪哽咽道："陛下快不要这么说，陛下洪福齐天，陛下……"

汉宣帝举起了手制止了萧望之，然后艰难地道："从此刻开始，朕命外戚侍中、乐陵侯史高为大司马车骑将军，兼任尚书事；任命太子太傅萧望之为前将军光禄勋，兼任尚书事；任命太子少傅周堪为光禄大夫，兼任尚书事。朕的儿子是一个什么样的人朕知道。所以，朕对他很不放心，朕走了以后，你们三个人一定要用自己的生命去守护太子，守护我大汉王朝，记住了吗？"

三人："是！"

汉宣帝："你们走吧，朕想静一静了。"

待三人退出去以后，汉宣帝独自一人待在空荡荡的房间里，他呆呆地看着天花板上的各种装饰花纹。一时间，他想到了小时候在监狱里的日子，想到了长大以后和自己的老婆开心过的日子，又想到了自己这一生为国家操劳的日子。

够了，累了，汉宣帝觉得自己这一生活得值了。

想到这些，汉宣帝微笑着闭上了眼睛。

公元前49年十二月，汉宣帝刘询（也叫刘病已）驾崩，这位伟大的皇帝共在位二十四年，其在位期间，功必赏，过必罚，所用之人各种学派都有，但必须要有某一方面是极为精通的才行。

在治理民生方面，汉宣帝期间的汉朝五谷丰登，老百姓很少挨饿，国家国库充盈，粮食堆积得很多。

在科技方面，汉宣帝着重发展工匠机械技巧，使得汉朝的机械技术在此时得到了非常大的进步。

在军事方面，汉宣帝用赵充国平定了羌族之患，并加快了匈奴的衰亡速度。他利用匈奴内乱的时机扶持实力较弱的南匈奴，使得匈奴内乱更加扩大化，并再也没有复起的可能。因此，不管是南匈奴还是北匈奴的百姓都对这个玩弄权术非常厉害的皇帝又恨又怕。

汉宣帝，他功勋卓著，光耀列祖，可谓是中兴之君了。他所建之功业足以同武丁、姬靖等大有为之君相提并论。

汉宣帝，近乎完美，可人无完人，就像汉宣帝这种大有为之君，也犯了个非常致命的错误，最终导致了西汉和以后东汉的亡国。

这就是他立了羸弱而又迂腐不堪的刘奭为太子。

第四章

元帝时代

4.1 改革图富

汉宣帝死后，皇太子刘奭正式继承了皇帝之位，是为汉朝第十一任皇帝，也就是人们所说的汉元帝了。

汉元帝继位以后，参拜了高祖庙，尊原皇太后为太皇太后，尊皇后为皇太后，然后正式发布国书，遵照父亲的旨意，正式承认了史高、萧望之和周堪三人托孤重臣的身份。

公元前48年正月，汉元帝按照历代皇帝继位的流程，先是将汉宣帝的遗体下葬于杜陵，然后赏赐各个诸侯王、公主、列侯、两千石以上及以下官员黄金、钱帛各不等，并在这以后大赦天下。

同年三月，汉元帝正式立王政君为皇后。

同年四月，自汉元帝继位以后，大汉地震频繁，使得很多农户失去了田地和家园。汉元帝于是采纳萧望之之议，将种粮以零利息借贷给受灾严重地区的百姓，并对每五十户赏赐若干头牛和若干石酒。

同年六月，民间传染病横行，朝廷没有什么太好的办法，汉元帝只能命太官减少宫中精美的膳食，并裁减乐府的员工，用这些省下来的钱赈济贫困地区（那时候汉宣帝刚刚驾崩，汉朝的国库非常充裕，完全有能力应对这接连不断的天灾）。

同年八月，因为近期汉朝天灾不断，很多边境属国的胡人都认为这是老天要亡汉的前奏，所以一个个地全都逃出属国，向北投靠北匈奴或者南匈奴去了（总数一万有余）。可这，不过是大灾难的前奏曲而已。

同年九月，关东地区一个大郡发生超严重水灾。此水灾祸害极大，使得十一个大郡田地房屋被摧毁，老百姓储存的粮食也都被销毁殆尽。

因此，十一郡几乎在同一时间没有半点儿粮食，人们甚至已经到了相互残杀吃食的程度。

汉元帝大恐，赶紧命令没有受灾的郡县向受灾郡县调配粮食，这才使灾情得到缓解。

同月，汉元帝一个人在自己的住处摇头苦叹。

是呀，他有理由愤恨，有理由哀叹，也有理由无奈。因为自从他继位以来，大小天灾就像雪花一般飘向汉朝，使得汉朝的国库一点点地空虚。汉元帝也正是为了这事儿发愁。

就在这时，门口有一小太监道："启禀陛下，谏大夫贡禹贡大人拜见。"

汉元帝："快，快快有请！"

贡禹？这又是谁？为什么会让汉元帝如此器重呢？

贡禹，字少翁，琅邪郡人士，年岁不大便通晓经学，长大为官后更是以清廉而闻名，不久便被任命为凉州刺史。

可还没等他坐稳位置，就突然得了重病。

此病来得凶猛，去得极缓，使得贡禹好长时间无法正常处理政务。而这对于自尊心极强的贡禹来说绝对是一种折磨。

所以，在无奈之下，贡禹只能辞去官职，专心在家中养病。

多年以后，贡禹的病情终于痊愈。朝廷有感于此人的廉洁和工作能力，便再次任命其为河南县令。

可贡禹这人实在是太过刚正不阿，经常会办一些得罪上司的事情。郡太守见贡禹年龄已经这么大了，且在天下有相当的名声，便一而再、再而三地容忍他。

可有一次，郡太守实在无法容忍贡禹这种"自私自利"的行为了，便将其叫到太守府，把多日的怨气一股脑地全发泄出来。

当天，郡太守指着贡禹整整痛骂了大半个时辰。而贡禹呢？他就默默地跪在那里聆听训斥。可郡太守大概没有注意，就在他骂得正激动的时候，贡禹已经悄悄地将自己的官帽摘了下来放到了地上。

郡太守以为贡禹是对自己表示恭顺才这么做的，也没在意，便继续辱骂贡禹。

可让郡太守崩溃的是，当他骂完，让贡禹离去之时，贡禹竟不拿回自己的帽子转身便走。

见此，郡太守大急，赶紧对贡禹喊道："哎！你的帽子不要了？"

贡禹默默地转过身来，对着太守轻轻一拜，然后不失礼节地道："启禀太守大人，这帽子一旦摘下来，就没有理由再戴上去了。"

就这样，贡禹在郡太守面前辞官而去。

贡禹此举，可以说他是刚硬，也可以说他是任性，反正从这以后朝廷也没有再任用过他。

可恰恰是因为贡禹的这些"前科"，竟然让他得到了汉元帝的青睐。

所以，汉元帝刚刚继位没多长时间便将他请到了宫中担任谏大夫。

而此时的贡禹，已经有七十多岁了。

我们书接上文。

汉朝经历了连番的天灾以后，国库中的钱就好像流水一样不断外流，汉元帝因此大为光火，怕这天灾停不下来，便叫来贡禹，想让贡禹为自己出谋划策。

贡禹对汉元帝行完大礼道："陛下可是想听真话吗？"

汉元帝："朕要听的当然是真话。"

贡禹："那臣就说了。在三皇五帝时期，那些英明统治者的宫女不会超过九人，养的马不会超过八匹；墙壁基本全是用泥涂抹而不会绘画，木材磨光而不雕刻，各种车辆器物更不会图画纹饰，皇家园林也不会超过数十里，并且还会同百姓共享；他们会任用贤能的人，对老百姓收税也只是收取他们一年收入的十分之一，还没有其他的赋税与劳役、兵役。一旦有什么突发情况需要老百姓劳动的，也绝对不会超过三天。所以普天之下的人都可以自给自足，到处都是歌功颂德之声。然而，自三皇五帝以后，几乎所有的统治者都奢侈浪费，他们吃的、用的、玩的都极尽奢华。尤其是到了秦朝，秦二世更是穷凶极奢，最终导致了秦朝的灭亡。而到了我汉朝，高祖、文帝、景帝三位伟大的皇帝都知道前朝灭亡的根源所在，所以生活非常俭朴。他们的宫女不过十余人，养马不过一百多匹，那还是为了鼓励天下人养马所致。这里面还要数文帝最为节俭，他一辈子都身穿粗厚的丝织衣服，脚下穿的也只是一双普通得不能再普通的皮革鞋子，所用的器具既没有雕刻的花纹，也没有金银之类的饰物。这才是最伟大的皇帝，这才是最纯洁无瑕的统治者。可恕臣直言，到了景帝之后，很多人都开始逐渐奢侈起来。他们大造宫殿，大修陵墓，所用所食极尽奢华。所以，上行下效，我汉朝的奢侈之风就越来越盛了。钱也都花到不该花的地方去了。如此，国家怎能兴盛？怎能振兴？在以前春秋战国时期，齐国号称是天下最富足的国家，可当时齐国皇室的衣服一共也不超过十竹箱。可现在的齐国什么样？陛下您瞧瞧，光制作衣服的官人就养了好几千人。而这几千人每年的饷钱就要上万啊！再说蜀地的广汉郡。这地方主要掌管金银器具的铸造，每年就要用去五百万两！而负责漆器的三工官每年更是要用去官费五千万两之巨！东西两个大型纺织厂也不遑多让，我皇家马厩里更是养了一万多匹膘肥体壮的战马，照顾这些马一年又要花去多少钱？再看看未央宫的所有装饰？哪一个不是极尽奢华，陛下和后宫中的娘娘们哪一个用的又不是金银器具？而当你们穿金戴银之时，这天下又有多少百姓被饿死？还有好多好多，我真的不想再说了，我想说的是，如果这种情况还这样毫无休止地持续下去的话，那我们的国家早晚都会支撑不住。所以，臣希望陛下能够厉行勤俭之风，大减车马服饰器物，最少要减去三分之二。并且，一个人生多少孩子那是上天决定的，根本和身边有多少女人没有半毛钱关系。所以，臣觉得，后宫中的娘娘实在是没有必要那么多，只要能挑选贤良淑德者二十人便足矣，其他的，就让她们各回各家吧。并且，宫中养马的数量只要有数十匹就够了，宫中金银器具的数量也要有一定的减少。如此，国家就能节省出大量的钱财来拯救百姓，这不是老天也希望陛下做的事情吗？"

话毕，贡禹对汉元帝深深一拜。汉元帝深受贡禹建议的鼓舞，当即便采纳了他的提议。

第二日，汉元帝便发布诏书，诏令减后宫之人数、宫中之马匹数、废宫中各种杂技人士以及诸多齐地三服之官。

然而，就在汉元帝在国中大行勤俭改革之际，南匈奴的呼韩邪单于却突然向汉元帝致信，大概意思是说南匈奴境内也同样遭受了残酷的天灾，南匈奴的老百姓现在连吃一顿饱饭都成了一种奢望，所以请求富庶的大汉朝能够援助他们一些粮食，让他们度过这次饥荒。

但现在汉朝也是缺粮食的时候。汉元帝能援助南匈奴吗？事实是援助了，并且一援助就是两万斛粮食。

因为汉元帝知道，现在北方之所以如此安宁，主要就是因为南北匈奴之间相互对立的关系。如果自己不援助南匈奴，那么很有可能就会发生两种汉元帝最不愿意看到的状况。

第一，南匈奴活不下去了，只能铤而走险，抢夺汉朝的边境，和汉朝撕破脸。

第二，南匈奴活不下去了，只能前往投靠北匈奴，使得匈奴再一次合二为一。

对于一个新上任的皇帝，不管南匈奴选择哪个选项，都不是汉元帝能受得起的。所以，汉元帝很果断地选择了援助南匈奴。

然而，就在汉元帝刚刚援助完南匈奴，现在已经在西域混得风生水起的北匈奴方面却派出了气势汹汹的使者前往长安，让汉元帝将郅支单于的儿子还给他们。

原来，当初呼韩邪单于将自己的儿子送到长安做汉宣帝侍从的时候，郅支单于也派出了自己的儿子前往长安侍奉汉宣帝，意思就是自己打南匈奴的时候你不要插手。

可最后的结果却是让郅支单于崩溃的，因为每每当他想要对南匈奴动手的时候，总有汉朝那座大山死死地压着他，让他无法动弹分毫。

如今，自己已经在西域站稳了脚跟，手下的精锐骑兵更是达到了十余万之众，所以他再也不畏惧汉朝这个庞然大物了，便派出使者，让汉朝赶紧把自己的儿子还回来。

而汉元帝现在刚刚继位，也不想再和北匈奴闹什么不愉快，便痛快地派使者谷吉将郅支单于的儿子还给了他。

可这郅支单于当天不知怎么回事，竟然当众把谷吉给杀了，口实就是汉朝亲善南匈奴而不亲善他们北匈奴。

汉元帝听说此事以后都快气疯了，既然你不仁就不要怪我不义了，从今以后，汉朝就和北匈奴彻底绝交吧。

于是，汉元帝当即派出使者将呼韩邪单于的儿子也放回南匈奴了，并且致信呼韩邪单于，大概意思就是说现在凭汉朝和南匈奴的关系，已经不用再留人质于长安了，汉朝皇帝信任你。

呼韩邪收到信当然感动，因为凭借汉元帝的这一封信，他就能更加安心地发展自己的势力，并且不必害怕北匈奴对其进行侵略了。

并且，此时的南匈奴经过汉朝多年的援助与无战事的发展，已经重新拥有了十余万的兵力，部落民众更是数不胜数。

所以，呼韩邪便想重新搬回王庭定居了。

可同时，他又不敢这么随随便便就走了，便一边致信汉元帝说明此事，一边向身在南匈奴的汉人韩昌和张猛发誓，大概的意思便是从此以后，汉朝和南匈奴永远都是一家人，世世代代不再相互欺骗和攻击，并一旦一方有难，另一方就要用全力来相救，一旦一方背弃誓言，便要遭受上天的惩罚。

愚蠢的郅支单于，就因为他一时心血来潮，便使得大汉和南匈奴之间的关系更加亲密了。

并且，在这次郅支单于杀汉使以后，汉朝还在西域都护之下又设置了戊校尉和己校尉，增加汉军在西域的军事编制，意图就是防备郅支单于。

4.2　石显霸朝

从汉元帝继位以来一直到此时，他的所作所为都非常完美，可是从公元前47年开始，汉元帝就再也不完美了，相反，还十分丑陋，并开始让人厌恶。

因为这一年，他几乎将所有大事全都交给了一个叫石显的人掌管，而就是这个石显，使得无数廉洁的好官命丧黄泉，同时也使得从高祖刘邦开始累积到现在的官场之风变得丑陋无比。

石显，字君房，济南人。他年轻的时候就当过官，但为人狡诈，极为腐败，因为收受巨额贿赂被判处死刑。

可最后，他宁愿选择受宫刑也不愿意受死。

所以，从那刻开始，石显成了一个有实无名的太监。

按说，一般人很少有能经受得起如此打击的。可石显不同，他这一辈子就要做人上人，就要享受生活，哪怕是成了太监，那也要成为最有权力的太监。

于是，石显前往长安，应征成了未央宫的一名太监。

在当时，要不是家庭实在穷得吃不起饭，是没有人愿意去当太监的。所以，基本上所有的太监都没有什么文化。而石显呢？小时候书肯定是没少读，不然也不可能在地方当官了。基于此，他在太监之中也算是鹤立鸡群了。

汉宣帝是个什么样的人呢？他不管你是干什么的，或者曾经干了什么，只要是有能力的人，他都会破格重用。

于是，鹤立鸡群的石显被汉宣帝相中，并被提拔为中黄门。

再后来，因为石显总能得到汉宣帝的欢心，汉宣帝便又升其为中书官。

那么这个中书官又是干什么的呢？据《汉官六种》所载："领赞尚书，出入奏事，掌诏告答表，皆机密之事。"由此可见这是一个多重要的职务，而这么一个重要的职务，近乎完美的中兴之君汉宣帝竟然交给一个太监。足以见得石显的能力是多么的强悍。

再后来，由于石显处处都能让汉宣帝满意，所以汉宣帝又让他做了仆射，再然后又晋升其为中书令，升官速度可谓神速。

而石显呢？也确实没捅过什么娄子，他办事极为快捷准确。可这也要看对谁。对于汉宣帝，石显不能也不敢动什么歪脑筋，可对于汉元帝这个耳朵根子软的懦弱之君，他就没有什么不敢干的了。

在汉元帝刚刚继位之时，石显用尽了办法来讨好汉元帝，并且因为自身能力出众，所以汉元帝是十分看中石显的，很多时候自己有什么决策都要先问过石显才会拍板。

可到了公元前47年，汉元帝突然得了一场大病，甚至病得无法亲理朝政。

那怎么办？朝政总是需要人打理的，参看当时的官场人士，最有资格替汉元帝打理朝政的就是那三个托孤重臣了。

首先，这三个托孤重臣都是朝廷的中流砥柱，是品学兼优的"三好学生"。其次，托孤大臣是三个人，他们三个人一齐打理朝政就能够相互牵制，避免一个人权倾朝野。

可汉元帝根本就不懂什么驭人之术，也没有他父亲的看人眼光（汉宣帝可没有让石显担任托孤重臣），竟然将所有的权柄都交到石显一人手中。

从此，朝廷之事无论大小，全都由石显一人决定。

让一个太监权倾朝野，实在是太过荒谬，难道汉元帝还想重复赵高之事吗？汉元帝病了，做了错误的决定，那文武百官应该站出来反对石显吧？

让我们来看看这之后那些文武百官都做了什么。这些平时在人前满口仁义道德的"骗子"在石显当道以后除了有限的几个人以外，几乎全都争相去拜访石显，希望石显能助自己升官发财。

而石显这人极为狡诈奸猾，他不但收受百官贿赂，还通过手中的权力打压异己，使得朝廷越来越多的大臣都成为石显的走狗。

最厉害的是，石显的所作所为汉元帝根本就不知道，还喜滋滋地以为石显是自己手下最信得过的中流砥柱。

于是，石显就越发肆无忌惮。

结果，他彻底触怒了萧望之（其他两个托孤大臣则保持沉默），可因为现在汉元帝根本就不上朝，他也见不到汉元帝，于是，萧望之只能在无奈之下给汉元帝写了一封信，大概意思是说尚书是百官的根本，是国家政权的关键，应该让一个"健全"的贤者来担任此官职，绝不能让宦官担任如此之重职，这不但和礼法不符，更重要的是容易引发事端，因为这种"不健全"的人，他们的思想大多都是阴暗变态的。

可这时候，正是汉元帝最中意石显的时候，所以萧望之的上书根本没有半点儿作用，汉元帝看了一遍以后便将他的信像垃圾一样丢掉了。

汉元帝没有听信萧望之之言，也没有在乎萧望之，所以萧望之也谈不上什么危险。可有人却盯上萧望之了。这个人不是别人，正是石显。

看着萧望之信中那种种侮辱之词，石显怒火冲天，狠狠地道："萧望之，你等着！"（一说此信根本就没有到汉元帝手上，半道就被石显给截了）

4.3 萧望之之死

公元前47年四月，汉元帝立唯一的一个儿子刘骜为皇太子，遂大赏天下官员，赐御史大夫关内侯爵，中二千石官员右庶长爵，天下为人子嗣的士民一级爵，列侯每人二十万钱，五大夫爵每人十万钱。

同年六月，函谷关以东的大部分地区再次发生大型饥荒，一石的谷子甚至被炒到了三百多钱，最富裕的三齐之地都开始出现人吃人的现象。

汉元帝郁闷透了，自从自己继位以来，大小天灾不断，这该死的上天老儿从来没让自己消停过，这到底是为了什么？

于是，他临时召开廷议，询问文武百官为什么会出现如此情况，自己到底做错了什么，还是朝中有奸佞之人存在，使得老天震怒，进而惩罚自己？

话毕，没有一个人作声回应，只有萧望之，他认为铲除石显的时机到了。

于是，萧望之站了出来，陈述了石显的种种奸佞之举，并建议汉元帝即刻处理石显，如此，上天一定会降下祥瑞，汉朝才会真正国泰民安。

然而石显呢？却没有半点儿慌张，也不为自己辩解，因为他知道，会有人出来给他辩解的。

果然，就在萧望之话音刚落，还未等归位之时，就有石显一党的官员站出来道："前将军此言大谬！石大人自从上任以来，廉洁奉公，清净如水，他不辞辛劳，替陛下处理了多少政务？这些政务有哪一个是有漏洞的呢？你一口一个奸佞，一口一个贪污，鄙人请问前将军，你有证据吗？又有谁能证明你说的是真的，咱们做人可不能在无凭无据的情况下就去冤枉别人，这样的话，呵呵，估计老天都看不下去了。"

这话说得太狠了，什么叫老天都看不下去？这不就是拐弯抹角地在说老天之所以降下灾祸，那都是因为萧望之吗？

最狠的是，当此官员陈述完自己意见的时候，场中那些石显的党羽一个个全都附和，弄得萧望之好像天下罪人一样。

一个是自己最喜爱的臣子，一个是自己敬爱的老师，毫无果断之能的汉元帝谁都不想怪罪，一看现场已经乱成了一锅粥，他只能和起了稀泥，将两人都安慰了一番以后便草草退朝了。

可自此后，萧望之和石显可真是撕破脸面了，萧望之也知道现在的朝中有石显就没有自己，索性以后见到石显连招呼都不打了，那意思很明显就是要和石显对抗到底了。

而石显呢？反应却没有萧望之那么明显，萧望之连续两次打压石显，石显非但没有半点儿报复行动，反而每次见到萧望之都越发恭敬。

石显为什么要这样呢？难道他的道德已经到了圣人的程度了吗？当然不是，咬人的狗，大多是不叫的；而杀人的狗，甚至还会对你微笑。

大概觉得事情越发不对劲儿，大概是认为萧望之根本就不是石显的对手。没过多长时间，甚至连大司马车骑将军史高都成了石显的鹰犬，所以从这时候开始，萧望之也将史高视为自己的敌人。

当时在长安，有一个叫郑朋的会稽人，他不知从什么渠道得知史高曾派自己的门客到地方去非法牟利。所以，为了巴结萧望之，给自己谋一条升官之道，他便上书汉元帝揭发了史高的各种罪行。

汉元帝知道此事后很是重视，但因为这里面牵扯到石显和萧望之，所以这两个人他谁都没找来，只是叫来了周堪，并将此信交给了他，询问他的看法。

周堪认为，现在事情还没有证据，所以不好论断，不如先将这个叫郑朋的安顿在金马门，然后调查史高。

如果事情真的属实的话，那完全可以处理史高，然后给这个叫郑朋的一定的赏赐；如果事情不属实，到时候再处理这个叫郑朋的也不是什么难事。

汉元帝觉得很有道理，便听从了周堪的建议。

郑朋，这个小人物，就这样进入了金马门。

当时，估计谁都没有料到，就是这么一个毫不起眼的卑鄙小人，最后竟然把托孤重臣萧望之给害死了。

话说郑朋到了金马门以后，立即写了一封信给萧望之，说萧望之多么多么正义，说他多么多么有周公的范儿。信写得挺长，不过其实归根结底就一句话，那就是竭尽所能，狂拍萧望之的马屁。

从古到今，又有几个人能受得了如此的糖衣炮弹呢？最早的秦始皇不能，之前的汉武帝不能，如今的萧望之同样也不能。

所以，萧望之对这个敢于伸张正义的小伙子非常满意，便将他请到府中一起吃饭。

可当萧望之和这个叫郑朋的人深交以后却发现，这小子之所以投奔自己完全是冲着自己能让他当官来的，根本就不是为了什么劳什子的伸张正义。并且最让萧望之不满的是，通过调查，萧望之发现，这个郑朋品行不端，在家乡就经常做坏事，最擅长的便是离间他人之间的关系。

而萧望之这人，刚强无比，最恨的就是这种反复无常的小人。所以，没过多长时间，萧望之就和这个叫郑朋的小人彻底断绝了往来。

有句话说得好："宁可得罪十个君子，也别得罪一个小人。"此真为至理名言。从这之后，郑朋非常怀恨萧望之，便转而投靠了史高。

史高一见郑朋就来气，便想叫人弄他。

可郑朋这小人却连哭带号地大喊冤枉。见此，史高举手打断了正要收拾郑朋的士兵们，转而冷笑着道："冤枉？呵呵，那我倒是想听听，你小子到底是怎么个冤枉法。"

郑朋赶紧道："谢大人给小人机会，谢大人给小人机会，大人您真是……"

史高："别废话，有话就说！"

郑朋："是，是！回禀大人，小人之前之所以诬陷大人那都是前将军让我说的，我是一个关东土民，哪里知道这么多的私密之事呢。所以还请大人……"

"哈哈哈哈！"

没等郑朋说完，他便被史高的狂笑之声打断，那史高好像听到了这天下间最大的笑话，而郑朋被史高的狂笑之声震得哆哆嗦嗦，一句话都不敢说。

大概又过了一会儿，史高笑够了，脸色突然变得阴冷，他冷笑着道："来人。"

"在！"

"给我打，往死里打。"

"是！"

郑朋："大人，您这是……啊！哎哟！大人，小人不服，小人不服啊！啊！快别打了。"

这时候，史高再一次举起了手，制止了手下，然后冷笑着道："不服吗？好，那我就让你心服口服。萧望之是什么人，我要比你清楚得多。本大司马为官这么多年，从来没见任何一个比萧望之更刚正的大臣，他有什么事都会亲自出马，行的从来都是堂堂正正的康庄大道，从来都不会做派人去诬陷别人的痞事，所以，你觉得我会相信你吗？"

郑朋："别！别！我错了，小人真的错了，大人先不要打小人，您现在不是和前将军有矛盾吗？小人有办法能让大人铲除这个祸害，还请大人饶小的一命。"

史高："哦？你小子还有这样的智商？好，那你说说，你有什么办法能害死萧望之呢？只要你的办法有效，本官非但不会杀了你，还会重重赏你。"

郑朋："嘿嘿，多谢大人多谢大人，其实这事非常简单，咱们只要这样，然后这样……"

话毕，史高大大一个"好"字，然后直接找到了石显，将此谋划一五一十地和石显叙述了一遍。

石显也觉此计大妙，当即便批准了这个阴谋，并着手实施。

公元前47年八月的某一天，趁着萧望之休假，石显突然带着郑朋求见汉元帝，说有个天大的案子要禀报给汉元帝。

汉元帝当即召见了石显和郑朋。

那郑朋见到汉元帝跪下哐哐哐地磕头，然后无不悲切地道："陛下，小民有罪，小民有罪啊！"

汉元帝眉头紧皱，接着道："你是谁，到底是怎么回事？"

郑朋："陛下，小民就是之前状告大司马的郑朋啊。"

汉元帝："哦，是你啊，你有什么罪？为什么要向朕请罪呢？"

郑朋："启禀陛下，小民之前有把柄在前将军手中，是前将军让小民诬陷的大司马，企图在朝中一家独大，实际上大司马根本就没犯什么错事啊，还请陛下明鉴。"

汉元帝："什么？这怎么可能？我的老师怎么可能是这种人？"

这时候，就在汉元帝六神无主之际，石显突然插话道："陛下，这并没有什么不可能的！据臣所知，萧望之、周堪，还有刘更生此三人互为朋党，经常相互称赞歌颂，并打击对他们有威胁的大臣，离间皇室骨肉亲情，企图独揽大权，控制朝政，所以，臣请求将他们交给廷尉审问，如果是臣判断错误，那到时候给他们放了不就得了吗？"

汉元帝脑子里成天想的都是儒家文化经典，根本就不知道所谓的"谒者召至廷尉"就是逮捕入狱的意思，还以为就是被廷尉问两句而已，所以批准了石显的请求。

结果，萧望之、周堪和刘更生就这样不明不白地被关进了监狱。

大概又过了一段时间，汉元帝见三人都不来上朝工作，觉得非常奇怪，便问下面的小太监，结果小太监一脸疑惑地道："陛、陛下，他们怎么可能上朝呢？您不是已经下令将他们三人都抓到监狱里去了吗？"

汉元帝大惊失色："什么？朕下令把他们弄监狱去了？朕什么时候下的命令？朕怎么可能下这种命令？"

小太监："可陛下前些时日明明答应了石大人啊，这个小人当时也在现场，听得真真切切。"

汉元帝："说的什么话！我当时只是答应让廷尉去问一下情况，根本就没……难道说让廷尉问一下就是进监狱的意思？"

小太监："是，是这样的，难道陛下您不知道吗？"

汉元帝愣了一下，然后勃然大怒："你，现在，立刻把石显给朕叫过来！"

小太监："是，是！"

过了一会儿，石显装作非常惶恐的模样走了进来，汉元帝指着他就是一顿臭骂，责怪石显和他玩文字游戏。

石显则是一顿磕头认错，那模样要多谦卑就有多谦卑。

汉元帝也懒得再和石显废话，直接道："行了，别和朕在这儿整这些没用的了，赶紧把朕的老师，还有周堪和刘更生放出来！"

"是，是！"

石显无奈，只能照办，可放出来可以，让他们上朝就免了吧，尤其是萧望之，这要让他重新出来，再把之前自己诬陷他的案子翻出来，那自己还活不活？

所以，石显是绝对不能再给他"死灰复燃"的机会的。

于是，在前去释放三人之前，石显找到了史高，并对他嘱咐了一番，这才放心地前去释放三人。

那石显究竟嘱咐了史高什么才让自己如此放心呢？

来吧，让我们好好来看一下史高是如何表演的。

话说石显离去以后，史高赶紧收拾行装，在第一时间便前往未央宫去拜见汉元帝了。

拜礼之后，史高直接切入正题："启禀陛下，臣听说陛下已经派人前往释放了前将军等人，不知是真是假？"

汉元帝："是真的，现在属于证据不足的情况，怎能在这种情况下将朕的老师逮捕入狱呢？"

史高："陛下！此事万万不可啊！"

汉元帝眉头紧皱，很是不悦地道："怎么不可？那是朕的老师，人家没有罪为什么不能放？"

史高："陛下不知！现在陛下刚刚继位没多长时间，正是巩固自己地位、增加自己威信之时。此时的陛下是万万不能有一点儿错误的。因为一旦陛下犯了什么错，在如此不稳的情况下就容易被有心之人抓住把柄，进而威胁陛下的地位。而陛下的地位一旦有了危机，那我们汉家的天下就会动荡不安，老百姓就会生活困苦。陛下啊，此事涉及整个天下的安危，所以，哪怕是，哪怕是错，您也错到底吧。"

史高这一顿说，直接把汉元帝给说蒙了，所以也就将错就错，将萧望之三人全都罢黜为平民了。

按说，他萧望之当了这么多年官，肯定是不缺钱的，估计当一个富家翁安度晚年也不错，我想已经六十七岁高龄的萧望之肯定也是这样想的。

可汉元帝却偏偏"不想"让萧望之消停。因为就在四个月以后，也就是公元前47年十二月，汉元帝却突然在朝堂之上当着众人的面和御史大夫说："国家要兴旺，那就必须要尊重父母和老师。之前，前将军萧望之教导了朕整整八年之久，使朕熟悉了各种儒家经典。他的功绩很大，不能因为一次的错误就将人家彻底不用。所以，朕决定赏赐萧望之关内侯之爵，食邑六百户，并任给事中，允许他在初一和十五的时候上朝和朕商议国家大事。同时，也要恢复周堪和刘更生的官爵。"

这是要干什么？这很明显是要重新重用萧望之三人了。甚至《汉书》还说，汉元帝的真实想法是让萧望之担任丞相的。

那周堪和刘更生倒还好说，不但性格软弱，关键是与石显并没有什么太大的过节，所以主要的问题是萧望之，此人太过刚强难搞，一旦给他机会和权力，必定会将自己搞死。

不行，说什么都不能让萧望之重新出头。

石显打定了主意绝不能让萧望之再入长安，可想来想去，石显悲哀地发现，自己现在没有一点儿法子能阻挡萧望之重入长安。

所以，石显只能走一步看一步了。

我想，如果按照这种事态发展下去的话，萧望之甚至有一定的可能反败为胜，彻底端掉石显。

可历史没有如果，因为就在萧望之打算再入长安之时，萧望之正在长安担任散骑中郎的那个傻儿子萧伋认为老爹现在已经强势反弹，应该在此时助老爹一臂之力，便瞒着萧望之，以个人的名义上报朝廷，希望朝廷能将以前"召至廷尉"的事件给老爹平反。

这一下可真把他老爹给坑死了。汉元帝难道就不知道当初是冤枉了萧望之吗？当然知道，要不然也不会再提拔萧望之了。根本原因是他知道但就是不想承认而已。

那石显把汉元帝的心理研究得透透的。所以，当萧伋将平反奏书上报以后，石显知道，他收拾萧望之的时候到了。

于是，石显让自己的狗腿子上报汉元帝，说萧望之之前所犯之罪证据确凿，并没有诬陷不实之处。如今，他的儿子却引用《诗经》上的话来表示自己老爹是无罪的，这一定是萧望之指使的。一个大臣，还是托孤重臣，竟如此小肚鸡肠不知礼仪，这明显是在和陛下抗议，说陛下之前做的事错了。所以，请求陛下能够将萧望之逮捕入狱。

说实话，汉元帝对萧伋的平反奏章是非常不满意的，但他又不想自己的老师离开他，所以在一时之间，对石显狗腿子的上奏不知如何是好。

而就在这个时候，石显又发招了。

他对汉元帝道："陛下，萧望之之前做前将军的时候就总是想排除异己，独揽大权。说实话，他的种种罪行加在一起就是判他死罪也没有什么说不过去的。可陛下宅心仁厚，不但不判处他死罪，还给了他无数的赏赐，并打算继续重用。可萧望之呢？非但没有对陛下感恩戴德，还唆使自己的儿子给自己平反。说真的，这样的人如果不重重地教训一下他是不会悔改的。所以，臣希望陛下能将萧望之关进牢房一段时间再委以重用，相信到那个时候，他就不会再犯曾经的错误了。"

石显这话冷不丁一听不是在为萧望之好吗。可他为什么要这样做呢？他不是和萧望之不死不休吗？

呵呵，石显之所以这样做的原因很简单，因为石显知道，萧望之这个人属于极为刚硬之人，之前他已经进过一次监牢了。如果这次再进一次，萧望之一定不会甘心受辱，进而自杀。

可让他没想到的是，汉元帝也同样对萧望之非常了解，所以在石显话毕以后，汉元帝赶紧道："不行，不行不行，这绝对不行，我的老师性情刚烈，之前就被我错误地关进了牢房一回，如果这次再被抓进去，老师怎么受得了？弄不好他会自杀的。"

石显起先一愣，然后赶紧道："哎，陛下多虑了，这天下之间没有谁不重视自己的生命，生命是父母给的，谁会因为这么点儿小事就抛弃呢？所以陛下完全不必忧虑，放心，把萧望之关在牢里，臣保他无事。"

就这样，汉元帝批准了石显的请求。

而石显呢，好像害怕汉元帝会反悔一般，得到批准以后立即招集手下鹰犬为使者，并在出发以前再三叮嘱使者，告诉他一定要以极其恶劣的态度逮捕萧望之。

那使者得令以后不敢有半点儿马虎，便迅速带人前往萧望之府邸了。

砰砰砰！砰砰砰！

萧望之府邸的大门被敲得忽忽悠悠乱颤，敲门之人毫无尊重辅政大臣之意。

如今，虽然萧望之被贬为平民，可他的声望依旧在，关系也还在，关键是前一段时间汉元帝还对他大加赏赐，这绝对是要加封的意思。如此一个潜力股，怎容得被这样对待？

所以，萧府的家丁非常愤怒，骂骂咧咧地就去开门了。

刺啦……紧锁的大门被打开，家丁破口就骂："瞎了你们的狗眼，你们不知道……"

"去你的！"

砰，伴随着一声怒骂，这家丁被一脚踹翻在地上。然后，使者带着一大群士兵冲进了萧府，站在大院之中大声吼道："萧望之！姓萧的在不在？赶紧给老子出来跪拜领旨。再不出来老子可……"

"放肆！"

没等此使者说完，萧望之一声怒骂便走了出来，指着使者便道："你是谁？是谁给你的胆子敢在辅政大臣的府邸闹事？"

那使者没有半点儿畏惧，看着萧望之冷冷一笑，然后将有汉元帝批复的圣旨拿了出来："我是谁不重要，重要的是姓萧的你要进大牢了。老东西，没看到这是什么吗？还不跪下接旨，你个老小子是不是想造反？"

萧望之虽气得浑身发抖，但碍于使者手上的圣旨，也没有办法，只能跪下接旨。使者又是一声冷笑，然后道："罪人萧望之，朕本念你有功于社稷，有恩于朕，所以想将你重新提拔，以为国用。可你非但不知悔改，不知感恩，还教唆儿子来搬弄是非，数落朕的不是，似你这种大奸欺忠之徒还有何颜面存于人世之间？着令，谒者前来收捕汝入狱，以待后续处理。"

看着已经气得浑身直颤的萧望之，使者又是一声冷笑，然后不屑地道："姓萧的，你很喜欢给别人跪着吗？那也行，不过麻烦你先把圣旨接了，我就站在你面前，你随便跪。哈哈哈哈……"

伴随着这个使者猖狂的大笑，萧望之颤抖着接过了圣旨，然后一脸决然，转身就往屋里去。

进了屋子，萧望之直奔墙上挂着的宝剑，想要干什么一目了然了。

可就在这时候，见势不妙，一直跟着萧望之进屋的萧夫人，一把拽住了自己的丈夫，极为冷静地道："夫君，你想要干什么？"

萧望之："夫人休要拦我，你了解我，我宁愿去死也不会再次受到侮辱！"

话毕，萧夫人非但没有松手，反倒是更加用力地抓着萧望之："夫君！我跟随你这么多年，岂能不知道夫君的为人？如果这真的是陛下的意思，我非但不会拦着你，还会和你一起去死！可夫君你好好想一想，你在陛下还小的时候便开始教导他学问，他和你的感情可不是闹着玩儿的，他怎么可能派出这么一个东西前来羞辱你呢？又怎么可能判你死刑呢？非但不能，甚至连圣旨都会写得客客气气。所以，此次的事情绝不寻常。我猜想，这一定是石显的诡计，企图连番羞辱你，然后让你自杀身亡。所以夫君，你一定不要中了石显的诡计。要我看，不如忍辱负重，先行前往大狱，等挺过这一回，那就是石显的末日！"

话毕，萧望之默默地点了点头，自杀的心也逐渐地冷了下去。

之后，萧望之好生安慰了自己的夫人，说自己不会自杀，让她先去门外等候，然后又将自己的心腹门客朱云叫来，询问他的看法。

朱云想了想，对萧望之道："大人，请恕小人直言，之前夫人所说的话十有八九都是真的，但有一件事情您要搞清楚，就是您进了监狱以后，还有没有命去见陛下。要知道，现在整个朝廷遍布石显之党羽，小人敢保证，只要您进了监狱，石显的党羽绝对会用尽酷刑来对您极尽羞辱，除非您死，要不然他们是绝对不会善罢甘休的。所以，小人觉得，大人您不如死得痛快一些，省得临死还要遭受如此侮辱。"

话毕，萧望之沉思了很久很久，这期间他想了很多，他想要活着进监狱，之后哪怕是死着出来，那对石显的打击也绝对是巨大的。可萧望之最终还是没敢这样做。无他，因为他实在是没有勇气再接受那无尽的羞辱。

所以，最后想明白了的萧望之仰天长叹："我！萧望之，曾为百官之尊，如今闹得如此落魄，本想和石显抗争到底，可如今的年纪已经超过六旬，实在是折腾不起了，也不想再折腾了。天，你会体谅我吗？"

说完，萧望之将朱云早已给他准备好的毒酒一饮而尽。

萧望之，这个托孤大臣，这个汉元帝曾经的老师，就这样草草地离开了人世。

此消息很快传到了汉元帝的耳中，汉元帝听后又惊又怒，之后便对下面的太监吼道："去！把石显给我叫过来！"

大概半个时辰以后，只见石显慌慌张张地走进了汉元帝的居室。还没等他说话，一个竹简便飞了过来，石显哪里敢躲，所以在挨了一下以后赶紧跪在地上砰砰磕头："臣有罪，臣有罪，臣有罪，臣也没想到萧大人会如此刚烈，还请陛下责罚。"

看着下面都已经将额头磕出了血的石显，看着石显那真情流露的表情，本来已经愤怒至极的汉元帝又软了下来。他长叹了一口气，疲惫而又无奈地道：
"你走吧，朕想一个人静一静。"

石显一愣，然后在给汉元帝磕了三个响头后便转身走了。

可谁都没有看到，就在石显转身走出大门那一瞬间，他的嘴角微微上扬。

从这以后，石显依旧权倾朝野，极尽所能地打压异己、收受贿赂。

官员们见害死萧望之以后石显依旧没有受到半点儿惩罚，所以对他更加畏
惧，再也没有半个人敢和他对着干了。

4.4　海南岛之变

公元前47年十二月，因为石显在朝中肆意收受贿赂，安排那些没有德行
和能力的人往地方为官，所以汉朝很多地方都闹得民怨沸腾，这其中，珠崖郡
（郡治广西琼山县东南）是闹得最厉害的。

最早，在汉武帝灭掉南越以后，顺便占领了海南岛，并设置了珠崖郡和儋
耳郡。

还记得当初赵佗占领南越以后他是怎么来稳定民心的吗？没错，他是用了
中原官员和本地土人共同为官来稳定民心的。

可到了汉武帝这儿，他却把前人有用的经验都抛到了一边，两郡几乎所有
的官员和士兵全都是由汉人组成。

至于此，本地人便对汉人充满了警惕，而这种警惕很快演变成了一种敌
视。他们每次看着汉人眼神中都充满了不屑和敌意。

那些汉朝大兵怎么受得了这个，便时常殴打本地土民。而主管珠崖郡的太
守和官员也是汉朝人，所以他们经常袒护自己的士兵。

就这样，珠崖郡本地土人和汉朝人之间的关系越来越差。直到昭帝时代，

不知因为何故，两郡竟并为一郡。而此举，使得海南岛的民众更加团结。再加上海南岛的土民性格比较彪悍，长安距离他们还太远，所以便竖起反旗和本地的官员干了起来。结果打打降降，一直到公元前47年这一年，珠崖郡已经反叛了六七次了。

等到石显掌权以后，更是用那些没有品德的人前往地方当官。结果，新任太守对珠崖郡的土民更是残害得过分。

那些土民实在是受不了，便再次举起反旗，并决定和汉朝官员抗争到底。

而且，这次他们造反的决心非常强烈，哪怕是朝廷拿出再优越的条件，他们也坚决不接受了。

总之就是一句话，汉人一天不离开我们的土地，我们就要抗争到底。

至此，海南岛的告急文书像雪花一样飘向了长安。

汉元帝因此紧急召开廷议，征询文武百官的意见，结果大家全说要出动大军进行血腥镇压，这样才能彻底解决这个心腹之患。

只有贾捐之（贾谊曾孙），这个睿智的官员反对众多大臣对海南岛发动军事行动的计划。只见他坚决地对汉元帝道："陛下绝不可对两郡动兵！"

汉元帝眉头紧皱："爱卿为何如此说？"

贾捐之："陛下！据臣所知，两郡的那些土民，父亲和儿子经常在一条河流里洗澡，甚至连饮水都要用鼻子去饮，这和畜生有什么区别？再者说，这两郡都孤悬于大海之中，雾大露重，气候潮湿，并多有毒草、毒蛇以及各种水土灾害，估计我大汉的士兵还没等到那里就要因水土不服而病死不少。而且，两郡还没有名贵的土特产，比如珍珠、犀牛什么的。至此，这种地方的百姓就是抛弃了也没有什么可惜的，这种地方的土地就是不要了也没有什么可心疼的。并且，那里距离我们长安有多远？两千多里！两千多里啊陛下！别的不多说，臣就拿以前对羌族的战争来计算吧。当初，对羌族作战的时候，羌族距离我们长安还不满千里。我们对他们的作战还不满一年。可最后的结果是什么？是军费消耗了四十多个亿，大司农所管辖的国库全都败光了！那距离我们两千多里的珠崖郡我们又需要付出多大的代价呢？八十亿，还是一百亿？陛下啊！为那么个荒凉的地方，我们值得吗？"

话毕，之前嚷着要血洗海南岛的将领们全都老实了，大家都陷入了良久的沉思。

汉元帝也是，考虑了很久以后也开始犹豫了，便对于定国道："丞相。"

于定国："臣在。"

汉元帝："你觉得贾爱卿的话是否有道理？"

于定国："回禀陛下，臣在贾大人说完以后就开始计算了。自珠崖郡开始叛乱以来，我朝廷基本上每年都要派一些人前往支援。一直到现在，死亡人数已经达到万人之多，所用钱币也达到了三亿。并且，这是不算上珠崖郡土民上税所得金额的数值。如果要派出十万大军的话，臣估算，就是不到百亿也差不了多少了。为了这两个偏僻的地方而动摇国本，臣觉得实在是不值得。所以，臣赞成贾大人的提议，放弃此二地。"

众人："臣等附议。"

就这样，汉元帝听取了贾捐之的建议，将所有士兵撤了回来。

海南岛，在本年被汉朝所弃。

4.5　贡禹之议

公元前46年六月，汉元帝命三公每人都要推荐三个精通阴阳术数的大师，以此组成"阴阳团"，专门做预测灾害之事。

公元前45年正月，新组建的"阴阳团"建议汉元帝四处祷告上天，祭拜地神，这样才能免除灾祸。

汉元帝听其言，于本月率众前往甘泉巡视，并在泰畤举行祭天大典。

三月，汉元帝又往河东郡巡视，并于此地祭祀地神，大赦天下。

公元前44年三月，汉元帝又到雍地巡视，并在五畤祭祀地神。

同年四月，汉元帝任用了已经八十三岁高龄的贡禹为御史大夫，希望他能发挥余热，为帝国出一些好主意。可让汉元帝万万没想到的是，他刚刚任命贡禹还不到一个月，贡禹就带人抬着好几箱子的奏章前来拜见自己了。

汉元帝当时就蒙了，不知道贡禹这是要干什么。可当贡禹对汉元帝说完第一句话以后，汉元帝便肃然起敬，心中再没有半点儿的不敬。

只见贡禹对汉元帝深深一拜，然后好似用尽全力一般有气无力地道："陛下，老臣今年已经八十有三了，自觉将要病卒。"

话毕，贡禹指着后面的箱子道："可老臣对这天下之事还有很多话要说，具体内容都在这些箱子里了。老臣也知道，这些话实在是太多太多，陛下日理万机，估计是没有什么时间看的。所以，老臣就简单地和陛下说几句，耽误不了陛下多长时间，陛下哪怕是不愿意听，也请勉强听完我这个将死之人的话吧。"

说完，汉元帝肃然起敬，马上道："爱卿快快请起，有什么话爱卿就说，朕一定认真聆听。"

贡禹："陛下可知道口钱？"

汉元帝："爱卿说笑了，口钱朕岂能不知道，这是我们汉朝的一个收税制度，就是一个人从三岁开始，这个家庭每一段时间就要向朝廷缴纳二十三钱的税务。"

贡禹点了点头继续道："那陛下可知这个制度是什么时候定下来的，二十三钱在普通的百姓和穷苦百姓家庭又是什么概念？"

汉元帝："这个……朕不知，还请问爱卿。"

贡禹："陛下，在三皇五帝的时候，他们是没有口钱的，可是老百姓都爱戴他们，整个天下都没有任何一个人会造他们的反。后来，秦国统一了天下，制定了人头税（和口钱一个概念），结果怎么样了？结果天下再次大乱，秦国灭亡。而到了我们汉朝以后，英明的高祖摒弃了前朝所有的苛政，这个所谓的人头税自然就在其中了。但到了武帝时期，因为武帝长期对外用兵，造成了中央军费不足，便想方设法在天下各个阶层的人身上捞钱，只不过是富人多捞，穷人少捞而已。所以，这个口钱便应运而生了。二十三钱，用陛下您的眼光来看就像一根毛一样不值一提，可对一个普通的家庭来说，这可是好几天的饭钱啊！而对一个贫苦家庭来说，二十三钱够他们吃将近一个月的了！陛下啊，您知道吗？现在民间很多贫穷家庭的人生下了孩子就要杀掉，这不是因为别的，而是因为他们交不起口钱啊！这样不但影响了我大汉的人口，更是影响了我大汉的整体经济增长水平，所以，臣请陛下改变此条法律，让天下百姓在孩子满七岁换牙以后再缴纳口钱。"

汉元帝："嘶……朕万万没想到，这个口钱的危害竟然如此之大，好，朕答应你的请求！"

贡禹："谢陛下，臣再说第二个问题。臣听说，三皇五帝时期，那些远古人是没有人用钱币的，可天下依旧繁荣昌盛，这是为什么呢？因为但凡有一个人不去从事劳动的话，就会受到众人的鄙视与排挤，他就会挨饿，就会受到打压。可自从有了钱币以后，这整个天下就乱了套了。就拿我们大汉来说，现在几乎所有的地方都会安置专门负责制造钱币的官员，以及专门开采铜铁矿物的人。臣粗略估算，为了挖掘这些矿物，一年就要动用劳力十万人，如果一个农民可以养活七个人的话，那十万人代表着什么呢？那就代表着要让七十多万人挨饿。并且，想要开采到优质矿物的话，就必须挖地几百丈深，如此，便使得地下精髓消散，会对自然环境造成相当恶劣的后果。而钱币又有什么用呢？除了交易以外没有任何用处，还造成了很多不良的后果。那些商人，他们东南西北地四处奔波，用尽了阴谋技巧，没有付出多少劳动便获得了爆炸性的利润。而那些农民呢？他们不分昼夜地在田地里耕作，可很多人最后得到的竟是吃不饱饭的结果。所以越来越多的人卖掉田地选择了经商，使得我们国家粮食产量越来越少。这些都是因为什么才会发生的呢？钱，都是因为钱！所以，臣请陛下罢免那些开采各种矿物的官员，从此不再制造钱币，我汉朝所有的人都要做到共产共有，这样，国家才会永远昌盛繁荣。"

话毕，汉元帝默默地摇了摇头："爱卿说的看似有理，不过实则无理。没错，远古人确实是不用钱币的，可问题的关键是人类是在不停地发展的。如今，不管是人们的生活方式还是各种习惯都与古人不一样了。而钱币也已经深入人心，一旦不让他们使用，那这个天下必然会产生动荡，所以这一点朕不能答应你。"

贡禹微微一笑："无妨，臣只是在临死之前将自己的想法说出来，陛下只要能听便可，至于用不用，全凭陛下喜好。"

汉元帝："嗯，好，你继续往下说。"

贡禹："是。第三，臣要说的便是官奴和侍卫的问题。兵者，国之重器，必须时刻拥有，可一个士兵要消耗国家多少钱粮呢？这个臣不说陛下也知道。一旦士兵过多，那对国家的经济绝对会造成相当大的影响，所以兵法上说兵在精而不在多。如今，四海升平，边境再无战事，陛下还要那么多的士兵做什么呢？无非是浪费钱粮而已。所以，臣请陛下能够裁掉边境上的部分士兵，和甘泉、长乐、离宫的大部卫士，让他们回家种田。这样，国家一定会省出相当多的钱粮用作他用。还有，我长安皇宫以及全国各地的官府衙门，综合起来要有奴婢十多万人，这些人每年所要用到的金钱便要有六万之多（不算吃食），而这些人有用处的不超过五万，其他人根本就无事可做。而他们是谁养活的呢？是我们大汉的百姓。所以，臣请将这些奴婢变为平民，让他们服兵役或者劳役，以抵偿他们的罪过和对朝廷的欠款。"

汉元帝："这个，之前所说的裁掉部分士兵朕可以答应你，不过对于奴婢的处置朕不能答应你。就拿未央宫来说，奴婢虽然多，但是他们是轮番劳作的，如果按照爱卿的说法，那不是就需要他们天天去劳动而没有休息的时间吗？那样的话天下人会如何评价朕呢？这个不行，真的不行。"

贡禹微笑道："呵呵，无妨，陛下能答应一半就不错了。老臣再说第四点。臣请问陛下，在民间，什么人是最尊贵的呢？"

汉元帝笑了笑道："当然是士人了。"

贡禹："没错，那什么人又是最低贱的呢？"

汉元帝："当然是商人！"

贡禹哈哈笑道："陛下说笑了，那是以前，现在可不是这样喽，现在的商人那可牛了，他们穿金戴银，老婆都娶了好几房，现在谁还敢嘲笑商人呢？争相去当商人还差不多。"

汉元帝："嘶……为什么会这样呢？"

贡禹正色道："因为自武帝以来，不管是官位还是爵位都可以用钱来买！而人一旦有了这两样，那商人的身份就会水涨船高，想要什么样的尊贵身份没有？想要什么样的漂亮媳妇又不能得来呢？基于此，很多的朝中大官也开始让自家的孩子选择经商。他们运用手中的权力涉及市场，让自家人获利，彻底搅乱了市场。所以，臣希望陛下能从此刻开始下令，命为官之人家里不能有人经商，一旦有人经商便要废除为官者的官爵，不准他再做官！"

汉元帝："……"

见汉元帝半天没有回应，贡禹也没怎么在乎，进而继续道："臣听说，在文帝时期，整个天下的人都崇尚廉洁，鄙视那些贪婪的商人和没有尊严的入赘之人及贪污犯罪的为官之人。同时，英明神武的文帝从来都不会包庇自己的亲人，不管你是什么身份，是什么人，只要是犯了罪的，那都是要受处罚的，从来就没有什么用钱免罪的制度。因此，我大汉令行禁止，普天之下几年的犯罪记录才四百来件，这和将刑法搁置起来根本没有什么差别了。可自从武帝继承皇位以后，对外四处动兵，对内大修宫室，迷信鬼神，使得国家金钱像流水一样往外流淌。所以，便用了很多所谓的权宜之计来增加国库的积蓄。因此，天下奢华之风大盛，官场败坏，百姓贫苦，盗贼四起，整个天下充斥着亡命之徒。使得各个地方连抓都抓不过来。那些没有能力，靠钱堆上来的废物官员根本就抓不到盗贼。为了不受朝廷的责罚，这些废物便选择了一些善于文字工作的人，用华丽的语言来欺骗武帝，并用残酷的官员来使百姓畏惧。所以，从此以后，没有道义而有钱的人就开始站在社会的最顶端，善于欺骗的官员则在朝廷中受到重视，那些虐待百姓的酷吏则受到中央的尊敬。以至于当时社会上的人都在说：'呵呵，孝敬父母珍爱兄弟？有什么用，有钱才是真的荣耀。讲究礼仪诚实守信？哈哈，真搞笑，只要善于欺骗和懂得送礼的精髓就能在朝中当上大官了。'所以，从那时候开始，我们汉朝的百姓就变了，他们变得不知廉耻，他们变得丑陋不堪，甚至连青春少女都不再拥有青春的气息，每个人身上都是由里到外的铜臭味道。那些受过各种刑法的人也不再是众人嘲笑鄙视的对象，因为只要有钱就能享受到最高的荣耀。陛下！我们汉朝的民风如今已经到了这种地步，这难道不应该赶紧改变吗？"

汉元帝："……怎么改变？如何改变？"

贡禹："好改变，只要陛下能下定决心就能够改变！如今，我大汉经历了昭宣二帝的治理，国家已经国泰民安，这正是最佳时机！第一，陛下应该马上整顿吏治，建立专门机构在全国监察那些有贪污受贿的官员，一旦发现，立即罢免，终生不得再用。第二，鄙视商人，要做到从上到下的鄙视，并宣布商人从此以后不得用钱来买官爵，将他们的地位直接打压到高祖时期那样。第三，选择忠诚正直的人为各地官员，建立相应的考察制度，一旦有官员在一年之内无法让百姓满意，那么就赶紧走人！第四，尽除宫中歌舞之乐，废掉武帝时期留下的帷帐，以及所有浮华轻巧的饰品，以身作则，让天下人都争相效仿。第五，陛下应隔三岔五亲往籍田劳作，并仿文帝之事，以各种手段鼓励百姓务农。如果陛下将此五点都做得尽善尽美，那么臣相信，哪怕是三皇五帝也无法和陛下相提并论了。"

说完，没等汉元帝再说什么，识相的贡禹便默默地退出了宫殿。

该说的说了，该做的自己也做了，听不听就是他的事了，反正自己是不会再有遗憾了。

公元前44年四月，汉元帝纳贡禹小部分之言，让百姓家里的小孩从七岁开始缴纳口钱，并将边境部分士兵，上林苑、甘泉宫、建章宫大部分士兵遣返回家耕地。

至于其余的，汉元帝一条都没有遵从贡禹的提议。

不过这都无所谓了，因为贡禹成为御史大夫没多长时间便去世了（本年十二月），走的时候，他面带微笑，大概是因为已经再无遗憾了吧。

4.6 天不佑匈

同年（公元前44年），在那遥远的西方，此时的罗马。

尤里乌斯·恺撒，这位伟大的政治家、将领、统治者，他终于结束了对埃及的战役和对国内竞争对手庞培余党的最后消灭并胜利回国，成为整个罗马帝国的最高执政官。

那天，他坐着豪华的马车进入城市，享受着如同海浪一般的掌声、鲜花和追捧。人们争相给这位伟大的领导戴上王冠，不过恺撒知道时机未到，所以坚决不接受（只等征服帕提亚便是恺撒称王之时）。

可敏锐的恺撒却发现，在场的很多人都身穿他从来没有见过的"布料"做的衣服。这种布料轻柔顺滑，捧在手中好像羽毛一般，根本感觉不出重量。

于是，好奇的恺撒便问随行官员，这布料到底是什么东西。

随行官员告诉他，这个东西叫丝绸，是从万里之外一个叫汉的伟大皇朝弄过来的。据说，这个叫作汉的国家十分强大，周围的野蛮人都一一被其征服。

话毕，恺撒向东方看了看，眼神中有着一些向往，还有着一些好奇，更多的则是一些战意。可想了想，恺撒笑着摇了摇头，转身离去了。

是啊，万里，实在是太过遥远了。

没错，就是这一年，虽然汉朝并没有直接和罗马通商，不过汉朝的丝绸却是通过其他国家辗转流通到了罗马，使得罗马在这一时期充斥着丝绸制作的衣服。

这个西方最为强大的帝国也从此知道了，在东方，也有一个一点儿都不亚于自己的国家。

同年，北匈奴国都——坚昆。

此时，正有一个康居国使者跪在郅支单于的脚下向他诉说："伟大的战士，伟大的统治者，伟大的天之子郅支单于啊，我是康居国王派过来的使者。"

郅支单于："使者不必客气，康居国本单于可是知道的，那是一个有人口六十万、军人十二万的西域大国，不知康居王派你来本单于处有何指教呢。"

康居使者："指教不敢，本国近年来时常和乌孙之间相互争斗，说来惭愧，本国不管是士兵还是将领的作战素质都无法和乌孙相提并论。所以，我家国王诚恳地向郅支单于请求，愿两国从此以后成为兄弟之国，我康居会将水草最肥美的地方献给单于，只求伟大的单于能帮助我康居共同对抗乌孙。"

话毕，郅支单于陷入了久久的沉思，之后也没和其他人商量便一口答应了康居使者的请求。

为什么郅支单于要如此果断呢？原因很简单。

第一，地理问题。

现在郅支单于所在的地方虽然水草还算肥美，但是和康居王给他的地方却是有着天壤之别的。

第二，通过汉朝的扶持，现在的南匈奴随着多年的发展，已经是越来越强大（有灾害就照顾，还占据着大片水草肥美的漠南之地，所以南匈奴的人口发展得非常迅速）。郅支单于害怕哪一天汉朝突然和南匈奴共同来攻击自己，到那时候自己也别想好好活着了。所以，继续向西迁徙是有百利而无一害的。

基于此，郅支单于率领将近一半的部队和民众前往康居，剩下的则留守原地。毕竟自己原来的地盘也是不错的，并且距离长安也比较遥远，白白扔掉实在太过可惜。

当时，那些没能随郅支单于前往康居的匈奴人都非常失望，认为自己的运气太差，没有得到老天的垂青。可让他们万万没想到的是，就是因为老天实在是太眷顾他们了，这才没有让他们跟随郅支单于前往康居国。

为什么呢？因为北匈奴再次受到了老天的制裁！

据说，这次好几万北匈奴人在前往康居国的路上遭遇了数波顶级天灾，他们死的死伤的伤，最后，在到达康居国的时候，生还者只剩下可怜的三千射雕者。

而这三千射雕者还都是死里逃生，饿得皮包骨一般。

好几万人变成了三千多人，这仗还怎么打？养着吧。

康居王虽然对北匈奴很失望，但话已经说出去了，又不好反悔，便将康居东边的一片大好草场给了郅支单于，北匈奴和康居国从此成了兄弟之邦。

4.7　权霸天下

公元前43年四月，汉朝发生了千年罕见的灾难性奇景。

这个月，太阳突然变成了青色，紧接着，春天下霜，夏天变得异常寒冷，庄稼无法耕种，天下的百姓都恐慌至极。要不是汉朝用多年累积的粮食紧急支援地方，常人简直无法想象这次的灾难要如何度过。

百姓的危机是躲过去了，汉元帝这边却苦恼了。为什么？因为这次天灾的"锅"总是要有人背的。

之前也说过，在远古人眼中，历来比较大型的天灾或奇异景象的发生，都是上天对于人间统治者无能的愤怒。后来，历代君王为了找人给自己背锅，便将这个天灾之事牵扯到了当权大臣的身上。直到汉文帝的时候，他才将这码子事儿彻底否决，并全都揽到了自己身上。

可如今，天灾又来了，汉元帝会怎么做呢？他也像汉文帝一样将所有的责任都自己扛了吗？

答案当然是不，他在天灾发生的第一时间便将主意打到了大臣身上。

按说，打到大臣身上也不是不行，毕竟石显这个当朝妖孽已经在朝中张牙舞爪很多年了，除掉他还真说得过去。

可汉元帝根本就没动石显一根汗毛，而是将丞相于定国、大将军车骑将军史高以及经学专家、敢于和石显当朝叫板的薛广德叫过来一顿痛骂，并且话里话外的意思非常明显，那便是暗示这三个"权倾朝野"的家伙赶紧滚。

此三人都是在官场上摸爬滚打多年的老人，怎么会不明白汉元帝的用意，所以几乎是在第二天便辞去了职务，回家养老去了。

结果，汉元帝命侍中卫尉王接接替了史高的大司马车骑将军之职，孔霸（孔子十二世孙）则接替了于定国的丞相之位。

可孔霸却坚决不接受丞相这个位置，拒绝的理由是自己只想专心研究学问。

可汉元帝非常尊敬这个孔子的后代，一定要让他前往上任。但孔霸吃了秤砣铁了心，就是不去上任，那架势估计汉元帝亲自来请都不会上任。

是呀，得罪汉元帝顶多是从此做不了官，可要是得罪石显，那自己的老命可就没有喽。

于是，汉元帝只能在无奈之下换其他人来做丞相了。

这个人，便是时任御史大夫的韦玄成。

从这之后，汉元帝又让右扶风郑弘来接替韦玄成成为新任御史大夫（两个大儒，做学问比较牛，政绩却平平，也没怎么敢和石显对抗，所以就不多做介绍了）。

好了，现在敢于和石显对抗的人全都贬的贬走的走，石显在朝中已经全然没有了对手，那他是不是该收手了呢？

答案是不，因为在当时的汉朝朝廷上还有很多人虽然不敢得罪石显，但同样地，他们也瞧不起石显这个"不健全"男子，所以根本不与他相交。而石显要做的，便是将所有不是他走狗的官员全都干掉，真正做到一人之下、万人之上！

首先，他便将目光瞄向了周堪和张猛（张猛，张骞之孙，为人刚直，不畏权贵），遂多次带着自己的"狗腿子"在朝堂之上对二人发起攻讦，甚至都将青太阳事件往二人身上引，大致意思就是说现在汉朝朝廷还有奸佞，希望汉元帝能将周堪和张猛也一并辞退。

可汉元帝很尊敬这两个人，不想无缘无故地辞退他们，便找到了杨兴询问他用什么办法才能保住二人。

汉元帝为什么要找杨兴呢？因为杨兴曾经多次在汉元帝面前夸赞周堪和张猛能力突出。

可这一次，汉元帝的如意算盘打错了。

现在，基本上满朝皆为石显之党羽走狗，甚至宫中的宫女和太监有很大一部分都在石显的控制之中。所以，汉元帝一宣杨兴，石显就得知消息了。

聪明的石显在第一时间便猜透了汉元帝的用意，遂命身边一手下迅速前往杨兴处，并警告杨兴，教他怎么说话。

那杨兴和石显并不是一党，不过石显的威胁在当时是有绝对的威力的，所以杨兴虽然心中愤恨石显的霸道，但也不敢在明面上对其有半点儿违背。

于是，当汉元帝问及杨兴如何看待周堪和张猛的时候，杨兴当即便道："启禀陛下，臣认为，周堪能力低下，不但做不了光禄勋，甚至就是当一个乡下的里长也不合适。并且，我曾听别人说，周堪和张猛、刘向等人一直都在挑拨陛下和骨肉之间的亲情，所以按照道理是应该诛杀的。"

说到这里，本来脸色不错的汉元帝突然"晴转多云"，阴冷冷地问："哦？是吗？我以前可是听你说过好多次周堪和张猛的。怎么今天一问你就全变了呢？那既然你说要杀他，朕想问一问，用什么口实杀掉二人呢？离间我的骨肉亲情，你有什么证据呢？"

见此，杨兴的冷汗哗哗地往下流，但秉承着当时的朝廷铁律（宁可得罪皇帝，不可得罪石显），杨兴还是没有为周堪和张猛说半句好话，依然嘴硬地道："正是因为没有证据，因此无法判处死刑，所以臣建议陛下将他们全都封为关内侯，并给他们三百户食邑，然后让他们安心养老，从此不再在朝中掌权。这样的话，陛下既可以维持和周堪之间的师生之情，还能够不为天下人所非议，这不是一举两得的事情吗。"

汉元帝没有作声，而是挥了挥手让杨兴下去了。

这时候，汉元帝虽然还是没有动周堪和张猛，但是他已经扛不住众多大臣对二人的参奏了，所以，只差一根稻草便能彻底将汉元帝压倒在地。

而这根稻草很快就来了，他的名字叫诸葛丰。

诸葛丰，字少季，琅邪人，因为通晓儒经而为郡文学，为人极为刚直，痛恨奸臣污吏，可谓一身正气。

因此，诸葛丰得到了御史大夫贡禹的青睐，贡禹提拔他为侍御史，并时常在汉元帝面前推荐诸葛丰。

汉元帝感其节操，便提升其为司隶校尉，让他检举那些贪官污吏。

诸葛丰上任以来，完全可以用"六亲不认"这四个字来诠释。因为他从来不闲着，一天到晚通过各种手段检查朝中的官员有没有贪污受贿。

在当时，当官的有几个是一身清白的？所以自从诸葛丰上任以后，朝中的大臣们都恨死了他，大家都在私底下说："天下那么大，人那么多，为什么偏偏让诸葛丰当上了司隶校尉。"

因此，汉元帝更加器重诸葛丰，甚至连石显都非常忌惮诸葛丰。

为了不让诸葛丰这个"恶鬼"缠到自己身上，石显特意上奏汉元帝，请汉元帝升诸葛丰为光禄大夫，名为提升，实际上却是在保护自己和收买人心。

而此时的汉元帝也非常器重诸葛丰，便答应了石显的请求。

这之后，满朝官员皆松了一口气，并在人前人后都说石显的好话。

可这样就能阻挡诸葛丰查处奸臣了吗？答案当然是不！

在当时，石显是汉元帝最宠爱的人大家都知道，可因为石显实在是太过得宠，以至于光环盖过了所有的人。

可实际上，汉元帝还有很多宠信的宦官和外戚，只不过因为石显的关系我们都不怎么注意他们而已。

这其中就有一个叫许章的外戚。

许章当时在朝中担任侍中之位，奢侈荒淫，不遵守法度，经常让自己的那些门客前往地方用各种办法捞钱。

诸葛丰对他的痛恨仅在对石显之下，便一天到晚派心腹前往许章家附近盯梢。

终于，在长时间的盯梢下，诸葛丰终是将足以置其于死地的证据收集完毕，便前往未央宫参奏许章。

可诸葛丰还没到未央宫，却看到了许章的车驾。

这诸葛丰心想，反正现在证据也够了，就是这时候把他抓了也没什么可说的。

于是，他指着马车大声喝道："许章，你小子给我下车受捕！"

那许章一见诸葛丰如此样子，就好像老鼠见了猫，也不知道自己怎么了，跳下车就往未央宫疯逃。

而诸葛丰就在后面狂追。门前的侍卫一见这两人都是皇帝身边相当红的人物，所以也没人敢拦，就任他们在宫中疯狂地奔跑。

当时汉元帝正在承明殿一旁的偏殿和石显闲聊。可就在这时候，就听见一声如同杀猪般的嘶吼："陛下救我！陛下救我！诸葛丰要杀我！"

这一声嘶吼把汉元帝和石显吓得一激灵，紧接着，就见已经披头散发的许章哐当一下"摔"进了侧殿，然后连滚带爬地骨碌到汉元帝旁边连喊救命。

可还没等汉元帝询问到底是怎么回事儿，同样披头散发的诸葛丰也跑了进来，然后竟直奔许章而去。

许章吓蒙了，死死抱住汉元帝的腿，哆嗦得不成样子。

汉元帝大怒，指着诸葛丰便喊："诸葛丰你给朕站住！"

诸葛丰一愣，这才知道已经到了汉元帝身前，赶紧下跪致歉。

汉元帝一脚把许章踹开，让他"滚"到了侧殿之下，然后怒问二人："你们疯了？你们干什么？这未央宫是你们家？还有没有点儿规矩？到底是怎么回事儿！许章，你先说！"

许章哆哆嗦嗦地道："臣、臣也不知道怎么回事儿，今天臣本来心情不错，一个人驾车外出溜达，可还没走多一会儿就碰到了诸葛丰，臣本来还想和他打声招呼，可这人不知道犯了什么邪，见了我就要把我抓进去，臣、臣害怕，想着只有陛下能救我，这、这便前来找您了。"

这话一说，汉元帝差点气蒙了，怒声骂道："你就这么点儿出息！你一个大老爷们，他诸葛丰也不比你强多少，你都没犯什么事儿，凭什么怕他？诸葛丰！你说，到底怎么回事儿！"

诸葛丰捋了捋头发，不紧不慢地道："陛下，经臣多番探查，发现许章存在多个不法问题，现已将各种证据全都收集完毕，足以治其死罪，臣正要前来汇报，正巧遇到了这厮，便自作主张，准备先行收押，然后再向陛下禀报。"

"大胆！"

没等汉元帝说话，一旁的石显便先行怒吼："诸葛丰，你身为光禄大夫，主要的作用是为皇帝陛下解答疑难，辅助皇帝日理万机，可你呢？竟然越职办理差事，反过来去干廷尉和司隶校尉的事情，你如此知法犯法该当何罪？陛下，诸葛丰如此骄纵，恐怕早晚都会闹出大事，所以请陛下即刻收押他，并将他定罪！"

汉元帝："这，太过了吧……"

诸葛丰："哈哈哈哈，好一个收押定罪！"

笑完，诸葛丰对着汉元帝深深地行了一个大礼，然后看着汉元帝义正词严、声如洪钟地道："陛下！臣，诸葛丰愚笨，文不足以劝导行善，武不足以制止奸邪。陛下您不估量臣的能力便任命臣为司隶校尉，可还没等臣来报效，又听了某些奸人之言让臣担任光禄大夫之职。可这份官职并不是愚钝的臣所能胜任的，臣年事已高，经常担心哪一天突然就死了。所以，为了不让百姓嘲笑臣无能，不白吃朝廷的粮食，臣决定，在任光禄大夫的时候也要时刻察举那些危害朝廷和社稷的奸邪。"

说到这儿，诸葛丰将自己的眼神瞄向石显，然后道："为此，臣宁愿抛弃自己的性命，也要砍下那些奸人的头颅，让天下人都知道，危害朝廷社稷者的下场！"

话毕，石显已经是怒不可遏，许章也在下面哆哆嗦嗦地跪着，因为既然诸葛丰说他有罪了，那定是已经掌握了相当充分的证据。

可他不必怕，为什么呢？因为懦弱而又优柔寡断的汉元帝是断不会处置自己的"亲人"和"亲信"的。

所以，哪怕是有再多的证据，汉元帝也不许诸葛丰惩罚许章，并且还没收了诸葛丰的符节，原因就是诸葛丰不懂规矩，没有法度。

诸葛丰怒了，彻底地怒了，他对汉元帝道："陛下！臣听说伯奇因为孝敬而被亲人抛弃，伍子胥忠心而被君主所杀，隐公慈爱而被弟弟诛杀，屈原因为想要报效国家却最终被逼走上了自尽的道路。难道这还不足以让陛下借鉴吗？如果，陛下想要让臣以一条性命来安定国家，那就是千刀万剐了臣，臣也绝对不会说出半句怨言。可如今陛下在做什么？陛下您已经被奸臣蒙住了双眼，现在满朝文武皆为奸臣之走狗难道您看不到吗？恕臣直言，如果陛下您再这样下去，那么结果便是，正直之路将被堵塞，忠臣将彻底寒心，您也会成为我大汉的罪人！"

"反了，反了！好你个诸葛丰，竟然敢如此对朕说话，你是说朕是桀纣之君吗？你……"

就在汉元帝气得七窍生烟之时，石显不失时机地和汉元帝道："陛下，既然诸葛丰对自己的能力如此没有自信，那不如就让他去守城门吧，这个他一定做得来的。"

汉元帝："好！对！诸葛丰，朕从今日起便封你为城门校尉，你从今以后就给朕好好地去守城门吧！"

就这样，刚正至极的诸葛丰被贬为了城门校尉。

成为城门校尉以后，诸葛丰悲哀地发现，石显和许章非但没有受到半点儿惩罚，反倒是越发肆无忌惮。特别是石显，在朝中更是位高权重。

最要命的是，每次石显出城总是要走他所守卫的城门，眼中那是无尽的鄙视。

此时，诸葛丰懂了，懂得了想要彻底弄掉那些奸臣绝对不能像以前那样硬着来，应该变得更加圆滑一些，等哪一天自己真的站到了臣子的最高位才能有机会干掉他们。

所以，从这以后，诸葛丰变了，变得不再耿直，而是圆滑了许多。

又过了一段时间，石显"除掉"了于定国、史高等三人，又转手开始对付周堪和张猛。

变得圆滑的诸葛丰感觉自己重新崛起的时机到了。他认为，现在石显正如日中天，是整谁谁死的时候。所以，这时候石显想要除掉周堪和张猛，二人是绝无可能侥幸生还的，如果这样，那还不如趁此时机参二人一本，将此二人赶紧调到地方上去。这样既讨好了石显，还能让二人保住性命，可谓一箭双雕之计。

可石显何其聪明，汉元帝又何其愚笨。那石显将诸葛丰的小心思看得透透的，所以哪怕诸葛丰做出了这种看似在帮石显的事情，石显也照样不领情，反倒再参诸葛丰是一个无义之人。

而汉元帝呢？本来调诸葛丰为城门校尉也只是稍微地惩罚他一下，没多长时间就想把他调回来，可看到了参周堪和张猛的奏折以后，再加上石显在一旁煽风点火，汉元帝可真是气得暴跳如雷，于是当着众人的面便痛骂诸葛丰："诸葛丰以前为司隶校尉和光禄大夫的时候，曾经不止一次当着众人的面夸赞周堪和张猛。可如今看到二人失势，却反过来抨击二人，此等奸人有什么资格再在我汉朝担任官员。朕真是瞎了眼，当初竟然如此信任他。来人！"

"在！"

"去，马上给我把诸葛丰赶回老家，并且告诉他，让他在家等着老死吧，以后朝廷绝对不会再次任用他为官了！"

"是。"

就这样，诸葛丰被汉元帝赶回了老家，从此以后再没被朝廷任用，草草地交代了自己的后半生。

而周堪和张猛也被汉元帝贬到了其他地方，石显又朝自己的目标迈进了一步。

完了？完了吗？没有没有，完全没有。因为就在于定国、史高、薛广德、周堪、张猛、诸葛丰被"干掉"以后没多久，贾捐之和杨兴也即将走向毁灭。

贾捐之和杨兴的私交非常好，并且二人都相当地痛恨石显。杨兴还好，虽然痛恨石显，但在明面上还是装得很顺从，希望以此让石显产生一定的错觉。

可贾捐之就不一样了，贾捐之很有些诸葛丰的性格，所以经常在朝堂之上抨击石显，想方设法地让石显不自在。

石显也早就想收拾贾捐之了，可因为贾捐之为人正义，从来都不收受贿赂，所以想找他的把柄太难，便一直都没有下手，而是等待机会，伺机而动。

可正想睡觉就有人送来了枕头，而这个送来枕头的人是谁呢？

竟然是贾捐之本人。

话说，周堪等人被石显搞掉之后，贾捐之和杨兴有了深深的危机感，认为下一个就会轮到自己，所以他们一天到晚聚在一起商议如何才能除掉石显。

一次，杨兴正在家中看书，突然下人来报，说贾捐之前来拜访。

杨兴赶紧让下人把贾捐之请到屋中。

可还没等杨兴说话，贾捐之便一边喘着粗气一边道："赶紧，赶紧给我弄杯水。"

杨兴："哦，哦。"

杨兴赶紧给贾捐之倒了杯水然后道："慢点儿喝，慢点儿喝，到底是什么事让贾兄你如此匆忙？"

贾捐之匆匆地喝了一杯水，然后面带兴奋地道："你听我说，现在京兆尹和尚书令的职位刚刚空了出来，这两个职位都是实权职位，如果我推荐你为京兆尹的话，相信你马上就能得到，到时候你再推荐我为尚书令，等咱兄弟俩坐上了这两个职位以后，便能对石显形成夹击之势，到时候就是他的末日了，哈哈哈哈。"

杨兴："……"

贾捐之："欸？你怎么不说话啊，你是不是对我的建议不是很认同？杨兴我可告诉你啊，现在能威胁石显的人可都一个个被他灭干净了，如果你我二人要是再不动手的话那接下来遭殃的可就是咱俩了！"

杨兴："贾兄你先别激动，且听我说。现在石显的权势如日中天，陛下对他的信任简直如同父母，如果我们想要打掉他，那就必须要按我的计划行事。"

贾捐之："你说，要是说得有道理我就听你的。"

杨兴："首先，我们二人在相互推荐之前一定向石显服软，让他认为我二人打算从此对他服从，甘愿做他的走狗。然后，等他对我二人放松警惕以后我二人再相互推荐。不然的话，有他从中作梗，你我二人休想成功上位。之后，在我们得到官职以后也先不要妄动，要时刻派人暗中盯住石显，等将他犯罪的证据积攒到能够治他于死罪的时候再一并出击，到那时才能真正地做到万无一失。"

贾捐之："好！杨兄奇计定能奏效！"

次日，贾捐之和杨兴同时上书汉元帝，说石显怎么怎么有德行，怎么怎么大好人，反正就是把石显夸得天花乱坠，然后请汉元帝赐石显关内侯，并请求让石显的兄弟们也都来宫中做官。

此消息传到石显耳中以后石显并没有怎么高兴，而是眉头紧紧地皱在一起，仿佛是在思考些什么。

他身边的狗腿子都不解地问道："大人，大人？贾捐之和杨兴现在也对您表态了，那就是说以后要唯您命是从啊，您应该高兴才对，怎么现在还……"

石显打断道："不，你不太了解这两个人，贾捐之为人耿直，一旦认准什么死理是绝对不会轻易回头的，所以这种人一定不会往我身边靠。而杨兴，只不过是一个自认为聪明的卑鄙小人，所以，这一次他们一反常态地向朝廷夸赞我，定有阴谋在里面。"

众人："那怎么办？"

石显微笑道："兵来将挡，水来土掩。来人。"

"在！"

石显："你去一趟贾府和杨府，备一些礼物，并告诉二人，说他们的心意我收到了，以后一定会对他们多多照顾。"

"是。"

就这样，石显的下人将石显的原话给贾捐之和杨兴递了过去。

而这俩人呢，还真就认为石显对他们已经放松警惕了，便在几天以后相继推荐对方为京兆尹和尚书令。

当石显听说这个消息以后，他只是稍微一想就已经把二人的计谋猜了个八九不离十，然后狂笑不止。

周围人都不明所以，询问石显为什么如此高兴。

石显边笑边说："我还以为这两人有多大的阴谋，搞了半天就和我耍这小把戏，下次的朝会便是他们的死期了。"

几日以后，朝会之中，石显第一个站出来义正词严地道："启禀陛下！臣要参贾捐之和杨兴这两个党贼！"

石显这戏演得是真好啊，只见他满脸通红，血管鼓出，那样子真像是贾捐之和杨兴把他全家都杀了一样。

而汉元帝呢，从来没见过石显如此愤怒，便赶紧询问："爱卿这是怎么了？怎么气成这个样子？为什么要参两位卿家？"

石显："陛下，臣虽身有残疾，但食君之禄，忠君之事，也知道什么叫作忠君为国，也知道什么叫忠肝义胆！陛下您是知道的，贾捐之从来都看臣不顺眼，隔三岔五便要参臣一本，可是臣并没有任何回击，因为知道他一直都是为了国家好！可如今，臣算是看透了他的本质了！他根本就不是什么忧国忧民之辈，而是一个危害国家、危害社稷的党贼！陛下大概不知道，贾捐之和杨兴乃是莫逆之交，两人早就结成一党，运用手中的权力相互帮衬，意图垄断朝廷，独霸朝纲！之前，尚书令和京兆尹之职空了出来，可这人走茶还没凉，这两个党贼就火急火燎地争抢实权之位。陛下！如果人人都像贾捐之和杨兴一样，专门为自己谋私，那我大汉早晚都会被害死！所以，这两个人绝不能留，留则法不严，法不严则朝纲不正，还请陛下将二人斩杀，还我大汉一个清明的天空，让我大汉的官员都知道身为汉臣，绝对不能结党营私！"

"石大人所言极是！"

"石大人真乃朝中栋梁。"

"陛下，臣等觉得石大人所言极是，此二人不杀不足以平民愤！"

一时之间，整个大殿全都是声讨贾捐之和杨兴的声音，贾捐之和杨兴百般抗辩，但全无作用，全都被官员们的声音所淹没。

最后，汉元帝只能听从石显的建议，将贾捐之弃市，并将杨兴剃光头发，罚做一辈子的苦工。

到这儿，于定国、史高、薛广德、周堪、张猛、诸葛丰、贾捐之、杨兴死的死贬的贬，再也没有人敢和石显叫嚣了。

至此，石显已权霸天下！

4.8　陇西羌之叛

公元前42年六月，好像是老天愤怒了一般，汉朝又发生了数次大地震，造成了无数人口和经济损失。

汉元帝实在是被老天给搞没招了，现在整个朝廷的妖孽都被我给弄出去了，为什么老天还要如此地惩罚我呢？难道朝廷中还有妖孽？

实在想不出个所以然来的汉元帝只能找到博士兼给事中的匡衡来一问究竟。

匡衡，字稚圭，汉代大儒，对《诗经》的研究已经到了出神入化的地步。

据说当时的人们都不愿意学习《诗经》，因为实在是枯燥乏味，可一旦听匡衡讲《诗经》，他们便会被逗得开怀大笑，从此对《诗经》产生浓厚的兴趣。

早在宣帝的时候，匡衡就已经是非常有名的大儒了。当时，萧望之还没被任命为太子太傅，正是宣帝身边的红人，所以便对宣帝推荐了匡衡。

可汉宣帝是看真本事的人，所以，虽然有声望，但匡衡一直都入不了汉宣帝的法眼。

直到汉元帝继位以后，不管是萧望之还是史高都对其赞赏有加，匡衡便被升为博士。

书归正传，入得大殿以后，汉元帝也不和匡衡寒暄，而是郁闷地直接道："匡爱卿，朕想问一问，现在这不断的天灾到底是怎么回事儿？朕自问从继位到现在满脑子想的都是如何使百姓富足，使国家更强大，从来没有做过任何伤天害理的错事，特赦天下都是历代先皇最多的，朝廷的当权者也被赶走了不少，可为什么一直到现在这天灾还是依然不断呢？"

匡衡对汉元帝道："陛下您身体力行，圣明德政，为国家开辟太平道路，并怜悯愚昧的官员平民，基本每一年都有特赦，使人们得到了改过自新的机会，这真是国家的大幸啊。不过，臣觉得，这并不是主要的地方。因为大赦以后，国家作奸犯科的次数并没有减少多少，那些刚刚放出来的罪犯没过多长时间便又进去了，这是因为什么呢？四个字——社会风气！陛下不要以为社会风气和朝廷没有什么关系，是民间百姓自己形成的。这种想法是错误的。相反，朝廷正是民间的一面镜子，民间现在是什么样子，或多或少都能反映到朝廷上。"

汉元帝："……那民间现在什么样子？"

匡衡："现在民间的百姓大多贪图钱财，轻视道义，喜欢音乐女色，崇尚豪华奢侈。有的女子甚至为了得到金钱和别的男子苟且结合，用身体来换取财富。而朝廷如果有官员每天都对其他人怒目而视，那下级官吏和平民中就会发生斗争的祸害；如果朝廷上层有专权弄势的人，那么下面的百姓就不会懂得谦让；如果在朝廷上层存在经常暗藏杀机，陷害其他大臣的官员，那么民间的百姓就会相互阴谋伤害，没有半点儿仁义道德之心；如果上层有的官员贪图富贵，每天都要向其他人来炫耀自己多有钱，那么下面的百姓就必然会出现偷盗之人。"

汉元帝："……你是不是在和朕暗指朝中有奸佞之人啊？"

看着汉元帝的表情逐渐变得不善，匡衡心中哀叹一声，然后赶紧改口道："不敢，陛下所用之人全都是清正廉洁的典范，臣怎敢有所非议，臣的意思是要教育，对，教育，陛下可以派一些专门的儒生下派到地方去教育那些平民百姓，这样的话，国民的素质就会上来，人们就不会再犯罪了。"

汉元帝："好！非常好，这才是真正的好建议，朕准了，另外，因为匡博士你的建议非常好，所以，从今以后，你便是朕的光禄大夫了。"

匡衡："谢陛下。"

就这样，匡衡默默地退出了大殿，汉元帝次日便派出了很多儒生前往地方去教育人民，梦想用书本上的知识让这些百姓懂得什么叫仁义道德、什么叫忠君爱国。

结果有用吗？肯定没有用，咱直接略过去吧，我接着往下讲。

同年七月，羌族旁支的旁支，也就是陇西羌的乡姐种带着好几个陇西羌的种部共三万人对汉朝边境发起了攻击。

一时间，汉朝西北边境遍布羌人。

这些羌人为什么要攻击汉朝边境呢？这些羌人之前不是已经被赵充国给打服了吗？

原来，自从汉元帝继位以来，汉朝的天灾不断，不仅是汉朝，甚至连周围少数民族也经历了数之不尽的灾害，这就使得他们的粮食产量大大减少。有很多种部现在甚至已经到了人相食的程度。这里面还以乡姐种为最。

所以，乡姐种的首领勾结了很多种部，凑了一支三万人的部队攻击汉朝边境，用意便是抢夺汉朝的粮食使自己的种部温饱。

此消息很快便传到了长安，汉元帝闻讯大急，连夜召集丞相韦玄成、御史大夫郑弘、大司马车骑将军王接、左将军许嘉和右将军冯奉世商议对策。

因为当时汉朝歉收，甚至连京师一石谷子都涨到了二百钱，本来汉元帝就经常为这事儿发愁，如果再在这时候出动军队，那国家就有可能会伤筋动骨。

可你要是不出兵惩罚这些羌族人，那大汉朝的脸面又没有地方放。所以，一时间，这些朝中权贵陷入了两难的尴尬境地，谁都不敢轻易发表言论。

只有右将军冯奉世，他见所有人都不吱声，便直接走了出来和汉元帝道："启禀陛下，现在羌人就在我大汉边境反叛，还没有大规模的反叛动作，如果这时候不出征剿灭他们，那等待着我们的将是羌族大规模的反叛行动。所以，臣请命前往诛杀这些反叛的羌人。"

话毕，汉元帝陷入了沉默，过了一会儿，他对冯奉世道："将军，你也知道我汉朝现在的情况，实在是没有能力支持大规模军队旷日持久的大战，所以，在战斗以前朕必须问问你，需要多少士兵，又需要多长时间才能把这些羌人打败呢？"

冯奉世道："启禀陛下，叛军一共有三万之众。按照常规的作战方式，要想百分之百确定胜利，最起码需要六万军队。可这些羌人不管是从训练上还是兵器甲胄的装备上都要与我汉朝军队相差十万八千里，所以，末将认为，只要有四万正规军就能轻松搞定这些……"

众人："四万？"

没等冯奉世说完，丞相韦玄成和御史大夫郑弘便忙不迭地阻止道："不行！这绝对不行！陛下！这些年来我们汉朝什么情况您是知道的！四万部队，这得需要多大的开支啊，并且现在正是抢收的时节，四万青壮年一走，这又要耽误多少收成？所以臣认为，反正也是防守作战，往边境派个一万人也就够了。"

冯奉世一听这两个不知兵的老东西如此说话，赶紧阻止道："不可！丞相大人，御史大夫大人，我汉朝近来连年五谷不丰，所以导致朝廷在军队上面花销很大一部分都转到了民生上面，以致兵马数量锐减。并且因为边境长期没有战事，守备的官员也就越来越放松警惕了，这就使得这些羌人开始慢慢地轻视我们。如今只有一个乡姐种和几个小小的种部发动叛乱，我们应该马上主动出击，给予乡姐种一个血的教训，这样，羌人才会惧怕我们汉朝，才不敢再轻易和我们叫嚣。可如果只派区区一万人前去防守，那羌人就会彻底地轻视我等，进而有越来越多的羌人发动反叛。到时候，恐怕是四万人都不够用了。并且，一旦我大汉在这个时候和羌人全面开战，那肯定会伤筋动骨！如此，其他的国家和民族也会在此时钻了空子。乌桓、北匈奴、西域诸国，甚至南匈奴，他们都有可能在这个时候来分一杯羹。等到那时候，陛下您就是想……"

韦玄成："胡说八道！右将军简直危言耸听！陛下，我大汉从武帝开始便已经打服了周围四邻，您就是再给他们几个胆子也不可能敢再犯我大汉天威，怎么可能像右将军说的这么严重呢？"

冯奉世："陛下！末将一切都是为了我汉朝的安……"

没等冯奉世说完，汉元帝便用手势阻止了他，然后道："右将军说的固然有道理，不过朕现在确实不想动用这么多的军队去讨伐这些野蛮人了。就用丞相和御史大夫的建议吧，不过一万人确实是少了点儿。这样，朕给右将军你再加两千，让你率领一万两千部队前往陇西防守那些羌人。"

冯奉世："陛下万万不可，这样……"

汉元帝："不要再说了，朕主意已定，都回去吧。"

就这样，冯奉世在极为无奈之下带领着一万两千正规军前往陇西防守羌人去了。

汉朝是真的不行了！

此消息很快便传遍了整个陇西羌。那些本来犹豫不决的种部全都在这时下定了决心，并追随乡姐种的步伐踏上了反叛汉朝的不归路。

279

三万一，三万二……四万！

等陇西羌诸种联军已经超过了四万以后，乡姐种的首领率领着这些军队以多点打击之战术同一时间开始攻击陇西地界。

冯奉世见此大恐，赶紧将一万多人的部队分散为三股力量分别防守。可这不知名的乡姐种首领带兵打仗就像狐狸一样狡猾，他见汉朝人将部队分散，便在同一时间将分散的军队整合成一个重拳，意图逐个击破。

为了迷惑冯奉世，这个首领还派了数千军队前往陇西，遍插旗帜来迷惑他，让他认为陇西羌的主力部队全都在那里堵着冯奉世。

结果，冯奉世派往两地驻守的军队在很短的时间内便被诸种联军击溃。等冯奉世发现自己被骗了以后大为恐慌，赶紧派人前往朝廷，请求长安方面速派援军前往陇西救援，并和汉元帝道："现在叛军的数量已经超过了四万之数，没有三万人是万万守不住陇西的。"

最怕的事情到底还是来了。说实话，当初派冯奉世领那么点儿人往陇西以后汉元帝这心就总是不得宁静，经常会想起冯奉世的那些劝谏之言。

如今，事情果然都在向冯奉世预言的道路发展，这就使得汉元帝更加畏惧。所以，为了避免以后的连锁反应，汉元帝这回是加了大力了。

他在收到冯奉世的求救信以后二话不说，直接派遣了六万人的部队前往陇西支援冯奉世，并让冯奉世转守为攻，一定要将这些野蛮人打怕打服。

得到了六万汉朝正规军，冯奉世的底气一下便足了起来，立即转守为攻，主动寻找羌人决战。

乡姐种的首领闻听汉军六万多大军来到，心情一下从天堂变为地狱，心中便生出了逃跑的念头。可现在得到了这么多的好处，你就让他这样撤军他实在是不甘心，便打算再搏一把，如果这次能将这六万汉军打败，那他在羌族的地位必定水涨船高，甚至都有可能当上陇西羌的一把手。

所以，他将大军分为多个部队，意图以游击战的方式磨死汉军。因为他知道，现在汉朝最缺的就是军粮，把时间拖延得越久，那么汉军士气就跌得越快。

理想是丰满的，现实却是骨感的。因为就在探得羌人的动向以后，冯奉世立即改变战略，同样将大军分为好几个部队，同时向羌人进攻。

就像冯奉世之前说的，汉军和羌军不管是兵器、甲胄，还是单兵作战素质都不可同日而语，再加上汉军还占据着兵数优势，所以在野外硬拼，羌军根本就不是汉军的对手，几天之内就损失了好几千人。

见此，乡姐种的首领再也不敢和汉军打了，赶紧带着军队逃回了种部。

而其他种部的军队见联军首领撤退了，汉军又是这样强大，也都不敢接招，同样在第一时间逃回了种部。

可汉军能这样轻易地饶过他们吗？答案当然是不能。

那冯奉世在陇西羌联军解散的第一时间便带着军队直奔乡姐种，其意图不言自明。

乡姐种闻讯大恐，为避免被灭种的惨剧，他赶紧带着乡姐种的百姓逃往了塞外，再也不敢回来了。

而其他参与了反叛的种部也抱着此心思，几乎和乡姐种脚前脚后逃往了塞外。

陇西羌之乱果然在一个月之内便被平息。

4.9 京房之死

只一个月不到，便将整个陇西的反叛羌族彻底肃清，汉元帝对冯奉世非常欣赏，封其为关内侯，赐食邑五百户，黄金六十斤。

冯奉世，一举成为汉元帝身边的大红人。

看到冯奉世红得发紫，而冯奉世的女儿又是汉元帝后宫中的昭仪，所以石显便想拉拢冯奉世，让他从中立派彻底变成自己的走狗。

可他也知道，这冯奉世虽然表面上不和自己唱反调，但实际上却非常看不起自己，所以，如果直接向冯奉世本人扔出橄榄枝，他不一定能接，到时候好心变坏事，很有可能让自己下不了台，从而和冯奉世彻底开战，那是石显万万不想的。

所以，石显走了曲折路线，不直接对冯奉世，而是向汉元帝推荐了冯奉世的儿子冯逡，希望汉元帝能让他在朝中担任侍中。

可冯奉世根本就不领石显的情，他可不想留下奸臣的名声。不仅他，就连他儿子冯逡也不领石显的情，还在成为侍中以后将石显的种种丑事都告诉了汉元帝。

可对石显，汉元帝是一百个顺从的。石显怎么可能会犯错？他忠心为国，他是百官的楷模！

基于此，汉元帝罢免了冯逡从此不再录用。并且，汉元帝还将此事告诉了石显，很明显是在向石显邀功，那意思就是："你看看，我对你多好。"

而得知此事的石显极为愤怒，从此以后便开始对冯氏家族展开了全面战争，使得冯家在以后再无人能进入朝廷中枢。冯奉世也在这种打击下没多久便郁郁而终了。

公元前41年四月，大司马车骑将军王接去世，汉元帝用许嘉为大司马。

同年冬季，因为汉朝连年的天灾，同时亦因为汉元帝为提高自己的名声，连年的特赦，使得汉朝劳役大幅度缩减，地方官府无力供应各项开支，汉元帝无奈，只得再次恢复了酒类等物品的朝廷专卖制度。

九月，为了再给国家省点儿钱，汉元帝撤销了卫子夫墓园和戾太子刘据墓园的管理人员。

十月，为了得全天下的民心，汉元帝还废除了隔几年将各地土豪迁往陵县（皇陵管理县的简称）的基本国策，使得汉朝越来越多的土地被那些豪强所侵占，致使国中百姓富的越来越富、穷的越来越穷。

公元前39年正月，汉元帝祭祀天神。

三月，汉元帝祭祀地神，希望新的一年风调雨顺，再也不要给自己来什么劳什子的灾害了。

可老天就是喜欢打汉元帝的脸，因为就在汉元帝费劲儿地祭祀完天神和地神以后，颍川一带便发生了超大水灾，淹死百姓无数。

汉元帝实在是不想再拿钱出去赈济灾民了，他也没那么多钱了，所以他直接让在长安当兵的颍川人带着自己的钱财回去支援自己的家人和乡亲。

十二月，汉元帝为了再省点儿小钱，甚至命人拆毁了刘邦和刘盈的祭祀庙。

可这事儿一出，整个天下没有一个人夸赞汉元帝的，全都在背后咒骂他，说他先拆了自己太爷爷和太太奶的庙，然后又把祖宗的庙也给拆了，干脆把自己爹的祭祀庙也一起拆了呗，一劳永逸。

结果，不但老百姓骂他，老天也再一次看不过去了。

因为几乎是在汉元帝拆了刘邦、刘盈祭祀庙的同时，清河郡的河口大坝便被冲毁，河水再一次肆虐本郡，使得无数百姓惨死，本郡一年的存粮毁于一旦。

公元前38年三月，汉元帝再一次前往五畤祭祀地神。

结果，那边地神刚刚祭祀完毕，铺天盖地的蛾子便从东边飞了过来。

看着漫天黑压压的蛾子，汉元帝迎风而立，他看着苍天，眼泪在眼圈里打转。

"朕到底怎么得罪你了？到底怎么得罪你了？"

公元前37年正月，汉元帝再一次祭祀天神。

三月，汉元帝再一次祭祀地神。

四月，汉元帝再次大赦天下。

可结果呢？依然没有用，老天还是灾害不断，甚至到了六月，太皇太后上官氏都死了。

汉元帝实在是没有办法了，只能找到当时汉朝《周易》方面的第一大师京房，询问他到底应该怎样做才会没有天灾。

京房，字君明，东郡顿丘人，师从梁人焦延寿，专门研究《周易》之学。

京房在学习《周易》方面有着超乎常人的悟性和敏锐，学习没多长时间便已经超越了他的师傅。

他擅长用六十四卦预测灾难，并且十次竟然能中九次！而当时朝廷正是需要这种人才的时候，京房便被任命为郎官，时刻伴随汉元帝左右。

而自从跟随汉元帝以后，长则一年，短则几个月，他所预言的灾害就必定会发生，所以京房很得汉元帝的信任。

可在当时负责预言灾难的可不止京房一个人，还有一个叫五鹿充宗的也很得汉元帝信任。

在京房之前，一直都是五鹿充宗为汉元帝负责灾难预言的。可自从京房来到长安以后，就再也没有自己什么事儿了，所以五鹿充宗非常怨恨京房，便想要弄死他。

按说，不管是京房还是五鹿充宗都是预言灾害的，手中并没有什么实权，拿什么去陷害别人呢？当然是靠山了。

那五鹿充宗的靠山是谁呢？正是石显了。

五鹿充宗和石显的关系是特别铁的，所以当石显听说有不知死活的人来抢朋友的位置，立刻就答应了五鹿充宗，说找到机会就好好地收拾一下京房。

石显，那是真正权倾朝野的人，整个朝廷最少一半的官员都是他的狗腿子，他要想整京房，那京房肯定在劫难逃。

所以，当京房听说了这个消息以后大为惊恐，本来想在石显收拾他之前跑路的，可一想自己的富贵都是自己一手拼出来的，凭什么要让给别人？你石显要是想弄死我，那你就先死吧。

于是，下了狠心的京房下定决心，一定要在石显动手弄他之前先弄死石显。

可他也知道石显在汉元帝心中的地位，所以一直引而不发，只是等待时机而已。

而公元前37年六月，实在忍不了灾害折磨的汉元帝找到了京房，询问他如何才能彻底地杜绝灾害。

敏锐的京房发现，弄死石显的机会来了。

"臣请问陛下，周幽王和周厉王的王位为什么会颠覆呢？他们所器重的大臣又是什么人呢？"

汉元帝开始一愣，然后微微笑道："周幽王和周厉王之所以被颠覆，主要原因是他们身为君者，却不知道民间百姓的疾苦，也不知朝中大事。而他们二人所任用的官员基本上全都是巧言令色的佞臣。"

京房："那明明知道他们是佞臣，为什么周幽王和周厉王还要任用他们呢？"

听到这，汉元帝总算感觉出京房的话中有些含沙射影之意了，于是口气逐渐变得不耐烦："因为这两个君王当时以为他们是贤者。"

京房没有管已经面色逐渐阴沉的汉元帝，还是自顾自地道："那为什么现在大家都知道这些人不是贤者了呢？"

汉元帝："因为后来史书记载了，所以我们现在都知道了。"

京房："欸？那就奇怪了，既然史书上说得那么明白，身为当事人的周幽王和周厉王当时怎么就不知道呢？"

汉元帝："因为临乱的君王都以为他下面的臣子是忠贞的贤士，如果他们都能当时就觉悟的话，那这天下还有什么亡国之君了？不知你在这含沙射影到底什么意思，你到底想说什么？"

京房微笑着道："陛下莫急，还请让臣把话说完。想当初春秋齐桓公和秦二世也都嘲笑过这两个君王，可最后呢？他们还是任用了竖刁和赵高，使得国中政治混乱，盗贼四起，最后甚至不得好死，那他们为什么不以周幽王和周厉王的事为借鉴而觉悟呢？"

汉元帝："只有有道的君王才能以往事而预知未来，而他们两个本身就不是什么有道之君，当然不知道灾难已经在向他们招手。"

话毕，京房感觉时机已经成熟了，哐当一下给汉元帝跪了下去，然后摘下自己的帽子叩头道："陛下！请恕臣大胆直言！自陛下继位以来，日月失明，星辰逆行，山崩水涌，地震落石，夏天下霜而冬天打雷下雨，春天草木凋零而秋天反而绿树成荫，水灾、旱灾、虫灾更是数不胜数，民间饥荒瘟疫遍地，因此死亡之民无以计数。陛下觉得这是大治还是大乱？"

没等说完，汉元帝怒了："不要再说了！"

可京房并没有听从汉元帝的，而是依然道："陛下！您现在用的是谁？"

汉元帝："是石……嗯，话也不能这么说，现在虽然灾害接连不断，可政道总要比周幽王和周厉王那时候要好很多，况且责任又不在此人身上。"

京房微微一笑，然后道："是呀，周幽王和周厉王也是这样，臣最怕的就是以后的人也像您现在评价二王一样评论您啊。"

话毕，汉元帝沉默了好长时间，然后对京房挥了挥手道："我懂你的意思了，你让朕好好考虑一下吧，朕累了，你先退下吧。"

就这样，京房心满意足地退出了侧殿，他认为汉元帝一定会意识到事态的严重性，进而将石显彻底打压下去。

可是他错了，他完全错了，凭石显和汉元帝的关系，汉元帝怎么可能动石显呢？他非但没动石显，反倒更加信任他。因为就在京房对汉元帝说完石显的危害以后，石显第一时间就知道了，然后马上前往寻找汉元帝和他说了很多很多，具体说的什么史书上没有记载，但史书上却说，石显和汉元帝谈过以后，汉元帝就立马调京房往地方担任太守去了。

那京房就是一个预测天灾、精通《周易》的人，其他方面什么用都没有，所以一旦到地方很轻易就能被石显抓住把柄，进而被处死。

京房也知道这一点，同时他也知道是谁在暗地里害他，所以几乎在得到消息的第一时间便又去找了汉元帝，几乎是用哀求的口吻求汉元帝，求他不要让自己前往地方，因为有人一定会用尽手段在背后整他，让他在瞬时之间便死于非命。

可汉元帝呢？石显的话在他这里和"圣旨"没有什么两样，所以他根本就没有搭理京房，转身便走了。

就在汉元帝转身的那一刻，京房知道，自己的死期到了。

是的，他的死期确实是到了，因为就在京房上任地方不到一个月以后，便被以某个罪名收押入狱，进而被弃市。

石显，你究竟还要称霸朝廷多长时间才能满足，汉元帝，你究竟还要让石显霸朝多长时间才能够醒悟？好吧，或许你已经醒悟了，只是不想面对罢了。

4.10 明犯强汉者，虽远必诛

公元前37年十一月，齐国和楚国两大封国先是天降大雪，然后又发生大地震，使得无数百姓家破人亡。

公元前36年六月，丞相韦玄成卒，匡衡成为新一任大汉丞相。

匡衡，这个当代第一大儒，终于如愿以偿地成了当朝丞相。并且，还是在石显当权的情况下荣升的丞相，这说明了什么？说明了此时的匡衡已经彻底成了石显的狗腿子，要不然他不可能在石显的眼皮子底下成为丞相。

好了，现在我们就先不说匡衡，先将目光瞄向身在康居的郅支单于吧，因为西域就要出大事了。

话说郅支单于到了康居国以后，康居王给了他所能给到的最高荣耀，不但给了他土地，还将自己最喜爱的女儿嫁给了郅支单于，希望康居和北匈奴永结秦晋之好。

郅支单于是个聪明人，知道现在多一个盟友多一条路，便同样将自己的爱女嫁给了康居王。

好了，现在两国终于缔结了所谓最牢靠的同盟，匈奴也该开始为康居王"干活"了，毕竟康居王之所以出这么大的力请郅支单于来就是让他帮自己攻击乌孙的。

结果呢，郅支单于还真就没让康居王失望。

要知道，现在郅支单于手底下虽然只剩了可怜的三千骑兵，但这三千骑兵可都是实打实的射雕者，那是北匈奴最精锐的骑兵，再加上郅支单于带兵打仗又是一把好手，所以，乌孙哪怕拥有超越北匈奴数倍的兵力，却依然拿他们无可奈何。

郅支单于带领着自己的三千射雕者出击乌孙以后，不停游走于乌孙国境线，专门挑选防守薄弱的地方"三光"。一时间，整个乌孙国边境线鸡犬不宁，每个老百姓晚上睡觉之前都会向天祈祷，希望老天保佑，不要让自己死于匈奴人的箭矢之下。

那么乌就屠昆弥就这样看着郅支单于残杀自己的人民而不奋起反抗吗？答案当然不是。

乌就屠昆弥确实是派了很多部队前往围剿郅支单于，可根本就没有用，那三千射雕者极为精悍干练，每人都有两匹最好的战马，来去如风，可日行二百余里，所以乌孙的大集团军根本就抓不着这些匈奴人。

而如果是派出当地驻兵抵抗这些匈奴骑兵的话，不好意思，那是来多少死多少，并且还未近匈奴人的身就会被他们的帕提亚射击术射成刺猬。

无奈之下，乌就屠昆弥只能派出使者往长安方面，请求最善于对付匈奴的汉朝派出有经验的将领来指挥他们对匈作战。

而距离乌孙使者到达长安还要等一段时间，这段时间就让我们来看看郅支单于都做了什么。

连续获胜，连续成功打击乌孙，使得郅支单于在康居王的心中越来越重要。可同时，郅支单于那颗骄傲的心也开始活跃了起来。他变得越来越骄纵，甚至有时候连康居王都不放在眼里。

不过最让康居人愤怒的是，他竟然一次性地杀了康居王嫁给他的女儿和陪嫁过去的一百多康居人，还强征康居人给他修建郅支城，使得整个康居内外都十分厌恶他。

可一是因为郅支单于确实能帮助康居有效地打击乌孙，二是请神容易送神难，所以康居王也就忍了，只是希望以后郅支单于能够收敛一些罢了。

可让康居王没想到的是，他根本就不用再忍耐郅支单于了，因为此时乌孙的使者已经抵达了长安，汉元帝在和众多大臣商议以后，决定先派遣甘延寿和陈汤前往乌孙观察战况，然后再根据北匈奴的作战方式派出最适合打击北匈奴的将领。

可令汉元帝没想到的是，支援乌孙，甚至讨灭康居境内的北匈奴根本就不用再派什么劳什子的将领，只一个陈汤就够了。

因为这个陈汤即将在西域刮起一股汉朝雄风，将郅支单于在康居的势力彻底消灭，让所有的西域诸国全都畏惧大汉的威仪。

甘延寿，字君况，北地郡郁郅县人。在他年少的时候，因为善于骑射，还是良家子弟，所以被选到羽林军。

那甘延寿身体素质非常彪悍，进行新兵身体测试的时候不管是投石还是跳跃都无人能比，毫无疑问成了当时的第一，所以再升为郎官。

　　而在郎官之中每过一段时间都要有相互徒手搏斗的比试，甘延寿再为第一，所以又被提为期门，并在之后因为高超的个人武力逐渐被提到了辽东太守的位置。

　　可甘延寿只是一介武夫而已，论治理地方的本领和他的武力可真是天地之差。

　　所以，没过多长时间甘延寿便被免了官职。再之后碌碌无为，一直到公元前36年，朝廷才想起来有这么一个彪悍并略懂军事的人才，便让他前往乌孙探查情报。

　　陈汤，字子公，山阳郡瑕丘县人（今河南省濮阳市东南十八里），陈汤小时候就十分聪明，他喜好读书，过目不忘，知识渊博，通明事理，非常善于写文章。

　　虽然有才，但陈汤家境贫穷，一直都靠着求乞借贷为生，并且为了能活命，为了能读书，陈汤可以用任何办法弄钱，毫不顾忌自己的尊严，所以他的老乡们都看不起他。

　　多年以后，陈汤感觉不管是在文治上还是军事上，自己的理论知识都已经足够了，便前往长安求职，希望以后能谋得个一官半职。

　　只要是金子，在哪里都会发光，陈汤到长安求官果然成功了。

　　可他求得的官职却有些让自己尴尬，为什么呢？因为他求到的既不是文官也不是武将，而是他从来没有研究过的太官献食丞（太官：主要掌管皇宫之内的膳食和皇帝其他的一些事情，手下三千奴婢，一年须耗费两万钱，可以说在"后勤"方面是一个相当不小的官职了，而太官献食丞则是太官手下饮食方面的一个辅助官员，虽然官不大，但多少也算一个铁饭碗了）。

　　陈汤能甘心吗？当然不甘心，他学富五车，文武双全，怎么甘心就在这个官里面永远地沦落下去？所以，自从这以后，陈汤一边做好自己的本职工作，一边挖空心思地接近那些朝中政要，意图将自己的才华展现在他们面前。

　　转眼间几年过去了，这陈汤还真就成功了。也不知是让哪位朝中政要看上了，竟然推荐他为茂才（其实就是秀才，以前也一直都是这么叫的，不过为了避讳光武帝的名才改为"茂"）。

陈汤可得意了，好像未来的锦绣荣华正在向他招手。

可就在这时候，陈汤的老父竟然死了！

陈汤彻底蒙了，要知道，虽然之前汉文帝将服丧三年改为三十六天，可那是为了不影响朝廷运转，对两千石以上高官的政策啊。

可自己只是一个茂才，不知道猴年马月才能当上两千石高官，所以，必须要回家服丧三年才行。

可现在正是自己展翅高飞之时，如果自己服丧三年，那可是什么都没了。

不行，绝对不行。

想到这儿，不甘心的陈汤偷偷地隐瞒了父亲的死，硬着头皮就去上任了。他认为事情隐秘，轻易不会被别人知道。他认为法不外乎人情，就是被抓到也情有可原，不会拿他怎么样。

可他错了。

汉朝推崇儒家，推崇忠孝治国，所以，对于官员服丧这门子事有专门的监察机构，根本就不是能避开的。

当初的大红人霍去病都害怕因为这事儿被参而硬着头皮去见自己的父亲，他一个小小的陈汤算什么？

果然，在陈汤硬着头皮上任没多长时间，他的行为就被司隶校尉逮了个正着。陈汤直接被押进了大牢。而那个推荐陈汤的官员也受到了连带，被削去二百多户食邑。

可天佑陈汤，进了牢房一段时间以后，又有一个官员怜惜他的才华，便举荐他为郎官。

可汉元帝最看不上的就是陈汤这种不孝的人，所以一直都没怎么搭理他。

陈汤有感再在国内也没有什么前途，便多次请求出使西域各国，希望能从外国打出自己的一片天。

而这一次，陈汤如愿了，因为他比较精通军事，所以汉元帝便任命他为副使，和主使甘延寿一起前往西域探察北匈奴的情况。

陈汤在走出汉朝以前还很老实，可一到乌孙，他狼将的本性就露了出来。

只见陈汤阴狠狠地对甘延寿道："甘大人，小人有话要说。"

一路上，通过和陈汤的交流，甘延寿学到了很多，可却从来没见过陈汤这种表情，于是赶紧道："陈兄请说，甘某洗耳恭听。"

陈汤："你我二人都是常年受冷落之人，这次出使乌孙回去以后，相信再不立什么大功这一辈子也就这么回事儿了，大人你甘心吗？"

甘延寿："……当然不甘心，你有什么想法？"

陈汤："既如此，那下官就说了！小的国家服从大的国家，这是千古不变的真理。西域各国在最早的时候便隶属于匈奴，不过后来我汉朝的实力超过匈奴，他们才勉强投靠而已。如今，郅支单于通过连番的胜仗已威名远播，经常攻击压制乌孙和大宛。照这样下去，乌孙和大宛早晚都会对北匈奴俯首称臣。如果郅支单于真的得到了这两个国家，那么他就有实力向北进攻伊列，向西攻取安息（所谓的安息便是帕提亚帝国，属于骑兵强国，为当时罗马最强大的敌人，疆域北达小亚细亚东南的幼发拉底河，东抵阿姆河。与汉朝、罗马、贵霜帝国并列为当时世界四大强国），向南攻打大月氏，相信过不了多长时间，便会再次让北匈奴成为霸主，恢复往日的荣光，甚至更甚！"

甘延寿一哆嗦："不能吧，你是不是把他想得太夸张了？"

陈汤："怎么不可能？我研究过郅支单于所有的战役，他从来没有过一次败绩，逢战必胜！最可怕的是，他每一次战役所用的战术都不重复，恕我直言，光以行军打仗而论，便是当初的冒顿单于都不是他的对手！可现在正有一个天赐良机能够一举灭掉这个心腹大患，就看你敢不敢干。"

甘延寿："你说！"

陈汤："那郅支单于最近耗费人力物力在盖一座郅支城，城池还没有坚固，他手下三千射雕者也不擅长守城作战，如果这时候我们假传圣旨，以陛下的名义调动西域屯田兵和乌孙士兵对郅支单于发动突然袭击，那他到时候就是想逃都逃不了了！我保证，只要几个时辰就能将郅支单于的人头取下来送到长安。这是千载难逢的大功！只要成功，我们加官晋爵就都不是梦了！"

话毕，甘延寿犹豫了片刻，然后对陈汤道："这计谋好是好，可如果郅支单于提前逃跑了呢？他那三千射雕者我们根本追不上啊。"

陈汤："甘大人多虑了，之前我也说了，单从军事上来说，郅支单于甚至能超越冒顿，可其他方面，郅支单于的破绽可就太大了。别的不说，我就说一条，贪！这郅支单于非常贪财，好不容易建成了郅支城，怎么可能会拱手让给我们呢？再加上有康居给他做外援，他心中便一定抱有侥幸，所以绝对不会弃郅支城而走，大人你放心便好！"

又考虑了一会儿，甘延寿最终还是同意了陈汤的意见，可他心中还有一个顾虑，于是道："你的计划我全都同意，不过有一点是万万不能的，那就是绝对不能假传圣旨，应该先把咱们的计划上报给朝廷，等朝廷的批复以后再行决断，要不然可是杀头的……"

没等甘延寿把话说完，陈汤直接阻止道："不行！绝对不行！现在朝廷什么样大人你还不知道吗？石显把持政权，只手遮天，陛下软弱，任由石显猖狂，所以朝廷遍布石显党羽，如果这时候我们向朝廷请求的话，石显百分之百不会答应，哪怕是答应了，他也会派其他的人前来执行这次任务，是绝对不会让不是自己的人立功的，大人你三思啊！"

陈汤说的句句在理，可别看甘延寿武力超群，但实际上是一个墨守成规、胆小怕事的家伙，所以他说什么都不肯答应陈汤的计划，最后甚至挥袖而去，不再和陈汤讨论这个事情。

陈汤这个愤怒，但人家甘延寿是主使，他也没有办法，只能放弃这个念头。

可巧不巧，甘延寿突然得了一场大病（大概是水土不服），每日只能躺在床上静养。

现在的大权就都落在了副使陈汤的手中。陈汤见机不可失、时不再来，立刻假传圣旨，调集了整个汉朝在西域的屯田兵，然后再以汉元帝的名义，不但让乌孙出兵，还让各个西域城邦国也出兵共同讨伐北匈奴。

结果，不到一个月的时间，陈汤便组成了一支四万多人的大军，准备即刻向郅支城进击。

可就在这时候，主使甘延寿的病也好了，当他听说陈汤瞒着他已经调集了这么多的部队，当即大惊失色，马上就要前去阻止。

可就在他即将冲出房屋的时候，一个人却将他堵在了门口，这人不是别人，正是陈汤了。

只见陈汤面容阴狠地望着甘延寿，攥着剑柄的手一直没有松开。

"你想去干什么？现在大军已经集合完毕，只等一声令下就会荡平郅支城，难道这时候你还想阻止不成？我告诉你甘延寿，你要是敢阻止的话，今天咱们两个就同归于尽！"

论武艺，十个陈汤估计都不是甘延寿的对手，但此时甘延寿大病初愈，又被陈汤决绝的表情所震慑，还真就害怕了。

最终，无奈之下的甘延寿只能答应了陈汤的计划，准备和陈汤一起带兵前往郅支城。

可陈汤不放心，害怕这只是甘延寿的缓兵之计，便稍微客气了一点："甘大人，请恕下官无理，只要甘大人你能将现在的情况如实向长安方面报告，下官立即给你道歉认错，并将指挥权都交给你！"

甘延寿长叹一声，然后在陈汤的"威逼"之下将现在的情况全都写成了信件交给陈汤。紧接着，陈汤也在信件上签上了自己的名字，然后命心腹手下以八百里加急之速送往长安。

二人无话，大概一个时辰以后，陈汤感觉甘延寿就是追也追不上信使了，这才哐当一下给甘延寿跪下，继而道："大人！下官此前多有无礼之处，还请大人体谅。下官这就将士兵的指挥权都交给大人。"

说罢，就要将符节交还给甘延寿。可甘延寿却阻止了他，继而道："你小子还是算了吧，论骑射搏击，你不是我的对手，但带兵行军打仗，我是绝对赶不上你的。所以，这个符节你还是拿着吧。现在咱们已经是一条船上的人了，我甘延寿不求别的，只求你能迅速拿下郅支城，我不求功劳，只求能留着自己的一条性命。"

"哈哈哈哈！"

只听陈汤豪情万丈地道："大人多虑了！陈汤以人头担保，拿下郅支单于，只在旦夕之间！"

这之后，陈汤将大军分为六路，每三路为一个大集团军，分别从南北两路共同夹击郅支城。

在向郅支城行军的过程中，陈汤首先遇到了康居副王抱阗的部队（抱阗刚刚"三光"完乌孙国境线，正在往康居撤退），他二话不说，即刻命令部队向康居军发动冲锋。

结果，康居军大败，联军将所有被掠夺的物资全都夺了回来。

之后，大军一路畅通无阻地进入了康居境内。主管往郅支城必经之路的守官屠墨极为畏惧和纠结，他不想和汉朝人交手，因为大汉在西域的威望如日中天，他是真心惹不起。

可他还不能这么放汉朝人进入康居境内，因为汉朝不动手则已，动手轻则屠城，重则直接灭种，毕竟之前的轮台之事相去不远。

就在屠墨正在纠结之时，陈汤却派出了使者，说明了自己的目标并不是康居，而是北匈奴，希望屠墨能够放联军过境，以免双方都不好看。

因为中原人从遥远的周朝开始就十分讲信用，所以屠墨决定赌一把，便开放了关卡的门户，同意让联军借道前往北匈奴。

结果，陈汤确实没有让屠墨失望，联军真的是路不拾遗，没有侵犯康居一草一木。

之后，再没什么意外，联军相当顺利地在距离郅支城五十余里的地方会师。

而此时，郅支单于也终于发现了有四万联军正冲他而来。

郅支单于估算了一下，自己这三千人不管怎么打都不是联军的对手，便想要跑路，回到自己原来的地方。

可自己通过多年的努力，好不容易在康居建立了威信，如果再给他一点时间，他甚至有能力将西域统一。

事情已经到了这一步，让他就这样回去他甘心吗？当然不甘心。

还有，就像陈汤说的那样，这个郅支城也倾注了郅支单于的心血，耗费了无数的人力财力，才有了现在的规模，怎么能说走就走呢？

于是，不甘心的郅支单于果然放弃了逃走的念头，然后一边派遣使者往康居王处请求援军，一边又派遣使者往联军处想办法拖延联军。

次日，联军距离郅支城已经不到三十里了。

这时候，北匈奴的使者来到了联军驻地，请求面见甘延寿和陈汤。

见此，甘延寿问陈汤："兄弟，这时候郅支单于派人来干什么？莫不是想投降了？"

陈汤冷冷一笑："哼，投降？不过是想拖延时间等待康居的援兵而已。大人不必在意，一会儿你就这样说……"

不一会儿，匈奴使者进入了大帐，对甘延寿行礼之后便问："尊贵的汉朝使者，我们大单于让我前来向您表达问候，并想问问尊贵的汉使，为什么要带这么多士兵进入我匈奴境内呢？"

甘延寿不紧不慢地道："你们单于不是说过愿意归附我们汉朝并亲自入朝拜见天子吗？可为什么这么多年都不来呢？我们天子恐怕大单于并不是不想来，而是怕被土匪或者什么其他人给劫持才不来吧。这就派我们前来迎接大单于了，不过还请大单于放心，我们这次来主要是迎接大单于入京，并没有想要对大单于动手的意思，军队也就停到这里了，并不会再向前行进，还请大单于放行。"

听了这话，匈奴使者才松了一口气，然后将甘延寿的话报告给了郅支单于。

郅支单于猖狂大笑，痛骂甘延寿和陈汤傻，然后安心地等待着康居援兵的到来。

殊不知，这一切都是陈汤的计谋。他在郅支单于麻痹大意的情况下，于当天夜晚彪奔猛进，还没到次日早晨便完成了包围郅支城的计划。

第二天一早，轰轰轰，正在睡梦中的郅支单于被一阵阵整齐而有节奏的行军声所惊醒。

"来人！怎么回事儿？"

"启、启禀大单于，联军现在已经将我们的城池四面包围！看样子马上就要展开进攻了。"

"什么？"

郅支单于大惊，连滚带爬地穿上衣服，急速冲到城墙之上。

见城下联军刀戟林立，郅支单于知道自己中计了。

可郅支单于也是久经沙场的悍将，反应相当敏捷，他迅速布防，将三千射雕者分散布置在郅支城城墙之外的木墙上。

咚咚咚。

就在郅支单于刚刚布防完毕之际，联军也开始对郅支城展开了第一波攻势。

这第一波攻势基本上全都是乌孙和各个西域城邦国的士兵，所以单兵作战能力要比汉军差很多，并且郅支城的木墙建得非常高，那些射雕者在木墙之上居高临下地射击，那是射一箭死一个，所以没一会儿，第一波攻势就被打退回来。

陈汤见木墙难攻，当即命士兵展开了第二波攻势。

此波攻势，陈汤用的全都是汉军。他将士兵分为两排，第一排为巨盾重步兵，第二排为弓弩手。

轰轰轰，伴随着整齐划一的行军之声，汉军的第二波攻势很快到了。

北匈奴的弓箭手一如既往地以居高临下之势射击，可这些箭矢绝大部分都被身在前排的巨盾重步兵所拦截。

而当汉军冲到有效范围以后，二排的弓弩手便对着木墙上的射雕者一顿齐射。

顿时，汉军的箭矢如铺天盖地一般向木墙上的射雕者射去。

噗噗噗，只一会儿的工夫，便有数百名射雕者被射下木墙，其他的射雕者也被这众多的箭矢射得抬不起头。

一时间，汉军占据了绝对的进攻主动权。而在射雕者被射得抬不起头之际，突然从汉军中冲出一支部队，这支部队的士兵人手一捆柴草，然后在弓弩手的火力掩护下冲到了木墙之下。

呼呼呼，浓烟火光漫天，郅支单于辛辛苦苦建造的外围木墙就这样轻易被焚毁。

咚咚咚咚咚，见木墙彻底被毁掉，联军方面擂起了总攻的战鼓。

一时间，联军在汉弓弩手的掩护下同时从四个方向对郅支城发起了猛烈的总攻击。

只见云梯一个接一个地架到了城墙之上,联军的士兵就像蚁群一般密密麻麻地向上攀爬。

郅支单于亲自带着自己的亲卫队和守城士兵一起抵挡着联军的进攻,甚至郅支单于的阏氏以及众多女眷也加入了这场惨烈的战斗。

北匈奴的这些射雕者本就对郅支单于忠心无比,又见郅支单于的老婆们都冲出来和联军搏斗,一个个无不拼死作战。

胡刀砍断了,他们就用牙咬。

双腿被砍得无法动弹了,他们就抱着联军士兵一起跳下城墙同归于尽。

最后,终是成功地抵挡住了联军第一天的进攻。

当天结束战斗以后,联军死亡的人数虽然要比北匈奴军多不少,可联军胜在人多。而郅支单于所剩下可以战斗的士兵只有一千余人。

并且,在白天的搏斗中,郅支单于的鼻子被流矢射中,鲜血狂流不止,甚至他的妻子们也全都死在了联军的刀斧之下。

可就是这样,郅支单于依然带领着北匈奴的士兵和联军拼搏到底,成功地顶住了联军第一天的攻势。

可郅支单于也知道,过了今天晚上,自己就再也没有机会了。

所以,郅支单于下狠心了,他在当天夜晚带领着数百名射雕者偷偷打开城门,意图用这些骑兵冲入联军大营,狠狠地突袭一把,将汉军的士气降到最低点。

可陈汤早就料到郅支单于这个强弩之末必会在夜晚有所动作,所以警戒十分周密,那边郅支单于率领的部队还没等冲到大营,便被无尽的弓弩射得仓皇而逃。

最后,逃回郅支城的人除了郅支单于和几个格外勇猛的射雕者以外,其他人无不亡于联军箭矢之下。至此,郅支单于手下可用之兵已不足一千人。

而陈汤也知道这一点,便在第二天当着所有武官的面下达了死命令,就是要求各部必须在今日之内拿下郅支城,不然军法处置。

咚咚咚咚,随着延绵不绝的战鼓声,联军于第二日一早便开始对郅支城发动了总攻。

那些射雕者虽然拼命抵抗，但这不到一千人实在是顶不住汉军一波又一波的攻击。

于是，无奈之下，郅支单于只能率领军队退入内城之中，以此减少守军所需的防守面积，最大化利用自己手下的士兵给予联军伤害。

射射射，不停地射，数百名射雕者在郅支单于的统率之下于内城的城墙之上不断给予联军射击。

联军虽有很多的人被射雕者射死，但人数依然是北匈奴的十多倍，并且最难攻破的外城已经被攻破，再加上不管是汉人还是乌孙人都对北匈奴有着不可消除的民族仇恨，所以联军的这些士兵好像丧尸群一般，不顾恐惧和疼痛向城墙之上猛攻。

而北匈奴数百名射雕者也悍然不惧，管他联军多少人来攻，他们只知道上来一个杀一个。

于是，一时间，内城的城墙上鲜血横流，两方人马都像不要命一般砍杀对方。

可大概一个时辰后，本来就人数不多的射雕者在这惨烈的守城战中又死去了将近一半人。

见此，郅支单于迅速下令，命还剩下的几百名射雕者立即撤下内城城墙，分散逃入内城大街小巷的暗处，用冷箭来不断射杀联军士兵，等箭矢即将用尽之时，于宫殿集合。

这数百名射雕者得令以后迅速奔入内城，扔掉了如同生命般重要的战马，躲在了大街小巷之中。

过了一会儿，伴随着轰隆隆的脚步声，联军开入了内城之中。

就在这时，时不时便有冷箭不知从何方飞射过来，并且每一箭都必中联军士兵的心口和脑袋。

一时间，冲进内城的联军乱作一团。此时他们的士气虽然非常旺盛，但对于看不见的敌人却是相当恐惧。

看着越来越多的战友惨死于冷箭之下，内城的联军士兵越来越恐惧，到最后竟然开始往外城跑。

而外城的士兵正在不停往内城奔，最后竟然造成双向的人都堵在内城城门的窘态。

见此，陈汤大怒，立即命后面的士兵执行军令，只要看到有往后逃跑的士兵，不管是汉朝人还是其他西域国人，直接捅死他们！

噗噗噗！

命令一下，内城城门处顿时鲜血横流，那些往外奔逃最急的，无不被冰冷的长枪穿透了心房。

无奈，之前想要往外跑的联军士兵只能硬着头皮再一次往内城跑。

而陈汤身为一个合格的将领，他是绝对不会让自己的士兵白白送命的。

于是，他迅速下令，命汉军的大盾重步兵急速冲到内城，用他们的巨盾将其他战友掩护好，然后二十人为一组组成龟甲小阵，缓缓在内城中行进搜索，仔细观察来箭的方向，一旦发现对方的"狙击手"便迅速冲过去寻找并解决掉！

之前，因为没有领导的指挥，再加上敌人隐藏在阴影之中，所以联军的士兵乱作一团。可在陈汤快速有效的调动之后，这些士兵有了主心骨和战略目标，一下就不紧张了，继而在大盾重步兵的掩护之下于内城展开了地毯式搜索行动。

一处、两处、三处……随着一处又一处的狙击点被联军端掉，一个又一个射雕者被联军杀死，最后即将射完弓箭逃到宫殿的射雕者只有一百来人了。

可那些死去的射雕者也成功地拖延了联军的步伐，使得现在的时间已经到了晚上。

陈汤见敌人现在只剩下这可怜的一百来人，也就没管白天还是晚上继续进攻。

郅支单于知道凭手中这一百多疲惫之兵根本无法抵挡进攻，便再向后撤，退到了内城西边的一个土城之上，意图以居高临下的地势再给联军最后一次打击，杀一个够本，杀两个赚了。

见此，陈汤将土城围了个里三层外三层，想要劝郅支单于投降，意图把一个活生生的郅支单于押送长安。

可就在这时，轰隆隆的马蹄声震慑大地，无数的火光于四面八方来回游走。

见此，郅支单于哈哈大笑。无他，康居的援军来了。

而反观联军则是一脸的惊恐。

要知道，现在正是士兵疲惫、后背空隙大露之时，如果这时候敌军在后面给自己强力一击，那整个军队都将被打散。

最开始，陈汤见此情景也是眉头紧皱，可他看了看逐渐逼近的康居军，又思考了一会儿，紧皱的眉头便舒展开来，微笑着对传令官道："传令下去，留五千人包围土城，只要郅支单于不主动突围便不准进攻，我要让他亲眼看着我是怎么打败这些康居人的。"

"是！"

"来人！"

"在！"

"传令下去，命我所有汉卒迅速前往各处营寨布防，敢让一个康居人突围到郅支城下，我杀守营之人全家！"

"是！"

"来人！"

"在！"

陈汤："传令下去，让所有的乌孙骑兵于军营以南做好准备，一旦康居军败退便给我拼命追击。"

"是！"

话毕，陈汤朝郅支单于的土城之上轻蔑一笑，然后便和甘延寿一起到城墙之上去欣赏这出大戏了。

见陈汤走得如此从容，好像胜券在握一般，郅支单于非常纳闷儿。

于是他站在土城之顶，仔细地观察了一下康居的行军布阵，看完眉头一皱，好像想到了什么，然后掰着手指算了算。

不一会儿，郅支单于一激灵，然后把胡刀向地上一扔，大声怒吼道："到底谁是这支部队的统帅！唉！完了，全完了。"

此时，陈汤已经和甘延寿走到了城墙之上，陈汤命随行厨官为他们摆上了丰盛的酒菜，然后举杯对甘延寿道："来！甘大人，为了我们的锦绣前程干一杯。"

甘延寿可喝不进去，眉毛拧得和麻花一样："陈汤，你这到底是玩的哪一出？你没看我们现在已经被包围了吗？"

陈汤："哈哈，大人多虑了，此役，我们不但会生擒郅支单于，还能将这些不知死活的康居人一举歼灭。从此以后，在西域境内，我大汉之威将再也无人能够撼动！"

甘延寿："你，你的意思是说我们这场战役赢定了？但我怎么看不出来呢？我只看到我们现在被数万骑兵给包围了呀。"

陈汤："什么数万骑兵！我刚才粗浅地估算了一下，从我们进入康居境内开始算起到现在，最多不超过五天的时间，去除使者前往报告的路程，和敌军前来援救所需要的时间，给康居王集结士兵的时间最多两天而已，这两天的时间内，他就是拼了命地召集士兵，最多也就一万多人。如果这个带领军队的将领敢于孤注一掷，将所有士兵集结一点，于我军空隙之时在背后拼死突击，那结果还真就是未知之数了。可这康居将领自作聪明，他知道自己兵力不多，竟然在战马上多安火把，意图迷惑我军，进而造成恐慌，不料却被我看透。岂不闻'十则围之，五则攻之，倍则战之，敌则能分之，少则能逃之，不若则能避之。故小敌之坚，大敌之擒也'。他现在的兵力本来比我军少，却还要从四面八方分散着来攻击我军，那不是找死又是什么？再加上我汉军劲旅最擅长的便是防守作战，弓弩的杀伤力在防守战中将会体现得淋漓尽致，所以康居人必定攻不下来……呵呵，我都说了就没意思了，大人自己看吧，你我只管把酒言欢即可。"

话毕，甘延寿半信半疑地和陈汤碰了一杯，之后再无酒意，只是死死地盯着战场，时刻关注着战场上的一举一动。

陈汤无奈一笑，自顾自地吃喝起来。

陈汤如此自信，那事实真的会如他所言的那样吗？我们看看就知道了。

康居统帅布置完所谓的"疑兵之计"以后，由于损耗的时间很多，所以汉军也完成了布防。

可这统帅并不知道，还以为联军已经被自己吓破了胆，便从四面八方向郅支城发起了冲锋。

可等康居骑兵冲到了联军营寨附近的时候，突然爆出一身惊天巨响，然后无尽的箭矢趁着黑夜的掩护飞到了康居军的近前。

噗噗噗，康居军全无防备，只是瞬间便被汉军射死千人之多。

统帅大恐，赶紧命士兵迅速撤回，准备做好防御措施再行攻击。

可来也突然去也突然，汉军还在前方不停地射击，导致康居军大乱一团，在被射死众多人以后才成功地退到汉军的射程以外。

本来万分紧张的甘延寿见此于城墙之上哈哈大笑，再与陈汤碰了一杯，然后大口喝酒大块吃肉。

陈汤也是无奈地笑了笑。

甘延寿："现在是不是可以组织骑兵反扑了？"

陈汤："时机未到，再等！"

甘延寿："哈哈，好！就听老弟的！"

就这样，康居统帅再组织了数次进攻，可没有一次能突破汉军的防线，反倒是在郅支单于的痛骂声中损失了一拨又一拨的士兵。

次日早晨，已经不知道组织了多少次进攻的康居兵已疲惫不堪，士气低落。

可康居统帅毫不知情，再令士兵冲击汉军防线。他就不信冲不过去。

结果，毫无悬念地，康居骑兵再次被汉军射了回来。

并且，就在康居军新一轮的攻击失败以后，只听汉军方面咚咚咚的一阵鼓响，已经养精蓄锐一夜的乌孙骑兵立即从大营之中冲杀出来。

这些康居兵哪里还有再战的能力，几乎没有接触便四散而逃了。

可乌孙骑兵怎能放过他们，仗着郅支单于欺负了我们这么长时间，欠下的债该还了。

于是，乌孙骑兵好像疯狗一般紧追狠"咬"。最后，成功逃回康居的骑兵数量竟然不到出征时的一半。

好了，最后一个精神支柱也倒蹋了。陈汤放下手中的酒杯，和甘延寿一起走到了土城之下，然后派了一个能喊的士兵对着上面的郅支单于大喊，让他赶紧投降。

可郅支单于是一个极有气节的人，根本不受陈汤的威胁，宁愿战死，也绝对不当汉人的俘虏。

无奈，陈汤只能让士兵对土城发动了总攻。

最终，所有没投降的北匈奴人都被汉军所杀，郅支单于也被砍下了脑袋送往长安。

本次战役，陈汤共杀单于、阏氏、孤涂、名王以及下品官员一千五百一十八人，俘虏一百四十五人，投降敌人一千余人，彻底将康居国内的北匈奴势力肃清。

康居王见识到了汉军和汉朝将领的厉害以后，生怕汉朝会继续报复康居，乃遣自己的储君前往汉朝为人质，并年年上贡，只求汉朝不要对他施以武力打击。

这之后，陈汤解散了联军，班师回朝，并在回朝之前写了一封信交给汉元帝邀功："臣听说这天下的大道理都是一样的，每过一段时间便会生出一个超强国家。曾经，尧舜时代，我中原民族是最为强盛的。如今，过了数千年，强汉又屹立于天地之间。之前一段时间，南匈奴呼韩邪单于已经成了我们北方的附属、屏障，北匈奴郅支单于在西域翻江倒海，西域所有的国家都认为我们大汉无法使他臣服。可如今臣甘延寿、陈汤率领正义之师，替天行道，依仗着陛下的神圣英明，砍下了郅支单于的人头，并将在康居境内的北匈奴人全部铲除！至此，臣希望陛下能将郅支单于的人头挂在长安城楼之上，让所有人都知道，不管是谁，明犯强汉者，虽远必诛！"

"明犯强汉者，虽远必诛！"

这九个大字把汉元帝震得晕头转向、热血沸腾，当即便命人将郅支单于的头颅悬挂在长安城楼之上，然后召开廷议，商讨如何赏赐张汤和甘延寿。

按说，二人立了这么大的功，大大赏赐一番是免不了的，可有石显在朝，这事可不好实行。

为什么呢？

因为石显曾经想把自己的姐姐嫁给甘延寿，可甘延寿"不识抬举"，硬是拒绝了石显的提议。所以，打这以后，石显和甘延寿便成了仇敌的关系，连带着陈汤也一起被殃及池鱼了。

朝堂之上，汉元帝刚说完如何赏赐陈汤和甘延寿，就见石显对司隶校尉使了一个眼色。司隶校尉会意，立马站出来道："启禀陛下，经臣探查，陈汤与甘延寿于征伐期间，缴获了很多战利品，可上报清单上并没有如实汇报。所以，臣可以断定，那些没报的战利品全都被二人私吞了！此二人欺上瞒下，已然犯了欺君之罪！不处罚他们已经是格外开恩了，怎么还能奖励他们呢？如果开了这个先例的话，那以后其他将军全都这样做，朝廷要如何处置？还是不断地纵容吗？望陛下三思。"

话毕，石显的那些狗腿子全都站出来道："臣等附议！"

其实，从遥远的尧舜时期开始，凡带兵出去打仗的将领多多少少都会克扣一些战利品，一部分用来奖励给自己的士兵和下属，另一部分就私吞了。并且历代的君主也都知道这事，大多数的君主也都纵容手下将领这样去干，一是这样的做法可以提高士兵的战斗热情；二是这样做能够让手下的将领对自己更加忠心。

当初汉文帝对此不甚了解，被冯唐一顿教育以后不是也睁一只眼，闭一只眼了吗？那么简单的道理汉元帝知不知道呢？

他当然知道，但毕竟有太多人都反对甘延寿和陈汤，所以汉元帝并没有在朝堂之上表态，而是宣布散朝，等甘延寿和陈汤回京以后再行讨论。

而此事很快便被二人知晓，陈汤当即便给汉元帝写了一封信，然后快马加鞭地往长安赶。

信的内容是这样的："陛下！臣与甘大人有幸诛杀了郅支单于，将他的人头悬挂于长安城楼之上。军队从万里之外兴致勃勃地往我们的家里赶。可就在回家的途中，司隶校尉不但不给我们庆功，反倒是将士兵挨个严查狠搜。这是在干什么？这是要给郅支单于报仇吗？如果这样下去，以后谁还想为国效命？谁还愿意为国家战死沙场？司隶校尉张口闭口克扣战利品，可他根本不知道，那些清单上没有的战利品都赏赐给了其他的西域方国军，我大汉朝总不能让人家白白出力吧？还望陛下定夺。"

汉元帝看了此信以后大怒，直接将司隶校尉叫来劈头盖脸就是一顿臭骂，本想让他卷铺盖走人，但考虑到这是石显推荐上来的人，汉元帝也就没有动他，并在甘延寿和陈汤回到长安以后再次召开廷议，商议如何赏赐二人。

这一次，众多大臣没有再敢出来反对赏赐二人的了，毕竟现在皇帝的态度就在那里，顶着风口实在是不太安全。

这些大臣的估计是非常有道理的。可有的人，他就真不必顾忌汉元帝是怎么想的，这样的人当然就是石显和匡衡了（匡衡现在已经成了石显最忠诚的狗腿子之一）。

那石显率先站出来道："陛下，甘延寿和陈汤在没经过陛下允许的条件下便假传圣旨，擅自调动屯田兵和各西域城邦国的军队，这属于大大的欺君之罪，陛下不处罚他们便是皇恩浩荡了，怎么还能奖励他们呢？"

话毕，匡衡接着补充道："臣赞同石大人的话，如果此先例一开，那么以后但凡出去外面的使者便会私自调动部队，引起国际争端，结果势必会让国家遭受灾难！所以，这个先例开不得，所以非但不能赏赐这两个人，还要给予一定的惩罚，以彰显我大汉严明的法规。"

众臣："臣等附议。"

一而再，再而三地打击国家能臣干将，本来已经不打算再和石显抗争的刘向实在是无法再忍耐了。（刘向，字子政，本名更胜，后改为向，为汉宣帝时代的官员，其人一身正气，两袖清风，经常暗讽石显的霸道，所以一直都是石显的打击对象。但刘向身上没有哪怕一点儿被攻击的漏洞，再加上汉元帝也十分喜欢他，所以一时间石显也没什么办法能将他除掉。之后，随着萧望之等人一个一个被石显弄死，刘向在朝中便越发势单力孤。所以，在短时间内，刘向偃旗息鼓，没有再向石显发动攻势，同时，石显也没有什么太好的口实来攻击刘向，两人就这样相安无事了好长时间。时至今日，陈汤和甘延寿建立了天大之功，可石显和他的那些狗腿子依然要残害国家功臣，所以，刘向受不了了。）

就在石显、匡衡以及众多大臣话毕之后，刘向大步走出，对汉元帝深深一拜，然后义正词严地道："陛下！当初郅支单于残忍杀害我大汉使者和数百官兵，使得我大汉颜面扫地！在场的这些臣子无不愤怒，陛下甚至还扬言要彻底消灭北匈奴，您没有把这件事忘了吧。"

汉元帝："当然没有！"

刘向："那就太好了！主使甘延寿、副使陈汤，二人依仗着陛下的神威，神灵的保佑，率领我汉朝西域屯田兵以及各个城邦国组成联军深入极为遥远的地区，连破康居各处城池，最后在郅支城斩杀了郅支单于，不仅给我大汉找回了颜面，还让西域各国都对我大汉畏惧至极！臣甚至都听说呼韩邪单于因为此事正准备亲自来我长安对陛下发誓，要世世代代为汉之附庸。纵观千载，有谁立下过如此万世之功业的吗？"

石显插嘴："万世之功业，好大一顶帽子。"

石显话音未落，刘向唰的一下看向了石显，阴冷地道："你不用在那里阴阳怪气，从前，周朝的大夫方叔、吉甫为宣王诛杀了猃狁而使得百蛮服从，可谓功盖当时。但猃狁距离镐京不过千里，怎能和甘延寿与陈汤的这次功劳相提并论？春秋时期，五霸之首齐桓公先有尊王攘夷之功，后有亡掉国家之罪。可现在有几个人记得他的亡国之罪？每个人提起他不是依然会竖起大拇指吗？再说早些年的贰师将军李广利。当初，李广利出征大宛，损失了五万部队，总消耗的钱粮都要数以亿计！可最后仅获得了一些所谓的骏马而已，可法度严明的武帝依然不计他的过错，给他封侯拜爵。如今的康居要比当初的大宛不知强大多少，郅支单于的统兵打仗能力更是无人可及！可甘延寿和陈汤呢？带领着庞大的援军，不费朝廷斗粮便在路上攻陷了康居五座城池，砍下了郅支单于的人头，并消灭康居一万骑兵，其功劳是李广利的百倍有余！所以，总的来看，甘延寿和陈汤的威武勤劳要比方叔和吉甫还大，功劳要比齐桓公和李广利更强！可现在呢？因为有些人的胡言乱语，朝廷便打算削去甘延寿和陈汤的功劳，甚至还要对他们进行处罚，臣为此感到痛心！并且，臣可以保证，如果真的对二人进行处罚，全天下的将士都会对朝廷寒心！所以，臣建议，不但不应该惩罚二人，还要大大地奖励他们！"

这话说得句句在理，汉元帝也是频频点头，就要大赏甘延寿和陈汤，可石显怎能甘心，便在汉元帝即将下定决心之际再道："陛下不可！那郅支单于就是一条丧失了国家的狗而已，根本不算是真正的单于。"

匡衡补充："是也，臣也听说这郅支单于手下不过就三千部众而已，所以陛下完全用不着对其进行什么赏赐。"

话毕，刘向再次抗争，汉元帝也觉得甘延寿和陈汤真的是功劳很大，便想封他们为千户侯，黄金一千斤。

可石显打定了主意阻挠，带领着朝中百官否决了此提议。

而刘向呢？寸步不让，哪怕受到千夫所指。

这场论战一直从白天"打"到晚上。最后，在石显和他狗腿子的作用下，硬是将千户侯弄成了百户侯，将千金弄成了百斤。

大概是汉元帝自己也觉得不好意思了，便在赏赐完二人以后给二人提了提官职，任甘延寿为长水校尉，陈汤为射声校尉。

按说不管是长水校尉还是射声校尉，那都是朝廷两千石的高官，汉元帝也算待二人不薄了。可只要有石显在，这二人就好不了。

自从甘延寿和陈汤升官以后，石显便派出了许多"间谍"时时刻刻蹲在二人的家门口，就想抓到他们的把柄然后将其弄死。

我们先看甘延寿，那甘延寿才当上长水校尉没多长时间便被石显不知通过什么办法给调到了城门校尉的位置上，结果甘延寿没多长时间便郁闷而死。

紧接着，石显又让匡衡给汉元帝上奏，再提陈汤克扣战利品之事，并勾结党徒，给汉元帝施压，想尽办法要弄死陈汤。

汉元帝毫无主见，最终还是听从了石显的建议，将陈汤削为平民。

一下子从射声校尉成了平民，本就心怀不满的陈汤更加不甘。于是，为了能够再入朝廷为官，脑热的陈汤通过分析上书，竟然说康居王送过来的侍子并不是康居王的儿子，意图以此为阶再次为官。

陈汤太天真了，现在满朝官员基本都是石显的狗腿子，哪怕这侍子真的不是康居王的儿子，但石显说是，那就一定是！

所以，在经过一番"调查"之后，"确认"了这个侍子确确实实是康居王的儿子无疑。

于是，石显再次参了陈汤，说他犯了欺君之罪，应该马上处死！

幸得刘向和谷永拼死为陈汤求情，再加上汉元帝也确实想给汉朝留一个能拿得出手的大将，便没有诛杀陈汤。

行了，不说陈汤了，还是先把目光往北看吧，因为呼韩邪单于要来了。

4.11 伟大的侯应十条

话说郅支单于惨死后，南匈奴的呼韩邪单于又喜又怕，喜的是这个强大的竞争对手终于彻底完了，怕的是现在南匈奴的实力已经压过了北匈奴，如果汉朝皇帝从这以后将打击目标转移为自己怎么办？

如果汉朝和北匈奴联盟打击自己怎么办？

这可能吗？没有什么不可能，在绝对的国家利益面前，什么所谓的诺言都脆弱不堪。

所以，为了杜绝这种情况的发生，呼韩邪上书汉元帝，请求能够再次前往汉朝拜见。

汉元帝批准了呼韩邪单于的请求。

公元前33年正月，呼韩邪来到了长安，再一次拜见了汉元帝。

汉元帝奖其忠心，给了他封侯的奖励，甚至是上一次奖励的两倍有余。

呼韩邪单于还说想要娶汉朝的女子为妻，不求一定是什么公主，只要是汉朝的女子就可以，他愿意一辈子做汉朝的女婿。

呼韩邪单于如此谦卑的态度让汉元帝非常满意，便将后宫仆人的良家女子王昭君赐给了呼韩邪单于。

有关王昭君，虽然在正史中并没有民间传说的那么伟大，不过功绩也还是有的，所以在这简单地介绍一下。

王昭君，本名王嫱，字昭君，乳名为皓月，为现今湖北省宜昌市人，和杨玉环以及西施、貂蝉并称中国四大美女。

在民间，有很多关于她的传说，其中有一个最出名，那就是有画师向王昭君索要贿赂事件。

这传说有鼻子有眼，说王昭君两袖清风，不屑于贿赂画师，所以画师把王昭君画得很丑，汉元帝也就没有宠幸过她，最后赐给单于的时候看到了王昭君那绝世容颜才后悔莫及。

而呼韩邪单于见王昭君如此漂亮，才想要给汉朝永远守边。

话说，将王昭君赏赐给呼韩邪单于以后，呼韩邪单于十分高兴，并再次向汉元帝深化忠诚之心，他当着所有大臣的面向汉元帝保证，说从今以后，匈奴愿世世代代替汉朝守护上谷至敦煌的边疆，希望汉元帝能够撤去边塞的士兵，以此休养生息。（因为汉朝最近灾祸不断，国库空虚，所以呼韩邪单于以此为拍马屁的点，意图达到好的效果。）

按说，呼韩邪此提议对于现在的汉元帝来说可谓是雪中送炭了，可兵为国家大器，虽然撤除边境的守军可以有效地减少国家的开支，其结果却是每天都要提心吊胆。

汉元帝当然不愿意这样，便没有立即答应呼韩邪，而是先让他去专门的官邸休息，然后召集了所有大臣商议。

当时，朝中很多大臣都赞成撤去边境的守兵，他们的观点是，现在正是南匈奴最畏惧汉朝的时候，所以短期之内绝对不可能叛变，而此时的汉朝也是最受天灾磨难之时，所以不如顺水推舟，撤去边境守兵，以此节约大部分军饷，这样中央就会更加从容，等到天灾过后，朝廷的资金再次充足以后再派士兵重新返回边境也没有什么不好。

此话说得有理有据，汉元帝也是频频点头，看似马上就要答应了这种做法。

可就在这时，郎中令侯应站出来道："陛下！万万不可！自从有秦以来，匈奴就十分暴虐残忍。汉朝建立以后，其危害尤其严重！那么匈奴为什么会如此嚣张？为什么高祖所建立的强大汉朝起初也不是他们的对手呢？

"很简单，因为阴山山脉！

"阴山山脉，东西纵横一千余里，草木极盛，禽兽极多，气候极好，和现在漠北的匈奴之地简直是天壤之别，是最初匈奴的天堂，也是当初冒顿单于敢于和汉朝叫嚣的根本凭仗！

"后来英明神武的武皇帝夺取了此地，使得匈奴从此丧失了和汉朝叫嚣的底气，进而改迁漠北。那漠北地势平坦，草木稀少，多为飞沙走石，哪怕是匈奴再次前来侵袭，也没有什么可以给他们遮蔽的，所以匈奴丢失此地以后不但经济人口严重下滑，甚至连他们最为倚重的游击战术也无法发挥。

"匈奴的那些老人直到现在提及阴山的丢失都会伤心得痛哭流涕。

"武帝怕匈奴人再次夺回阴山山脉，所以在此地设置了岗哨要塞，边境才能彻底地安定下来。

"我不怀疑此次呼韩邪单于出使我大汉的诚意，可一旦我军撤掉边境的守兵，那不是拱手将阴山山脉重新交还给匈奴了吗？而这，只不过是我要叙述的第一条而已。

"第二，刚才有的同僚说了，现在正是匈奴最为畏惧我大汉之时，是绝对不会反抗我大汉的。这没错，可谁敢保证匈奴世世代代都不会背叛我们汉朝？包括匈奴在内，我们汉朝四周都是一些野蛮的民族，他们在危难的时刻往往装得谦卑恭顺，可一旦强大起来就会再次骄纵叛逆。这是他们的天性，根本无法更改，所以，哪怕是居安思危也不能撤出边境的守军。

"第三，我汉朝是一个礼仪之邦。可就是这样，依然还会有很多刁民违法犯罪，以不正当的手段来换取他们不应该拥有的财富。试想，我们的百姓都是这个样子，那匈奴的百姓应该是什么样子？那阴山水草肥美，禽兽如云，他呼韩邪有什么能力保证自己的子民不会往阴山里面跑？我甚至可以预见到，自此以后，将不断会有匈奴人重新回到阴山，到时候人会越来越多。等到阴山山脉重新布满了匈奴人以后，陛下您就是想再将此山脉夺回来也绝不可能了。而呼韩邪单于呢？只需要向您道个歉，然后郑重地请求您重新将阴山山脉赐给他，并发誓永远都不会背叛我大汉也就行了。到时候陛下您能怎么样？您会怎么样？自食苦果罢了。

"第四，我中原从很久以前便开始重视修建关卡来控制诸侯了，这样做的根本原因便是为了断绝那些臣子的非分之想。所以，建设军事关卡和要塞并不一定就是为了抵御匈奴，同时也是为了防御那些所谓的附属国和归降的人所组成的集团。在这些人中有很多人本来就是匈奴人。所以，一旦阴山山脉被匈奴重新夺回，这些人一定会重新逃回匈奴。到那时候，匈奴就会进一步强大。

"第五，自羌族人投降我们汉朝以后，我大汉边关的一些官吏和百姓便贪图小利，时不时地去抢夺人家的畜生和人民，因此边关的羌人现在非常怨恨我们汉朝。所以，他们早晚会对我们汉朝有所行动，只不过是我汉朝边境的守卫太森严，他们没有下手的机会罢了。所以，如果撤去边关的守卫，那么最后的结果必然是将羌人引诱得造反。到时候会怎么样呢？我们大汉将会重新派兵前往平定，到时候所要消耗的钱粮将会更多。

"第六，匈奴投降我汉朝的人很多，他们多年在汉境之内开枝散叶，现在的子嗣后代甚至已经超越了他们当初的总数，所以一旦这些匈奴人逃回阴山，那么，他们的子嗣也一定会跟随他们的脚步而投奔匈奴人，这会造成什么样的后果呢？会造成天下恐慌，边境不振！陛下岂能不三思？

"第七，陛下，这么多年来，我汉朝一旦有谁犯了罪就习惯性地将其流放到极南和极北之地，而为了有效地抵御匈奴，增强边关的生产力，这些人有七成都被流放到了西北边关。陛下可知道，这么多年来这些被流放的人和他们子孙后代的总和是多少？"

听到这儿，汉元帝逐渐开始哆嗦起来。

是呀，能有多少，史书上虽然没有给出明确的记载，但能少得了吗？相较于投降的匈奴人和他们子嗣的总和也要多吧？

见汉元帝的表情开始慢慢变得不自然，侯应趁热打铁："由于没有一个好的出身，所以他们经常被官府奴役，在边关不但要一天到晚地干活，还要忍受着无尽的屈辱。就臣所知，这些人老早就想逃到匈奴了。只不过由于守卫森严，他们没有机会罢了。而一旦撤出了边境的守卫，这些人铁定会逃到匈奴，那时候，匈奴的人口将会向上猛蹿！

"第八，我汉朝法度森严，可上有政策下有对策，随着多年的实践，那些强盗、小偷等犯罪分子早就从单个作案升级到了群体作案。这些小群体一个接一个，如同过江之鲫络绎不绝。一旦汉朝撤除了边关守卫，这些人势必会逃亡到阴山，到时候，匈奴的人口又会增加多少？最可怕的是，我上述所说的这些人，有极少一部分人甚至掌握了汉朝的核心科技（炼钢、制皮、木匠等高端技术），如果让他们投靠了匈奴，匈奴人还有什么事做不出呢？

"第九，自武帝和匈奴开战以来到现在已经过去一百多年了。陛下您知道吗？我汉朝在边境上建造的堡垒那可不是拿一堆土就建成的啊！有现在的规模那是通过百年的努力，在山上，在河谷，在种种艰难地形，以死去无数百姓和消耗无尽财宝为代价才能有如今的规模啊。如果将这些地方的士兵撤去，那么匈奴人或者其他的蛮人铁定会将这些堡垒给毁得渣都不剩！十年以后，哦不，百年以后，如果这些蛮人再和我汉朝开战，臣请问，陛下要如何来防备这些人？难道还要花费无数的人力物力来重新建造吗？

"第十，也是最重要的一条。如果我大汉撤出边境的守卫，那么其结果必然是使匈奴越发壮大。而随着时间的推移，这些匈奴人也会越发地居功自傲，他们会以此为筹码向我汉朝索要更多的利益，如果稍不满意，他们就有口实撕毁和汉朝的条约，进而攻击汉朝。那时候，汉朝没有边关的屏障了，匈奴的实力也强大了，我汉朝西北边境就会毁于一旦！而如果一开始便遭受了如此的打击，那么其结果势必会让天下蛮族小看我汉朝的军事实力进而四面围攻，等到那时候，我汉朝应该怎么办？综上十条，臣认为，舍弃边关守卫是万万不能的，还请陛下明鉴啊！"

话毕，不仅汉元帝满头大汗，甚至下面的文武百官也都呆了。

是啊，是啊，侯应此十条每一条都有理有据，每一条都可奉为经典，他们怎么就没有想到？

所以，在场所有的官员在听完侯应的慷慨陈词以后全都赞成了他的意见，没有一个人出言反对。

于是，汉元帝笑了，然后直接命大司马车骑将军许嘉前往呼韩邪休息的官邸宣告口谕："单于，你之前上书说希望汉朝撤出边境守卫，你匈奴会永远充当汉朝的盾牌。说实话，你能有这样的想法，让朕真的非常感动。可汉朝之所以设有关卡，并不全是为了防止匈奴和各个异族，也是为了防备我们汉朝的那些不法之徒前往匈奴去祸害你的百姓。到时候单于你该如何处置呢？没法处置。并且这种情况如若长时间存在，势必会对我汉匈之间的关系造成非常恶劣的影响。所以，朕还是不能撤除边境的守卫。不过大单于的心意朕已经知道了，并且是'完全'明白了，所以大单于不必担心朕的想法。为了表达朕对大单于的尊重和信任，这才派大司马车骑将军许嘉亲自来宣读朕的旨意，还请大单于不必多心，安心地回到自己的国家吧，我汉朝和匈奴之间的情谊会天长地久的。"

话都说到这个份儿上了，呼韩邪单于也就放心了，虽然心中的那点儿小九九并没有如愿，但最重要的是汉元帝都已经表态了，其他的也就可以先放一放了。

于是，呼韩邪单于带着王昭君回到了漠北王庭。

由于以后也不会再提及王昭君，所以就在这儿直接把王昭君的事情一并介绍完吧。

话说王昭君嫁到王庭以后为呼韩邪单于生下了一个儿子，便是右日逐王伊屠智伢师了，可没过几年呼韩邪单于就死了，其长子继承了单于的位置，这便是复株累单于了。

按照匈奴的传统，父亲死了以后，儿子是要迎娶后母的，再加上王昭君又正值当年，所以复株累单于便非常乐意地迎娶了这个美若天仙的后母。

可身为中原女子，嫁给老公的儿子，这和中原的礼法严重不符，所以王昭君不想嫁给复株累单于，便写信往长安，希望长安能让她回去。

可国家大事，怎能容得一个妇孺"胡闹"？所以，结果不用讲，王昭君就这样嫁给了复株累单于并和他生活了整整十一年，还为其生了两个女儿。

可在十一年以后，复株累单于也去世了。王昭君从此在匈奴又生活了好些年，一直到五十三岁才离开人世。

4.12　汉元帝

公元前33年正月，也就是呼韩邪单于走后没多长时间，当时的太子刘骜已经十八岁了，而汉元帝的身体已经是一天不如一天。所以，他在本年为刘骜举行了加冠大典，并大赦天下，赏赐列侯的子嗣五大夫爵，给天下所有为人子者赐爵一级。

同年三月，汉元帝下令，恢复当初废除的那些皇家祭祀庙。

同年五月的某一天，汉元帝一觉睡去就再也没有醒来。

第五章

成帝时代

5.1 石显之死

公元前33年五月，汉元帝魂归西去，其十八岁的太子刘骜正式继承了皇位，这便是汉成帝了，也是汉朝第十二任皇帝。

汉成帝继位之初，做的第一件事并不是安葬父亲，也不是大赦天下，而是立即提拔了自己的舅舅王凤为大司马大将军，兼领尚书事，以此用所谓的"自己人"来给自己稳固政权。

同年七月，汉成帝将汉元帝埋葬于渭陵，并大赦天下。

之后，丞相匡衡上书，给他讲了一堆如何做好皇帝的大道理。

汉成帝虽然表面上恭敬地听从，可实际上在心里却是无尽地冷笑："你一个石显的狗腿子，有什么资格在朕的面前大放厥词。"

公元前32年正月，该处理的事情都处理完了，是该着手来收拾石显了。

因为汉元帝死前没给汉成帝留什么顾命大臣，再加上汉成帝已经加冠完毕，所以在继位之初汉成帝便已经大权在握。

于是，他除掉石显就和踩死一只蚂蚁一样容易。

本月的某一天，朝堂之上，石显还是如同往常一样悠闲地站在他那个固定的位置，他以为自己什么事儿都没有，他以为自己还会像以前一样把持朝政。

因为在汉元帝晚年的时候，曾有一段时间发现在太子刘骜忠厚的表面下还藏着一副昏君的面孔，所以就想废掉汉成帝，另立新君。可石显为了给自己留一条后路，很早便已经站到了太子的队伍中，所以当他听说汉元帝要废太子以后，带领百官"群起而攻之"，汉元帝对于石显那是千依百顺的，废掉太子这个事儿也就这么算了。

石显以为自己有这么大的功绩，太子继位以后一定会善待自己，可他错了。

就在他得意之时，丞相、御史等之前没有贿赂过他也没有对抗过他的那些朝中中立派全都站了出来，一个个数落石显这么多年来的罪行。

聪明的石显一下便发现事情的不对，因为这些人他了解得很，如果没有人在背后给他们撑腰，你就是给他们一百个胆子他们也不敢如此明目张胆地弹劾自己。

那谁能给这些人撑腰呢？只有一个人！汉成帝！

想到这儿，石显的大脑里突然出现了"狡兔死，走狗烹"这六个字。

然后，他全身被冷汗所浸湿，死亡的阴影迅速向他袭来。

而事实果然如石显所想的一般无二，汉成帝在听完这些弹劾以后"大怒"，连调查都免了，便直接罢免了石显的官职，让他赶紧收拾东西走人。

之后，上到丞相匡衡，下到地方小吏，只要是和石显有关系的官员，汉成帝不是降职便是罢免，整个官场大换血。

大概是念及石显的功劳吧，汉成帝没有没收他的家产，就这样让他回到自己的故乡。

如果这样的话，相信石显以后也会以一个富家翁的身份过完下半辈子。可是走在回乡的小路上，石显想了太多太多。

"皇帝是不是真的放过我了，如果在我回家以后害死我怎么办？"

"我在朝中得罪的人太多，仇家太多，回乡以后我该怎么办？他们派人弄死我怎么办？"

种种想法使得石显魂不守舍，无时无刻不在想着别人害他的事儿，最后甚至连饭都吃不下，没等回到故乡就病死了（忧满不食，道病死）。

5.2 过渡（10）

该死的人死了，还有更多该死的人却没有死，非但如此，汉成帝还给了他们无尽的荣耀。

公元前32年四月，汉成帝再封舅舅王崇为安成侯，王谭、王商、王立、王根、王逢时等一众王氏外戚皆被封为关内侯，并提朝廷官职。

一时间，王氏外戚鸡犬升天，威风八面。

可就在汉成帝大封王氏外戚后，一股赤黄色的大雾却突然笼罩了长安（某王氏族人篡汉以后将国色改为黄）。

此种异象使得汉成帝极为害怕，马上询问朝廷官员究竟是怎么回事儿。

怎么回事儿？除了警告你不要重用王氏外戚还能是怎么回事儿？这个道理，朝廷一众大员懂，甚至王氏的那些外戚也懂，可就有一个人不懂，便是汉成帝了。

而此时王氏一族正是风起云涌之时，朝中的大员们也不敢得罪，便将此事推到了地方刺史那儿，说之所以有此警示，那都是地方的刺史和官员们没有好好为朝廷办事的缘故。

汉成帝不疑有他，立即对十三州发布诏令，把上到州刺史下到郡县官吏通通批评了一顿，让他们好好为朝廷办事。

可这有什么用？

同年六月，又有数以万计的苍蝇突然来到了未央宫，它们进入未央宫以后便直入承明殿，然后全部聚集在了皇帝和朝中大臣们的座位之上。

这什么意思？已经明显得不能再明显了，那就是说现在包括皇帝在内，这些座位上的人没有一个好东西。

汉成帝心里恶心，但又不能说什么，只能将这些苍蝇赶紧弄走，草草了事。

这还没完，同年九月的一天，一颗超级大的流星划过天空。

为此，汉成帝赶紧在长安南北郊设坛祭祀天地之神。可还没等那边的天地祭祀完毕，老天爷突然大变脸，本来晴空万里却突然刮起了超级大风，汉成帝在众多官员的保护下"仓皇逃回"了长安。

并且这次大风还不是单单在长安附近，全国有五分之二的地方全都被波及。

汉成帝紧急下令，取消了受灾地区人民一年的土地税。

公元前31年正月，一是因为汉朝常年没有战争，所以国库中有不少余钱；二是因为怕老天再次降下惩罚，所以汉成帝在这个月减天下百姓的赋税，同时开始着手修建自己的陵墓。

可没有什么用，因为到了本年三月，依然有各种奇异的现象出现，比如未央宫的井水突然外泄等。

同月，因为当初自己的奶奶当皇后没多长时间就被霍显给害死了，为怀念自己的奶奶，同时也为了再做一些好事儿讨好上天，汉成帝乃封许嘉之女，许氏为新任皇后。

同时，汉成帝认为，现在四方皆服从汉朝的统治，再没有什么战争的祸患了，继续留着天子六厩（未央、承华、騊駼、骑马、辂軨、大厩，马皆万匹）也是白白地浪费钱粮，所以便取消了六厩编制，使得朝廷省下了一笔相当大的开支。

可因为天子六厩的战马都有专人供养，一代一代下来以后马种相当优良，一旦取消了六厩以后，中央骑兵的战马就要从边地运送，质量也就无法保证了。

所以此后，中央骑兵的战力就再也回不到卫青和霍去病的时代了。

还是同月，大司马大将军王凤府中。

此时，王凤正在悠闲地品尝着从域外进贡上来的茶叶。

不一会儿，一名下人慢慢地走了进来，和王凤道："老爷，武库令杜钦求见。"

一听是杜钦，王凤马上放下手中的茶杯，忙道："杜钦来了？快，快请他进来。"

不一会儿，杜钦急急忙忙地走了进来，还没等王凤说些客气话，杜钦便对王凤深深一躬，紧接着道："下官请问大将军，之前皇太后是不是下诏要百官推选良家妇女入宫了？"

王凤一愣，然后道："啊，是呀，怎么了这是？"

杜钦："有些话下官不方便明说，不过下官请问大人，当今皇帝陛下有一个不太好的习惯大人不会不知道吧？"

一听这话，王凤尴尬一笑，然后摆了摆手道："唉，咱们陛下确实是好色了那么一点点，但男人嘛，这算不上是不好的习惯吧。"

杜钦一脸严肃地道："大人此言差矣，对一个普通的男人来说，这算不上什么毛病，可对一国之君就不是这样了，尤其是咱们这位皇帝。"

王凤："这话怎么说？"

杜钦："古时候，天子的后宫最多有九个女子，如果中途有人死去了，那么天子也不能再立新人，为的就是使天子长寿，同时也可以避免后宫争宠之事。因此，每一任皇后和嫔妃都非常的有德行，子孙后代也才会有圣德之君。并且有了这些限制，天子在嫔妃年老色衰以后也不会再在这些方面浪费体力，才能够真正长寿。可如果没有这方面的限制，那么君王便会沉迷于女色。而沉迷于女色的结果是什么呢？不但不能够长寿，还有可能会受到美姬的摆布！进而使得整个朝廷跟着遭殃。春秋时期的晋献公是一位多么伟大的统治者，可最后为什么还会被后人所唾弃，还不是因为这个原因吗？我们圣主现在正值青春鼎盛之时，虽然有一颗躁动的心，但还没有因此而受到批评。所以，这时候未雨绸缪正是最好的时机，希望大人您能趁此时机建立九妻制度，选的嫔妃不一定要长得多漂亮，可必须要有好的品德，如此，社稷必兴！"

杜钦说的有没有道理呢？我觉得是有，但可操作性却不是那么强。因为这制度最后的结果也是被皇帝所废，这还不要紧，还会烙上一个得罪皇帝的烙印，以后做什么就都不能放开手脚了。

但同时，这个杜钦还是王凤最为看重的心腹之一，他也不好拒绝杜钦进而伤了他的心，所以当杜钦说完以后王凤在第一时间就答应了他的请求。

可是呢，王凤是不会傻到去找皇帝抑或在朝堂之上将这件事说出来的，他非常聪明地选择了另一条路，就是找到了自己的妹妹，王政君王太后，将杜钦的原话稍稍改动一番与王太后做了说明，并且态度也不是那么积极。

而王政君老太后虽然知道自己儿子的那些毛病，可她也没当回事儿，并且身在帝王家，虽然皇帝是自己的亲生儿子，但也不希望将皇帝给得罪了。

所以，王政君没有答应王凤的请求，这事儿到这儿也就算结束了。

5.3 "大战"的前奏曲

同年夏，汉朝发生大旱，南匈奴呼韩邪单于去世，其子继承了单于之位，是为复株累单于。

还是这一年，汉朝具体不知道是谁发明了平向水轮技术，其通过滑轮和皮带推动风箱向炼铁炉鼓风，不仅使得炼铁更加快速有效，还节省了很多的劳动力，为冶炼技术一大进步。

公元前30年三月，汉成帝大赦天下，赏赐孝悌者爵位两级，并赦免之前没有能力缴纳国家赋税和欠下国家贷款者。

同年七月，关内大雨四十余日而不止，长安的百姓对此都非常恐惧，害怕再这样下去长安都会被雨水所淹没。

这其中有一个叫陈持弓的九岁小女孩，更是害怕得不知所以，而极度的恐惧使得她铤而走险。

因为未央宫是整个长安城地势最高的地方，所以小女孩决定潜入未央宫去避免水灾。

那一天，这个年仅九岁的孩子硬是在守卫都没有发现的情况下偷偷地潜入了未央宫的一处官署中。

而此消息还传到了一些老百姓的耳中。这些老百姓为了避免被大水淹死，竟跪在未央宫最外层的大门口请求皇帝能让他们进入未央宫躲避水灾。

未央宫是寻常老百姓说进就能进的吗？所以不出意外地，这些长安百姓被官兵赶了出去。

这些百姓也不是省油的灯，回去以后四处造谣说大水要来了，到时候谁都逃不了。

这四处乱吼之声将本来就恐惧至极的百姓都吓得胆战心惊。

一时间，整个长安的百姓纷纷奔逃，混乱中相互踩踏而死者数不胜数，其中掺杂的老弱呼号使得本就混乱不堪的长安更多了几分惨烈的景象。

这一出全城大暴乱使得本来没怎么害怕的汉成帝都开始忐忑起来，认为大水要把长安给淹了。

所以，汉成帝临时召开廷议，询问到底应该如何是好。

大司马王凤道："启禀陛下，一个人说大水来了可能是假的，但全城的人都说那就不得不让我们深思了。下官认为，这事十有八九就是真的，所以，臣请皇上率领后宫的嫔妃们备足干粮登上龙船，而我等大臣们全都去城墙之上避难，这样才能……"

没等王凤把话说完，左将军王商（汉宣帝母亲的哥哥的儿子）突然走出来道："大司马此言差矣！自古以来，哪怕是无道的王朝，也从来没有听过自然灾害的洪水能够淹没城池的。如今我汉朝政治清明和平，上下相安，再加上长安城高墙厚，凭什么洪水就能把长安淹没呢？所以，这一定是谣言。陛下，现在城中本来就已经惊恐四起了，如果我们这些大臣也在这时候往城墙上逃，那么城中的百姓将会更加恐慌，甚至有可能会激起民变，所以绝不能这么干！"

话毕，王商转过头来看着王凤说："王大人，一个人为什么能当官？那是因为他有异于常人的能力与知识，还有分辨民间流言的机智。如果一个人连普通的民间流言都分不清的话，那他和老百姓还有什么区别？您好自为之吧！"

王凤大怒，就想当朝反驳王商一下，可汉成帝赶紧制止了他们两个，毕竟都是自己的宠臣，谁伤到谁都不好。

可汉成帝还是觉得王商说的更有道理，便照着王商的办法来办。

而事实也果然如此，因为就在几天以后，连下四十多天的大雨终于停了。而长安城中呢？除了一些比较深的积水以外什么都没有。

汉成帝因此对王商赞赏有加，虽然没有批评王凤，但王凤也大感惭愧，后悔自己之前说错了话，也同时恨上了王商，并暗下决心，早晚有一天要弄死这个不知死活的王商。

那这个王商到底是谁呢？他凭什么敢顶撞当朝的当权者，又凭什么得到了汉成帝的青睐呢？

王商，字子威，祖籍涿郡，后迁徙至杜陵。王商的父亲王武因为是外戚的关系被封为了乐昌侯。在汉元帝刘奭还是太子的时候。汉宣帝见这个王商为人宽厚老实，便封他为太子中庶子，时刻跟在太子身边。

所以，从那时候开始，王商和汉元帝便结下了很深的友谊。

后来，王武归西，因为王商是长子，所以他继承了父亲的侯爵之位，并辞官回家去给老父亲守丧。

这王商为人厚道，觉着本来自己继承了爵位就占了大头，不能再让自己的弟弟和妹妹们委屈。于是，他将家中所有的积蓄全部拿出来平分给了自己的弟弟和妹妹们。

然后，王商就开始替自己的父亲守坟，并且一守就是一年多。更让人感动的是，他每天都哭得死去活来。

当时有很多朝中大臣知道王商和太子的关系特别要好，为了讨好太子，他们都以此为借口向汉宣帝推荐王商。

而汉宣帝也确实觉得王商这个人比较孝顺，感觉如果立他为官可以起到鼓励群臣的作用，便立王商为尚书部侍中中郎将。

等到汉元帝继位以后，更是提拔王商，让他坐到了右将军、光禄大夫的职位上。

王商非常痛恨石显，但是因为石显实在是太得汉元帝器重，所以也就没有向他发动攻势（发动攻势也没什么用，王商深知这一点）。

而同时，石显也知道王商在汉元帝心中的地位，所以只要王商不做什么出格的事儿，他也不会主动动王商。

就这样，两人一直都相安无事。

直到汉元帝后期，汉元帝感觉刘骜这小子不具备成为优秀皇帝的潜质，便打算废了他，另立储君。

可这时候石显和王商都主动跳出来力保刘骜，这一幕可把汉元帝看傻了，什么时候他们两个站一块去了？（两个人没有站到一起去，主要是都不想让汉元帝废长立幼而已。）

自己心中最器重的两个人都反对自己的决定，那是废不了了。

于是，刘骜的太子之位得到了保全。

再后来汉成帝继位，虽然弄走了权倾朝野的石显，但依然看重手中没有什么"实权"的王商，于是继续重用之，甚至升其为左将军。

本来王商以为，石显走了以后朝廷应该能回到政治清明的局面，可谁知前面打跑了狼，后面又来了虎，汉成帝竟然给王凤及王氏一族这么大的权力。

这还了得？

于是，打这以后，王商凡事都要和王凤唱反调，其意图不言自明，就是想把王凤逼上绝路。

可王商根本就不明白，朝廷之所以有王凤这样的权臣，并不是王凤的错，而是皇帝的错啊。

所以，哪怕是最后真的把王凤弄死了，还会有第二个王凤，第三个王凤，甚至王莽。

而王凤其实很早以前就已经发现了王商的意图，但一是他敬重王商是一个忠君爱国的忠臣；二是他也知道王商是汉成帝所喜欢的臣子，所以也就一直忍着王商，没有反击。

可从这次的大水事件以后，王凤算是看明白了，如果自己再不反击的话，那王商就会变本加厉，从而彻底整死自己。

所以，从公元前30年秋季开始，王凤便开始和王商对立了。

那么这两人谁才能获得最终的胜利呢？让我们拭目以待。

5.4 多事之秋

公元前30年八月，为了保持朝廷的平衡，汉成帝将大权分为两半，给了王商和王凤一人一半，具体便是让王商顶替了匡衡的缺，成了大汉丞相。

此举，使得本就对王商警惕满满的王凤更加敏感，为了能在以后有力地打击王商，王凤开始在朝中大肆打击异己，并让自己的心腹补缺。

首先，王凤说服汉成帝，将一直都是中立派的许嘉搞了下去，然后，又以御史大夫张谭推荐人才不真实为由将张谭也搞了下去，最后将自己的心腹尹忠弄成了御史大夫，对丞相王商形成了夹击之势。

王凤，大概要不了多长时间就要对王商动手了。

同年十二月的某一天夜里，轰隆隆的声音突然响起，紧接着，地面开始震动。

几乎在同一时刻，越巂郡（今云南省丽江市及绥江县两地之间，金沙江以东）也发生了大型地震，甚至连群山都被震得崩塌开来。

想起自己的父亲曾被各种天灾弄得焦头烂额，所以汉成帝不敢有丁点儿怠慢，赶紧召开廷议，并且让大臣们来陈述当今为政的缺憾。

这其中有一个叫谷永的（谷吉之子），他认为，之所以这一段时间连续发生天灾，主要是因为汉成帝一天到晚不理朝政之故。

同时，他还在第一时间夸赞了大司马王凤，认为这天下要不是有王凤这样的忠良骨干，不会就简简单单地发生两次地震，甚至会像当初汉元帝那样接二连三地发生地震。

谷永不愧是官场上的"老油条"，他如此说话不但得到了满朝大臣的称赞，最重要的还得到了王凤的青睐，可谓是一箭双雕了。

因此，谷永在进言不久以后便被提拔为光禄大夫，成为大司马王凤的骨干之一。

可他的谏言有用吗？没用！

自从这以后，汉成帝确实是很少亲近女色了，天灾确实是没有了，却出现了人祸。

因为就在这一年，有一个叫傀宗的土民，勾结了数百个彪形大汉，竟然在汉成帝的眼皮底下发动了南山起义（南山，位置在今陕西省西安市西面）。不但杀掉了本地的官吏，还阻绝了长安至外地的交通，使得朝野震怒。

汉成帝听闻此事以后，立即命校尉傅刚率领一千名京师精锐前往讨伐。

公元前29年正月，为避免类似石显之事再起，汉成帝通过和王凤、王商的商议，决定废黜中书宦官制，设置尚书员五人，他们分别是三公曹（主管断狱诉讼，东汉后职能改为年终考核州郡事）、常侍曹（具体职能说法不一，有说主常侍黄门御史事的，有说主管祭祀之事的）、两千石曹（主管地方郡国两千石之事）、户曹（主管户籍、税赋征收、国家与各单位郡县之间的会计预算）、主客曹（主管一些少数民族事务和宾客接待）。

同年秋，整个汉朝局部地区暴雨连下十日，灌四郡三十二县，淹没农田，败坏官亭内室四万余所，不仅让数以十万计的农民家破人亡，还对汉朝的经济造成了相当的损害。

为此，汉成帝亲命御史大夫尹忠为临时抗灾领导，让他带领百官一起对抗洪灾。

结果，尹忠磨叽了好几天都没有行动。

汉成帝纳闷儿了，便找来尹忠问抗洪救灾进行到什么程度了。

只见尹忠支支吾吾地半天才说抗洪救灾的计划刚刚拟订完毕。

"行啊，这几天虽然没有行动，但计划出来也行了，御史大夫你就把计划拿出来给朕看看吧。"

结果，当御史大夫将计划拿出来以后，汉成帝差点儿没气疯。因为整个计划全都是官话，一点实际办法都没拿出来，看得汉成帝云里雾里。

最后，盛怒的汉成帝直接把尹忠给罢免了，并且对其极尽羞辱（尹忠因受不了羞辱而自杀了），然后任命少府张忠为新任御史大夫，将大司农招至未央宫，将尹忠的职能转给了大司农。

大司农接受了命令以后，急速从各郡调派钱粮往各个灾区救急，又紧急征调五百艘船经灾区抢救灾民，最后一共抢救了九万七千多名还活着的人迁徙到了丘陵高地暂居。

又是几日以后，那让汉成帝愤怒而又无可奈何的老天终于是停下了大雨，汉成帝也终于能喘口气了。

可就在这时，有一个噩耗传至汉成帝处，让他简直不敢相信自己的耳朵。

还记得一年以前的傀宗之反吗？汉成帝不是命校尉傅刚率领一千多名精锐前往捉拿吗？

本以为万无一失的事，可最后那傅刚所率领的一千名精锐竟然被傀宗全部打败。

这还不止，傀宗击败了傅刚以后还将这些汉军所有的装备缴获，使得傀宗手下的几百人一下子拥有了当时世界上最高科技的甲胄与武器，这些贼人顿时变成了超级强悍的"正规军"。

汉成帝大怒，立即命京兆尹率兵缉拿。

可几日以后，除了京兆尹狼狈逃回以外，其他的士兵再一次全军覆没。

汉成帝都快崩溃了，怎么这一年什么倒霉事都找上自己了。

无奈，汉成帝只能罢免了现任京兆尹，再次任命一个新的京兆尹率兵缉拿。

结果，新的京兆尹也被傀宗所败。

直到这时候，汉成帝才开始真正重视起傀宗这个所谓的"贼人"，遂召开廷议，正儿八经地和百官共同讨论如何摆平傀宗。

结果，商量来商量去，众多大臣统一的结果都是想出动大军将傀宗一伙消灭。

可能出动大军汉成帝早就出动大军了，之所以到现在都没有出动大军剿灭傀宗一伙主要是两点原因。

第一，以汉朝当时的国力，为了这区区几百人就出动万人大军实在是太丢人，肯定会让周围的国家嘲笑。

第二，傀宗这几百人现在虽然占据南山作乱，可一旦朝廷出动大军围剿，这些人一定会和大军玩游击，让汉朝军队抓不到他们的影子。到那时候汉朝必定损失无数的粮草，并且一无所获，所以汉成帝是绝对不会出动万人大军来讨伐傀宗的。

然而，就在众臣一筹莫展之时，王凤却一脸微笑地站了出来，对汉成帝行礼后无不自信地道："启禀陛下，一个小小的贼人实不必出动如此军队，只需要任用一个能臣便能彻底地解决问题。"

汉成帝："哦？大司马说的是谁？"

王凤：“王尊！”

这话一说，文武百官一片震惊，可却没有一个人提出反对的意见（包括王商）。

汉成帝犹豫再三，最终也确实是没其他人选了，这才遵从了王凤的意见，起用了王尊。

王凤权倾朝野，他的手下很多人相当有才能。

那这个王尊到底是谁呢？王凤凭什么对他这么有信心呢？满朝文武一听见他的名字为什么又会震惊呢？

原因很简单，因为王尊是一个“酷吏”，是一个雷厉风行、手段相当凶狠的“酷吏”。

5.5　"酷吏"王尊

王尊，字子赣，涿郡高阳县（今河北省高阳县东旧城）人，年幼的时候父亲就死了，跟着叔叔生活。

王尊的叔叔家在当地是大富之家，对王尊却非常刻薄，告诉他要想有饭吃就必须通过自己的劳动才可以。

所以，叔叔便让王尊为他们放羊，这样才肯给王尊一些饭食。

可王尊并没有因此而生气，抑或自暴自弃，而是将叔叔的孩子们不读的书偷了出来，利用放羊的时间看书学习，并着重学习法律和历史书籍。

到十三岁的时候，王尊感觉自己已经拥有相当多的知识，不必再跟着叔叔生活了。于是，王尊告别叔叔，前往官府请求做一名小吏。

当时的官老爷见王尊生得乖巧，又对法律十分精通，再加上当时监狱中又缺人，便让王尊在监狱中做了一名小吏。

几年以后，因为王尊干得特别好，所以被推荐到太守府。太守随便问了王尊一些施行诏令条文的问题，王尊对答如流，不但一点儿错误没有，还行云流水，没有半点儿卡顿。

太守为他的才能所惊讶，便任命他为书佐，兼管郡里的监狱事务。

大概又过了几年，王尊的心态悄悄地发生了变化。他认为，一个人光精通法律和历史还不行，还要精通比较流行的《尚书》和《论语》，这样才能有机会成为真正的大官。

于是，王尊以患病为由，暂时辞去了现在的官职，拜郡中大文学为师，学通了《尚书》和《论语》。

大概在公元前48年至公元前44年，太守对王尊彻底信赖，便上表推荐王尊为虢县县令（今陕西省宝鸡市），同时代理槐里县（今陕西省兴平市东南）、美阳县（今陕西省武功县）的县令。

可以说，此时的王尊已经是一人兼任三县之长了。那他能干得过来吗？

答案是能！

因为王尊有一个相当好用的手段，那就是狠！

一次，王尊正在县衙门批阅公文，正巧这时候有一个妇女前来告状，说自己的养子经常将自己当成媳妇，任意地殴打辱骂。

王尊听闻此事以后派人调查取证，结果事实确实如此。王尊听罢，立即将这个养子抓了起来，并绑在树上，让精通骑射的士兵向他来回奔跑射击，一直射了十余发才将他生生折磨死。

此举不但使三县居民极为震惊，更让王尊的手下们噤若寒蝉。从此三县之民无人敢于触犯法律，因为他们都极度畏惧王尊的"轻罪重罚"。

又过了一段时间以后，因为三县之长王尊将三县治理得十分"平和"，所以朝廷直接升王尊为安定太守（今甘肃省平凉市泾川县西北），治理一方。

安定，为汉朝西北边境之地，这地方民风彪悍，各种少数民族群居，并且贪污腐败之官众多，一不小心就会深陷其中，不知多少任太守都折在了这个地方，这却难不倒王尊。

王尊到了安定以后根本就不见他手下的那些官员，哪怕是来汇报工作王尊也避而不见，只是派遣自己的心腹手下前往地方探查民情。

直到一个月以后，王尊已经将安定探查得七七八八，这才将几乎所有的官员都召集在一起开会。

一个月都不见众人，今天突然召见，再加上王尊的大名，几乎所有的官员都感觉事情有些不妙，所以每个人都早早地来到了会场，静静等待着"死神"的来临。

大概将这些官员晾了半炷香的时间，王尊这才姗姗来迟。

到了会场以后，王尊跪坐主位，他没看众人，而是微微地闭目养神一会儿，这才睁开了眼睛和众人"语气平和"地道："我，叫王尊，在场诸位或多或少都听说过我的名号，所以我就不自我介绍了，我们就这样步入主题吧。各县的县令、县长、县丞、县尉都来了吗？"

众人："来了来了，大人有何吩咐？"

王尊："你们知道各自的职能吗？"

这谁不知道？可众人不知道王尊来这么一句是什么意思，所以一个个你看看我、我看看你不知如何是好。

王尊也没那么多时间让他们想，所以直接道："既然你们不知道，那我就告诉你们，你们的任务是抑制豪强，锄强扶弱，宣扬皇上的圣德，推广朝廷的恩惠。就这么简单，可你们自己想一想，你们做到了吗？"

话毕，下面的那些官员一个个冷汗直冒，根本就不知道如何回答。

王尊看了一眼下面的官员，然后继续道："我最近刚刚成为太守，你们以前都做过什么我并不知道，也不想知道，只是想提醒你们一句，一定要好好地干活，可千万不要再有什么贪婪的行为了，不然，呵呵。"

下面的官员一听这话，如蒙大赦一般，一个个发誓要为朝廷效忠，绝不敢再有什么其他的心思。

王尊微笑点头表示赞赏，然后再次恢复冷漠的表情道："各地的掾、功曹等属吏都来没来？"

一个官员忙不迭道："来，来了，全都在广场上等着呢。"

王尊："很好，众位同僚，就陪我走一趟吧。"

众多县长、县令无敢不从，便跟着王尊往广场去了。

到了广场，黑压压的全是各县的属官，他们同样抱着慌张之心等待着王尊的驾临。

见王尊来了，一个个齐声道："下官拜见太守。"

王尊没怎么回应，走到中央高台之上对着自己身边的心腹说了几句话以后，这心腹急忙走了下去，不一会儿便牵出一个满身是血、奄奄一息的人。

下面的那些属官和上面陪同王尊的县令、县长一看这人，脑子嗡的一声巨响，一个个全都蒙了。

为什么呢？因为这人叫张辅，是安定的一个地方恶霸，在王尊成为安定太守之前，张辅在本地欺男霸女、无恶不作，身家达百万钱。并且，张辅将安定这些大小官员贿赂得非常到位，所以没有一个人敢管他。

可如今，这么一个手眼通天的人物却被折磨得浑身是血，神志不清地跪在广场高台之上。在场的众多官员没有几个是没收过他的贿赂的，所以一个个浑身直哆嗦，生怕王尊也这么对待他们。

见效果已经差不多了，王尊如同自言自语地道："看张辅这个样子，怕是活不了几天了，唉，人呀，可不要贪，尤其是当官的，如果走上了贪官这条道，最后的结果甚至都不如张辅这个小民啊。"

说完，转身就走，没有半点儿犹豫，只留下一群哆哆嗦嗦的官员。

有效地震慑了地方官员之后，王尊开始全力打击安定周围的盗贼，据《汉书》记载，凡是被王尊抓到的盗贼，都受到了非人的待遇，最后无一例外，全被活生生地折磨致死。

一时间，整个安定路不拾遗，没有一个人敢于犯罪，甚至那些之前有过犯罪却没有被官府抓住的盗贼都主动前往官府自首认罪，只求王尊不要折磨他们。

也许是王尊对待犯人实在是太过残忍了，导致消息都传到了长安。

当时当政的皇帝正是汉元帝，而汉元帝就是一个"纯粹"的儒家人物，所以对王尊这种做法深恶痛绝，便在第一时间免除了王尊的官职，让他赶紧收拾东西走人。

大概又过了一段时间以后，估摸着汉元帝已经忘记王尊这个人了，和王尊要好的涿郡太守打通了当时正当红的石显的关系，希望朝廷能再起用王尊为官。

石显便将王尊安排到了郿县（今陕西省眉县东）为县长。

而王尊骨子里就是一个"酷吏"，哪怕之前因为此事丢了官职他也不在意，依然用自己的方法来治理地方。

结果，王尊治理郿县的这段时间，郿县路不拾遗，再加上有石显在朝中运作，所以王尊很快便被提升为益州刺史。

益州，属现在四川境内之地，周围的少数民族很多。而抱着"非我族类，其心必异"之念，历代益州的刺史和太守都对这些少数民族很不友好，经常欺压他们。

而自从王尊到了益州以后，不但还和以前一样严查贪官污吏，还着手狠抓那些欺负少数民族的官员。

所以，王尊到益州没多长时间，益州的那些少数民族便都对王尊尊崇有加，甚至有的族长都愿意为了王尊去死。因此，王尊的大名迅速响彻长安。

汉元帝见此，乃升王尊为东平国（治所在今山东省东平县东）相，辅助东平王刘宇治理东平国。

这个刘宇是个什么人呢？

这人仗着自己是皇亲国戚，骄奢淫乱，经常行不法之事，之前多少任国相都整不了他，硬生生被他赶走。

可这一次，刘宇再也无法肆无忌惮地欺负人了，因为他遇到了比他还横的王尊。

那天，王尊来到了东平国，双手捧着诏书到东平王宫中，想让东平王接诏书。东平王想要给王尊一个下马威，让他以后老实点儿，便没有及时接待。

这要是一般的官员，一定会在原地多等一会儿，可王尊没有。他见刘宇没有在第一时间出来，转身就走了。

随行官员都非常害怕，"大人，您就这样走了，东平王要是怪罪下来可怎么办？"

王尊满不在乎地道："我饿了，回去吃顿饭再来！"

话毕，随行官员停下脚步，不知所措。

那边，刘宇听说王尊竟然走了，还回家吃饭去了，气得暴跳如雷，可又是自己没在第一时间出去接受诏书，所以找不出借口来教训王尊，便只能打碎了牙往肚子里咽。

大概过了半个时辰，王尊吃完了饭，吧唧吧唧嘴回来了，并请刘宇接诏书。

见此，刘宇眼珠子一转，计上心头，马上让人将自己的太傅请来，让他好好教自己《诗经》。

此时，东平王宫中，王尊正不骄不躁地等待着。不一会儿，刘宇身边的贴身小太监跑了过来，嚣张地对王尊道："王大人，我们家大王现在正在和太傅学习《诗经》，您要是有耐性就多等一会儿，您要是没有耐性，呵呵，我家大王说了，不介意您再回去吃一……"

话还没等说完，只听王尊一声怒吼："放肆！我乃朝廷亲自任命的一国之相，你一个小小的阉人，谁给你的胆子在我面前嚣张跋扈。"

话毕，一把推开了拦路的小太监，并看着周围的士兵厉声道："都给我滚开，谁要再敢拦我，我要了他的小命。"

王尊的暴力之名响彻天下，再加上人家手中有朝廷的诏书，所以这些士兵还真就不敢再拦着王尊了。

就这样，王尊气势汹汹地来到了东平王宫内殿。

而此时，刘宇的太傅正在给刘宇教授《诗经》中的《相鼠》，那王尊虽然气势汹汹，可刘宇还是没理他（本王现在正在学习《诗经》，属于正事儿，你能拿我怎么样），依然在专心致志地学习《相鼠》。

可就在这时，王尊一声怒吼："停下！不要拿着布做的鼓过雷门！"（注：《相鼠》的大致意思主要是教导人们一定要讲礼仪，不然还不如畜生，而雷门是会稽有名的城门，城门边上有一个远近驰名的大鼓，虽然没有什么硬性的规定，但传统是，一般人如果手中没有超过雷门的豪鼓，是羞于带鼓从雷门进入的，那样就会被人鄙视。而刘宇，本来就是一个纨绔子弟，礼仪在他那简直一文不值，王尊的意思便是不要用这种如同雷门一般高等的东西来教这个如同布做的鼓一般的刘宇，因为他根本到不了这个层次。）

那刘宇虽然是个纨绔子弟，但也不是没有脑子，微微地愣了一下，很快便听懂了王尊话中的意思，于是大怒，转身便回到了后宫。

而王尊也不去追赶，直接将朝廷的任命诏书往太傅那里一放，转身便走了。

两个人的第一次见面就这样不欢而散。

第一次见面就这样，那往后的日子两个人还能好得了吗？答案当然是不能。

当时，刘宇总是喜欢带着两个小厮驾驶着马车在王城之中横冲直撞，当地百姓敢怒不敢言。

王尊知道了这件事以后，直接将给刘宇驾车的御者召唤到自己身边，并威胁道："我告诉你，以后不准再私自载东平王出行，如果再被我发现一次，我要你的狗命！"

那御者一听这话，吓得亡魂皆冒，边叩头边说："大人！大人饶命啊，我只是一个车夫，真不敢违抗大王的命令，您给小人一条活路吧。"

王尊想想也是，便和那名御者道："这样，下一次东平王如果还让你私下载他出行，你就说我说的，凡是大王出行，必须要有随行官员，并安装车铃，绝对不准他肆无忌惮地影响百姓生活。"

此御者哪里还敢再说一个"不"字，只能按照王尊的原话回禀了刘宇。

刘宇听罢大怒，将卧室的东西噼里啪啦地一顿狂摔，吼道："有谁能想个法子把这个瘟神给我赶走，我必重赏之！"

话毕，见一手下欲言又止的样子，刘宇眼前一亮，遂驱散众人，将其独自留下……

次日，王尊正在相府处理公文，突然有下人来报，说东平王邀请王尊前往府中赴宴。

王尊手下的那些心腹听闻此事以后大惊，急忙劝道："相爷不可前往，正所谓宴无好宴，那刘宇一直看相爷就不对眼，躲还来不及，怎么可能这样好心？所以这一次一定有所图谋，相爷万不可中此诡计啊。"

王尊微微一笑，满不在乎地道："刘宇，匹夫而已，他能拿我怎么样？我倒是要看看这个刘宇葫芦里卖的什么药。"

王尊没有半点儿畏惧，只带一个随从便进了东平王宫。

可那刘宇却一反常态，非但没有对王尊横眉冷对，甚至还出门相迎，一脸谄媚之色。

可王尊根本没给刘宇一点儿面子，只是冷笑着应对。

刘宇这个气，心里已经将王尊一点儿一点儿给活剐了，可为了自己的"大计"还不好当场和王尊翻脸，只能尴尬地继续笑脸相迎。

可刘宇越是这样虚伪，王尊就越来越确信，这一次刘宇必是要想办法整死自己，遂多有防范。

进了王宫以后，刘宇对王尊频频敬酒，更是大说以后一定听王尊话等"豪言"。

可王尊对此却不屑一顾，他也懒得再看刘宇装模作样了，直接挑明了道："我在来东平国之前，几乎所有的好友都来给我吊丧，东平王知道是为什么吗？"

刘宇："这个，真不知道。"

王尊："因为天下人都说东平王你是一个英勇无敌、桀骜不驯之辈。可今日一看，呵呵，你就是一个仗着刘氏宗亲之名而行不法之事的纨绔子弟而已，哪里有什么勇？又哪里算得上是无敌？哈哈，真可笑。东平王啊，我看你也别在这儿和我阳奉阴违了，有什么招数，直接亮出来吧！"

这话说完，刘宇气得脸都绿了，他实在是无法再和王尊拉扯了，要不然得被气死，便直接回应道："王相说的哪里话，本王哪里有这么不堪，你也知道，本王从小就喜欢舞枪弄棒，对宝刀更是爱不释手。而前一段时间，本王听说王相手中有一把宝刀非常出名，便想借来一观，不知王相可否给本王这个面子。"

一听这话，王尊一愣，随即便明白了，闹了半天刘宇的"大招"在这呢，于是哈哈大笑着和身边的随从道："我说东平王今儿个怎么会有如此兴致，邀请他最讨厌的人来一起吃饭，原来是想用这一招害死我啊。"

刘宇听罢一惊，然后眼神阴沉地问道："王相这话是怎么说的？本王为什么要害死你？"

王尊根本就没搭理刘宇，而是将佩刀解下来交给自己的随从并对其道："你知道东平王为什么要看我的佩刀吗？"

随从："手下愚钝，不知，还请相爷明示。"

王尊："很简单，就是想在我将佩刀递给他的时候冤枉我要拿刀砍他，然后置我于死地而已。今天我还真就把佩刀给他了，我倒要看看，他敢不敢对我动手。去，拿着这个佩刀给东平王送过去，我看他能怎么样！"

见阴谋被当场揭穿，刘宇怒不可遏，就想直接抽刀把王尊弄死。

可就在这千钧一发之时，一直都在幕后的东平王太后，也就是刘宇的母亲突然走了出来，然后狠狠地瞪了刘宇一眼。

见自己的娘出来了，刘宇一下老实了，只得黑着脸坐在原地一声不吭。

那东平王太后对着王尊微笑着道："看来王相真的对我儿子误会太大了，既然如此，那老身亲自陪王相饮酒可好？"

王尊："不敢，既然东平王没有什么其他的事了，那鄙人就告退了。"

看着王尊越来越远的背影，王太后只是轻蔑一笑，只有刘宇越发沉不住气，急匆匆地跑了过来，非常不满地道："母后！你为什么要阻止儿臣？有这样的人当相国，那儿臣还不如死了算了！"

王太后默默地看了刘宇好一会儿，然后一声长叹道："我儿不知，对付这种亡命之徒，你硬，他比你还要硬，所以只能用软刀子一点儿一点儿地宰杀他，你就放心吧，这王尊在东平国没几天可嚣张的了。"

话毕，王太后转身回屋，写了一封信送往长安，就静等着王尊被罢官了。

不得不说，这王太后绝对是玩阴谋诡计的行家，她知道汉元帝信奉儒家之道，最讨厌的便是王尊这种所谓的"酷吏"，所以添醋加油地将王尊在东平国所做之事全都告诉了汉元帝，将自己和刘宇变成了弱势群体，而王尊则变成了欺负他们孤儿寡母的人，并"威胁"汉元帝，如果他再不将王尊调走，他母子二人也不活了。

汉元帝看了这封信以后大怒，叫来石显给他好一顿数落，遂罢免了王尊的官职，再次让其成了一个小百姓。

至此，王尊已经两起两落。

我们书接上文，话说南山傕宗带领着数百名大汉起义以后，接连败掉一个都尉、两个京兆尹，使得京师震动。汉成帝在无奈之下只得听王凤之言，再次起用王尊代理京兆尹，让他迅速消灭南山傕宗。

而王尊代理京兆尹以后效果怎么样呢？四个字，立竿见影！

王尊上任以后，不到一个月的时间，整个南山贼寇皆被肃清，无一残留！可有关他到底是怎么做的，史书上却没有给出半点儿线索，只说他一个月内就完成了任务。

可不管他到底用了什么办法，南山贼总算是被平定了，汉成帝遂升其为真正的京兆尹。

王尊在京兆尹的位置上一共干了三年，其在任期间，整个京兆地区都被他治理得井井有条，不管治安还是断狱都是全国最好的，那些平时威风八面的恶霸和官二代们见到王尊和见到他们爹一样惧怕。

可以这样说，论整个西汉的京兆尹谁最有实力，除了赵广汉，那就要属他王尊了。

可王尊眼里容不得半点沙子，他在任京兆尹期间，几乎将整个长安的权宦都得罪遍了，最后甚至连王凤都保不了他，便只能再遭贬谪，被派为东郡太守，最后死于任上。

5.6 神人陈汤

公元前29年十一月，就在王尊刚刚灭掉南山贼以后，西域方面又发生了动乱。

本来身为汉朝"小弟"的乌孙国不知因为什么原因，竟突然翻脸，派兵包围了汉朝的西域都护段会宗。那段会宗因为兵力不占优势，所以没和乌孙军队在野外决战，而是一边坚壁清野，一边往长安方向寄送告急文书，请汉成帝允许自己调动西域诸国和敦煌之兵反击乌孙。

汉成帝一听西域方面又有劫难，于是大急，赶紧召王凤和王商二人前来未央宫商议对策。

可这二人和汉成帝商量来商量去也没商量出一个满意的答案，打吧，乌孙那么远，在西域诸国当中又是最强大的几个王国之一，所以要出兵就得出将近十万之数。而要用如此多的士兵打这么远距离的一次战役所需要的钱粮根本无法计算，再加上从汉元帝开始汉朝便多灾多难，实在不想拿出这些钱来伤筋动骨。

可不打呢，汉朝的面子又放不下，以后拿什么来震慑西域各国？

所以，三人绞尽脑汁也想不出什么好办法。

可就在这时，王凤突然眼前一亮，对汉成帝道："陛下，臣想到一人，绝对能帮陛下渡过此次难关！"

汉成帝："哦？是谁？大司马你快快说来！"

王凤："陈汤啊！陈汤被废为平民以后一直都赋闲在家，其足智多谋且熟悉西域事务，曾斩郅支单于而威震西域，陛下如果向他问计，一定能得到满意的答复。"

汉成帝一听："对呀！朕怎么没想到还有这么一号人物，快，来人，去把陈汤给朕宣过来。"

就这样，已经很久没有进入未央宫的陈汤再一次走进了这个曾经令他魂牵梦萦的地方。

当初的陈汤，两颗眼睛全是精光，一身的锐气逼人！可如今，他一双浑浊的双眼再也没有了当年的锐气，有的只是数不尽的沧桑和对当世的绝望。

看到陈汤如今这副模样，汉成帝也不免感叹，赶紧免了陈汤的拜礼，寒暄几句便切入正题："陈公啊，前一段时间乌孙国包围了朕的西域都护，朕实在不知道应该怎么应对，还请陈公教我。"

听到这儿，陈汤抬起头看了看汉成帝，稍微寻思了一会儿对汉成帝道："呵呵，陛下找错人了吧，这种大事不是应该问三公九卿这种尊贵的人吗？怎么能问小老儿呢？小老儿只不过是一个戴罪之身罢了，实在没有资格参与讨论这种军政大事。"

汉成帝也知道，陈汤还在为了当初的"不公平"待遇而生气，他也挺同情陈汤的，便道："陈公不要如此，现在朝廷值多事之秋，正是用陈公这种能人之时，朕向你保证，如果陈公能给朕定下一个好的计划和建议，朕是一定不会亏待你的。"

再次看了看汉成帝，陈汤又想了一会儿，终是无奈地摇了摇头，然后问汉成帝道："陛下，请恕小老儿直言，还请陛下能够对臣实话实说。"

汉成帝："你问吧，朕一定和你说实话。"

陈汤："小老儿请问陛下，陛下您到底想不想对乌孙出兵。"

犹豫了一会儿，汉成帝道："唉，我汉朝从父皇时代开始便历尽磨难，多有天灾，现在的国库也不像表面上那样光鲜。所以，如果能不出兵的话，朕是真的不想出兵，可要是不出兵，西域都护还会面临危机，更会折了我大汉的威严，所以朕真的是拿不定主意了。"

陈汤哈哈一笑，然后无不自信地道："既如此，那陛下就没有什么可担心的了。"

汉成帝问："为何如此说？"

陈汤微笑着道："小老儿年轻的时候从军多年，知道一句话，那就是五个胡兵也抵不上一个汉兵！陛下知道为什么吗？"

汉成帝摇头。

陈汤："因为不管是兵器还是甲胄，双方的差距实在是太大了！并且，汉军最擅长的就是防守战。如今，乌孙人不知死活，竟然敢和汉军打攻坚战，这样的话汉军一个人就抵得上乌孙兵十个人！这些乌孙兵最后势必会成为汉军强弩下的亡魂。所以，我想过不了多长时间，乌孙的士兵就会退去了，西域方面的捷报也会送过来了。"

汉成帝半信半疑地道："真的假的？双方士兵的人数差距可有好几倍呢。"

陈汤自信地道："陛下只管安心等好消息便可，小老儿可以作保。"

汉成帝问："那，这些乌孙兵什么时候才会撤退呢？"

陈汤反问："请问陛下，这些乌孙兵是什么时候包围的西域都护呢？"

汉成帝："就是这个月初的事儿。"

陈汤掰了掰手指头，心中暗算了一番后微笑着道："如此的话，今日正好是乌孙的撤退之日，小老儿料定，报捷文书一定会在五天内送达。"

"五天？"

汉成帝根本不敢相信自己的耳朵，愣了一会儿才忐忑地道："那，就承您吉言了，朕就看看是不是真会如您所言。"

结果，一天、两天……直到第四天的时候，捷报文书果然传到了长安，汉成帝当场惊呼："真如陈公所言，真神人也！"

汉成帝当即便封陈汤为从事中郎，常随自己左右，并且，从这以后，凡是军事事宜，汉成帝全都放心大胆地让陈汤全权计划。可以说，陈汤此时已经成了汉成帝身边的大红人，如无意外，等待着他的必将是锦绣前程。

可有一句话说得好，叫"江山易改，本性难移"。那陈汤从年轻的时候便极为贪财，到老了也是本性未改。多年以后，因为他整天在汉成帝身边，所以对汉成帝的政治方向把握得特别清楚，乃收人钱财，替别人写奏章。

结果，没多长时间，这事便被汉成帝所知，乃大怒，再次废陈汤为平民，从此以后再也没有任用过他。

陈汤，就这样虎头蛇尾地走完了自己看似光辉的官宦生涯。

5.7　夜郎之乱

时间：公元前28年春。

地点：未央宫。

此时的未央宫，只听得汉成帝在承明殿当着众多文武百官的面破口大骂："一个两个都这样！现在都已经第几个了？前年受灾地区直到现在河堤都没有修好！难道我大汉的水利官员都是吃闲饭的？朕不管！今天朕再给你们一次机会，给朕推荐一个懂得治水的官员，不然谁都别走了！"

汉成帝气呼呼地跪坐原地，一声都不吭了。

而下面的官员更是噤若寒蝉。这时候谁还敢推荐人哪，不要命了？

那么真的没人了吗？有！还是"大伯乐"王凤！

王凤这人看人极准，总是在关键时候给汉成帝推荐大才的大伯乐，再一次在汉成帝无人可用的时候走了出来。

见王凤走了出来，汉成帝如同抓住了一棵救命的稻草，还没等王凤说话便着急地问道："我的好舅舅，这一次又给朕派什么好人才了！"

王凤微笑道："陛下英明，臣这一次要给陛下推荐的是一个叫王延世的人才，只要陛下肯起用他为河堤使者，臣可以作保，相信不用半年的时间就会彻底将河堤之事解决。"

王凤，他给汉成帝推荐过很多人才，没有一个人最后让汉成帝失望的。所以，现在的汉成帝几乎无条件地相信王凤，盲目地认为，只要是王凤推荐的人才，没有一个是差的。

于是，当王凤推荐完王延世以后，汉成帝根本想都没想便直接答应了王凤。

结果王凤再一次印证了他的眼光。

因为王延世成为河堤使者以后，只用了三十六天就将河堤修补完毕，甚至要比坏之前更加坚固！

汉成帝大喜，乃升王延世为光禄大夫，封关内侯，赐黄金百斤！并在狂喜之下将本年年号改为河平元年，以庆此天大之功。

与此同时，王凤在汉成帝心中的分量也是更加重要，王商之位，已摇摇欲坠矣。

同年六月，汉成帝罢典属国之职能，并入大鸿胪。

九月，自汉高祖刘邦之《九章律》至今，历经多帝，在原本的法律条文上多有添加，使得现在汉朝的法律光死刑就有上千条之多，其律令之繁杂更是多至百万之言。即使是那些专修法律之官员对于现在汉朝的法律也只是知道一个大概，根本无法细说。

基于此，有很多官员和刁民都利用法律的空子给自己谋取私利。

针对于此，汉成帝下令有关部门大改法律条文，想让汉朝的法律更加简洁明了。

可法律是一种非常敏感的东西，一旦改变了法律，很容易让自己的政敌钻空子，以此为口实对自己进行攻击。

所以，有关单位的官员并没有按照汉成帝的法子对汉朝法典进行改变，只不过是略改皮毛，应付过关而已。

公元前27年六月。

自从上位以来一直很忙的汉成帝终于好好地消停了一年。这一年中，朝廷并没有什么大事发生。可这种快乐的日子很快便被西南方向所打破。

原来，在这个月，夜郎王兴、鉤町王禹和漏卧侯俞这三股原本在西南夷中的势力竟然相互火并起来，以致整个牂柯郡如一团乱麻，每天都有很多人死于火并之中。

因为这三个势力的老大手中全都握有重兵，所以牂柯郡的太守根本无法管制，便紧急写信给朝廷说这些少数民族久未再体会汉朝的威仪，早就忘记了当初流血的教训，所以希望朝廷能派出重兵对其进行武力镇压。

汉成帝对此高度重视，立即召开了廷议商讨此事。

结果通过讨论，众文武官员一致认为，牂柯郡地区属于西南夷之地，距离长安遥远，加之地理特殊，所以不适合出动大军作战，并且一旦作战，也不是一天两天能拿下的，到时候伤筋动骨，实在是得不偿失，所以希望汉成帝能派人持节前往牂柯郡，对三部首领进行调节。

汉成帝觉得很有道理，乃依计而行，派籍贯为蜀地的太中大夫张匡持朝廷之节往三部进行调和。

可现在的情况是，相对强大的夜郎通过多日的战争已经占据了绝对的优势，相信不出半年，鉤町和漏卧就要被其所灭，所以汉朝在这时候想不动武力就让夜郎罢手，那无外乎就是痴人说梦。

同年六月的某一天，张匡持节来到了夜郎王所居之地，本以为代表长安来见夜郎王的自己将会受到上等款待，可等着他的却是夜郎王那阴冷的表情。

见此，张匡便感觉事情不妙，可人已经到这了，掉头就走是绝对不可能的，便只能硬着头皮宣读汉成帝的旨意。

可还没等张匡说话，夜郎王便嚣张地道："汉朝使者先不要说话！看看本王为你准备了什么？"

话毕，一群夜郎士兵迅速抬出了身着汉官服饰的木人摆在广场正中央。

紧接着，又一群手拿弓箭的士兵冲了出来，然后齐刷刷地看着夜郎王，等待着他的命令。

只见夜郎王大手一挥，砰的一声暴响，群矢齐飞，瞬时之间就将那木人射成了"刺猬"。

之后，夜郎王嚣张地看着汉使道："你要说什么？你想说什么？本王奉劝你，说话之前可要好好思量，千万别做了木人啊。"

这很明显就是和汉廷开始拉扯了。

见此，张匡也没什么好说的了，将汉成帝的旨意收起来，阴冷地看了夜郎王后转身就走了。

结果没过多久便听见了夜郎王和他臣子们的笑声，很明显，夜郎又开始自大了。

时间：公元前27年七月。

地点：长安未央宫承明殿。

此时，诉说完情况的张匡跪在汉成帝面前，一声不语。而大殿正中央的汉成帝则气得咬牙切齿，过了一会儿，汉成帝再也忍不了了，怒吼道："好你个小小的夜郎王，本皇不杀你誓不为人！"

见汉成帝如此暴怒，主和派的一名官员赶紧上来道："陛下！不可冲动！这个事情咱们之前不是已经说过了吗？那西南夷地处偏僻，距离长安极为遥远，想要出兵攻伐实在是伤筋动骨啊！到最后必是得不偿失之局。还请陛下冷静！"

"这话说得不对！"

那名主和的官员刚刚说完，大司马王凤的心腹之一杜钦便走出来道："启禀陛下，臣有本要奏！"

汉成帝："说！"

杜钦："之前，众多大臣不建议朝廷对夜郎动兵，结果派出了太中大夫进行调解。可结果怎么样了？不但没有达成目的，还使得我朝廷特使受到了羞辱，让我大汉国威受到了严重的挑衅！以此便能看出，想不动用武力而让夜郎屈服是绝对不可能的了。臣担心，如果我大汉继续和夜郎委曲求全，其结果必然是在几个月以后使得夜郎吞并其他的势力，让其一家独大！夜郎狼子野心已昭然若揭，若让其统一牂牁一带的势力，其结果必然是杀太守，反朝廷！到时候，朝廷再想收拾夜郎就要出动更多的军队，消耗更多的钱粮。所以，对夜郎进行武力镇压已是必由之路！还请陛下三思！"

汉成帝："好！这才像我大汉臣子说的话！大司马何在？"

王凤："臣在！"

汉成帝微笑着道："你这个大伯乐，可还有好的人才推荐给朕了？"

王凤笑道："陛下都问了，那臣自然是有！"

汉成帝："哦？是谁？"

王凤："我这次要推荐的人为金城司马陈立！此人自为官开始便一直任边境村县之官员，凡是他负责之地，没有哪个少数民族不对他服气的，所以，臣可以作保，只要陛下起用了他，不过一年，夜郎之乱必平！"

汉成帝："哈哈，我的好舅舅，朕就知道关键时候还得是你！来人！"

"在！"

"立即给朕拟定诏书，让金城司马陈立马上收拾行装，前往牂牁郡任太守！"

"是！"

就这样，陈立在收到汉成帝的诏书以后立即前往了牂牁郡。

那陈立雷厉风行，刚到牂牁郡便有所行动。

首先，他用了几天的时间了解了牂柯郡的兵力民生以及周边少数民族的情况，然后派人前往夜郎王处让其立即罢兵，其意图便是先礼后兵。

结果完全如同陈立所料，那夜郎王还是和之前一样，不但拒不答应陈立的要求，还用言语侮辱派去的官员。

陈立冷笑一声，当即便写信送往长安，请求朝廷答应让自己动手解决夜郎王，然后根本就不等朝廷回复便带着几十号心腹前往夜郎国的治所且同亭，召见夜郎王来见。

那夜郎王听说陈立就带了不到百人，根本不惧，当即便带着一千余人前往陈立处。他就不信，那陈立能拿他怎么样。

可是他错了，大错特错。

通过多年和周边的少数民族打交道，陈立发现，这些少数民族虽然外表上凶狠残暴，但实际上就是一盘散沙，只要将他们的头儿弄死了，那不管他们有多少兵力都会仓皇逃窜，抑或直接投降。

所以，当嚣张的夜郎王在陈立面前入座以后，陈立根本不待他说话，便以特大的音量痛斥了夜郎王，并欺骗夜郎王说现在已经有十余万汉军在边境驻扎，随时准备大军压境（主要是喊给外面的夜郎士兵听的）。

然后，不待夜郎王反应过来，陈立抽刀便上，而陈立周边的心腹们早有准备，见领导已经冲上去了，一个个也冲了上去，生生砍死了夜郎王身边的护卫，然后将夜郎王押到地上动弹不得。

噗噗噗几刀下去，夜郎王被捅死，然后陈立又是一刀，砍下了夜郎王的头颅。

直到这时候，门外那千余名夜郎士兵才反应过来，可不待他们有所动作，陈立便拎着夜郎王的人头走出了房间，然后大声吼道："夜郎王兴！背叛汉朝，大逆不道！本官奉汉皇之命为民除去此害！此事和你们没有半点儿关系，以后该怎么生活还怎么生活，但如果有人胆敢亮出兵器反抗朝廷，那结果就是全家人都要为你丧命！现在！我命令你们，立即放下手中的兵器！违令者，夜郎王就是你们的下场！"

哐当！随着第一个夜郎士兵放下手中的兵器，其他的夜郎士兵也一个个地照着做了。

而听说夜郎王已经死了，鉤町王和漏卧侯也在第一时间派遣使者前往长安上贡，并发誓从此再也不会发生这种事情了。

陈立就这样"轻轻松松"地平定了夜郎之乱。

可事情真的这么简单就结束了吗？答案当然是否定的。

因为就在夜郎王被杀，鉤町王和漏卧侯派人到长安以后，夜郎王的岳父翁指便以迅雷不及掩耳之势接替了夜郎王的宝座，然后凭借强大的军事力量胁迫二十二邑反汉。

一时间，整个牂牁郡周边乱作一团，"人皆反汉"。

见此，陈立迅速布置，他首先写信往长安报告了现在牂牁郡的情况，并请求长安让他全掌前线大权，然后还是不等朝廷的批复，便在第一时间召集了牂牁郡所有的可用郡国兵，以大大低于夜郎的兵力主动寻求决战。

陈立这是要干什么？难道他不知道兵力上的差距吗？兵书上明明说了，劣势之兵要先以防守为要务难道他没看过吗？

陈立当然看过！只不过战场的形势瞬息万变，战机稍纵即逝，而现在战机已经出现了，所以陈立必须抓住。

这战机是什么呢？

第一，周围的这些少数民族，除了夜郎部分人以外，是没有人愿意和大汉对抗的，而翁指通过武力胁迫来换取战争资本，这就使得人心涣散，极容易造成"兵溃于众"之势。可如果给翁指足够的时间，那他很容易就会将这些少数民族拧成一股绳。到那时候，陈立就是想防守，也无法防住这四围之兵了。

第二，汉军的绝强战斗力！汉军的兵器和甲胄要比周边的少数民族强了不止一点儿，所以陈立有信心在首次战斗挫败敌人的锐气，而如果在首战能够消灭敌人的话，那结果必然会让这一盘散沙的士气受到更加强大的威胁。

而事实呢？也确实如陈立所料。

最开始，翁指没有瞧得起陈立，便派出了大军团对其进行围歼战，可陈立根本不管你有什么战略，就是率领精锐骑兵，先对你的前部展开冲锋，然后用步兵集中一点进行打击。

很快，夜郎兵团前部便自行溃乱，其他士兵见刚刚交手就被汉军打成这个样子，士气顿时大跌，大部分人甚至都没和汉军交手就四散而逃了。

翁指见此大恐，赶紧把部队撤了回来，对汉军改变了作战方针，遂改攻为守。

他让士兵守住所有的险峻要道，并严令不管汉军如何叫嚣都不准主动迎击，意图等汉军士气大跌，自己的多民族士兵相互熟悉以后再行剿灭。

可陈立根本就不中他的圈套。翁指你不是不出来吗？好啊，那你就别出来了，看我怎么对付你。

这之后，陈立停止了对翁指的进攻，而是改变战略，断了翁指的粮道，意图饿死翁指。

这招实在是太毒辣了，如此做的话，汉军就会占尽主动，翁指就是不想出来也必须出来迎战了。

可就在这时，有一个不和谐的声音出现了。汉军境内，都尉万年见陈立如此做法，大为不满地对其抱怨："太守！我大汉为天朝上国！对付一个小小的夜郎，怎能如此阴险？这样的话，我们汉军以后颜面何在？末将请太守分我一部兵力！不出数日，我必斩翁指狗头！"

话毕，万年信誓旦旦地等待着陈立的批准。

可陈立呢？却一脸嫌弃地道："你莫不是疯了？现在我军占尽主动，你出什么头？赶紧给我滚！"

就这样，陈立将万年赶出了大帐。可那万年是一个不折不扣的莽汉，虽然被赶了出去，但心中依然不服，乃私自率领心腹兵马前往攻击。

结果，虽然没有全军覆没，但也是损失惨重，灰头土脸地回来了。

陈立听闻万年私自调动军队失败而回，气得青筋暴起，拿起马鞭在众人面前就给万年一顿抽，然后愤愤地道："我告诉你！要不是决战即将开始，我军正是用人之际，一百条命我都给你要了去！现在，本帅给你一个将功赎罪的机会，你小子敢不敢接？"

万年砰砰砰给陈立磕了三个响头，发誓道："末将私自调动军队失败而回，犯了万死之罪，太守不杀末将已经是天大的恩惠，末将一定完成太守给的任务，决不辜负太守的信任。"

陈立："好！我大军断了夜郎的粮道，翁指一定不会善罢甘休，必会想方设法夺回此地。因此，我在两处险要分别建设了防御堡垒。一旦受到围攻便能相互支援。本帅现在就要求你带领手下心腹死死地守住其中一座。你能不能给我办到？"

万年再对陈立一叩首，眼神散发着刚毅："城在人在！城亡人亡！"

就这样，掎角之势形成，陈立和万年各守一堡垒。

再看夜郎方面。

那翁指打退了万年的部队以后还没高兴多长时间便听说汉军将其粮道断掉，脑袋顿时嗡的一声巨响，来不及有什么想法，便带领主力部队前往陈立架设的堡垒之处，意图打通粮道。

通过分析，翁指认为，两座堡垒都有汉军把守，如果自己同时进攻的话，其损失绝对是自己无法承受的。

于是，翁指打定主意，先攻下守兵较少、由万年守卫的堡垒，然后再攻击陈立守卫的堡垒，进而将汉军彻底消灭殆尽。

可结果呢？翁指真是万念俱灰。那万年为了将功赎罪，亲自率领手下部队死守堡垒，遂身中数矢，血流如注，但依然坚挺，抵挡住了翁指一波又一波的攻势。

久攻不下，士气必然丧失，这就是战争的必然规律。而翁指手下的那些士兵还都是临时拼凑在一起的乌合之众。所以，随着一波又一波的攻势被万年成功抵挡，一股厌战的情绪也就随之充斥了整个夜郎军队。

陈立见时机已到，即刻倾巢而出，率领所有的部队突袭夜郎的后方。

一时间，喊杀声响彻云霄，此时的夜郎军已经是疲惫之师，士气更是跌成了负数，所以一触即溃，还没等翁指有所行动便四散而逃。

就在这时，万年也杀出了堡垒，响应陈立之势，和其夹击翁指的部队。

翁指无奈之下只能率领余下的部队狼狈逃窜，意图再想办法进行反击。可很明显地，陈立是不会再给他这个机会了。

因为就在夜郎军撤退以后，陈立率领汉军追着其尾部进行凶狠残暴的撕咬。在之前被翁指抽空的险要之地全都被陈立一个个地端掉，最后，翁指只能死守且同亭顽抗汉军。

而这时候，陈立又笑了。

因为陈立到了且同亭郊外之时，并没有在第一时间围住此地，而是直接断了他们的水源，让整个且同亭无水可用。

然后，他不断派出反间者奔赴且同亭内，对各个少数民族的首领进行策反。

之前被断了粮道，现在又被断了水源，汉朝的正规大军还没有出马就已经被整成了这副德行，那要是汉军的主力大军来了我们还有什么活路？

于是，翁指撤回且同亭还不到两天，这些少数民族的部落首领便全都反了。

紧接着，他们带领各自的士兵在城内对翁指发动了突然袭击。

结果，翁指的头颅不到几个时辰就被各族首领砍掉，然后恭敬地献给了陈立。

至此，猖獗一时的夜郎之乱彻底宣告平定。汉成帝听闻此事极度兴奋，当即就要宣陈立回京，好好地赏赐他一番。

可就在这个时候，巴郡又出现了数之不尽的盗贼集团。这些盗贼大部分也是由周边各族所组成，人数不在少数。

于是，汉成帝下令，封陈立为巴郡太守，让他先不要回京了，先将巴郡的事情搞定再一起封赏。

结果，陈立到了巴郡以后同样不到一个月的时间便将此地的盗贼全部肃清。

可还是没等将陈立召回长安，天水又出乱子了。汉成帝没等陈立回京就赐他左庶长爵，然后让他急速到天水就任太守之职。

结果，陈立到了天水以后，发现作乱的盗贼并不是周边的民族，而是天水境内的汉朝百姓。

为什么会这样呢？因为天水实在是太穷了。那它为什么会这样穷呢？

天水郡，为今甘肃省东南之地，在汉朝的时候四面皆为各个少数民族。当初汉朝还和匈奴全面开战之时，此地常会受到袭扰，为了有效地打击匈奴，汉朝便在此地施以军屯之法，久而久之，这地方便成了近乎军事重郡的存在。

可自从汉朝与匈奴和平共处以后，此地的士兵便被慢慢派回中原，可中央没有明确规定，历任太守又都不是什么有作为的官员，所以传统依然没有改变，治理大方略依然是军屯制，并没有开发什么其他的业务，以至于此地越来越穷，到了现在，有的人连饭都吃不起了，所以铤而走险，走上了盗窃这条路。

基于此，陈立并没有用太多的精力去收拾这些盗贼，而是带领着天水的百姓开荒种地，栽桑养蚕。

结果，不到两三年，天水就开始逐渐地富了起来，当初的那些盗贼要么被捕要么自首。

很快，天水就成了整个天下发展最快的大郡。

汉成帝因此非常看重陈立，便升其为左曹卫将军、护军都尉并赏黄金四十斤。

不说陈立，光说王凤，他看人的眼光可真准！真乃西汉之大伯乐也！

5.8　能臣与伯乐，只能活一个

公元前26年正月，楚王刘嚣亲来长安朝见汉成帝。

楚王刘嚣，汉宣帝第三子，汉成帝三叔，因为刘嚣品行一向良好，外加从始至终对朝廷都是忠心耿耿，所以汉成帝为褒奖刘嚣，特赐其子刘勋为广戚侯。

同年二月，许久没有折腾汉朝的天灾又来了。

本月，犍为郡突然发生地震、山崩，结果堵塞长江，江水逆流。

同年八月，老天再次降下日食。

汉成帝这个冤啊，说实话，近一段时间他已经尽自己最大的努力来治理汉朝了，可这可恶的老天为什么还要这样一而再，再而三地折磨自己。

无奈之下，汉成帝只能再次因为这种事情召开廷议，询问大臣们自己的过失。可下面的大臣也对汉成帝这一段时间的作为无可挑剔，所以每个人都闷不吭声，这一次的廷议就这样草草地收场了。

可你要是认为真的收场那就错了。因为就在汉成帝失望地回到寝宫以后，刘向却秘密地前来拜见汉成帝了。

刘向见到汉成帝以后，直言知道灾祸的起源，汉成帝听闻非常高兴，当然是追问到底。

于是，刘向就将自己的著作《洪范五行传论》交给了汉成帝。

此书根据《尚书·洪范篇》，汇集自上古以来，历经春秋战国，直指秦汉所有关于祥瑞、天灾、变异等记载，推测天象变迁的原因，共十一篇章。

篇幅虽多，可真意多半无外乎两点。

第一，君主昏庸无道。

第二，朝中有权臣当道。

这意思就很明确了，因为汉成帝除了刚刚继位之初比较贪恋女色之外，其他时间还是比较自律的，并且为了国家社稷也算是劳心劳力了。

所以，刘向所指昭然若揭，那就是说现在之所以有天灾预警，完全是因为当朝有权臣作乱之故。

那这个权臣又是谁呢？当然是王凤了。

其人虽不是丞相之尊，但汉成帝对他的信任根本无人能比，手中真正的权力也不是丞相王商可以相提并论的。

所以，说白了，刘向针对的就是王凤。

可王凤是汉成帝一朝的第一大伯乐，汉成帝靠着他推荐的人才度过了种种危机。

所以，汉成帝对王凤的倚重是别人所不能及的。刘向的这个"建议"也就无疾而终了。

公元前25年正月，南匈奴单于复株累亲往汉朝朝见汉成帝。当他进入未央官之时，百官已就位跪坐，只等汉成帝驾临。而丞相，历来都是汉朝中官职最大的官员。复株累单于并不知道现在汉朝真正最厉害的官员为王凤，所以没有对王凤行礼，而是走到了丞相王商面前对其打了招呼。

见此，王商起身相迎，便和复株累单于聊在了一起。

王商这人不但长得极为英俊，还生得人高马大，更兼谈吐大气无双，所以复株累单于和其详谈之时缩手缩脚，竟然被其气场所逼，连连后退。

后来，当汉成帝知道此事以后，当着众人的面感叹道："这才是我大汉的丞相啊！"

汉成帝夸赞得好，可他却不知道，就是因为这一件事，使得王商和王凤之间彻底开启了战端。

之前，王商、王凤二人虽然是政敌，但明面上还过得去，因为王商知道王凤在汉成帝心中的地位，不敢随便对其动手。而王凤也不想轻易对王商发动"战争"，毕竟杀敌一千、自损八百的事谁都不愿意做。

可自从汉成帝夸赞王商以后，王商竟然错误地以为汉成帝已经站在了他这一边，这可是千载难逢的"战机"啊！一旦错过，以后再想收拾王凤就不是那么简单的事情了。

所以，王商开始对王凤动手了。

王商的战略是，先将王凤的羽翼统统剪除，将王凤变成一个光杆司令，然后再对王凤发动总攻击。

这第一个要收拾的便是王凤的女婿——琅邪太守杨肜了。

因为从杨肜为琅邪太守以后，琅邪的天灾竟然多达十四次之多，王商便以此事为由，请汉成帝罢免杨肜。

可王凤权倾朝野，手下羽翼众多，王商的奏章还没等送过去便被王凤知道了。

王凤一开始也没想那么多，直接便找到王商求情道："丞相大人，天灾这种事情主要是老天的意思，和个人是没有什么关系的。杨肜虽然是我的女婿，但不可否认，他是一个非常好的父母官，丞相如果不信可以派人去琅邪打听，我可以作保，没有一个百姓会说他的坏话！所以，在查清楚以前，丞相大人您是不是先把这个奏章给放一放？"

王凤说得对不对呢？对，可王商根本就是醉翁之意不在酒，要的就是弄死王凤。

于是，他轻蔑地瞥了一眼王凤，理都没理他，转身便走了，不大一会儿便将折子交给了汉成帝。

看着王商嚣张的背影，王凤没有作声，而是同样转身走了。因为他知道，这时候说什么都没有用了，因为王商已经和他彻底宣战。

回府以后，大概等了半个多时辰，王凤感觉王商差不多要从汉成帝那边往回走了，便拿着一个早已经准备好的奏章前往未央宫之中。

到了未央宫以后，王凤直径来到了汉成帝的寝殿，然后极力为杨肜辩护，并以性命担保，杨肜绝对是一个称职的父母官。

而汉成帝对王凤所推荐的人是百分之百信任的，便将王商的奏折放下了，不再处罚杨肜。

按说事情到这儿就应该结束了，可王凤接下来的举动却是向王商宣战，并且同时告诉王商四个字——不死不休！

那王凤的举动是什么呢？很简单，那就是给汉成帝递上了一个奏折。

原来，在很久以前，王凤就断定和王商早晚有"决战"的一天，所以在那时候开始便聘请一些类似于"侦探"的人一天到晚潜伏在王商的家门口，不断搜集相府中人作奸犯科的证据。

丞相，那可是三公之首，是一人之下、万人之上的人，先别管王商这人究竟怎么样，起码他相府的下人就少不了欺男霸女之事。所以，这么多年来，相府种种不好的事情都在王凤的掌握之中。

本来，王凤的想法是，如果没有必要，他这一辈子都不想将此奏折递上去。可如今，王商都已经把刀架到自己脖子上了，如果再不行反击，那自己就被废了。所以，王凤义无反顾地递上了这个折子。

只见看着折子的汉成帝脸色越来越黑，当他看完以后，这个折子被他狠狠地扔在了地上。这之后，汉成帝紧紧地闭上了双眼，好像在思考什么事情。

又过了一会儿，本来脸已经变黑的汉成帝逐渐恢复正常，然后长长地出了一口气和王凤道："大司马啊，你给朕看的这些东西确实是太阴暗了，但还真的不足以让朕惩罚王商，所以，这件事就这么过去吧，你也不要再提了好吗？"

王凤："……听皇上的。"

汉成帝："好，好啊，朕真诚地希望大司马你能和丞相两人和平相处，一起努力，让我大汉皇朝更加强大。"

话毕，王凤对汉成帝深深一拜，然后无不虔诚地道："遵旨！"

可等王凤走出未央宫以后，看着天空中不断变幻的云彩，这才无奈地叹了一口气："和平共处吗？不可能了。"

不可能了吗？是的，不可能了。因为就在王凤走后，王商也得知了此事，乃采取反制措施，意图以内外两宫之力共同夹击王凤。

在这之前，王皇太后曾经有意将王商的女儿备入后宫，使他和汉成帝亲上加亲。可王商非常喜爱这个女儿，同时知道后宫乃是非之地，便以女儿有病为由拒绝了王皇太后的邀请。

可如今，随着王凤愈演愈烈的反击之势，王商不得不将自己的女儿弄到后宫之中，让她成为自己的有力"外援"。

可一个女人不管她的背景多么强大，想要在后宫站稳脚跟也不是一朝一夕能够成功的。而王凤不出手则已，出手则不会给你任何喘息的机会。

同年三月，也就是王商和王凤全面开战一个月以后，该死的日食又来了。

一时间，整个长安都被黑暗所笼罩。

然而就在这时，从大司马府突然冲出众多下人，这些下人出了大司马府以后再无往日的傲气与嚣张，而是衣着朴素，一个个低头疾行，生怕被人认出一般。

紧接着，他们分别前往各个朝廷政要的府邸（全都是王凤派系的），在里面只待一会儿便仓促而回。

而大概半炷香以后，这些府邸的主人便都坐着下人的马车低调前往大司马府邸。又是一个时辰以后，这些朝廷政要才陆陆续续地回到了自己的府邸。

之后，他们在上朝之前再也没出过家门半步。

第二天，和以往一样，日食以后，汉成帝照常召开廷议来商讨政治得失以及需要改进的地方。

就在这时，王凤派系对王商派系如同潮水一般的进攻开始了。

首先站出来的是一个叫杨匡的官员，他对汉成帝行了一个大礼然后开口就道："陛下，我知道这次为什么会有日食出现。"

汉成帝："哦？你说。"

杨匡转过身来，指着王商便开始大骂："就是因为他！丞相王商！他平日里仗着自己的身份和地位作威作福，不但纵容自己的手下行不法之事，还通过种种手段来制约皇帝陛下。他性情残忍恶劣而不讲仁义道德，排斥打压有能力的官员，从不将一般的同僚放在眼里，动辄便私下追究别人的罪状来给自己立威！天下人没有谁不痛恨他，没有谁不希望他早早下台。王商极为好色，在年轻的时候便同其父亲的奴婢私通，他的女儿更是不检点，竟私下同其他的男人私通。而王商呢？为了让自己的女儿能成功进入后宫，竟然派人暗杀了他女儿的姘头。我还听说……试问，这样的奸邪之徒如何配在我大汉丞相之位上？如何配辅助陛下统治万民？臣请立即诛杀此人！这样的话，天下的奸臣之路就会被封闭，我大汉就满朝为忠了！"

话毕，汉成帝眉头紧锁，深深地看了一眼默不作声的王凤。可还没等他说什么，左将军史丹以及几个朝中权臣便冲了出来对汉成帝道："陛下，王商身为三公之首，爵位更是被封为列侯，理应是整个天下人臣所效仿的人物！可是他呢？非但不遵守法度来辅助陛下，反倒是欺下媚上为其私利服务，走旁门左道来扰乱国家的政治体系。作为一个臣子，他不尽忠竟然到了如此程度，不管出于什么都应该将其斩杀，以儆效尤！"

这一个又一个的大臣皆站出来要求斩杀王商，这让汉成帝压力巨大，那么王商究竟有没有私通老爹的奴婢，又有没有派人杀死自己女儿的姘头呢？史书上没写，但因为王凤现在虽然势大，但汉成帝却牢牢地把握了朝政大权，再加上他又比较喜欢和倚重王商，所以王凤八成是不敢胡乱冤枉王商的。

所以在此种情况之下，"天时、地利、人和"皆在王凤一边，他王商，怕是在劫难逃了。

可汉成帝实在是不想就这样失去王商，所以哪怕是那么多权贵要求杀掉王商，汉成帝也坚持不治王商的罪。

可就在这时，最终王凤出马了。

只见他快步走出，哐当一下给汉成帝跪了下来，然后砰砰砰地磕了三个响头："陛下！王商之罪已经是天怒人怨！满朝上下谁不想他速速去死！如果陛下还是要任用王商的话，那这个天下还有谁会效忠陛下？还有哪个忠臣有活路可走？臣求求陛下了，求您除掉这个大汉毒瘤吧！"

话毕，几乎在场一大半的官员全都集体下跪道："请陛下斩杀王商！还我大汉一个朗朗乾坤！"

话毕，包括王凤，所有的大臣都将头叩在地上。这阵势，完全就是有王商没我们，有我们没王商。

汉成帝傻了，又过了一会儿，汉成帝苦笑摇头，对着下面的大臣妥协了。因为王商虽然重要，但相对而言，他更加看重的却是王凤这个伯乐以及下面这些跪着的大臣。

于是，汉成帝有气无力地道："好了，都别跪着了站起来吧，朕答应你们，会免除王商的丞相之位，将他废为平民，但是想要朕杀王商，你们就不要再劝了，不可能。"

王凤也知道这一次闹得有点过了，已经伤了汉成帝的心，所以见好就收，带头道："陛下英明，真乃汉室之福。"

话毕，带领着朝中众臣起身退去了。

就这样，王商只在一个朝会的工夫便失去了大汉丞相之位。

可实际上王商大可以不必过分悲观，因为汉成帝说到底还是喜欢他的。如今虽然将他贬为平民，但相信过不了多长时间，汉成帝就有重新起用他的可能，可能还能够东山再起。可是……

自古以来，众人都说"宰相肚里能撑船"，可真正能做到的又有几人？很明显地，王商肚里就撑不了一艘船。

被罢去丞相之位以后，王商赋闲在家，几乎日日愁苦，不久便生出了疾病，然后便郁郁而终了。

5.9　王凤霸朝

同年六月，汉成帝用老师张禹接替了王商的位置。

汉成帝的算盘打得很好，还是想借他人之手来制衡王凤，以此达到双方平衡的目的，因为汉成帝有自信，张禹绝对不是王凤的人，是可以对王凤形成一定制约的。

可事实证明，汉成帝错了。

张禹，字子文，祖籍河内郡轵县人，整个家族到他父亲的时候，便举家迁徙到了莲勺县。

张禹在还是娃娃的时候，经常和自己的父亲到市集上去，最喜欢观看那些占卜和看相的人，时间长了，就懂得些八卦和占卜凶吉的知识。

占卜的人很喜欢这个白净的孩子，便对张禹的爸爸说："这个孩子非常有占卜方面的天分，可以让他多接触一些经文，相信以后一定会有出息。"

于是，张禹的爸爸就在张禹长大以后将其送到京城求学。

张禹最开始跟随施仇学习《周易》，没过多长时间便出师了。而在京城待得久了，张禹的眼界也就开了。他知道，光习得经学之术是没什么大前途的，只有学好了《论语》这种官场流行的学问才有可能"登堂入室"。

于是，张禹便随很多名士学习《论语》。等他将《论语》也精通之后便聚徒传经，之后便被推荐为郡中文学了。

汉宣帝甘露年间，朝廷选拔各郡文学至长安参加考试，萧望之便是主考官员。

考试结束以后，萧望之对张禹有关《周易》和《论语》的见解非常赞赏，便强烈建议汉宣帝封张禹为官。

可汉宣帝是对鬼神和儒家都非常不欣赏的人，所以根本没有用张禹，依然让他回原来的地方做官，一直到汉宣帝都快要死去的时候，当时还是太子的汉元帝才起用了他。

之后，汉元帝继位，便提升张禹为太子太傅，进而再升张禹为光禄大夫。

几年以后，为了以后方便提拔张禹，汉元帝又任张禹为东平郡内史，前往地方历练。

又是多年过去，汉元帝驾崩，汉成帝继位，便立即将自己的老师招至长安，并赐爵关内侯，赏食邑六百户，重赐光禄大夫、给事中、领尚书事。

而在当时，大司马王凤专权，同样兼任尚书事，张禹的到来就不可避免地分了王凤的职权。

而张禹，虽然精通两部经典，却是一个胆小怕死之辈，不敢得罪王凤，乃向汉成帝辞去尚书之事，以此避免和王凤共事。

可汉成帝要的便是用自己的心腹来分王凤之职权，所以明里暗里地暗示张禹，让他不要推辞，并再三说明他是自己的人，不要多心。

张禹见实在推脱不开，这才硬着头皮接受了这个职位。

可他兼任尚书事后，却秉承着中庸保命之道，完全不和王凤对着干，凡是王凤决定的事情，张禹从来都是双手赞成。

基于此，本来就权倾朝野的王氏在张禹为丞相以后便开始更加跋扈，这也为以后王氏大蟒蛇的篡权之路提供了非常优越的前提条件。

公元前24年正月，有人向汉成帝推荐刘向的小儿子刘歆，说这孩子极富才能，是一个不可多得的人才，希望汉成帝能够用其为官（注：刘歆，成帝一朝之神童，年幼之时便精通《诗经》《尚书》等一众经典，少年以后便能辅助父亲讲授六艺、诸子、诗赋、数术、方技方面的知识。）

那汉成帝也听说过刘歆"神童"之名，便打算批准。

可刘向为王凤的朝中政敌，王凤怎么可能让他的儿子再进入中央政治舞台呢？那不等于是给自己再平添一个实力强大的敌人吗？

于是，王凤便对此事百般阻挠。

群臣一看王凤的态度，立马捧其臭脚，坚决反对让刘歆往朝中为官。这事儿就这样不了了之了。

这一次，王凤又赢了，但在当天退朝的时候，汉成帝的脸色非常阴沉，很明显他开始对王凤不满了。

当时，以王凤为首的王氏子弟全都坐上了公卿、大夫、侍中、诸曹等朝中政要之职，较前世之霍光也是有过之而无不及。王凤手下的头号心腹杜钦见此深忧之，便告诫王凤，让他学习当初的周公，能放权尽量放权。

可王凤却笑着和杜钦道："你多心了，咱们这个小皇帝并没有什么雄心壮志，如果没有我，他什么都不行，所以你不用担心，这第一把交椅，我王凤足可以坐到死去为止。"

同年二月，汉成帝虽然经常亲近女色，但一直到现在都没有子嗣，正巧这时候定陶王前来长安拜见汉成帝，汉成帝便和定陶王说："朕没有儿子，身体又不好，一旦有了什么不测，这天下就会大乱了，定陶王你能力突出，朕是十分信赖你的，所以从今日开始，你就留在长安，时刻追随在朕的身边吧。"

汉成帝这是什么意思？虽然没有明说，但有心人一听就知道，这是在立"储君"了。

那王凤听闻此事极为恐惧，因为定陶王此人心性成熟，一旦让他成了皇帝，对于王氏一族绝对是毁灭性的打击。所以，王凤说什么都不会让定陶王留在长安。

正巧这时候，日食又来了，王凤便让自己的爪牙在朝会上以日食为由，让汉成帝赶紧将定陶王弄回封国。

汉成帝无奈，只能听之任之，但谁都知道，这背后策划之人必是王凤。

一次、两次、三次……王凤通过自己庞大的政治派系，让汉成帝一次又一次地对其妥协，此种行为完全触怒了朝中的一些正直之士，而王章，便是这其中的一员。

王章，字仲卿，泰山郡巨平县人（今山东省泰安市南），年轻时凭借文章精妙而被推荐至长安为官，后因为敢于直言而被推荐为谏大夫。

汉元帝初年，王章被提拔为左曹中郎将，后因为攻击石显下狱。

汉成帝继位以后，王凤感觉王章是个人才，便推荐他为谏大夫，后来因为王章干得不错，王凤又推荐他为司隶校尉。

在当时，几乎满朝的官员都畏惧王章而不敢假公济私，王凤真可谓是用人的能手了。

可令王凤万万没有想到的是，这个自己一手提拔起来的能臣，竟清廉到连自己都要攻击的程度。

那王章疾恶如仇，始终痛恨王凤专权跋扈，可如果没有王凤又没有自己的今天，所以，对于王凤，王章一直都是痛恨与感激并存，实在是纠结得要命。

可随着王凤手中的职权越来越大，嚣张的程度也是一日甚于一日，正直的王章终是受不了了，遂准备前往宫中拜见汉成帝，诉说王凤的嚣张，将其彻底弄下去。

可就在王章出门之前，他的妻子王夫人拦住了他，近乎嘶吼地对其道："你干什么去？难道是要和大司马相抗衡吗？"

王章："是！"

王夫人："你疯了吗？大司马不仅在朝中权势滔天，还是你的恩人，你哪怕不畏惧权贵，难道就要当那万人唾弃的忘恩负义之人吗？你难道忘了当初在监狱里的苦日子了吗？"

王章："大丈夫一生，有所为有所不为，只有大义才是我王章行事的标准，这不是你一个妇人所能明白的！滚开，不要挡住我的去路！"

就这样，王章义无反顾地前往未央宫，见到汉成帝以后只是微微一拜便直入主题："臣请问陛下，陛下心中是否也认为此次日食是定陶王所导致的呢？"

汉成帝眉头微皱，感觉王章话中有话，反问道："你是什么意思呢？"

王章："臣认为，本次日食不但和定陶王没有半点儿干系，反倒是因为其他人才导致的。"

汉成帝："谁？"

王章："大司马大将军，王凤！"

其实，自从王商被王凤"罢免"，一直到现在硬生生地赶走定陶王，汉成帝早就对王凤有所不满了，所以一直想找个机会敲打一下王凤，可无奈满朝十之八九都是王凤的党羽，所以汉成帝也没有什么太好的机会下手。

如今，刚想睡觉就有人送来了枕头，这怎能让汉成帝不喜呢？便让王章详细说明。

王章回答道："陛下，上天行事，从来都是惩恶扬善的，我从来没听说老天反其道而行过。如今，陛下因为没有子嗣才召见定陶王，这是为了传承社稷、安定民心，是极大的好事，怎么可能会因此而招致灾祸呢？臣反倒是认为，本次天灾预警完全是因为我大汉朝廷中有权臣独霸朝纲所致！"

汉成帝："这个人是谁？"

王章："陛下听我往下说就知道了。"

汉成帝："……"

王章："之前，大将军错将日食的发生归罪于定陶王，并建议立即将定陶王遣送回国。大将军为什么要这样做呢？臣粗浅地猜测，无外乎是他心中还有'更好'的人选，以此永霸朝政。而事实如果真的如臣所猜测的那样，那王凤非但不是什么忠臣，反而还是大奸大恶之徒。臣这样说，并不是没有根据的。日食，是阴气抑制阳气，说明下面有权臣压制君王。而现在的朝廷是一种什么样的情况呢？如今，朝中的大小事务皆由王凤决定，陛下您甚至连伸手的机会都没有。而王凤呢？非但对这种事情没有什么反省和自责，反倒是越发肆无忌惮。如今，竟然还将责任归咎于定陶王。这叫诬陷欺骗不忠之事！而这种事情到现在已经不是第一次了。前丞相王商，品行敦厚，威望很高，那是真正的朝廷栋梁。他坚持正义，不肯违心地屈服于王凤，最后却被王凤打压，忧愤而死。王凤明知其小妾的妹妹张美人之前嫁过人，可依然通过各种手段将其送到了宫中，还用不正当的手段为其谋取私利。还有很多的事情不一而足，臣就不说了，而上面说的这些，陛下都是亲眼看到的，无法推脱！所以，这种人根本不配主持国政。如果这种情况持续下去的话，臣担心国将不国！基于此，臣建议陛下应该立即罢免王凤，再选其他的忠贤之士代替他。"

话毕，汉成帝陷入了良久的沉思。他是想要好好地敲打一下王凤，可没有想要这样严厉地惩罚他。所以，一时之间有些不知所措。

而王章并没有催促汉成帝，只是默默地在一旁看着，等待着他的决定。

大概又是半炷香以后，汉成帝仿佛是下定了决心一般，郑重而又严肃地和王章道："要不是爱卿的直言，朕真的不知道情况已经到了如此恶劣的程度。既然爱卿给朕定下了方案，那朕想问问爱卿，有没有什么既贤德又有能力的人可以代替王凤呢？"

王章："有！琅邪太守冯野王，其人忠诚正直，极富谋略，他来顶替王凤绰绰有余！"

话毕，汉成帝又向王章细细地了解了一下冯野王，便打算按照王章的想法来办了。

可王凤的爪牙遍布朝野，整个未央宫从里到外都布满了他的眼线。

汉成帝那边刚刚和王章商量好了处置王凤的办法，王凤的外甥，侍中王音便窃听了此事，并在第一时间向王凤汇报了。

那王凤听闻此事以后极为恐惧，竟在一时之间手足无措，不知如何是好。

那王凤虽然权倾朝野，可手中并没有调兵的虎符，根本无法发动武装政变，所以当危机来到的时候，他也只能像一只待宰的羔羊一样等死。

王凤本人虽然没什么大能耐，可他的手下却是一个比一个厉害。

王凤经过最初的恐惧之后慢慢恢复了理智，知道哪怕是自己继续这样手足无措也无法挽回大局。与其这样，还不如问问自己的心腹能人们，看看他们有没有什么解决的办法。

于是，第一个找到的人就帮王凤完美地解决了这个危机，这人便是杜钦了。

当时，王凤见杜钦来了，赶紧迎接，当即便将王章和汉成帝的对话说了一遍，然后致歉道："我现在就恨之前没有听你的话，以至于到了这种地步，悔之晚矣啊！"

王凤本以为对于现在这种情况，杜钦也是无可奈何，可杜钦却非常从容地和王凤道："大将军，其实从之前您没有听我的话开始，我就已经预料到了会有这么一天。所以，应付的办法我早就替您想好了。"

听到这，王凤本来已经死气沉沉的脸上突然之间"光芒大盛"，赶紧问道："哎哟，你有什么法子，快快与我说来！"

杜钦："下官想问一问大将军，整个朝廷之中，谁是您最大的靠山？"

王凤想了一想道："当然是我那妹妹了（王政君），人家现在可是太后之尊！等等……你是说……"

杜钦："没错！不过有一点大将军您一定要弄清楚，那就是太后不仅是您的靠山，您也是太后的靠山。你们两个人之间是相互依赖的关系。所以，太后是一定不会看着您遭此劫难的。大将军您现在便可以往宫中向太后痛哭诉苦，并表达自己的忠心。相信太后一定有办法阻止皇帝陛下的。但大将军您一定要记住，度过这次危机以后，行事一定要开始低调，不要再去触动陛下的底线了。"

王凤："好！这次我一定听你的，不会再自作主张了。"

就这样，王凤加足了马力，飞一般地前往后宫拜见了王太后。

而事情的结果和杜钦估计的没有半点儿差别，那王老太后一听汉成帝要收拾王凤，当即便让王凤放心，然后就开始绝食，甚至连一口水都不喝。

汉成帝听闻此事以后吓蒙了，赶紧奔到后宫去见自己的老母亲。

可还没等说话，王太后就将自己手中的手帕丢到汉成帝的身上，然后撕心裂肺地痛哭，不仅列举了这些年王凤为国家所举荐的人才，还痛骂汉成帝卸磨杀驴。

那汉成帝本来耳根子就软，如今还被自己的母亲"逼宫"，哪里还敢有半点儿怨言，当即就向王太后承诺，说自己绝对不会动王凤。

可事情远远没有结束。王太后"得寸进尺"，还说王章诬蔑离间皇帝和王氏一族之间的关系，其用心险恶至极，希望汉成帝能够处死王章，还王氏族人一个公道。

汉成帝无奈，实在是耗不过自己的老母亲，便只能答应她的要求。

最后，王章惨死于狱中，他的妻子和儿女全被流放到了合浦。

从此以后，满朝文武皆畏惧王凤如虎，再也没有一个人敢和王凤对着干了。

事情结束了吗？还没有呢。

话说琅邪太守冯野王自从得知王章死于狱中以后，便整日恐惧不安，没过多长时间便抑郁成疾，乃向朝廷告假，希望长安方面能给他病假三个月，让他静心养病。

这种情况属于正常合理的要求，汉成帝当然没有理由拒绝，所以没多想便给了冯野王这个病假，冯野王就带着家人回到了故乡杜陵静养。

可冯野王之前毕竟有可能取代自己，所以王凤对其极为愤恨，乃授意御史中丞弹劾冯野王，说他没有朝廷的批准便私自带着太守的印信回到家乡，这属于奉诏不敬之罪，希望汉成帝能将其罢免，削为平民。

握着手中的弹劾奏书，汉成帝心中真是恨到了极点，他是真的不想罢免了这个能臣，可又架不住王凤和他的爪牙的连番"炮轰"，所以在一时间不知如何是好，便只能暂时将这件事情搁置起来。

然而，就在王凤打算进一步派人向汉成帝施压的时候，杜钦突然急急忙忙地找到了王凤，连寒暄都没有便急忙地道："大将军！我之前和您说什么了？"

见杜钦面色不善，王凤也知道他要说什么，所以冷漠地道："我知道你要说什么，可别人都好说，这个冯野王我绝对不会留着他！"

杜钦急忙道："大将军啊！两千石官员得病告假回家的，那是有先例可循的。这根本就不算触犯我大汉的法律！你这急匆匆地抓到一个所谓的'借口'便对其进行打击，你让世人怎么看你？你让陛下怎么看你？大将军你知不知道，你这样做对自己的名声绝对会造成毁灭性的打击！甚至会给自己引来杀身之祸啊！"

杜钦说的虽有道理，但王凤主意已定，不将冯野王弄下去是绝对不会善罢甘休的。所以，他再次否决了杜钦的提议，继续对汉成帝施压。

最后，汉成帝在万般无奈之下终是罢了冯野王的官职，将其贬为平民。

而王凤呢？也随着这接二连三的事件使得自己的名声越发狼狈，前些年为国举贤的那些好名声全都被败得一干二净。

为了将王凤的名声再往回扳点儿，杜钦在第一时间找到了王凤，着急地道："大将军，之前的王商、王章和冯野王死的死贬的贬，现在天下人几乎全都认为他们是直言进谏才被您害死的。如果继续这样下去的话，您的名声就全毁了。现在，我希望大将军您能迅速起用天下贤才，并且不管是谁推荐的，只要是有优良记录的，便破格录用。如此，才能将悠悠众口堵住，让人们的视线从您的身上转移！这一次，大将军您一定要听我的！不然，灾难便离您不远了。"

话毕，王凤一哆嗦，很明显是被杜钦给吓着了，这次他没有再反对杜钦的建议，而是照着做了。

如此，才使得汉成帝对其的愤怒逐渐平息，民间百姓的流言蜚语也慢慢变淡甚至消失。

好了，王凤就说到这儿，我们继续按照主线往下讲。

5.10　西汉大蟒蛇

公元前23年四月，在王政君王老太后的压力下，汉成帝继续封侍中王音为御史大夫。至此，王氏家族的权势越来越盛，整个天下的郡、封国中的太守、国相和州刺史几乎全都出自王氏门下，王氏五侯（王谭、王商、王立、王根、王逢时）的那些远亲近邻们仗着和他们的关系狂收四方之贿赂，并争相炫富，造成了非常恶劣的影响。

对此，刘氏宗亲刘向实在是看不下去了，就打算去找汉成帝挑明态度，希望汉成帝能够全面打压王氏一族。

可还没等他行动，其挚友陈汤便劝刘向，希望他不要去找王氏的麻烦，因为现在的王氏一族不但权势滔天，还有王政君老太太在后面撑腰，实在不是他能得罪得起的。

可刘向却坚持要去未央宫参见汉成帝，向他表明态度。

见此，陈汤也知道自己阻止不了他了，便坚决地对刘向道："既然刘兄已经决定了，那我也不好阻止，但有一件事你必须答应我，不然今天我就是拼了我的老命，也绝对不会让你去未央宫！"

刘向沉默片刻道："你说，只要不涉及原则我就答应你。"

陈汤松了一口气，然后道："刘兄，现在王氏权倾朝野，根本不是你一个人能阻挡的，如果你强行到未央宫去找陛下，那最后的结果一定是死无全尸。所以，我恳求你写一封密信，让心腹之人秘密交给陛下，至于听不听，那就真的不是你所能决定的了。"

话毕，刘向再度沉默，最终还是听从了陈汤的建议，写了一封密信交给了汉成帝。

"臣刘向敬请陛下：臣听说，君王没有不希望国家安定的，最后却常常出现危机。君王没有不希望国家长存的，可最后往往都亡了国。那么是什么原因造成了如上的情况呢？绝大多数都是因为君王失去了驾驭臣子的手段，而朝政被大臣所掌握。所以，一个朝廷，如果被臣子掌握了国君应有的权力，那么必定会给国家带来灾祸。……基于此，陛下应该公开下诏，引进任用宗室为左右辅政大臣，并亲信和采纳他们的建议。同时，疏远那些外戚，不将国家的重要权柄交给他们把持，一点一点地罢免他们的官职。只有这样，才能使国家长治久安。不然，王氏一族便会进一步扩大自己的权势，春秋时期田氏篡齐之事将会再一次发生在我们汉朝。以上，皆为微臣的肺腑之言，还请陛下三思。"

刘向这封信写得对不对？其实是对的！因为以后的结果正验证了他此次所言。我相信，如果汉成帝能够在这时候悬崖勒马，西汉应该不会亡得那么迅速！

可是，汉成帝没有听刘向的。那是为什么呢？难道他没有这个权力吗？

有！他有这个权力和实力。可一旦动了王氏一族，不但会使得官场在一段时期内发生混乱，还会因此得罪王太后，让自己寝食不安。

更重要的是，王氏一族不消停，难道刘氏一族就能消停吗？不喜欢麻烦的汉成帝一想到这些乱事就感觉好像有无数只苍蝇在自己面前乱舞，好生讨厌。

所以，他哪怕知道刘向说的很有道理，最后也还是没有按照他的办法来做，使得王氏篡权的种子一点一点地发芽开花。

公元前23年秋，关东地区再遭水灾，无数受灾的流民奔入函谷关，使得关东诸地人口下滑严重。

同年八月，定陶王刘康去世，得此消息，让汉成帝无限唏嘘，之前还想要立为储君的人最后竟然死在了自己的前头！

同年九月，汉成帝发现，随着时间的推移，出使外国的使者仗着汉朝的背景越发肆无忌惮，甚至要比汉武帝时期的汉使还要过分。

针对此，汉成帝下诏，希望丞相和御史大夫能够成立专业的机构专门给这些大汉使者进行思想教育。

公元前22年八月的某一天，权倾朝野十一载的大司马、大将军王凤突然病重，多名御医都束手无策，纷纷表示王凤的死期就在旦夕之间。

按说，事情到了这儿，汉成帝应该马上换上非王氏的族人来担任丞相这个位置，以此慢慢来削弱王氏在长安的力量。

汉成帝亲自跑到王凤的府中，握着他的手说："大将军啊，如果你不幸有了意外，我想让王谭来接替你的位置，不知你意下如何？"

王谭和王凤为同族，血缘很近，并且非常有才华，但他看不起王凤，从来不对其溜须拍马，所以王凤很讨厌他，便说了他很多坏话，不让汉成帝用他接替自己，转而力捧对自己极为谦卑的王音接替自己。

而汉成帝对于王凤的推荐全无免疫力，当场就答应了王凤的推荐。

大概几天以后，王凤离开了人世，王音接替了他的位置，成了大司马、车骑将军。

而王谭只是被封为了特进，同时兼管城门兵。

本来已经到手的肉没了，王谭心中相当不舒服，所以从此以后，他便和王音结下了梁子。

但王凤死去以后得到甜头最大的人并不只有王音，还有一个人在王凤死前得到了王凤的肯定，并为以后的"康庄大道"打下了相当好的基础，这人不是别人，正是西汉大蟒蛇王莽了。

王莽，字巨君，是王政君王太后的侄子。

在王凤还活着的时候，王太后的那些兄弟大部分身份尊贵，封侯拜爵。只有王莽，因为他的父亲王曼死得早，所以没有被封侯。

可王莽没有自暴自弃，而是通过自己的手段来捞取政治资本。其手段主要有两种。

第一种，炒作。

在当时，王莽的堂兄弟姐妹们一个个都富得流油。他们的车马豪华，姬妾成群，所玩的全都是当时最流行和烧钱的游戏。

王莽虽然没有他们有钱，但也不是那种贫苦之人，却刻意伪装自己，不管做什么都和这些堂兄弟反其道而行之。

他的那些堂兄弟奢侈浪费，他便恭敬勤俭。

他的那些堂兄弟不务正业，他便饱读诗书。

他的那些堂兄弟不讲礼仪，他却对谁都恭敬有礼。

在此对比之下，王莽的名声迅速打响，每个人都知道王氏一族有一个叫王莽的贤者。

第二种，拍马屁。

王凤当朝以后，王莽从来都没像其他王氏族人一样主动溜须拍马，而是不得罪王凤也不奉承他，这就让朝中的那些士人更加看重王莽。

可当王凤病重后，王莽却日夜伺候，无时无刻不在王凤的身旁。

据《汉书》所表，王莽伺候王凤那真是比亲儿子还尽责，其间不但亲口为王凤尝药，还经常不睡觉、不吃饭，就怕伺候王凤有什么不周到的。

这种情况断断续续地持续了好长时间，一直到王凤死了，王莽才真的从大将军府走了出来。

史书上说王莽出了大将军府以后蓬头垢面，简直如同乞丐一般。

王凤当然被王莽感动了，所以在临去世以前再三嘱咐王太后和汉成帝，希望两个人能对王莽多多照顾。

结果，王凤死去以后没过多长时间王莽便被任命为声射校尉。

声射校尉，那可是京师八校尉之一，两千石高官。所以，从这时候开始，西汉大蟒蛇王莽，终于开始了他"辉煌"而又凄惨的一生。

5.11　祸水

公元前21年正月，汉成帝下诏书，鼓励天下百姓种田。

同年二月，大赦天下。

九月，御史大夫于永去世，朝廷任命薛宣为新任御史大夫。

同年十二月，乌孙小昆弥乌就屠去世，其子拊离继承了他的位置，成为新任小昆弥。

可还未等他的屁股坐热，其弟日贰便发动了武装政变，杀死了拊离，自立为小昆弥。

乌孙，为大汉之附庸，在整个西域都是一杆鲜明的旗帜，如果汉朝继续任由这种事情发展下去的话，那乌孙势必会脱离汉朝的掌握，所以对于此事，汉朝不得不管。

于是，经过和百官的商议，长安方面决定派遣使者，带着一定数量的士兵前往乌孙，扶持拊离的儿子安日为新任小昆弥。

那日贰是通过"非常规手段"夺取的小昆弥之位，所以在国中并没有得到臣民的拥护，臣民只不过是屈服于他的武力而不敢妄动而已。

如今，汉朝的使者和军队来了，这些臣民就更不听从日贰的指挥了，几乎没等汉朝的军队进入乌孙，整个国内便已经大乱不止了。

见此，日贰知道，凭现在国中的情况，想要和大汉相互制衡无异于痴人说梦，乃带心腹所部前往康居请求庇护。

安日继承大位以后，第一件要做的事情便是为父报仇，于是暗中实施苦肉计，毒打了几名亲信，"逼迫"他们带着本部兵马去投奔日贰。

而日贰现在正是需要人手的时候，再加上没有什么判断力，所以毫不怀疑便接受了他们。

最后，这几名内鬼在毫无预兆的情况下突然发难，将日贰斩杀，并将之前跟随日贰的所谓心腹全都押解回国。

结果，震惊西域的日贰之乱就这样草草结束了，康居王更是献上了非常多的金银珠宝请求汉成帝原谅。

汉朝，再一次用自己的行动震慑了西域诸国。

公元前20年，王凤的死使得朝中百官再无一人可以制衡得了汉成帝，使得汉成帝天真地认为，自己的皇位从此高枕无忧矣，乃从本年开始微服出巡，斗鸡走马无戏不乐，一颗休闲游戏之种开始生根发芽。

同年四月，因为大汉丞相张禹现在已经年老多病，所以递交辞呈请汉成帝批准其回家养老。

汉成帝批准，并用御史大夫薛宣为新任丞相，用王骏为御史大夫。

同年冬季，南匈奴复株累单于魂归西天，其弟且麋胥继承了大位，是为搜谐若鞮单于。

其继承单于之位以后，立即按规矩派遣自己的儿子左祝都韩王呴留斯侯到长安为人质，美其名曰伺候汉成帝。

公元前19年。上一年汉成帝微服出巡以后，在本年继续微服出行游玩，并在游玩的过程中相中了霸陵曲亭以南一带，认为这地方是风水宝地，乃放弃已经修了好几年的初陵，并让宫中有关官员再在此地重新建造昌陵。

汉成帝此举使得满朝哗然。

众所周知，历代皇帝的陵墓修建得都是极为豪华的，所投入的钱粮和徭役也是无法计算的。所以，每一个皇帝都是只修一次陵墓，后来哪怕他们看上了什么新的宝地也不会重新修墓。

基于此，汉成帝此举使得满朝哗然，车骑将军王音更是用一千多字严厉地批评了汉成帝，希望他不要再这样毫无节制地游玩和修建陵墓。

可最后根本没有用，汉成帝该怎么玩儿还是怎么玩儿。

但他千不该万不该将娱乐转移，从纯玩转移到女子上，因为自从转移以后，他就相继认识和宠爱了两个祸国殃民的大美人！这两个人分别是赵飞燕和她的妹妹——"赵妹"。（注：有关于赵飞燕的妹妹，其姓名在正史上并没有记载，可现在很多人都习惯称其为赵合德，此名出自一本叫《赵飞燕外传》的小说，该书不是正史，所以本书不采纳，以后就称其为赵妹。）

话说，在汉成帝认识这两个女子之前，他最宠爱的一直都是许皇后和班婕好，所以过得还算正直。因为不管是许皇后还是班婕好，她们都是非常洁身自好的，做什么都为丈夫名声着想的好女子。别的不说，就拿一件事来说明吧。

有一次，汉成帝在后宫庭院中游玩，想让班婕好和他同乘一辆马车，这本是一个更加亲近皇帝的好机会，可班婕好却是百般拒绝，并和汉成帝道："陛下，不要不要，臣妾听说，古代的圣明之君，他们的乘驾之上全都是贤明的臣子，只有那些亡国之君，他们的马车上才是自己的爱姬，陛下现在想让臣妾坐在上面，那陛下不是成了亡国之君了吗？"

汉成帝听了这话，在当时虽然是称赞班婕好识得大体，可这心中也是很不痛快。

可当王政君老太后听说这件事以后，却百般夸赞班婕好，并给予了她相当高的评价（古有樊姬，今有班婕好）。

所以从此件事上就能看出，在赵飞燕和赵妹出现以前，汉成帝身边的女子还都是比较简单的。

可自从这两个女子出现以后，什么都乱了套了。

公元前18年八月，汉成帝又想出去玩儿了，正巧路过了自己的姐姐阳阿公主的家。

阳阿公主听说自己的皇帝弟弟要来家中，高兴得不得了，立即着手准备，一等汉成帝"路过"便将其"劫"到了家中。

在汉成帝落座以后，一个又一个妖艳动人的舞女走了出来，在她们中间翩翩起舞的女子更是明艳动人，其舞蹈节奏很快，充满了力量，可身段却近乎完美，并且皮肤白皙如玉，五官更是近乎没有瑕疵。

汉成帝一下子就被迷住了，近乎失态地问道："姐、姐姐，这舞女是谁？"

阳阿公主笑呵呵地道："这舞女叫赵飞燕，只不过是我府中的一个下人而已，怎么？皇帝喜欢？那就送你吧。"

一听这话，汉成帝乐坏了，还出去玩什么，直接就带赵飞燕回宫了。

结果一出门，汉成帝的那些随从见到了赵飞燕，一个个都被赵飞燕的绝世容颜惊呆了，只有披肩博士淖方成默然不语。（注：披肩博士，其具体职能并没有在史书上找到，不过主流分析其大致职能无外乎两个：一、便是负责后宫佳丽的梳洗打扮；二、为皇帝挑选佳丽而把关，观察人品。）

等汉成帝上了车往宫中"飞奔"以后，淖方成身边的同僚才奇怪地问："我说，陛下弄了一个这么漂亮的美娇娘多好啊，你怎么一点儿反应都没有呢？"

淖方成轻蔑一笑，然后极为不屑地吐了一口唾沫道："呸！这就是祸国殃民的祸水，早晚会将我大汉之火浇灭，不信，你就走着瞧吧。"

就这样，汉成帝带着赵飞燕进入了宫中。紧接着，一连好几天都没有从后宫出来。

几日以后，彻底俘虏了汉成帝之心的赵飞燕再次娇滴滴地对汉成帝推荐了自己的妹妹，说自己和妹妹相比，那还要自愧不如呢。

汉成帝一听赵妹比赵飞燕还要漂亮，本来已经没有什么神的眼睛再放狼光，当即便让赵飞燕叫人将赵妹给接进宫中。

结果，当赵妹来到宫中以后，果然如赵飞燕所说一般，美得天下无双。

于是，整整两个月，汉成帝几乎没有出过后宫一步。

而从此开始，许皇后和班婕妤在汉成帝的心中也彻底失宠了。

公元前18年十一月，赵氏姐妹已经彻底将汉成帝俘获，于是便开始对那光芒万丈的皇后宝座发起了冲击。

在这个月，赵氏姐妹竟然将诅咒木偶偷偷地埋到了许皇后和班婕妤的住处。然后，她们便开始对许皇后和班婕妤百般诬陷，说她们用巫蛊之术诅咒自己，还连带着将皇帝也给骂了。

汉成帝本来耳根子就软。如今，对于赵氏姐妹宠爱有加的他更是对其听之任之，所以一听此话连怀疑都没有便令廷尉往两地进行搜查。结果当然搜出了很多埋在地下的木偶。

汉成帝因此大怒，当即便废了许皇后，而在廷尉审讯班婕妤的时候，班婕妤却毫不畏惧地道："我听说'生死有命，富贵在天'，我自从进入后宫以后无时无刻不在修行持正。可就是这样，我也没有得到什么福分。如果动用了妖蛊之术，那就更不会有好结果了。况且，假若神鬼有知，也不会听信那些诅咒主上的恶言，神鬼无知，向他诉说请愿又有什么用呢？所以，用巫蛊之术诅咒皇帝的事情，我是绝对不会做的。其他的我就不说了，皇帝陛下了解我，你就回去问他一句想要怎么处理我就行了，臣妾绝对不会有半句怨言。"

结果汉成帝只惩罚了许皇后，却没有惩罚班婕妤。

所以，班婕妤得以幸免于难。

但同时，班婕妤也知道，现在赵氏姐妹在汉成帝那边已经如日中天，并视自己为眼中钉、肉中刺，是绝对不会再给自己活路的了。所以，为了活命，她只能请求汉成帝批准自己从此搬到长信宫，终生侍奉王太后。

汉成帝也不想班婕妤和赵氏姐妹闹翻，便答应了她的请求，让其搬到了长信宫。

好了，现在眼前对自己有威胁的人全都在两个月之内就被自己踢开了，赵氏姐妹终于可以如愿以偿地登上皇后的宝座了。

可事情并没有这么简单。

赵氏姐妹到底还是贫苦家孩子出身，眼界并没有那么远。她们根本就没想到，实际上她们面前最大的绊脚石并不是许皇后，也不是班婕妤，而是王政君——王太后！

王政君是很传统的，对自己喜欢的媳妇，她会百般呵护；可对自己不喜欢的媳妇，她连正眼都不会看一下，还会让你当皇后？

这不嘛，自己最喜欢的班婕妤被踢出汉成帝的宠姬名单，这让王太后相当不爽，使得本来就看不上赵氏姐妹的王太后对其更加厌恶。于是，说什么都不让汉成帝立这两个妖孽为后。

汉成帝虽然无奈，但也只能依照老娘的意思，暂且将这件事放下了。

那么赵氏姐妹以后还会有什么样的表现呢？我们后文再表。

5.12　为了生存

公元前18年十一月，也就是许皇后被废不久，广汉郡（今四川省广汉市），有一名叫郑躬的平民揭竿而起，率领六十壮士反叛汉朝。

此举使得朝野震惊，让本来"平静如水"的长安又沸腾了起来。

百姓一向是最好养活的，只要统治者能让这些百姓吃饱饭，那他们是无论如何都不会反叛政府的，这其中尤其是四川的人民（部分地方除外）更加敦厚善良。所以，一旦他们反叛了，那就证明了这时候的朝廷一定是有所缺失的。

之前，就在天子脚下，已经发生了一次反叛，如今，再次出现了农民起义，还是在四川，这代表着什么呢？

话说王氏一族权倾朝野以后，基本上所有汉朝的政要以及地方太守都是他们的人，所以不出意外地，广汉太守扈商也是王氏一族的走狗。

扈商，为大司马车骑将军王音姐姐的儿子，靠着王音的关系做了一郡太守。

这货仗着王音在朝廷之中的势力，于广汉横行霸道，无恶不作，百姓被他欺辱得怨声载道。再加上汉朝近些年连年歉收，这就使得广汉的人民有很多连饭都吃不上了。

可扈商竟还以抗灾为由向朝廷征调粮食，最后却全都克扣到了他自己的名下，还把这些粮食以极高的价钱卖给老百姓，致使广汉百姓流离失所，饿死病死者数以万计。

可以说这时候，只要有一个稍微有威望的人振臂一呼，起义之火便会呈燎原之势席卷四川大地。

西汉时，广汉乃是重要的工业城市之一，主要制作漆、铜、金、银四器，而在工坊之中，有很多都是服役的刑徒，素质也就不必多说了。

在这群人中，更是有一个叫郑躬的头子，因为不服管教，被再次扔到了监狱里面，并被判处死罪，等候秋后问斩。

就这样憋屈地死去，郑躬绝不甘心，于是，便有了一个大胆的想法在其心中慢慢滋生。

公元前18年十一月的某一天夜晚，一众狱吏正如往常一样来回巡查，有的甚至坐在地上呼呼大睡。

可就在这时，一把闪着阴森寒光的匕首悄悄地触碰到了狱吏的脖子上，还未等其反应过来，只见嗖的一下，鲜血突然从狱吏的脖子上蹿了出去。紧接着一个又一个身着黑衣的壮汉冲了进来，对监狱中的狱吏进行疯狂的屠杀。

这些狱吏虽然每人都手持一把钢刀，但对方人多（六十余人），再加上是突然袭击，所以没过多长时间便被屠杀殆尽了。

杀尽了狱吏以后，这些黑衣大汉打开了一间紧锁的牢门，里面的郑躬微微一笑，默默地站了起来，然后命令手下即刻将所有的犯人释放出来，想和他干的留下，不想和他蹚这趟浑水的也不强迫，直接放走。

结果，在场犯人绝大多数都愿意和郑躬一起起事。

于是，这一百来人的反叛队伍当即趁着夜色攻向了政府衙门。

他们先是用突袭的手段攻下了衙门，然后冲进了武器库，穿上了甲胄，用上了首环刀和先进的弓箭，之后在本地大抢富豪，几乎将城中所有的粮食全都抢夺了过来。

之后，郑躬将这些抢夺而来的粮食分发给了百姓，并承诺只要跟着他干，便会有更多粮食吃。

结果，大部分百姓还是理智的，没跟着郑躬干，但一部分人实在是快要饿死了，便只能跟着郑躬铤而走险。

于是，郑躬的队伍在几日以内便发展到了数千人。而此时，正在郡治中逍遥自在的崀商才得知郑躬反叛的消息。可这时候已经太晚了。为什么呢？因为郑躬的反应相当迅速，当队伍发展到几千人以后便以迅雷不及掩耳之势奔袭了邻近的四个县，将所有的县的兵器和粮食全都抢夺一空，其部队人数迅速发展到了一万多人将近两万人的规模。

崀商大恐，这才仓皇组织郡兵前往讨伐。

可那郑躬在军事上也是有些造诣的。他深知手下的这群人都是新兵，没有经历过正规的训练，所以正面和郡国兵作战无异于找死，乃放弃主动决战之念，将所有的兵器和粮食都囤积在广汉的一个险要山脉之中，然后据山而守，以待天时。

而崀商在得知郑躬逃跑以后轻蔑地说了一声"也不过如此"，连地形都不探，便带着部队前往讨伐了。

结果，郑躬率众利用地利游击郡国军，没几日便将郡国兵打退了。

直到这时候，崀商才知道自己已经没有能力消灭郑躬了，这才紧急通知朝廷，希望长安方面能出动军队来支援他。

汉成帝听闻此事以后大为恼怒，直接罢免了崀商的太守之职，改任河东都尉赵护为太守，然后给赵护节度两郡兵力之权，让他无论如何也要将郑躬的反叛军灭掉。

而这时候，时间已经到公元前17年。

大概又是几个月以后，赵护终于凑齐了广汉郡和蜀郡一共三万人的正规军部队。这支部队不但装备精良，士兵更是训练有素的健壮之士，如果在没有地利的情况下，这支部队的作战能力绝对可以打败对方两万人！

但赵护此人涉猎军事多年，是一个极为谨慎的人。他在得到强大力量以后也没有盲目自信，而是立即派人了解了郑躬周边的地形，然后亲自率领大军在第一时间占据高地，从外围对郑躬形成了合围之势。等郑躬反应过来的时候已经无法再行游击作战之法了。

到这儿，万事俱备，只待一声令下便可以对郑躬发动总攻击。

可是，赵护还是没有动。

为什么呢？因为他要用最小的代价换取最大的成果。

这之后，赵护派遣一文官带领一众弓箭手，不停往郑躬大营中射箭，箭头上面还绑着写好了字的小条（投降者，既往不咎）。

现在的形势是，郡国兵已经在四面八方包围了郑躬的部队，所以郑躬部队的士气非常低，再加上这些人本就是因为想要吃饭才投奔的郑躬的部队。

之前是因为形势大好才继续跟着他干。如今，不管从什么角度来说，自己的部队都没有了胜利的可能，所以这些人不想再跟着郑躬干了。

于是，不到一个月的时间，不断有人从郑躬的阵营中逃跑至汉军阵营，郑躬军的士气是一天比一天低。

直到一个月以后，郑躬的军队不管是从人数还是士气上都已经下降到了极点。所以，郑躬的起义被轻松平定，赵护也因为平定起义有功，被汉成帝赏赐了黄金一百斤，并升为执金吾。

可在这光鲜亮丽的功绩外表之下，汉成帝并没有发现潜藏的危机，还是一天到晚地嘻哈娱乐，西汉的亡国末路也在一步一步逼近之中。

5.13　人心

公元前17年秋，就在郑躬起义刚刚平定之后，黄河突然决口。渤海、清河、信都突然暴发水灾，水患狂淹三十一县邑，毁坏官府、民舍四万余所，使得国家损失了大量的财物。

朝中一名叫李寻的官员小心翼翼地道："陛下，微臣认为，现在治水的匠官基本上都是寻找九河故迹，按照前人已经挖掘好的通道来治水，这样做虽然到最后能够成功治理洪水，但总消耗却是极为庞大的，并且治标不治本，没过多久洪水便会再行泛滥。臣觉得，这么多年过去了，黄河的水位早就有所改变，曾经的办法并不是那么适用了。正好这次黄河决堤，我们完全可以暂时不去堵塞缺口，而是让它就这样继续流下去，进而观察它的走势，让它慢慢形成新的河川。等到这时候，我们再沿着河川挑出河床的沙土，然后按照上天的意愿加以规划治理，必能取得成功，而且所浪费的人力和物力都要比老办法节省很多，还请陛下三思。"

话毕，汉成帝觉得有些道理，便立即和众位大臣商讨，大臣们也觉得李寻的办法不错，便全部通过了。

之后，汉成帝放弃了原来的计划，就让黄河暂时流淌，对于灾区的百姓则派出专门的使者派发物资进行安抚。

同年，就在汉成帝刚刚处理完黄河决堤以后，平阿安侯王谭却突然离世。

本来，汉成帝是很喜欢王谭的，可就是因为王凤临死前的几句话，使得汉成帝对其弃置不用。所以，当王谭魂归西天的时候，汉成帝免不了心生愧疚，这便重用了和王谭非常亲近的王商主管城门兵，并允许他设置幕府，和将军一样有推荐官吏的权力。

如此，便使得本来在朝中就有绝对势力的王氏一族更加权倾朝野。

见此，很多的刘氏宗亲都看不下去了，明里暗里地提醒汉成帝不要太过倚重王氏一族。

而这个时候，汉成帝也觉得现在的王氏一族权力实在是太大了，隐隐已经超过了当初王凤时代。所以，便想起用刘氏的一些人来在朝中担任要职。可是到底选谁，应该让他担任什么官职却成了汉成帝的一块心病，一时间也无法抉择。

可就在这个时候，新都侯——光禄大夫王莽竟然在第一时间上书推荐刘歆等一众刘氏中人来朝中为官。

此举正中汉成帝下怀，当即便答应了王莽的奏请，给了一众刘氏族人一些官职。王莽此举可谓是一箭三雕了。

第一，他推荐的官职都不大，使得刘氏一族根本对王氏一族构不成威胁，所以王氏一族对王莽的表现非常满意。

第二，王莽身为王氏一族，却主动推荐刘氏中人至朝中为官，这就显示了他公正无私的风度。所以，刘氏中人和朝廷的清流也对王莽非常满意。

第三，王莽此举完全是为了迎合汉成帝的心思，所以，汉成帝也对王莽非常满意。

综上，王莽再一次博取了众人欢心。

那么王莽什么时候被封侯了？又什么时候成了光禄大夫了？他怎么就"再"一次俘获众人的心了呢？

话说王莽自从为声射校尉以后，和以前的他相比可以说是一步登天了，可是王莽却没有表现出半点得意，反而对谁都十分的谦虚恭敬，几乎是一家一家地拜访了当时长安城中的名士。

所以，人们对于王莽的印象都是非常好的，这并不能说这些人没有判断力，只能说王莽的演戏功夫绝对了得。

于是，过了一段时间以后，王莽的叔父，成都王王商便给汉成帝上了一个奏表，希望汉成帝能够封王莽为侯，他愿意分出一部分的封地献给王莽。

得知此事以后，长乐宫少府戴崇、侍中金涉、胡骑校尉箕阂、上谷都尉阳并以及那时还没有被废为平民的中郎陈汤，几乎清一色地力挺王莽。而这些人，无一不是当时的名士。

所以，本来对王莽印象就挺好的汉成帝更加认为王莽是一个贤才，这便封其为新都侯，侯国建在南阳郡新野县的城郊，有居民一千五百户，并再提王莽为骑都尉，兼光禄大夫加侍中衔。

封侯加连兼三职加住宫廷日夜警卫皇帝的安全，说他是坐着火箭往上蹿也不为过了。可是王莽却是官职越大越小心谦卑。据说，在这以后，王莽到处结交名士，还将几乎所有的财产都分给了自己的宾客们，家中从来不留哪怕一点儿多余的财物，这就使得王莽之名更加大振！

于是，汉成帝喜欢他，当权的大人物推荐他，社会上的知名人士到处对他歌功颂德，以至于王莽的大名响彻了朝廷的各个角落和社会各界，甚至已经超越了他的长辈们以及已经死去了的王凤。

而直到这时候人们还没有看出王莽的本质。用《汉书》来评价这时候的王莽便是"敢为激发之行，处之不惭恧"。就是说王莽的虚假诈骗之术已经达到了最高境界，那就是自己做戏都能把自己给骗了，这你让其他人怎么看出来？

当时，王莽死去多年的哥哥有一个叫王光的儿子还在人间，不管王莽是出于什么原因，总之他对这个侄子要比对自己的儿子都好，所以周边的人都因此而夸赞王莽。

而等王光长大成人以后，王莽亲自送他到博士门下去学习，并时常用休假时间亲自驾着马车，带着酒肉去慰劳王光的老师并宴请王光的同学们。

在当时，王莽可真是一个超级亲切的大叔叔了，不但对王光的老师像自己的老师一样恭敬，甚至对那些年轻的小辈也没半点儿不耐烦，和他们有说有笑，瞬间就打成一片。

一个皇帝身边的近臣、宠臣，竟如此没有架子，和学生们在博士府的大院中开怀畅饮，此种情景引得无数人围观，观者无不对王莽竖起了大拇指。

并且，王莽的儿子和王光的年龄差不多，所以，王莽便将自己儿子和侄子的婚期安排在了同一天。

当天，王莽府中可谓是人山人海，其中不乏名士与朝中政要。可就在喜宴正欢之时，突然有一名朝中太医皱着眉头和王莽说他的老母亲已经有了重病的苗头。

一听这话，王莽当时趴在地上痛哭流涕，然后竟然六神无主、手足无措，和疯了一般。在场之人无不为王莽的孝道所感动，可实际上他心里真正想的是什么呢？恐怕只有老天和他自己才知道了。

是的，王莽收买人心和自我炒作的能力就是到了如此的地步，这条大蟒蛇已经慢慢地开始长大了，他吞噬大汉的脚步也一步步地逼近了，可直到这个时候，还是没有一个人看出苗头。

5.14 赵飞燕上位

公元前16年六月，赵飞燕终于如愿以偿地登上了皇后的宝座，完成了她毕生的梦想。

王老太后不是不喜欢赵飞燕吗？怎么就答应了让她当皇后了呢？

要说这事儿，我们还得再把时间往前推两个月。

两个月前，赵氏姐妹在汉成帝身旁不停地吹枕边风，汉成帝这回是真的下定决心要立赵飞燕为皇后了。

然而，王老太太就好像一座不可跨越的大山，一直挡在汉成帝和赵飞燕的身前，让其寸步难移。

所以，汉成帝把心一狠，决定偷偷瞒着王太后立赵飞燕为皇后。

可在强立之前，汉成帝还想试探一下众多臣子的想法，便在一天朝会之上小心翼翼地提出了自己的想法。

可万万没想到，汉成帝只是微微地提了一下意向，满朝文武就炸开锅了。

谏大夫刘辅首先站出来毫不客气地道："陛下！当初武王伐纣，统一天下，儿孙满堂，光耀四方，几乎天天都有祥瑞从各个地方出现。可就是那样，周武王依然小心谨慎，不敢随便做什么大的决定。可如今呢？皇室无储，天灾不断！还有妖女一天到晚地勾搭陛下放纵情欲，这实在……"

没等刘辅说完，汉成帝直接怒了："你说谁是妖女？"

天子一怒血流成河，天下谁人不怕？可他刘辅，就是不怕！面对气势汹汹的汉成帝，刘辅没有半点儿畏惧，挺着胸膛，加大音量道："说的是谁？就是赵飞燕和赵妹这两个祸国殃民的妖孽！这两个低贱的婢女除了有一副如妖般的皮囊以外还有什么？让她们这种身份低贱的贱婢来当皇后？哈！有句话说得好，叫'朽木不可雕，人婢不可主'。如此浅显的道理，连市井百姓都知道，怎么陛下您就是不明白？"

"一派胡言！"

汉成帝，真的怒了，他从继位以来从没有当着这么多人的面爆过粗口，如今，真的被刘辅给惹怒了。

于是，汉成帝当场命人逮捕了刘辅，并囚禁在监狱里，等待秋后问斩。

可在汉成帝刚刚将刘辅弄到监狱里，朝中的清流全都站了出来力挺刘辅，意思就是刘辅说的这些话都是忠君爱国之言，陛下哪怕是不采纳也不能杀了他，要不然就成了昏君了，并且话里话外的意思都是反对汉成帝封赵飞燕为皇后的。

汉成帝见满朝都是反对之声，便只能无奈地再将目光瞄到王太后身上，因为他知道，只要王太后点头同意了，那这件事哪怕是满朝文武都极力反对也没有什么用了。

可王老太太的反对情绪特别严重，从正面做文章肯定是没有什么用的。那怎么办呢？欸？赵飞燕想来想去突然灵机一动，想出了一个在当时最好的办法。

其实，王太后这人没有什么坏心眼，也没有什么太大的野心，就像一个普通的妇女一样，重视自己的亲戚。王氏一族为什么能强势到现在呢？还不是因为有王老太后在背后做靠山。所以，赵飞燕建议汉成帝在王太后的亲戚身上做文章，那在哪个亲戚身上做文章呢？没一个人比淳于长更合适的了。

淳于长，字子儒，魏郡元城人，因为是王太后的外甥，所以在年轻的时候凭着这个家世坐上了黄门郎的位置。

可他长得尖嘴猴腮，样貌非常丑陋，再加上做事情也是卑鄙无耻，经常滥用职权，所以一直到现在都没有得到一官半职。

为此，王太后没少训斥这小子，为他操碎了心。

而赵飞燕就将目标定在了他的身上。

淳于长因为多年都困在了黄门郎的位置上，想升官都想得疯了，所以一拍即合，当即便答应了赵飞燕的请求。

之后，淳于长几乎天天往长信宫跑，每日都和王太后磨叨赵飞燕的美、赵飞燕的好、赵飞燕的温柔与贤淑。再加上赵飞燕也在这段时间"猛攻"王太后，越发对其恭敬孝顺，所以，王太后那貌似紧闭的心锁也慢慢地打开了，最后终是开了尊口，答应了立赵飞燕为皇后的事情。

而朝中众臣之所以敢和汉成帝对着干，其中有一大半的关系都是因为有王太后为后盾。现在，后盾都垮了，这些人还能说什么呢？

于是，赵飞燕顺利地成了当朝皇后。

可令赵飞燕万万没想到的是，当上了皇后，她看似是赢了，实际上却是最终的失败者。

因为就在她成为皇后以后，汉成帝不知因为什么原因竟然开始将她冷落起来，专宠赵妹，还封其为昭仪，赵妹虽然表面上不如赵飞燕光辉鲜亮，可实际上谁比谁更有影响力一眼便能看出来了。

为此，赵飞燕很不乐意，但无奈她和自己的妹妹感情实在是太好了，好到了无以复加的程度，所以也不能报复赵妹，只能以自己"独特"的方式来发泄心中的不满。

话说自从赵飞燕被汉成帝冷落以后，没日没夜地和宫中的侍郎及宫奴私通，以此来表达自己的不满和满足自己的欲望。

可这种事情一开始有可能不会被发现，但久而久之必会被人所知。所以，为了防止自己的姐姐行为败露，赵昭仪便给汉成帝吹枕边风，说自己的姐姐坐上了皇后之位，一定会引得很多人嫉妒愤恨，所以一定会有人用各种手段来污蔑自己的姐姐，希望汉成帝不要相信任何污蔑。

汉成帝耳根子软，并且只要相信了谁那不管说什么都不会怀疑。所以，他当时就郑重地答应了赵昭仪。

而事情果然如赵昭仪所料，没过多长时间便有人前来向汉成帝报告，说赵飞燕瞒着他和其他人私通。汉成帝竟然连查都不查便残酷地杀死了报告之人。所以从此以后，再也没有任何人敢在汉成帝的面前汇报赵飞燕私通之事了。

5.15　亡国前兆

同年七月，距离汉成帝弃初陵改造昌陵已有三年之久，耗费的财力物力无法计算，可那些负责修建昌陵的官员们还在大肆地利用职权中饱私囊，国库渐渐空虚，一些地方百姓民不聊生。

针对此种情况，刘向以及朝中的一些官员上书汉成帝，希望他能放弃修建昌陵，重改初陵。

当初，决定修建昌陵的时候，大匠解万年曾信誓旦旦地声称三年内可修完昌陵。可现在三年期限已经到了，昌陵甚至连一半儿都没有修完。大概汉成帝也感觉事情有点儿不对了吧，乃采纳刘向之议，罢修昌陵，重新启用初陵。

公元前15年正月，大司马车骑将军王音归西，汉成帝乃用王商为大司马、卫将军，同时用王立顶了王商的缺。

在当时还活着的王氏一族中，只有王音还算是稍微对朝廷政事有些忠心气节的，如今，王音也死了，王氏一族如同群魔乱舞，到处败坏着朝廷的风气，整个汉朝廷也在王氏一族的作用下越来越污浊不堪，一股亡国之风正在悄悄地酝酿起来。

最为可怕的是，因为汉成帝长久以来酒色过重，到现在已经出现了死气。而汉成帝直到现在都没有孩子，所以一旦他驾崩了，那么挑选天子的重任势必会落到权倾朝野的王氏一族身上，而凭王氏族人的德行，他们能挑出一个什么样的人当天子呢？毫无疑问，当然是一点城府都没有的孩子了。

所以，很多刘氏族人都忧虑不堪，想要劝说汉成帝，但还害怕牵一发而动全身，进而威胁自己的生命，所以直到现在都没有人站出来对汉成帝进行规劝。

那该怎么办才好？就在众多刘氏宗亲不知该如何是好之时，突然一名刘氏宗亲站出来道："我们为什么不委托谷永去劝谏陛下？"

一听这话，众人眼前一亮，直接全票通过了。

是呀，为什么不去找谷永？

当初，正是石显最为猖獗的时候，谷永就敢当着他的面去力挺陈汤。

当初，在汉成帝继位之初，也是谷永敢于劝谏汉成帝，让汉成帝不亲近女色，一切都以国家大计为重。

如今，王氏虽然猖狂，但众人相信，谷永依然不会畏惧这所谓的强权。所以，他们一起去寻找谷永，希望他能代替刘氏一族前往劝谏汉成帝。

谷永不愧为忠诚的死谏之臣，直接答应了一众刘氏宗亲的请求，毅然决然地跑去未央宫寻找汉成帝。

见了汉成帝以后，谷永从过度寻欢作乐会早死，不能让一个集团垄断朝政一直到国君如何做才能使国家长治久安说了好多，这谷永本来对自己是很有信心的，毕竟之前劝谏汉成帝是奏效的。可如今的汉成帝和当初的汉成帝可是有所不同。

曾经的汉成帝没有遇到赵氏双"妖"，所以在女色这方面或多或少还有一些节制，可以把大部分的精力用在朝政上，虽然极为倚重王氏，但有一些权力还是在自己这一边的。

可如今，自从汉成帝开始宠爱起赵氏双"妖"以后，他已经很少去在乎国政了，几乎将所有的事情都交给了王氏族人去做。

所以，对于谷永的劝谏，汉成帝虽然在表面上嗯啊地答应着，实际上什么都没听，该怎么干还怎么干。

曾经那个对国家还上点儿心的汉成帝已经荡然无存了。汉朝，是真的快没救了。

同年，汉成帝任命翟方进为丞相。

翟方进此人，为人自私无比，除了王氏的走狗，要是有人敢得罪他，他便想方设法地打压诬陷，使得汉朝廷更加腐败。

据史书所载，这时候的汉朝比岁不登，粮仓空虚，百姓疾苦，流离道路、疫病死者上万，成贼霸路者不计其数，完全是一幅即将亡国之景象。

时间：公元前14年十一月。

地点：河南陈留。

此时的陈留时常能看到一些饿得皮包骨的农民如同行尸走肉一般在外觅食。而在那些高院大宅中，富有的人们却在载歌载舞、狂饮豪吃。

而就在这时候，陈留的某处角落里，十四个饿得前胸贴后背的人蹲在一起，窃窃私语着什么。

不一会儿，其中一个叫樊并的站了起来，终于下定决心，带领这剩下的十三人冲向了陈留监狱。

这十四个饿得四肢无力的饿鬼硬生生将监狱的护卫全都斩杀，放出了监狱中被困的农民和囚犯以后便杀进了太守府。

按说，这次农民起义虽然来得突然，但都是没有受过什么正规训练的新兵，有多少人都不是郡国正规军的对手。可陈留不管是太守还是郡尉都是窝囊废，竟然毫不抵抗就落跑了。

这一下群龙无首，樊并毫不费力便打开了太守府的大门，然后直奔武器库，给每个跟随他起义的人都发放了武器甲胄。

之后，他们抢夺富人的财富分发给穷人，自己的部众越来越多。这过程完全和当初的郑躬起义一模一样。可这一次朝廷的反应却是要比对当初的郑躬起义快上数倍！

因为郑躬起义是在四川，而樊并却是在陈留！不管路途还是影响都不可同日而语。

所以，还没等樊并起义继续恶化，长安就已经组织好大批的部队准备讨伐。

听闻此事以后，樊并原本的意图是打算学习郑躬，带着部队躲进深山大泽和朝廷打游击，可无奈的是，樊并的手下和他并不是一条心。这些人一听说朝廷的大军即将到来，还没等开打就反水了，直接斩下了樊并的人头送给了朝廷，希望以此换取他们自家的性命。

樊并起义，就这样无疾而终了。

可这只不过是一个开头而已，因为就在樊并起义结束后不到一个月，朝廷集结完的部队刚刚解散之时，河内山阳（今河南省焦作市略东）一个叫苏令的铁官再也无法忍受当地官府的管制政策和压榨，纠集二百二十八人发动了起义。

还是和之前的造反一样，他们先是攻陷了兵器库，然后"劫富济贫"，让自己的部队瞬间壮大。

可唯一不同的是，对比之前的一些起义，苏令起义的规模实在是大得吓人。因为就在他起义没过多长时间，其兵力就达到了数万之众，并且全国上下竟然有先后十九个郡的部分百姓都纷纷响应。

由此可见，现在汉朝的百姓对汉朝已经失望到了什么地步。

本次起义，规模之大，影响之恶劣完全是史无前例（只对汉朝而言），所以当长安方面收到此消息以后满座哗然。汉成帝估计也是被吓到了，他慌忙离开了赵妹的温柔乡，转而走向那"久违"的承明殿。

公元前14年十二月，长安方面向天下发布诏书，急命整个天下的郡县全力征讨"反贼"，如果本地"反贼"有一郡不能治者，一旁郡县必须无条件帮忙讨伐，如有推脱者，杀无赦。

一时间，整个汉朝被血腥所染红，每一个官兵对那些起义的农民都只有一个字——杀！

而这些人中的领头人苏令则被长安亲自"照顾"，汉成帝竟然派出了一部禁卫军协同郡国兵征讨。

这场讨伐运动整整持续了将近一年才算是平定，其中所消耗的人力物力更是不计其数。

南山起义、俏宗起义、郑躬起义、樊并起义、苏令起义等，这些持续不断的农民起义使得汉成帝终于意识到，再不行动真的不行了。

于是，在公元前13年的某一天，有一个叫梅福的大臣用几千字的奏书劝谏汉成帝，向他阐述了历代亡国之因由，总结起来其实就是两个字——腐败！而促成腐败的原因也只有几个，便是权臣、外戚以及女性受宠过度。

如今，王氏权倾朝野，赵飞燕姐妹则勾搭得汉成帝日日声色犬马，亡国三样汉成帝几乎全占，所以，梅福建议汉成帝弃王氏，远赵妹，多听劝谏之言，多收固国之政权。

可汉成帝呢？他虽然也对现在的形势有一点儿了解，但宠爱赵昭仪已经到了无法自控的地步，对王氏的畏惧和依赖也使得他投鼠忌器，所以一直到死都没有遵照梅福之言。

同年，也许是想拉拢一点儿民心，也许是真的被这没完没了的农民起义弄怕了，汉成帝大赦天下，并小赏天下臣民。

可这有用吗？当然没用，甚至连"治标"都算不上。所以在汉成帝大赦天下以后，长乐宫临华殿和未央宫东司马门都发生了自燃事件。

古代帝王不知道自燃，只认为这是老天给自己的警示，警告自己要好好治理国家。

所以，汉成帝立即发布国书，说要以身作则，让京城的权贵们全都不要再修建豪宅，不要再扩建园林，不要再增加奴婢的数量，不要再多备绫罗绸缎。

可这有用吗？根本的问题没有解决说什么都是没用。

所以，自从这以后，那些京城的权贵虽然不在明面上奢侈了，可在暗地里，他们的奢侈程度甚至比过往还要过分。

汉成帝的命令就这样成了天下人的笑料，可笑的是他自己还不知道。

5.16 压死忠良的最后一根稻草

公元前13年七月，就在汉成帝为自己的决策沾沾自喜之时，老天又阴沉了脸（日食）。

汉成帝实在是不知该如何做才能让这该死的老天高兴。

最终，汉成帝万般无奈之下，才终于象征性地采取了梅福的一点点建议，把大司马王商给免了。

可还不到两个月，汉成帝感觉老天爷那阴晴不定的心情终于好了一点儿以后，便又将王商官复原职了。

结果，就在汉成帝将王商复为大司马以后，老天又阴起了脸。几个月之内连续两次日食。

汉成帝这回也不再舍弃王商了，而是去祭祀五帝了，那意思估计是想让五帝在天上给他求情。

就在汉成帝刚刚祭祀完五帝还不到一个月的某一天，本来万里无云的长安城突然乌云密布，然后无尽的天雷自上而下，噼里啪啦地在长安周围肆虐。

据说，那天狂雷不断，不仅是长安大街小巷的老百姓不敢出来，连汉成帝都躲在未央宫中瑟瑟发抖。并且这场狂雷宴整整持续了好几个小时，一直到黄昏时候才停止。

大家都以为事情已经过去了，可远远没有。就在这场狂雷宴结束以后，又有流星从天而过，直奔东南而去，光芒照射四方，就好像在下流星雨一般。

汉成帝是真的被这连连奇景给弄崩溃了。所以在次日，当他再三确认老天不会再给他弄出什么奇景以后，毅然决然地再次大赦天下。

可这依然没有用，因为就在他刚刚大赦天下以后，又有人报告说长安城中有一口井在昨夜吞食了一颗星星。

汉成帝现在如同惊弓之鸟一般，真是宁可信其有，不可信其无了。

于是，他慌忙地召开廷议，想让在场的众多官员和他一起想一个能让老天不再降下"灾祸"的办法。

结果，刘向和谷永感觉机不可失，便在退朝以后急忙密见汉成帝，并相继说出了自己的看法。

谷永认为，现在导致"灾难"的原因就是因为后宫中有奸佞妖孽的原因，只要汉成帝能远离这些妖孽，汉朝必定会再一次绽放出夺目的光彩。

刘向也趁机建议汉成帝，希望他在疏远妖孽的同时也要大力打击王氏一族，因为只有这样，天意才会顺和，老百姓才会满意，灾祸就不会再降下来了。

可以说，在这"灾祸"不断的时候来规劝汉成帝是最好的时机了。这种时机一旦失去，以后想再等来也是不可能的了。所以谷永和刘向所说的没有半点儿错误。

可是那汉成帝还是没有照着这两个人所说的做，依然宠幸赵昭仪，依然重用王氏家族。此举也使得满朝忠良更加寒心。

公元前12年十二月，王商归西，汉成帝以其弟王根为大司马、骠骑将军，依然对王氏一族有所重用。

可王根却没有多高兴，反而有了一种前所未有的危机感。这种危机感都来自一个人——张禹。

张禹就是汉成帝的老师，汉成帝刚刚继位的时候曾经用他为丞相制衡王凤。

当初，汉成帝信誓旦旦地用他来制衡王凤，可张禹惧怕王凤到了极致，凡事都以王凤为主，最后简直成了王凤的小弟。

如今，汉成帝再次用了张禹，并且在王根为大司马以后对其极为礼遇，这明摆着就是要提拔他的意思了。

当初，张禹就像是王凤的一条狗，可此一时、彼一时也。王根自知并没有当初王凤的影响力，所以不敢确定张禹是不是还像以前那样支持王氏，便想出了一个愚蠢的方法试探了一番。

为什么说他的方法愚蠢呢？因为在当时，张禹看上了平陵（汉昭帝刘弗陵之墓）周围的一块叫肥牛亭的土地，希望汉成帝能把这块土地赐给他。

这时候汉成帝对于张禹的宠爱是无以复加的，所以想都没想便将这块土地赏给了张禹。

可这件事发生以后，王根竟然对汉成帝弹劾起了张禹，说他索要平陵周围的土地属于大逆不道，希望汉成帝能收回此地。

王根表面上虽然这么说，可他真正的心思是想看看张禹能不能知难而退，主动放弃这块地方。

可谁会把到手的肉丢出去呢？因为这一丢不单是丢了手中的肉，还丢掉了自己为官的尊严。

张禹也不傻，当然不会放掉这块肥肉，依然向汉成帝索要。

所以，自打这以后，王根认定了张禹是想对自己开刀，乃时时对张禹进行政治打压。

见此，汉成帝非但没有生气，反倒是更加高兴（因为王根对其进行打击，所以汉成帝断定张禹不可能和王氏一族是一党），便对张禹更加尊敬。

朝廷中的那些刘氏官员和忠良之士也振奋异常，认为自己找到了主心骨，以后将会有人领导他们共同抗击王氏一族了。

可他们高兴得太早了。

张禹虽然没有对王根的愚蠢试探有所回应，却亲眼看到了王根是如何对自己进行打压的。他对于自己的安全倒也没有什么忧虑的，毕竟有汉成帝在他后面顶着。可等自己死了呢？自己的后代和家族怎么办？谁能保护得了他们？要知道，自己现在已经是一个老头子了（保守估计，此时的张禹最少也五十多岁了），没多长时间活头了。所以，张禹再一次选择了妥协。

当时，因为所谓的天地异象频发，所以不单刘向那几个人趁机弹劾王氏，几乎是所有的非王氏势力全都频频弹劾王氏中人。

而张禹的出现，使得他们拥有了更大的信心，以为这一次一定能成功扳倒王氏。

可他们错了。因为就在众多臣子对王氏的进攻空前凶猛的时候，在一次朝会之上，张禹却站出来道："陛下，对于天地异象，臣有所见解。"

一听这话，本来正在低头沉思的众多大臣全都猛地抬起了头，齐刷刷地将眼神瞄向了张禹。这些眼神中有的振奋，有的仇恨，还有的难以置信。

在汉成帝和一众文武的面前公开和王氏撕破脸，这是要在今天和王氏中人决战啊！

于是，一时间，所有的反王氏势力全都开始撸胳膊挽袖子，准备声援张禹，欲在今日彻底弄垮王氏，而王氏中人则心里一紧，赶紧在心中盘算着如何应对接下来的攻击。

可当张禹说完接下来的话以后，整个局势彻底反了过来，然后彻底炸了。

只见张禹对汉成帝微微一拜，然后不紧不慢地道："陛下，《春秋》中记载日食、地震等自然灾祸的原因非常明确，几乎全都是因为诸侯的相互征伐和外族人入侵。如今，四海升平，哪里还有什么战事呢？所以在这时候上天降下灾祸的原因含义深远，绝对不是一个人，或者一个家族掌握了微弱的权力所能够导致的。可笑有些人，见王氏中的一些人掌握了微弱的权力便肆意凌辱，真是一群目光短浅之辈。当初孔子都没有因为这种事情发表言论，他们凭什么胡说八道？所以愚臣认为，陛下现在最应该做的就是想办法让朝廷一团和气，阻止有些人趁机污蔑忠良。这样的话，上天必定会降下祥瑞，我大汉必定会永垂不朽！"

话毕，在场的人全都蒙了，这和他们心中所想的结果完全不一样。然而接下来汉成帝的一席话更是彻底点燃了这些人的怒火。

因为汉成帝断定张禹绝对不是王氏中人，所以他说的话一定是最客观的，便同意了张禹的建议，当朝宣布从此以后不要再借着天地异象来打击忠良。

这一番话下来，朝中那些非王氏中人彻底疯了。有一个叫朱云的再也无法控制住心中的怒气，直接站出来近乎嘶吼地道："陛下！现在朝廷之上有的大臣上不能匡扶陛下，下不能有益于人民，只不过占着官位领取俸禄而不干正事。这种卑鄙无耻之徒，他们想的并不是如何去辅佐陛下，使得天下太平，而是如何保全自己的官位。这种人，还留着他们有何用！微臣请求借陛下之宝剑，当场将此佞臣的头颅斩下，以激励朝中正直之士！"

这话明显就是在说张禹。

可不知道汉成帝是揣着明白装糊涂，还是他真的分不清，竟问谁是奸佞。

朱云初始一愣，见汉成帝是真的在问他，直接指着张禹道："说的就是他安昌侯张禹！"

这话一说，汉成帝怒了！在他心中，自己老师那是非常纯洁无瑕的。所以，当朱云说要斩杀张禹的时候，汉成帝出奇地愤怒，遂怒声痛斥："好个朱云，你一个小小的不入流的官员竟敢诽谤国家重臣，公然在朝堂之上侮辱朕的老师！我看你真是活得不耐烦了。来人！给我将这个疯子拉出去杀了！"

话毕，两个五大三粗的禁卫军冲了过来，拽着朱云就要往外拖。

可朱云却死死地拽着宫殿的栏杆嘶吼道："我朱云能够追随龙逄、比干游历于天地之间也够了！却不知高祖辛辛苦苦打下来的大汉将会有什么下场！"

这话说完，周围非王氏派系的大臣们再也忍不了了，左将军辛庆忌第一个站出来，他脱下官帽，解下为官印绶，跪在地上狠狠叩头："陛下！朱云这个人一向以癫狂直率而闻名于天下，虽然用词不当，但确确实实是为了国家社稷着想啊！陛下要是杀了他，后人会怎么看待陛下？所以，哪怕是他说的不对，陛下您也犯不着将其斩杀，应该宽容他，借以赢得天下人心。我辛庆忌愿以人头担保，朱云确实是大汉之忠臣啊！"

砰砰砰！伴随着不断的叩头声，辛庆忌的鲜血已经将地面染红。

而这时候，汉成帝的怒气也已经下去不少了，便制止了辛庆忌的动作，释放了敢于直言的朱云。

可自从这以后，却再也没人敢去弹劾王氏了。风风火火的"灭王运动"就这样在张禹的作用下无疾而终了。汉朝的未来也将在汉成帝的带领下越走越黑。可汉成帝根本管不了那么多了，他现在只想要一个儿子。

5.17　凶猛的段会宗

到这一年（前12年）汉成帝已经三十九岁了，可依然没有半个儿子。

汉成帝的身体到底如何他自己最清楚。自从赵氏姐妹入宫以来，他没日没夜地声色犬马，本来就不是很健康的身体在他无休止的放纵下更是每况愈下。

所以，汉成帝急需生下个儿子来继承自己的位置。甚至为了求到这个儿子，他在很长一段时间都不再去找赵昭仪，而是雨露均沾了。

可这什么用都没有！难道汉成帝就真的那么没有儿子命吗？不是这样的。

据《汉书》记载，汉成帝实际上是有生育能力的，之所以生不下孩子完全是赵昭仪的缘故。

这毒辣的女人怕其他妃子生下孩子以后威胁她的地位，就将所有尚在襁褓之中或者还没生下来的孩子全都给弄死了。

行了，此话暂时说到这，我们继续往下说。

同年，南匈奴搜谐若鞮单于魂归西天，其弟莫车被立为单于，是为车牙若鞮单于。

车牙若鞮单于和他哥哥一样，继续尊奉汉朝为主，且年年上贡，所以没什么好说的，我们再将目光瞄向乌孙，因为这一年，乌孙内部又乱了。

多年以前，乌孙日贰发动了武装政变，汉朝为了巩固自己在西域的地位，乃命一使携带一定数量士兵扶安日上小昆弥之位。

可多年以后，不知什么原因，安日竟然被本国的乌孙人给刺杀身亡。安日一死，其手下的那些翎侯顿时乱成了一锅粥，每个人都在运用手中的力量争权夺利，每一天都有流血事件发生。

如果任由这种事态发展下去的话，乌孙小昆弥的领地就只有两种结局了。

第一，被大昆弥所部吞并。

第二，其中一个翎侯击败其他的翎侯扶立傀儡小昆弥，或者自立为昆弥。

而不论最后是哪一种可能，汉朝对于西域的统治力都绝对会受到相当大的打击。

所以，长安方面是绝对不会任由这种情况继续发展下去的。

于是，经过廷议商讨，汉成帝决定命最早的西域都护，现在的金城太守段会宗为左曹、中郎将、光禄大夫，代表汉朝前往乌孙维持秩序。

这段会宗到了小昆弥的领地以后，先是警告各个翎侯，让他们不要再相互攻击，然后直接立了安日的弟弟末振将为新任小昆弥就走人了。

这样就结束了，就是这么简单。

当时的汉朝虽然在元、成两帝的带领下走向了下坡，但瘦死的骆驼比马大，国力依然不是乌孙所能够比拟的，再加上乌孙已经臣服汉朝多年，所以不管是在大昆弥还是小昆弥的领地，汉朝的威望都是绝对的，所以根本不用多少士兵，只需要一个印信就能搞定一切事情。

可这一切的前提都是汉朝使者要在乌孙境内，如果他不在乌孙境内，那一切就都不好说了。毕竟不管是大昆弥还是小昆弥，他们都是独立的势力。

这不，段会宗前脚刚走，后脚乌孙就出事了。

当时，乌孙的大昆弥是一个叫雌栗靡的人。这人勇猛彪悍，极擅战阵之事。此外，雌栗靡的治国水平同样不差，自从他继位以后，国力蹿升得很快，已经超过了小昆弥很多。所以，末振将继位以后如坐针毡，生怕哪一天自己被这个大昆弥灭了。

而这种慢慢滋生的恐惧随着时间的推移越来越甚，到最后，末振将实在受不了了，乃下定决心削弱大昆弥的国力。

那怎么样才能成功削弱呢？

答案只有一个，便是让这个雄主死！

于是，在某一天，末振将派出了本国中的贵族乌日率所部诈降雌栗靡。把整个部族都带过来投降，由此可见，末振将是下了多大的决心。

家人都带过来了，这还有什么可怀疑的？所以雌栗靡不疑有他，当即便接受了乌日的投降。

结果自是不必多说，对乌日完全信任的雌栗靡没过多长时间就被刺杀身亡了。

可雌栗靡之死却使得整个大昆弥势力都炸开了锅。

乌孙，在刚刚分大小昆弥开始，大昆弥的势力就要比小昆弥强。而这些年来，大昆弥又经历了很多的英主，所以国力更是超出小昆弥很多。

那为什么他们这么多年来都不敢攻击小昆弥呢？就是因为怕汉朝干预。

如今，末振将派人弄死了雌栗靡，使得大昆弥所部勃然大怒。那些翎侯在雌栗靡死后并没有大乱或者互相攻击，而是非常难得地团结在了一起，并调集兵马，准备对末振将发动攻击。

可同时，他们对于汉朝的恐惧是由内而外的，所以在出征之前，这些翎侯还是给汉朝写了一封信，希望汉朝能给他们一个说法（其实说白了就是摆个姿态让汉朝看，如果你们给我们的答复满意，我们就不吞并小昆弥，如果答复不满意，那对不起了，我们就要自己行动了）。

长安方面当然不希望大昆弥吞并小昆弥导致乌孙重新统一，所以汉成帝当时就想派军队前往乌孙，先立大昆弥众翕侯中最有威望的伊秩靡（雌栗靡的叔叔，解忧公主的孙子）为大昆弥，再帮大昆弥出兵杀死末振将。

可就在汉成帝想要大规模出动军队远赴乌孙之际，他窘迫了，为什么呢？因为现在国库没多少钱让他挥霍了。

汉朝自汉宣帝以后，国库"存款"直追文景，一派天下盛世。可自从汉元帝继位以来，天灾不断、权臣当道，使得国家的钱像雪花一样往外飞。直到汉成帝以后，天灾的次数未减，局势却更加恶劣了。

汉元帝的时候还只有一个石显，可到汉成帝以后，数不尽的王氏虎狼霸占朝廷，他们只为自己的利益，不管你是什么人，只要给他们钱，他们就能给你安排种种官职。这就使得汉朝上到中央下到地方，官员们的素质大都极差，贪污受贿、中饱私囊之事数不胜数。

所以，汉朝的经济比元帝时期更加差劲。

而派遣部队远征西域，这哪怕是在宣帝那时候也是让人头疼的事情，放到现在就更不用说了，不是没有那么多钱，而是这一次远征结束以后，汉朝的国库那可真是伤筋动骨了。

所以，汉成帝犹犹豫豫地不想派兵前往西域，便再次委任段会宗前往大昆弥的领地，封伊秩靡为新任大昆弥。

伊秩靡高兴吗？继承了大昆弥之位的他当然高兴，可他现在的处境却有点儿尴尬。因为当初雌栗靡在大昆弥领地上的威望实在是太高。当初为什么所有的翕侯都能在雌栗靡死后不混乱反而抱成一团呢？除去伊秩靡的能量之外，为雌栗靡报仇的心情也是很大一个原因。

所以，当初给长安的报告是希望长安方面不但立他为大昆弥，还希望能够派兵杀死末振将的。

可长安倒是好，立了他为大昆弥以后就走了，这让伊秩靡头痛不已。

可头痛归头痛，该做的事必须要做，不然自己这位子也坐不稳。

最后，伊秩靡想出了一个两全其美的办法，便是发兵攻击末振将，击败他们以后只杀末振将一人，也不吞并小昆弥的领地，这样的话也不算把汉朝得罪得太狠，相信汉朝也不会因此对自己发动攻击的。

于是，伊秩靡命翎侯难栖出动全国之兵对末振将展开攻击。

因为"两国"实力严重不对等，所以末振将根本就不是难栖的对手，没过多长时间便被攻入了国都。

这之后，难栖杀了末振将，立安日之子安犁靡为新任小昆弥后便撤兵回国了。

消息传到长安，汉成帝大为悔恨，早知道自己就出兵了，也犯不着让伊秩靡来立新任小昆弥了，这让汉朝的脸往哪里放？

也许是想要扳回面子，抑或想让伊秩靡看到汉朝对他们还是心诚的。汉成帝遂遣段会宗以西域都护之名，带领西域各国军队攻击小昆弥之地，务必杀死前任小昆弥末振将当初的太子番丘。

段会宗最早就是西域都护，所以对其业务轻车熟路，到西域后没过多长时间就组织起了一支颇具规模的联军。

本来，凭借汉朝在西域的威望，刚刚继位的安犁靡是绝对不敢和汉朝硬杠的，最聪明的做法应该是交出番丘，以消除灾祸。

可恰恰安犁靡和番丘不仅是亲戚关系（安日是安犁靡的叔叔），两个人的私交也相当不错，甚至好到了愿意为了他而得罪汉朝的程度。

所以，段会宗只能以自己的做法来杀死番丘。

那段会宗率领大军进入了安犁靡的领地以后，没有立即对其发起攻击，而是带着三十名最精锐的汉族战士"独自"进入了安犁靡都城附近的一处村庄，然后命令安犁靡，让他立即让番丘过来数落其父末振将的罪责。

安犁靡一听段会宗只带三十多人过来，还不是要杀番丘，大喜，立即将番丘叫过来，给了他一百多人当护卫就让他前往了。

他本以为自己给的一百多人足够了，段会宗就是有再大的胆子也不敢用三十多人对付一百多人。

但是他错了。因为就在番丘数落完自己父亲的恶行以后，段会宗手起刀落，当即砍死了番丘，砍下了他的人头。

而番丘手下那一百多人呢？你就是给他们十个胆子他们也不敢对汉朝使者

怎么样，所以直接落荒而逃了。

段会宗手下的副将见状对段会宗道："大人，任务已经完成，是否现在离开？"

段会宗没有半点儿慌张，只是轻蔑一笑，然后道："不急，让兄弟们有所准备就好，他们不敢怎么样。"

此时，安犁靡处。下面的一名士兵正不停向安犁靡汇报着什么。只见安犁靡的脸色越来越差，等这名士兵说完以后，安犁靡怒了，他掀翻了面前的几案，痛骂段会宗，然后亲自带领数千骑兵冲向了段会宗处。

而此时的段会宗，还悠闲地在原地喝茶。

不一会儿，轰隆隆的马蹄声响起，气势汹汹的安犁靡带着数千骑兵将段会宗围了个水泄不通。

而段会宗手下的那三十多个战士却没有半点儿畏惧，唰的一下亮出了手中的连弩，并用冰冷的眼神看着面前的数千骑兵。只要他们再敢前进一步，这些士兵就会毫不犹豫地将手中连弩发射而出。

汉军的镇定反倒使盛怒之下的安犁靡稍微冷静了一点儿。只见他制止了还要往前冲的士兵们，单骑走出吼道："段会宗！你给我出来！"

过了一会儿，汉兵整齐的队伍分开两半，段会宗骑着马悠闲地走了出来，当走到安犁靡身前的时候，段会宗故作惊异地道："呦！这不是昆弥吗？怎么一脸的怒气？谁惹到你了？"

安犁靡怒声道："别整没用的！我问你，为什么要杀番丘？"

见安犁靡开门见山，段会宗也不和他再扯了，本来微笑的脸色逐渐变得阴沉，然后冷冷地道："末振将未得汉朝之令，私自派人诛杀雌栗靡，此等罪责理应满门抄斩，如今我汉皇陛下额外开恩，只杀他一个太子，这已经是天大的仁慈，你说我为什么要杀他？"

安犁靡阴沉地道："你知道他番丘和我的关系，你就不怕我今天弄死你？"

段会宗狂笑道："我段会宗算个什么？多说是大汉巨人身上的一根毛而已，杀了我陛下也不会有任何心疼，不过我奉劝小昆弥你多想想再做决定，毕竟当初的大宛国王和郅支单于的人头都在长安城楼上悬挂过。"

为什么盛怒的安犁靡一直到现在都没对段会宗动手？怕的就是汉朝。如今，段会宗再拿此来说事儿，使得安犁靡更加毛骨悚然，一下子就尿了，可也想找个台阶下。

于是，他缓下口气，以一种小怨妇的口气微微埋怨道："末振将辜负汉朝，你杀了他的儿子也是理所当然，可你也知道我和他的关系，为什么不提前告诉我一声呢？这样我也能为他饯别啊。"

见安犁靡的语气渐渐缓和，段会宗知道这事儿算是过去了，同样温和地道："唉，就是因为你和他的关系好我才出此下策啊。如果我预先告诉你的话，那昆弥你八成会让他先逃跑躲藏起来，到时候你让我去哪里找呢？这样不但我找不到他，你还会因此而得罪汉朝，真的不值当。即使你不将他藏起来，与他饯别，然后再将他交给我，也会因此大大伤害了你们之间的感情，这又是何必呢？基于此，我才会出此下策，还请昆弥你原谅我的唐突。"

台阶也下了，面子也给了，安犁靡还能说什么？哀叹了一声，噙着眼泪就走了。

回到长安以后，汉成帝对段会宗的表现非常满意，便赐其关内侯爵，并赏黄金百斤。

可这事儿到这就结束了吗？远远没有。

当初，刺杀雌栗靡的主力虽然是乌日，可末振将的弟弟卑爰疐也是一旁辅助的帮凶之一。

本来就心惊胆战的卑爰疐，经过这一次刺杀番丘事件以后更是如坐针毡，生怕什么时候朝廷一个不高兴也把他剁了。

于是，为了自己的人身安全着想，卑爰疐只得带着自己的八万部众向北归附了康居国，图谋借用康居的实力将乌孙彻底统一。

康居，实力于西域诸国中能排在前三甲，也是唯一一个还没有彻底臣服汉朝的国家。所以，长安方面对于康居还是十分警惕的。

为了避免卑爰疐和康居合兵攻打乌孙，汉成帝和众人经过商议，最终决定让段会宗从长安带领一部分精锐前往西域，和西域都护孙健合力屯兵，以防卑爰疐的突然袭击，并断绝一切和康居有关的商贸往来，以示惩戒。

5.18　聪明人

同年，也就是段会宗刚刚前往西域屯田不到一个月的时间，康居受不了了。

汉朝，在当时的亚洲是非常富庶发达的国家。它物产丰富，特产种类繁多，消费能力极强，并且热情好客，是众多国家都要争相做买卖的对象。

而像康居这样一个西域大国就更不必多说了，和汉朝的大买卖年年都有。可今年倒好，因为一个卑爰疐，使得汉朝和康居断绝了往来，这种损失是康居王无法承受的。可卑爰疐带过来的部众足足八万人，这在古代绝对是相当庞大的劳动力，所以康居王是不可能将卑爰疐交出去的。

那怎么办呢？卑爰疐想出了一个折中的办法，便是让康居王派遣使者团向长安表面上表示屈服，并让自己众多儿子中一个最不中意的王子前往长安侍奉汉成帝。

康居王相信，只要做到这些，汉朝就一定会答应和他们继续通商。因为康居王知道，汉朝是超级爱面子的国家，只要你给了他面子，哪怕不给他任何的实惠，哪怕是亏了老本儿，他也会继续和你交往。

那么康居王的想法是不是正确的呢？完全正确。

当天，康居的使者团进入了长安，并对汉成帝说明了康居王的意图。汉成帝先是将使者团安顿在了长安驿馆，然后便和朝中众臣商议了起来。

都护郭舜第一个站出来义愤填膺地道："陛下，臣不建议和康居恢复邦交。"

汉成帝："为何？"

郭舜："康居虽然是西域大国，可国力根本无法与我大汉相提并论，早在匈奴还未臣服于我大汉之前，西域各国就已经全都唯我大汉马首是瞻了。只有这个康居，虽然在明面上吵吵着臣服于我大汉，但实际上行的尽是那诡诈之事。那康居王傲慢狡猾，非但在汉使宣读圣旨的时候不下跪领旨，还对汉使极度傲慢。陛下您知道吗？我们汉使出使康居，康居王从来都是将座位排在其他西域国的使者之下，甚至用餐都要等康居的贵族和其他国家的使臣用完才允许汉朝的使者进餐。由此可见，康居王对我们汉朝，对陛下您已经无礼到了什么程度。而就是这么一个无礼的康居王，这一次却破天荒地派自己的王子前来做人质，这是为什么呢？因为他们想和我们汉朝做买卖，因为他们想要的是实惠，是钱！基于以上，下官认为，对于康居这种不知廉耻的国家，就应该用经济的手段打怕他、打残他，那样它才会知道什么叫敬畏。所以，下官建议，拒绝此次康居王的请求，什么时候看到他们真正的'诚意'，什么时候再与其恢复邦交。"

郭舜这话说得虽然很提气，但其他的官员并不认同他的观点。他们认为，汉朝是一个泱泱大国、礼仪之邦，不应该拒绝远方客人的结交之心，那样会显得自己没有气量，会让其他的国家看轻的。

汉成帝也对这些人的说法比较赞同，便采纳了他们的建议，恢复了和康居的外交往来。

同年，也许是康居的"臣服"让汉成帝心情大好，他在本年发明了一个新的游戏项目，以取悦自己那最爱的赵昭仪以及她的姐姐。

什么游戏项目呢？汉成帝命令右扶风发动了不计其数的百姓前往长安西面的南山为其擒获虎、熊等禽兽（就是之前南山起义的地点），然后用铁网将这些禽兽围起来，命胡人赤手空拳进去和这些禽兽搏斗（古罗马竞技场还允许角斗士用武器和猛兽决斗，汉成帝却不允许，由此可见，汉朝周边的胡人有多么勇猛），要是有谁能够成功杀死这些禽兽，汉成帝不但将禽兽的尸体赏赐给他们，还会再加上非常多的粮食和钱币。

所以，一时间，整个长杨宫几乎每天都充斥着人类和猛兽的嘶吼声，几乎每天都有装满了人类尸体的马车从长杨宫奔涌而出（长杨宫：今陕西省周至县东南，秦旧宫，西汉时经过装修后专供皇帝游玩临幸）。

汉朝，是一个儒家当道的国家，大部分的官员和百姓都崇尚忠孝仁义。所以，汉成帝此种做法虽然使得赵氏姐妹喜笑颜开，却丢尽了人心。

公元前10年，在这一年，画像石被发明并普及，几乎每个富人都喜欢在家中用上一些，甚至连汉成帝和达官显贵都要在自己豪华的坟墓里面加上满满的画像石，以显得自己与众不同。

同年正月，蜀郡岷山崩塌，堵塞江水三日，江水枯竭。汉成帝对于此种天灾早已经麻木，遂前往雍城祭祀五帝，然后草草了事。

公元前9年二月，汉成帝突然发布诏书，宣布取消司隶校尉之职。

正所谓事出反常必有妖，其实这事儿也不算太复杂，让我们看一看年表就知道怎么回事儿了。

公元前12年，赵昭仪夺走皇子毒杀之。

公元前11年，赵昭仪杀许美人之皇子。

公元前9年，汉成帝废司隶校尉之职。

公元前9年二月，汉成帝召中山王刘兴、定陶王刘欣进京，意欲择一而立为太子。

赵昭仪的种种恶行虽然自认为做得隐秘，却已经惊动了司隶校尉，并对此案展开了严密的调查。

事情已经到了这一步，早晚都会暴露，赵昭仪在无奈之下只能向汉成帝坦白了自己的罪行。

按说，自己的孩子都被赵昭仪给弄死了。汉成帝应该大怒，然后将赵昭仪千刀万剐。可汉成帝实在是太爱赵昭仪，甚至爱到了愿意为他放弃自己孩子的地步。

所以，为了阻止司隶校尉继续调查此案，汉成帝只能出此下策，罢免了此官职。

而罢免了司隶校尉以后，汉成帝也知道，自己这一辈子是别想再要孩子了，便召见了中山王刘兴和定陶王刘欣，想要在这两个人中间选一个当储君。

多日以后，两位王爷如期赶到了长安，定陶王在出发以前就知道了本次事情的重要性，所以出发的时候将自己的太傅、国相、中尉全都带过来了，看样子真是气势汹汹、志在必得。

可中山王刘兴呢？只带了一个师傅了事。

那么他为什么这么不重视这次的召见呢？

因为他真的不想当皇帝。

因为刘兴知道，现在满朝上下基本上是王氏及其朋党，他就是坐上这个九五之尊的位子也就是一个傀儡而已，这不是他想要的。

还有，这些年来，汉朝百姓让那些贪官污吏弄得民不聊生，农民起义一波接一波，刘兴也不想管这些麻烦事。

最后，也是最重要的，如果自己一定要争这个位置的话，那就势必会和定陶王刘欣竞争。而不管最后谁是胜利者，失败者的下场都是可以预料的。

他刘兴不想杀刘氏宗亲，更不想自己被杀。所以，他出发之前就已经放弃了本次皇帝之位的角逐。

下面，看看刘兴的表演。

当两人都到了长安以后，汉成帝首先召见了定陶王刘欣。

见面以后，汉成帝微笑地问道："定陶王，朕听说你这一次来长安把手下的重臣都叫过来了，为什么这样呢？有什么法律依据吗？"

刘欣从容不迫地道："启禀陛下，我大汉法令规定：诸侯王朝见天子，可以由国中两千石官员陪同，而我的太傅、国相，还有中尉都是两千石官员，所以可以陪同进入长安。"

话毕，汉成帝非常满意地点了点头，然后又问："好，那不知道你都精通什么学问呢？"

刘欣自信地回答道："陛下希望我精通什么学问，我就精通什么学问。"

汉成帝一愣，然后似笑非笑地道："那你给我背一背《诗经》吧。"

本以为刘欣在吹牛，可岂料汉成帝话音一落，刘欣便开始流利地背诵《诗经》。

此举简直令汉成帝惊为天人，遂邀请刘欣和自己共进晚餐。

而刘欣吃饭的时候也是非常注重礼节，汉成帝没有动口，他是绝对不会动筷子的。汉成帝往往吃了两三口，他才吃一小口，并且每次吃食的动作都非常优雅。最后在汉成帝吃完以后，他还会在第一时间站起身来服侍汉成帝。

所以，汉成帝对这个刘欣相当满意。

第二天，汉成帝又兴致勃勃地招来了刘兴，以同样的问题道："我说，弟弟啊，朕听说你这一次来长安只带了一个太傅，为什么呢？有什么依据吗？"

刘兴："依据？我不知道啊，我就是不能离开太傅，一离开他我就什么都干不了，这才带他来的，怎么了？"

汉成帝："……"

这一句话下来，怼得汉成帝半天没缓过神儿来，等缓过神以后，汉成帝微笑的脸已经渐渐地阴沉下来，然后淡淡地道："你都精通什么学问？"

刘兴："嘿嘿，回陛下，咱最精通的就是玩儿，我自己研究了好多游戏，一定会让陛下开心的。"

汉成帝无奈地道："好了好了，朕对你的游戏不感兴趣，就这样吧，吃一顿饭以后就走吧。"

可当二人到了饭桌上以后，汉成帝后悔得差点儿骂人。

因为就在两人的佳肴同时送上之后，还没等汉成帝开吃，刘兴就已经迫不及待地吃了起来，并且一边吃一边发出奇怪的声音，毫无礼节。

过了一会儿，汉成帝吃完了，把餐具重重地往几案上一放，那就是在提醒刘兴差不多就行了。

可刘兴置若罔闻，还是在猛吃，都半炷香过去了，他才拍拍肚子，吧唧吧唧嘴表示自己吃饱了。

而此时的汉成帝，整张脸都黑了。刘兴的目的达成了。

好了，到这儿，竞争对手被自己轻易地"解决"了，刘欣这心里别提多高兴了，认为自己的储君之位已经是板上钉钉了。

可他的奶奶傅王太后却不这么看。老太太认为，解决刘兴只不过是自己孙子成功继位的第一步，而不是最后一步。

要知道，想要成为真正的储君，光是击败竞争对手还不够，还要去讨好一些人，一些足以左右皇帝意志的人。他们便是大司马、骠骑将军王根、皇后赵飞燕，以及昭仪赵妹。

于是，傅王太后几乎动用了血本，将自己所有的金银珠宝都贿赂给了三人。而三人又都是贪财之人，所以收了钱财以后就使劲儿向汉成帝说刘欣的好话。

汉成帝本来就看重刘欣，又经过了三人敲边鼓，便更加确定了要立刘欣为储君的想法，乃于几日以后亲自为刘欣举行了加冠典礼。

这已经是一个很明显的政治信号了。虽然没正式立刘欣为太子，但一个皇帝亲自为你举行加冠典礼，这足以说明一切。而此时，刘欣刚刚十七岁。

5.19　正直的孔光

公元前8年正月，汉成帝正式将立太子之事提上了日程，公开在朝会之上询问百官，到底是立中山王刘兴为储君，还是立定陶王刘欣为储君。

这时候，刘欣上上下下已经打点完毕，再加上本身的能力在外人看来也胜出刘兴百倍，所以整个朝堂一边倒地全都支持立刘欣为储君。

可就在这一片支持声中，一个不和谐的声音出现了："臣不认为立定陶王比立中山王合适。依照《礼记》上的记载，如选择后嗣立为储君，应该以血缘的远近为依据。中山王刘兴，是先帝的儿子，是陛下您的亲弟弟，所以应该选他为继承人才符合传统。"

汉成帝不耐烦地道："可是我那弟弟才能实在和定陶王差得太远，立他为继承人只怕会拖累汉朝啊。"

神秘人微微一笑："臣请问陛下，中山王真的是像外表一样吗？"

这话一说，汉成帝整个人直接愣在原地（是呀，朕从小和刘兴在一起长大，从未见他如此愚蠢，难道说……）。

见汉成帝陷入了沉思，王根急了！要知道，之前自己可是用了全部的力量帮助刘欣啊，这是彻底将刘兴给得罪了。如果汉成帝临阵变卦，反过来让刘兴来当储君，那自己以后的日子可真是好不了了。

于是，王根拼了命地力保刘欣，那些王氏的朋党见此也都臭脚捧上，狂劝汉成帝。

汉成帝本来就倾向于刘欣，刚才只不过是略微犹豫而已，现在这么多人都力捧刘欣，后宫中自己的最爱也是一直吹枕边风，汉成帝还有什么说的，直接将那个神秘人的建议给否了，并于本年二月正式下诏，册立定陶王刘欣为大汉储君。

那么这个敢冒天下之大不韪，当朝和满朝文武对着干的是谁呢？

这人便是御史大夫孔光了。

孔光，字子夏，孔霸之子，孔子的第十四代孙。因为是儒学世家，所以孔光从小就开始接触各种经典，不到二十岁就被举荐为议郎。

几年以后，当时还是光禄勋的匡衡认为年轻的孔光品行端正，实属难得，便推荐他为谏大夫。

因为常年接触儒家经典，再加上当时年轻，并没有什么官场经验，所以孔光做什么都是直来直去，经常因为和汉元帝政见不合而出言顶撞，甚至连当时正当红的石显他都没放在眼里，经常抨击之。

他认为，只有敢于直谏的官员才是真正的好官。可最后等待他的结果却是被贬谪回家。

这一次的挫折让孔光知道了一件事，那便是做人还是要做圣人，有什么政见，还是要和领导说的，但如果领导不同意的话，你就不要再顶撞了。

于是又是几年后，汉元帝崩，汉成帝继位，孔光被推荐为博士。

因为多次帮助朝廷平反冤狱，整治风俗，教化人民，所以孔光之名很快便传遍朝野。

那时候，汉成帝对于朝廷上的事很上心，所以没过多长时间就升了孔光的职，让他当了尚书。

之后，汉成帝对于孔光越来越信任，便先后升其为仆射和尚书令。

孔光办事谨慎认真，很少出错，所以几年以后又升为诸吏光禄大夫、给事中，兼任尚书，从此掌管朝廷机要十余年。皇帝每有政事询问，孔光都会毫不避讳地表达自己的看法，可当汉成帝露出犹豫抑或不满的表情的时候，孔光便会闭口不言，不像年轻时候那样顶撞皇帝。

所以，他的位子一直很稳固、很安全。

后来，不知过了多少年，孔光再升为御史大夫，他为人从不结党，也不贪污受贿，只是默默地干着自己认为有意义的事情，做那朵出淤泥而不染的莲花。

可以说，能在王氏权霸天下的时代中屹立不倒这么多年，孔光确实是不容易。

可这一次，孔光竟然当着满朝文武的面当众否定了下一任皇帝，那他以后的日子还能好得了吗？拭目以待吧。

5.20 偷鸡不成蚀把米

公元前8年三月，就在储君之事尘埃落定之时，中山王刘兴突然在自己的领地暴死。

关于他的死众说纷纭，有说老死的，有说病死的，还有说他触及了某些人的利益，被人暗中弄死的。

因为史料上没有记载，各位看官见仁见智吧。

同年四月，廷尉何武上奏汉成帝："我们正处于一个天灾琐事频繁的时代，政事极其繁多。可如今的丞相能力不及古时候的圣者，却独兼三公所主管的事务，因而造成了长时间管理不善的局面，所以，臣请重新设立三公官职，更改职能。"

汉成帝认为很有道理，便将御史大夫改为大司空，增加一定的职能，并将大司马和大司空的俸禄提升到和丞相相同。

同年八月，车牙若鞮单于卒，其弟囊知牙斯继位，是为乌珠留若鞮单于。

乌珠留若鞮继位以后，也和之前的历任单于一样，派遣自己的儿子前往长安侍奉汉成帝。

而汉成帝也是按照老规矩办事，打算派中郎将夏侯藩为主使，校尉韩容为副使出使匈奴，向乌珠留若鞮报平安。

可就在夏侯藩一行人要出发的前一天，突然有人向王根建议，说南匈奴有一座山非常接近汉朝的张掖郡，此山上生长了很多奇异的树木，极适合做箭矢的竿，所以如果得到这座山，就能够节省下一大笔军事开支，还能让王根在天子面前更加有话语权，同时能够青史留名。

王根觉得很有道理，便前往汉成帝处提出了自己的建议，希望汉成帝能向乌珠留若鞮单于讨要此山。

可汉成帝顾忌良多，害怕如果乌珠留若鞮单于不答应的话会有损大汉皇威，便没有答应这件事。

可王根已经被所谓的"更有话语权"和"青史留名"所打动，根本没想到失败以后的后果，便私自拜访了夏侯藩，让他以个人的身份向乌珠留若鞮单于讨要此山。

平时讨好都没有机会又怎么会拒绝，所以夏侯藩想都没想便答应了王根的提议。

就这样，夏侯藩带着王根的期待出使了匈奴，报了平安以后便找准机会和乌珠留若鞮单于道："大单于，我在来时见匈奴境内有一座峭拔的山峰，它连接汉朝，面对张掖。我们汉朝有三个都尉率领几百名士兵长年驻扎在边塞上，过得非常寒苦。所以我觉得大单于应该上书汉皇，贡献出这块宝地，这样的话，就会给汉朝在边塞节省几百名士兵，我们汉皇一定会非常高兴，到时候一定会赏赐大单于数之不尽的财物。"

这话说完，乌珠留若鞮单于眼神微眯，看了夏侯藩好一会儿才道："我想请问汉使，你说这话是汉皇的诏令呢，还是你自己的请求呢？"

夏侯藩："这个……说实话，我家天子虽然没有明说，但他心里确实是想要这块地方的。我也只是为了单于着想，出个好主意罢了。"

一听不是汉成帝下诏令要的地方，乌珠留若鞮单于一颗悬着的心才放下来，然后微笑道："既如此，还请汉使先在匈奴休息数日，等我详细地了解一下这座山以后再做决定。"

就这样，夏侯藩在匈奴暂时住下了。

可经过调查以后，乌珠留若鞮单于发现，夏侯藩讨要的这座山峰却是盛产一种好木的地方，几乎匈奴一半的车辆和帐篷的木材都源自那里，如果献了出去，对匈奴的经济绝对会造成一定的打击。

所以，乌珠留若鞮单于断然拒绝了夏侯藩的要求，并致信汉成帝，将夏侯藩的所作所为呈报以后表示了歉意。

汉成帝收到乌珠留若鞮单于的信件以后大怒，审问了夏侯藩以后直接将他贬到别处，并在同时恨上了王根，因为要不是他自作主张，自己怎么可能在匈奴单于面前丢了面子？

所以，在本年的十月，赶上王根患了一场病，汉成帝就以王根年老体弱为由将他罢免了。

可罢免王氏是一个牵一发而动全身的举动，如果应对不当，很容易造成动乱。那怎么样才算是得当呢？

很简单，再用其他王氏族人来担任大司马之位，这样就不会让王氏族人恐慌了。

那这个新任大司马的王氏族人是谁呢？

他就是刚刚三十八岁的王莽！

5.21　政治新星

王莽成为大司马可以说是水到渠成了，除了他的名望以外，这和一个案子的处理得当也是脱不开关系的，而这个案子就是震惊一时的淳于长调戏许废后的案子。

话说淳于长帮助赵飞燕谋取了皇后之位以后，受到了汉成帝的高度赞扬，并赐其关内侯之爵，后来又升为定陵侯，一时间很受汉成帝的喜爱和重用。

淳于长便趁此时机大收贿赂，还娶了多房美姬，且不遵守国家法度，为所欲为。

而此时已经被打入冷宫的许皇后的姐姐也死了老公，淳于长便趁此机会将其娶过来做了偏房小妾。

按说，凭借淳于长的势力，娶一个死了老公的女子做小妾也算不得什么怪事，很正常。可已经被打入冷宫的许废后却从中看到了机会，乃私寻其姐，并给了她大量的金银珠宝贿赂淳于长，希望淳于长能在汉成帝面前为自己说说好话，不求能再回宫做皇后，只求做一个婕妤安度此生。

可许废后实在是太过天真。她怎么不想一想，淳于长这么一个卑鄙无耻的人为什么会受到汉成帝的青睐呢？还不是因为他帮助赵飞燕成了皇后。

所以，淳于长不仅仅是汉成帝的心腹，更是赵氏姐妹的心腹，他怎么可能帮助她再回后宫给赵氏姐妹树敌呢？

所以，许废后被骗了，骗得很惨很惨。

那淳于长收了许废后的钱财以后并不办事，反倒经常和她姐姐说正在努力进行中。于是，许废后的贿赂一直都没有断过，几乎每年都要给淳于长大量的钱财。

多年以后，淳于长再给许废后写了一封信，信上说现在有一个非常好的机会，可以帮助许废后成为左皇后，但条件只有一个，那便是陪自己一晚。

那许废后现在虽然已经被打入了冷宫，但贞洁从来没有被丢弃，所以根本没有答应淳于长的无理要求。不但如此，打这以后，许废后也不再给淳于长任何贿赂了。

正巧这时候大司马王根私要匈奴山之事爆发，汉成帝对其极为不满，便趁着这个机会把王根给废了。

当时已经极负盛名的王莽自认为大司马非自己莫属，要说能够稍微威胁自己的只有一人，那便是淳于长。

按说，淳于长这个卑鄙小人是无论如何都当不上大司马的，可人家背后有赵氏姐妹撑腰，而汉成帝喜爱赵昭仪已经到了疯狂的程度，如果在任命以前被其吹了枕边风，那真说不定会被截了胡。

所以，为了以防万一，王莽便将这些事全都告诉了王老太后。

王老太后一听这些年淳于长干了这么多坏事，当即便怒了，让其将这些事如实向汉成帝汇报，并承诺这一次绝对不会再保这个侄子。

王莽大喜，立即去找汉成帝，如实做了汇报。

汉成帝怒不可遏，立即罢免了淳于长所有的官职和爵位，外放其到地方劳动改造，不久以后又把他关到监狱弄死了。

许废后也被迫服毒自杀。

而直到这时候，淳于长才幡然醒悟，原来自己的一举一动都在王莽的监视之中，原来自己府中在不知不觉中已经混入了众多王莽的眼线，可现在才知道，太晚了。

就这样，淳于长死了，王莽顺利地成为三公，而这时候，他才三十八岁。

王莽成为大司马以后克己奉公，推荐的地方官员没有一个是王氏中人，也没有一个是通过贿赂他才得到的官职，几乎是在当时相当有名望的圣贤之士。

一时间，整个汉朝官场在王莽的治理下竟然开始慢慢"升温"，贪污腐败的现象也开始逐渐消失。

此外，王莽还从来不收受贿赂，朝廷给他发的工资和赏赐几乎全部赏赐给了那些有能力的士人贤才。

这些事使得朝野上下的清流对王莽赞赏有加，每个人都将王莽看作英雄一般，王莽真正成为汉朝的"领袖"。

这还没完。

之前说了，王莽此人从来都不收受任何贿赂，钱财还赏赐给了相中的士人贤才，所以他的家里非常穷。

一次，他的母亲身患重病。当时，不管是王氏族人还是朝中清流，不管是腐败分子还是清官圣贤全都前往其府中看望其老母（从汉朝建立至今，没有任何一个人的人气能够赶上现在的王莽）。

王莽为了表示对这些人的尊重，竟亲自偕自己的夫人前往门口相迎。据《汉书·王莽列传》中描述，王莽的妻子穿着极为朴素（莽妻迎之，衣不曳地，布蔽膝，见者以为僮使，问知其夫人，皆惊），前来拜访的人有的还以为她是迎客下人，结果经过询问才知道是王莽的夫人。于是一个个皆惊叹非常，对王莽全都竖起了大拇指。

王莽，就这样一步步地得到了整个朝廷的人心，那他以后还会做什么呢？我们拭目以待。

5.22　汉成帝

公元前8年十一月，已经被确立为太子的刘欣被汉成帝召唤到了长安。然后，汉成帝遣人告诉刘欣，说已经封了楚孝王的孙子刘景为定陶王，使得刘欣的生父一脉得以延续。

刘欣听罢便想亲自前往承明殿叩谢皇恩，可他的少傅阎崇却制止了他，并劝谏道："殿下，您知道皇帝陛下为什么要告诉您这件事吗？"

刘欣："不知。"

阎崇："那是陛下在告诉您，让您知道，您现在已经不再是您父亲一脉的人了，而是陛下一脉的人。既然如此，您就不能再和您的父亲有任何关系，起码现在不能。那既然已经没有关系了，您就不需要因为此事前去向陛下拜谢，这样，陛下不但不会高兴，反有可能会对您失……"

"这话说得不对！"

没等阎崇说完，太傅赵玄便道："殿下，阎少傅这话说的是不对的，不管您最终被过继给了谁，您的父亲毕竟是亲生亲养，所以一定不能抛弃父子之情，这是天理不容的！所以，我赞成殿下前往陛下处拜谢。"

最终，刘欣还是没能放弃自己的生父，选择了太傅赵玄之议，前去拜谢了汉成帝。

汉成帝一见刘欣前来拜谢脸色就不好看了，一打听，得知是赵玄出的馊主意以后，没过多长时间就把赵玄给贬了，并且从这以后再没给刘欣什么好脸色。

这还不算，汉成帝还在这以后宣布禁止刘欣继续和其祖母傅王太后与其生母丁姬相见，使得刘欣真正成了一个孤家寡人。

也许是想给这个未来的继承人留一个好念想，王太后便提议汉成帝，希望他能允许傅王太后和丁姬每隔十天去看望一次刘欣。

汉成帝不情愿地和王太后道："母亲你有所不知，太子既然已经继承了正统，那就理应当自己是我的儿子和母后的孙子，不能再念及旧时血亲。如果不及时制止，那么等他继承皇位以后将会有种种弊端。"

王太后沉思了一番然后道："可刘欣这孩子也实在是太可怜了，毕竟也是一国储君，我实在是不想看他如此样子。这样，陛下你看，丁姬是刘欣的生母，可这孩子从小就是由奶奶傅王太后养大的，不如就让傅王太后每隔十天看望一次刘欣，这样就没有问题了，要不然这天下人不知道在背后怎么说你呢。"

汉成帝犹豫再三，可毕竟是母亲的请求，他也不好做得太绝，便答应了王太后。

可让王太后万万没有想到的是，她虽是好心，可却在无形之中帮助了以后的敌人，让这个敌人在以后更有资本与自己为敌。

同年十二月，就在刘欣"孤家寡人"事件刚刚结束以后，丞相翟方进以及大司空何武共同前来奏请汉成帝。

他们认为，不管是从礼仪方面还是规矩上，都不能让卑贱者来治理尊贵者。一州之刺史，他们的官位低于大夫，可却赋予能够监视督查地方两千石的官员的职能，这实在和礼仪不符，希望汉成帝能够取消这个官职，以符合古制，振兴礼仪。

汉成帝觉得很有道理，便将州刺史改称呼为州牧，并不准他们督查两千石高官。

可刺史是干什么的？就是为了监察地方官所设立的官职，如果没了监察的职能，还要他们有什么用呢？

所以，没过多长时间，所谓的州牧也被取消了，一直到以后的东汉灵帝时，国家为了镇压连续不断的农民起义，这才重新恢复刺史职位。

公元前7年，天灾一个接一个地降临汉朝，汉成帝实在是疲于应对，便找来精通天文星象的郎官贲丽，希望他能给自己想一个躲避天灾的办法。

贲丽认为，现在天下之所以会发生如此灾祸，主要是因为汉成帝每天都和赵昭仪寻欢作乐的缘故，但也知道汉成帝喜欢赵昭仪以至于疯狂，明白哪怕是说了也没有什么用，便对汉成帝道："陛下，微臣说句不中听的话，这天灾，怕是出在陛下的身上，可陛下不必有任何改变，微臣只用一法便能成功让天灾不再出现。"

汉成帝："什么办法？你说！"

贲丽："那就是让一个身份尊贵的大臣去死，以此来替陛下挡灾！"

汉成帝："这，好吧，那什么样的人才算得上是身份尊贵呢？"

贲丽："请问陛下，现在天下的臣子中，什么官职是最高的呢？"

汉成帝先是沉默了一会儿，然后道："我知道了，你走吧。"

几日以后，丞相府议曹、平陵人李寻突然找到了丞相翟方进，犹豫了好半天才对翟方进道："丞相大人，我刚刚从陛下那边回来，现在我大汉的天灾不断，陛下因此十分苦恼。有人认为，只有让朝中最尊贵的大臣去死，才能成功替陛下挡灾。"

点到为止，到这儿，李寻就不再往下说了，只剩下丞相翟方进愣在当场，冷汗直流。

"从陛下那边回来""有人认为""让最尊贵的大臣去死"。

这几句话已经明白得不能再明白了，那就是汉成帝想让他自尽啊。

正所谓"君让臣死，臣不得不死"，这也是那些自诩忠心为国之人每天放在嘴边的话。可真的到了这时候，有谁能义无反顾地去死？又有几个人能放下一家老小还有那无尽的荣华富贵去死？

有，但一定非常非常少，并且，这些人中绝对不包括他翟方进。

因为就在汉成帝派人暗示翟方进以后，一个月过去了，翟方进依然没有半点儿动静。

汉成帝也是急了，在本年的三月将翟方进召到了承明殿，指着他的鼻子痛骂道："翟方进！自你为丞相期间，国家让你管理得乱七八糟，天灾人祸同时并作，百姓穷困无比。朕本来打算亲自处理你！但念你为国家操劳多年，没有功劳也有苦劳。所以，今儿赏你上等好酒十石、肥牛一头，剩下的，你自己看着办吧！"

话毕，汉成帝拂袖而去，只留下一脸绝望的翟方进。

翟方进知道，这已经是汉成帝给自己的最后期限了，如果今儿个安心自杀了，那自己的子孙也会得一个好前程；如果依然不肯自杀，那最后不仅仅是自己，估计家人也会被牵连。

所以，一脸绝望的翟方进挥剑自刎了。

翟方进死去以后，汉成帝自知这事儿干得不光彩，便命手下对于此事严加保密，不准泄露半个字（可依然被史官记下了），然后厚葬了翟方进，礼仪之隆重，赏赐其家人的钱财之多，都是历任丞相所不能及的。

可汉成帝这样就能避免天灾再次发生了吗？笑话！

就在翟方进死去以后没多久，一天清晨，汉成帝从赵昭仪那暖暖的被窝中慵懒地爬了起来。

然后，他和每天一样悄悄地穿上了衣服，准备在不惊动赵昭仪的情况下出去。

可就在汉成帝刚刚穿好衣服站起来之时，他全身猛地一颤，然后回身死死地抓住赵昭仪想要说些什么。

可他最后什么都说不出来，只能在赵昭仪嘶声烈吼之下上了西天。

汉成帝刘骜，在其继位之初，虽然将大权交给了王凤，并给予王氏相当的权力，可他始终能将最重要的权柄握在手中，也能运用刘氏和一众非王氏大臣和王凤对抗，保持平衡。

在他继位之初，也曾励精图治，不管是选择妻子还是选择大臣都会以贤德为第一要素。

可到了晚年，这一切都变了。

班彪（西域无冕之王班超及历史大家班固、班昭之父）曾说过："成帝注重仪表，不管是站，抑或坐都稳稳当当，从来不左顾右盼。他说话不急躁，永远都是那样沉稳，他信任朝臣，肯放权，从来不会对他们比比画画瞎指挥。在朝堂之上，成帝的形象深沉、平静，好像天神一样让人畏惧！成帝博览群书，通晓古今，深知国家兴亡之道，哪怕是下面有臣子直言进谏，他也能虚心接受。如果这样下去的话，成帝一定能缔造一个光耀千秋的太平盛世！甚至可比文景。可到了晚年，成帝宠幸赵氏姐妹如痴如狂，经常蜗居于深宫不出，不是可以动摇国本的大事他基本不加理会，甚至将手中所有的政权都交给了王氏打理，成帝自己则整日在深宫之中享受。从这时候开始，王氏便彻底掌握了国家的命脉。所以说，王莽最终能够成功篡汉，并不是一蹴而就的，而是一点一点形成的大势。"

第六章

王莽时代

8 8 8 8 8 8 8 8 8

6.1 一个女人，一个皇帝

汉成帝死去以后，整个天下为之沸腾，长安的老百姓异口同声地指责赵昭仪，认为汉成帝之所以在壮年便魂归西天（死时年仅四十四岁），归其责任全在赵昭仪身上。

而朝中的议论之声也和民间差不多，满朝上下声讨赵昭仪的声音可谓是一浪高过一浪。王太后本就不喜欢赵氏姐妹，再加上汉成帝的死确实和赵昭仪有分不开的干系。所以，即刻命丞相、大司马、大司空对赵昭仪展开一次"三堂会审"。

可赵昭仪明显是不想给他们这个机会了，因为她知道，自己"当红"期间得罪了太多太多的"大人"，成帝死后等着她的将是比许废后更加悲惨的命运。而自己自从跟了汉成帝，独霸后宫，享尽了天下的荣华富贵，不亏了！

公元前7年三月的某一天，也就是汉成帝刚刚死去，"三堂会审"还没有开始之前，这个号称整个西汉第一美女的赵昭仪自杀身亡。

同年四月八日，刘欣正式继位为汉朝第十三任皇帝，便是汉哀帝了。

汉哀帝继位以后，首先祭拜了高祖刘邦之庙，然后尊王太后为太皇太后，尊赵皇后为皇太后，并大赦天下。

之后，汉哀帝晋升孔光为丞相，以此来向天下人彰显自己的博大胸怀。

然后，汉哀帝大赏朝中重臣和宗室子弟，恢复司隶校尉之职，并以身作则，提倡节俭，节省了许多朝廷费用开支。

哀帝还频收王氏之权，但凡重大事情都亲自负责。

一时间，满朝振奋，一些清流之士都期盼着大汉朝能迎来新的春天。

可他们想错了，因为汉哀帝接下来一个看似"应该"的举动却引起了连锁反应，使得汉朝再度陷入了明争暗斗不断的黑暗时代，验证了汉成帝当初和太皇太后说的话，并给了王莽这条大蟒蛇彻底崛起的机会。

公元前7年五月，因为汉哀帝从小就是被傅王太后抚养长大，所以非常想念傅王太后，便想将傅王太后接到宫中以行孝道，于是他将丞相孔光和大司空何武招过来，以商量的口吻道：

"两位爱卿，这个……先帝未崩之前，曾不准傅王太后和我相见，将她安置到了别处，现在朕已经继位了，想问问两位爱卿，傅王太后应该居住在何处呢？还居住在原来的地方真的合适吗？"

汉哀帝的意思已经是再明显不过了，那就是想让傅王太后搬到宫里面来住。

可就在汉哀帝这话说完之时，孔光身体一个哆嗦。

他太了解傅王太后这种诡诈的人了。她在汉哀帝还没被立为太子之前就在长安城内上蹿下跳，打点那个，贿赂这个，玩弄阴暗的权术已经至极。

所以，绝对不能让她和汉哀帝朝夕相处，那样的话，必然会给汉朝带来新一轮的政治灾害，现在所拥有的美好的政治前景就会荡然无存。

于是，孔光在第一时间跳出来道："我理解陛下想要尽孝的良苦用心，可既然是先帝的意愿，那就不应该在他才死去没多久就推翻，不如先在未央宫外修缮一个临时行宫，给傅王太后安排最好的住处和最好的宫女，如此，既彰显了您的孝心，又不负先帝之托，何乐而不为呢？"

孔光这话说得毫无破绽，汉哀帝也挑不出什么毛病来，就想妥协。

可就在一切已经要尘埃落定之时，大司空何武走了出来，然后义正词严地道："微臣和丞相大人的想法并不一样，微臣认为，陛下这种不忘本的想法才是一个仁君应该有的样子，我大汉以儒家治国，怎么可以有了权势就忘了亲人呢？所以，微臣觉得，陛下不但应该将傅王太后搬到宫中，还应该让她住在北宫，可以时刻相见（北宫有空中阁道可以和未央宫相连，一旦傅王太后入住北宫，那便可以时刻去找汉哀帝了）。"

何武这一番话说得大义凛然，对汉哀帝来讲可真是如同雪中送炭一般。基于此，汉哀帝想都没想，便直接答应了何武的"请求"，使得傅王太后顺利地进入了北宫之中。

那么以后的发展会像孔光想的那样消极吗？答案是会的！

自从傅王太后进入北宫以后，几乎天天到汉哀帝的住处聊天。她聊些什么呢？一共有两样。

第一样，让汉哀帝尊已经死去好久的定陶恭王（汉哀帝的爹，傅王太后的儿子）为恭皇，这样她就可以名义上成为真正的太皇太后。

第二样，让汉哀帝大肆起用傅家外戚，为自己增添政治资本。

第一样不用说了，汉哀帝根本就不能答应。而第二样呢？汉哀帝是个聪明人，深知外戚当道，祸国殃民之危害，王氏不就是一个很好的例子吗？

所以在继位之初，他是不想用这些外戚的。

可傅王太后对其有养育之恩，第一样条件自己就没有答应，如果第二样还不答应的话，汉哀帝也怕寒了傅王太后的心，便象征性地录用了几个傅氏外戚。

可这东西就像口袋一样，口子破了一点就会越来越大。

果然，自这以后，傅王太后一天到晚地在汉哀帝处闹，使得汉哀帝不得不一个又一个地重用傅氏外戚。

就这样，本来还算秉公办事的汉哀帝一下丧失了原则，威望大跌。

然而，更让人失望的还在后面。

那傅王太后推荐的傅氏外戚中，除了有限的那么一两个不错之外，其他的全都是鸡鸣狗盗、见利忘义之徒。

其中有一个叫傅迁的，是傅王太后的堂弟，自从被傅王太后"磨"上了侍中、驸马都尉之后，便利用手中的职权大肆收受贿赂，甚至可以出卖朝中机密。

并且，此人只听傅王太后号令，有的时候连汉哀帝的面子都不给。

汉哀帝因此对其大为光火，便削了他的官职，让他重新做回了老百姓。

可汉哀帝此举使得傅王太后大怒，于是找到汉哀帝接着闹。

而汉哀帝为了他心中的那点儿愚孝，只能从了傅王太后，再将傅迁留了下来。

朝令夕改！此为君之大忌！因为一旦你这样做了，那在群众心中就会留下相当糟糕的印象。大家不但会质疑你的能力，还会对你以后的命令不信任。进而导致政令不施，上下不能协调一致。

《韩非子》一书中将此类事列为第一等大忌！

这种事情，早在春秋战国时就为人所不齿，熟读经典的汉哀帝能不知道吗？他当然是知道的，可他还是为了那愚不可及的"孝道"而背弃了为君之道，真是让人无语。

结果，当汉哀帝将傅迁留下的消息一经传出，满朝官员都不敢相信自己的耳朵，甚至还有的官员摇头长叹，为当初自己对汉哀帝抱有"幻想"而自嘲。

孔光更是气得暴跳如雷，当即便冲到未央宫面见汉哀帝，只是微微一拜便直入主题："陛下！之前您曾下诏说傅迁邪恶奸佞，不但对您办事不忠，还泄露国家机密，因此将其赶走。可如今，您下了诏以后又停办！这简直让我无法相信！您知道吗？现在满朝上下的官员全都在摇头叹息，认为这个天下再没有什么值得信任的了，这对陛下您的圣德绝对是一种毁灭性的打击，根本就不是什么小小的过失。所以，微臣希望陛下您能够尽早醒悟，赶紧将傅迁这等奸佞之徒赶出朝廷，要不然，以后还有谁敢为国家办事，还有谁能为国家尽忠？"

孔光这一番话虽然是满满的大道理，但还是之前那句话，这些东西他汉哀帝不懂吗？当然懂。可既然懂了还要这么干，那就不是孔光的三言两语所能影响的了。

所以，哪怕明知道孔光说的是对的，汉哀帝依然将傅迁留了下来，使得他的威望大打折扣。

但这还没完，远远没完。

当时，在朝中有一个叫董宏的投机分子，他发现汉哀帝对傅王太后言听计从，便在一次朝会上奏道："陛下，秦庄襄王的母亲本是夏氏，后来因为被华阳夫人认作子嗣，所以继位以后不仅将华阳夫人认作太后，还将夏氏也认作太后。所以，微臣觉得，现在陛下首先做的应该是将定陶恭王的王后认作太后，这才符合古代礼法。"

岂料话音刚落，现在朝中领军人物王莽就站了出来，先是瞪了董宏一眼，然后愤愤地道："陛下，这董宏明知道皇太后是最为尊贵的称号，是不能有两个的，可还是援引亡秦两后来做比较，这简直就是大逆不道之罪！臣建议，应该马上将这不知死活的东西贬为平民，让他为自己所说的话付出代价！"

话毕，王莽就这样直勾勾地看着汉哀帝。

王莽，大权在握，声望本来就极高，再加上之前汉哀帝干的那些窝囊事儿，使得满朝文武没有一个不对王莽尊崇有加。所以，他的气场直盖汉哀帝，只一声便有无数的人随之附和。

汉哀帝无奈，只能采纳王莽的建议，将董宏贬为平民。

可等散朝以后，那傅王太后又开始对汉哀帝不依不饶了。

真是一着不慎，满盘皆输，自己一个看似无所谓的决定最终却将自己逼到了里外不是人的窘境，汉哀帝，真不愧那一个哀字。

可这一次，汉哀帝是死活不能再朝令夕改了，所以无论如何都不能再将董宏留下，那样的话，自己这个天子之位可真就到头了。

可让汉哀帝万万没有想到的是，就当他严词拒绝了傅王太后的建议以后，傅王太后的眼神中却闪现出了诡诈的光芒。无他，人家老太太就等你拒绝她呢，这样也好讨价还价。

果然，当汉哀帝拒绝了傅王太后以后，傅王太后直接道："你要是实在不想董宏回来也行，但必须答应老身，尊你已经去世的父王为恭皇，并且要娶我堂弟傅晏的女儿为皇后，不然，老身今日就撞死在你面前。"

说罢，傅王太后就要往寝宫的柱子上撞。

这一下可把汉哀帝给吓坏了，赶紧制止并答应了傅王太后，然后只身就去找王太皇太后商议了。

王政君老太后不想得罪这个刚上来的天子，所以思来想去给了他这个面子，答应了他尊定陶恭王为恭皇的请求。

于是，公元前7年五月，已经去世的定陶恭王正式成为了恭皇，并且傅晏的那个小女儿也成了新一任的大汉皇后。

那傅王太后的野心无穷无尽，不达到自己权倾天下的目的是绝对不会罢休的。汉哀帝刚刚答应了她两个条件，她又蹦出来了，死活要汉哀帝答应立她为恭皇太后，尊丁姬为恭皇后，还要汉哀帝给自己设置左右詹事，不管吃的、住的、用的都不能低于王太皇太后。

傅王太后还让汉哀帝封自己的父亲为崇祖侯，尊丁姬的父亲为褒德侯，封哀帝的舅父为杨安侯，封舅父的儿子为平周侯，封傅皇后的父亲为孔乡侯。

并且，因为赵飞燕对自己有恩，傅王太后还要求汉哀帝封赵飞燕的弟弟为新城侯。

傅王太后这是要干什么？是不是要把满朝的人都变成傅氏族人？接下来是不是又要逼迫汉哀帝承认自己也是太皇太后呢？

可是汉哀帝毫无下限，依然答应了傅王太后的这些请求。

这一下子可将满朝文武惹怒了，甚至脾气超好的王政君都坐不住了。她以王氏"族长"的身份公开命令王莽回到府邸，避开傅氏外戚，我们王家人惹不起傅氏中人，但我们躲得起！

而王莽则更加干脆，为了配合王政君，直接辞职不干了！

之前说过王莽在朝中和民间的巨大声望，并且现在汉哀帝才刚刚继位个把月，屁股坐得并不牢靠。如果这时候连他王莽都辞职不干的话，那汉哀帝真的要被史官写成桀纣之君了，甚至以后的位置还能不能坐得稳都是未知之数。

所以，汉哀帝赶紧派丞相孔光、大司空何武、左将军师丹，以及卫尉傅喜向王太皇太后报告，说皇上看到太皇太后的诏书以后十分悲痛，如果大司马不再继续任职的话，皇帝也就不敢再听政了，并打暗语给王太皇太后，意思是绝不会让傅王太后成为太皇太后，还请王太皇太后放心。

这一服软，王太皇太后才算放心，便又让王莽回去任职了。

可傅王太后甘心吗？当然不会。

那傅王太后在之后几天虽然没再逼迫汉哀帝，可却想在无形之中提高自己的身份地位，和王太皇太后保持一致。

可让其愤怒的是，王莽又将她的意图阻止了。

一次，汉哀帝在未央宫摆设酒宴，傅王太后提前吩咐了内者令，让其将自己的座位摆放在王太皇太后旁边。

可就在宴席快要开始之前，此种异状却被王莽发现了，他指着傅王太后的座位道："你！过来！这座位是谁摆放的？"

内者令吓得不轻，赶紧道："大司马息怒，这是傅王太后让小人摆放的，小人也是没有办法。"

王莽一声冷笑："哼！傅王太后，不过是一介藩王妃而已，拿什么配和太皇太后并排而坐？给我撤下去！要是再让我发现你如此胡乱摆放，小心我要了你的小命！"

"是，是！"

一听这话，那内者令逃也似的离开了。

然而，王莽这些话传到了傅王太后的耳朵里，老太太气得暴跳如雷，当天根本就没有去赴宴。这不仅仅是不给王太皇太后面子，同时也是不给他的孙子——汉哀帝的面子。

结果，这场宴席就在这样的尴尬氛围中结束了。

可傅王太后从此恨死了王莽，一天到晚地前去汉哀帝的住处让汉哀帝把王莽给罢了，甚至直接弄死了事。

可汉哀帝能吗？当然不能。

就这样，傅王太后整日到汉哀帝那里闹，闹得整个皇宫都鸡飞狗跳。

最后，满朝文武没有人不知道傅王太后想要除掉王莽的。而王莽深知汉哀帝之德行，知道他早晚扛不住傅王太后的"磨"，进而罢免自己，所以与其让别人罢免，不如主动离开，这样还能落下一个好名声，从而占据主动。

于是，王莽再一次主动向汉哀帝请求辞职。

这一次，被傅王太后磨得已经快要崩溃的汉哀帝也没有留他，而是顺势批准了王莽的辞呈。

可汉哀帝也知道王莽在大汉的名声，为了能够最大地降低"辞去"王莽的负面效应，汉哀帝乃赏王莽黄金五百斤、驷马豪车一辆，并派中黄门到王莽的家中以供差遣，每隔十天，汉哀帝还要邀请王莽前往未央宫和自己共同饮宴，请教治国方面的问题，同时再加王莽以及诸王重要成员之食邑。

还有，汉哀帝还允许王莽在每月的一日和十五日朝见皇帝，仪同三司。

所以，综合而论，王莽这一次虽然丢了大司马的官职，却得到了更多的威望和更大的实惠，为以后自己权倾朝野打下了一个非常深厚的底子。

6.2　真相大白

公元前7年七月，大司马王莽辞职没多少天后，汉哀帝召开朝会，和众多大臣集体商讨立谁为新的大司马，掌管天下兵马。

当时，因为傅王太后的关系，所以朝中所有的大臣都心照不宣，一致认为此位置早晚都会被傅王太后的嫡系抢走，那与其这样，还不如选一个傅氏为数不多的贤者为大司马，那这个大司马是谁呢？就是傅喜了。

傅喜，字稚游，河内人，傅王太后叔伯兄弟，好学问，有志向，在汉哀帝还是太子的时候就被汉成帝立为太子庶子。

当时，汉成帝正是打压傅氏最严厉之时，而在这时候他还能用傅喜，由此可见，这个傅喜对于国家还是很忠诚的。

汉哀帝继位以后，同样喜欢这个一心奉公的长辈，便将其升为卫尉、右将军。

可不久以后，傅王太后干政，经常改变汉哀帝的决定，傅喜对傅王太后的种种举动非常不满，便总是明里暗里地暗示傅王太后让她不要再干政。

傅王太后虽然对于傅喜这种行为十分不满，但朝中的大臣们却非常看重他。于是，当王莽辞去大司马、大将军之后，朝中的大臣便一致推荐傅喜为大司马、大将军。

可傅王太后恨死了傅喜，根本不想让他担任大司马、大将军之职，于是又找到了汉哀帝表明了自己的意思，那是宁可用一个不是傅氏的人也不希望汉哀帝继续用傅喜的。

所以，汉哀帝放弃了用傅喜为大司马、大将军，并召开廷议，询问各位大臣们的看法。

可这下在场的众多大臣却傻了。怎么？傅氏就这么一个可用之才你还不用？那你想用谁？

于是，大司空何武和尚书令唐林联合起来劝谏汉哀帝，那可是将傅喜夸上了天，不仅拿他和古时候的名将贤臣来做比较，甚至还以自身性命担保傅喜的能耐，希望汉哀帝能够让傅喜担任大司马、大将军。

汉哀帝也觉有理，可又不想也不敢得罪傅王太后，便折了个中，任命了师丹为大司马，傅喜为大将军。

同年秋，因为王莽现在已经不在朝中，所以王氏一族除了王莽以外所有的人都开始走下坡路，再加上傅氏异军突起，使得朝廷中很多重臣开始攻击王氏一族。

同时，汉哀帝对王氏一族也没有半点儿好感，同样想打击王氏，巩固自身皇权，便在这一年的秋天罢免了王根、王况等一众王氏核心人物，并将王凤、王根当权时所推荐的官员全部罢免。

同年九月，汉朝局部地区降大雨、发大水、下冰雹，三辅地区也发生了大规模地震，压死四百余人。

对此，汉哀帝采用三步措施应对。

第一步，以大司空何武不对后母尽孝为由罢免了他的官职，可实际上谁都知道怎么回事儿，那就是用何武来顶天灾的。

第二步，一边紧急修缮地震所带来的损失，一边让没有受灾的郡国出粮支援受灾的地方，然后召开廷议询问治水的办法。

最后，待诏贾让上《治河三策》为汉哀帝排忧解难。（注：简单来说，治河三策就是分为上、中、下三策。上策：针对黄河已成悬河的态势，提出人工改道，避高趋下的方案。贾让觉得，实行这一方案，虽要付出重大代价，"败坏城郭、田庐、冢墓以万数"，但是可以使"河定民安，千载无患"。中策：开渠引水，达到分洪、灌溉和发展航运等目的。他认为这一方案不能一劳永逸，但也可兴利除害，维持数百年。下策：保守旧堤，年年补修，可这样做劳费无穷，是最下策。）

第三步，拜天拜地拜祖宗，祭神祭鬼祭龙王。

再说正文，罢免了何武以后，汉哀帝打算改用师丹为大司空，而师丹对汉哀帝频繁调动官员十分不满，便严词拒绝十余次以示愤怒，可一点儿用都没有，最后还是在汉哀帝的作用下无奈成为大司空。

可让师丹没有想到的是，这来来回回的十余次拒绝虽然最后还是听从了汉哀帝的命令，但也因此得罪了汉哀帝。汉哀帝从此便与师丹有了隔阂。

正巧这时候，有人劝说汉哀帝应该废弃现在的货币，改用古代的龟壳和扇贝壳等作为交易货币。

汉哀帝虽然不是很懂经济，但他觉得这事不怎么靠谱，便将师丹找过来询问了他的看法。

可师丹竟然说这项提议不错，国家可以改变货币。

此话说完，汉哀帝眉头紧皱，便召开了廷议来商议此事。

然而在廷议之上，几乎所有的官员都反对此提议，并且提出的反对理由有理有据。

而到了这个时候，师丹又反过来说不可改变货币形式。因此，汉哀帝对师丹的能力开始有了严重的质疑。

就在汉哀帝对师丹又是不满又是质疑的时候，师丹又出事了，使得汉哀帝彻底对其失望，进而将其罢免。

话说古时候大臣的奏章大多数都是自己书写、校正，然后交给朝廷相关部门，再由相关部门交给皇帝。可也有一些官员为了自己奏章中的言辞更加华丽，便会专门养一些刀笔小吏，自己的奏章写完之后就让这些刀笔小吏修改，然后再上呈给朝廷。

很不巧地，师丹也是这群人中的一员。

按说，每一个刀笔小吏给自己的主子改完奏章以后都会将草稿销毁，省得流传出去落人口实。可师丹手下的这个刀笔小吏每次给师丹改完奏书以后都会将草稿留下。而恰恰就是在师丹和汉哀帝关系最为紧张的时候，不知道是何原因，这些草稿全都流传到了民间，使得一个街头百姓都知道朝廷官员给汉哀帝上奏的内容了。还好这里面没有什么敏感的事情，要不然足以让百姓恐慌。

此事的发生在朝廷中引起了不小的震动，当时就有很多官员提出，必须给予师丹严厉的惩罚。

虽然也有零星官员力保师丹，但碍于师丹现在和汉哀帝的关系，以及师丹这一段时间接连犯下的"错误"，汉哀帝最终还是罢免了师丹，一直到师丹死都没有再起用他。

公元前6年正月，王太皇太后在王莽的建议下，向天下发布诏书，承诺整个王氏家族，除祖先的坟墓以及田地外，其他的田地收租全部用于赈济灾民。

王莽的提议主要是针对现在势头越来越弱的王氏家族，表面上看王莽是为王氏一族拉拢一些人心，可实际上王莽就是在为自己拉拢人心，因为在不久之后，消息"泄露"，众人都知道了这是王莽的提议。

同年同月，正赶上一天朝会，大臣们站定以后，汉哀帝稳稳坐于正殿中。

之后，司隶校尉解光站了出来，当着文武百官的面说出了让他们几乎惊掉下巴的话，其具体奏报如下："陛下，臣在为司隶校尉之前，就不止一次听说过一些关于先帝子嗣的流言，所以，在成为司隶校尉以后便开始试着调查此事，如今，事情的经过已经调查完毕，特此报告。"

听到这儿，汉哀帝眉头微皱，感觉今天的事情可能不小，心中对解光颇为不满（如此重大的事情为什么不密奏，偏要挑在这种地方），可当着这么多大臣的面他也不好发作，便淡淡地道："说！"

解光："先帝许美人和已故中宫史曹宫都曾给先帝生下儿子，可一直到现在这两个龙子都下落不明，我派官员追查，又通过无数的人证物证得出如下之事。元延元年（前12年），史曹宫怀孕，同年十月，在宫廷牛官令舍生下了一个男孩。而这事才过不到一天就有中黄门（中黄门，三百石大太监，负责保卫皇帝安全以及诸多内事，权力胜过小黄门，但却不及东汉末期升至六百石的小黄门）田客拿着皇帝的诏书命令掖庭狱丞籍武，让他将史曹宫和皇子扔到暴室狱中，不准问孩子是谁，也不准补给饭食清水，意图饿死母子二人。籍武虽然感觉到了事情的古怪，但先帝的诏书是做不了假的，所以，他不敢不从，只能依照命令而行。可史曹宫绝不甘心就此和皇子命丧黄泉，便嘶吼着要求籍武给她提供饭食，并威胁籍武，'你知道我怀里的这个孩子是谁的种吗？我告诉你，就是当今天子的种，你要是把我的孩子给饿死了，我向你保证，你会死，会死得非常凄惨！并且不只你，你的家人都会遭受同样的命运！'史曹宫说到这里，籍武怕了，因为他早就感觉到了事情不同寻常。所以，籍武马上给史曹宫和皇子清水以及饭食。三日以后，中黄门田客又来，并问孩子死了没有。籍武不敢隐瞒，乃道，'没死'。田客因此大怒，恐吓道，'皇帝陛下和赵昭仪就是要这个孩子去死！你这样做，不怕被诛了九族？'籍武恐惧至极，一边磕头一边痛哭道，'大人，您饶了我，我不知道这个孩子是谁，但我知道，我饿死他以后自己会死，可不饿死他也会死，与其这样，不如就这样去死吧，这样也不会承担那万世的骂名！所以，大人您行行好，把这孩子带走吧，您想怎么处理都行，我实在是没有办法'。这话说完，田客也知道这事儿不能再交到这个人手中了，便自己取走了这个孩子。可田客取走孩子以后思考再三也没敢下手，毕竟皇子的身份实在是太过敏感。所以，他就将这个皇子交给了一个叫王舜的黄门，并隐瞒了皇子的身份，让王舜将这个皇子给毒死。王舜没有作声，点头答应后就将皇子抱走了。可让田客没有想到的是，王舜消息灵通，早就知道了这个孩子就是皇子。他表面上欺骗了田客，说已经毒死了皇子，可实际上却将此皇子交给了一个乳娘，并让她好好伺候皇子，不准泄露，保证以后一定会有天大的赏赐。之后，以为皇子已经被毒死的田客再无顾忌，不知受了哪位主子的指示，又让田客手持毒药去毒死了史曹宫。那史曹宫在临死以前曾像疯子一样怒声嘶吼，说残杀她母子俩的就是赵皇后和赵昭仪。之后，乳娘私养皇子之事泄露，宫长李南便拿着皇帝的诏书将皇子抱走了，从此便再也没有了皇子信息。"

汉哀帝阴沉着脸道："说完了吗？"

解光："抱歉陛下，还没有。许美人，元延二年（前11年）怀孕，十一月生下一皇子，据相关证人道，当天，先帝非常高兴，便将这事告诉了赵昭仪，想和她共同分享这份喜悦。可谁知，赵昭仪听闻此事以后当即发疯，她用拳头殴打自己，用头往墙和门上撞。先帝爱惜赵昭仪，赶紧将其拉住，并询问缘由。赵昭仪像疯子一样吼道，'你欺骗我！欺骗我！之前你是怎么答应的我？你是不是说过，以后永远都只宠爱我和姐姐？怎么着？发誓这才几天，你就跑到许美人那儿去了。你是不是想让姓许的以后当皇后？然后等她掌权以后弄死我们姐妹？'见先帝只低头，并不作声，赵昭仪更加生气，便怒声和先帝道：
'我不愿意看你那张脸，我更不愿意死，我要活着！我现在就要回家！你放我
走！'这话说完，先帝慌张了，像做错事的孩子一样低头嘟囔：'我今天听说
许美人怀了孩子，是打心眼里高兴的，特意将我的喜悦和你一起分享，你却是
这个样子，真不知道你是为了什么那样生气。'说完，先帝也不再说话了，甚
至连饭都不吃。赵昭仪怒道：'你还生气了？你有什么资格生气？当初是谁亲
口对我说永不负我了？现在又是谁瞒着我和别人生孩子了？你这叫永不负我？
你说，就你这样的还有什么资格生气？'先帝继续道：'你真的不必这样，不
管许美人有没有孩子，我都不会让她的尊崇在赵氏之上的。'话说到这里，周
围的太监和宫女就再也听不见什么了，好像是赵昭仪故意压低了声音。大概一
个时辰以后，先帝招来了中黄门靳严，并给他手诏，让他将孩子骗到寝宫。然
后，先帝驱散了众人，关上了大门，寝宫之中就只剩下先帝和赵昭仪了。一炷
香以后，先帝拿着一个箱子走了出来，并让中黄门吴恭将这个箱子交给籍武。
见到籍武以后，吴恭道：'奉皇帝命令，这箱子里有一个死孩子，你不要问这
个孩子是谁，也不要看，找个隐秘的地方给埋了就好。记住，这事要做得隐
秘，不要让第二个人知道。不然，你有几条命也不够丢。'就这样，籍武在监
狱的墙角下挖了个坑，把这个孩子给埋了。"

这话说完，满堂一片寂静，每个人都气得哆嗦。

他们实在是不敢相信，赵昭仪已经狠毒到了这种地步。他们都知道虎毒不
食子，实在无法相信，一个父亲，一个平时温文尔雅的皇帝，竟然屈服于一个
女人，将自己好不容易生出来的孩子亲手弄死！

汉哀帝先是沉默了一会儿，然后深深地叹息了一声道："还有吗？"

解光："启禀陛下，有！之前说的只不过是众多事件的两个而已，像强
迫其他妃子服毒堕胎等事更是不计其数。虽然，先帝在赵昭仪毒死了皇子以后
以大赦天下这种方式消除了她的罪恶，但这种丧尽天良的事情根本就无法被原
谅！希望陛下能够制裁。"

这话说完，一众已经气得眼睛发红的官员全都冲了出来，更是在丞相孔

光的带领下气势汹汹地对汉哀帝道："陛下，此种丧尽天良之事古今罕有！如今，赵昭仪虽然已经死去，但当初她推荐的赵氏族人依然有很多在朝中为官，臣等建议，将这些赵氏族人全都罢免！甚至赵太后都不能放过！"

说实话，赵氏姐妹对汉哀帝有恩，汉哀帝是真心不想处置赵氏中人。但赵昭仪犯的事情确实是太过丧尽天良，所以汉哀帝实在是不能再护着她，便罢免了那些在朝中工作的赵氏中人。

可赵飞燕他汉哀帝依然没有动，我想，这也是他能帮助赵飞燕的极限了吧。

可汉哀帝这样做却将王太皇太后和一众王氏族人彻底得罪了。王太皇太后恨赵飞燕更是恨到骨子里，并发誓会要了她的命。

6.3 冤案

公元前6年四月，应众多官员之请，汉哀帝任命傅喜为大司马，顶了师丹的缺，同时封其为高武侯。

同年冬季，汉哀帝为了彰显自己对于刘氏宗亲的关怀，特意派遣宫中医术高超的中郎谒者张由前往中山国为中山王刘箕子（三岁）治病。

因为中山王刘箕子从生下来就患有眼疾，其祖母冯王太后因此在他很小的时候便亲自照料，其间请了无数有名望的医师，用了无数珍贵的草药，但都没有半点儿作用。

如今三年过去了，刘箕子已经慢慢长大，可他那眼疾依然没有好转。冯王太后因此整日向上天祈祷，向神明祈福，希望这些天神鬼怪能够行行好，将自己小孙子的眼疾给治好了。

这还不算，冯王太后为了能累积一点儿德行而感动上天，对自己治下的百姓也特别好，所以中山国的百姓都希望老天开眼，早早让刘箕子恢复光明。

这事在当时非常有名，甚至传到了长安。基于此，汉哀帝为了能捞取到一点名声，便命医术高超的张由前去中山国给刘箕子看病。

可谁都没想到的是，这医术高超的张由本身也犯有一种自己都无可奈何的病症。《资治通鉴》上说张由的这种病是一种叫狂易症的疾病，此病不常犯（说是几年都犯不上一次），但一旦犯了就会癫狂，自己都不知道自己会做什么。

结果，这张由在前往中山国的时候就犯病了，然后像疯子一样跑回了长安。

到长安以后呢，他竟然好了。可这一来一回严重耽误了汉哀帝给他的期限，料定在规定的时间是绝对治不好刘箕子的病了，于是便说冯王太后诅咒当今皇帝和傅王太后，希望他们早死。

说实话，冯王太后在中山国是非常贤明的存在，这种骗人的谎话是经不住推敲的，根本不会有人信。但是傅王太后和冯王太后在年轻的时候都是汉元帝的妻子，而两个人性格截然不同，傅王太后精通阴谋诡计，冯王太后崇尚贤能大道，而道不同不相为谋，所以两个人在为汉元帝妃子的时候就不和。

多年以后，虽然二人都随各自的儿子返回了封国，可这仇恨是一直都在心中扎根的。

傅王太后了解冯王太后的为人，所以对于张由的控诉也是半信半疑，但冯王太后和傅王太后是有旧怨的，所以傅王太后宁可信其有，不可信其无，哪怕是真的无，傅王太后也希望能整出个有来。

所以，傅王太后派遣御史丁玄前往中山国进行了严密的调查。可人家根本就没有这回事儿你怎么查。

所以，不出意外地，御史丁玄查了十多天都没查出来什么，只能掉头回去了。

傅王太后虽然不甘心，但没有证据也不能拿人家怎么样。

可就在傅王太后打算将这事翻篇儿的时候，一个叫史立的投机者认为这是一个升官发财的好机会，便自告奋勇地请求为朝廷特使前往中山国调查此案。

见史立如此气势汹汹，傅王太后非常满意，乃令其前往中山国去了。

那史立到了中山国以后，根本就不取什么证据，查案方式就四个字——严刑逼供！

他将冯王太后的那些亲戚和王府中的下人统统抓了起来，然后威胁他们承认冯王太后有诅咒当今天子与傅王太后，如果不承认，那就是一顿严刑拷打，前后活活打死者竟达数十人。

剩下的人因恐惧不无意外地全都屈服在史立的屠刀之下，违心"承认"了冯王太后的诅咒之事。

现在证据是有了，史立便开始亲自审问冯王太后。

冯王太后身为汉元帝之妻妾，身份何等尊贵，史立是不敢对冯王太后动粗的。所以，他只能审讯，而冯王太后当然不肯承认。

见此，史立也不慌张，而是冷笑地道："下官来之前听宫中人说过，当年外国使臣觐见，曾有熊扑到了殿上，您冯王太后不顾自身安危冲到元帝身前替其挡熊，这是多么勇敢的事情，今儿个人证物证俱在，您冯王太后还有什么不敢承认的呢？嗯？"

说完，史立嚣张而去，只留下一脸死灰的冯王太后。

冯王太后为什么一脸死灰？很简单，用冯王太后对左右说的话就是："挡熊之事，是老身在年轻时候所作所为，除了有限的几个妃子之外根本没人知道，这名宫吏之所以知道，我想一定是姓傅的女人告诉的他。现在傅氏在长安权倾朝野，根本就不是我能抵抗的，所以，老身早死一天，就能多救回一个人的性命。"

就这样，善良的冯王太后自杀了。当时的人们无不对此痛心。

而当司隶孙宝听说此事以后，特别为冯王太后感到心痛，便向朝廷请命，希望重新调查此案。

可那边皇帝还没有所动作，傅王太后这边却先急了。只见傅王太后气势汹汹地找到了汉哀帝，几乎是逼迫地道："皇帝你设置司隶官，难道是让他来追查我的吗？冯氏诅咒谋反这事儿已经相当明白了，人证物证俱在，孙宝却鸡蛋里挑骨头，来宣扬我的过错，我要治他的罪！谁都救不了他，皇帝你看着办吧！"

汉哀帝畏惧傅王太后，当即便将孙宝扔进了监狱。

这一下可真将朝廷的清流给惹怒了，先是唐林在朝堂之上公然和汉哀帝抗争，汉哀帝大怒，以结党之名将唐林贬到了敦煌。可还没等大兵将唐林架走，大司马傅喜、光禄大夫龚胜就站了出来，义正词严地为孙宝抗争，最后还隐隐地表达了一个意思，那就是我们俩也结党了，你把我俩也流放了吧！

正所谓众怒不可犯，汉哀帝实在是没想到处理一个孙宝会造成如此巨大的连锁反应，便撤销了命令，并将孙宝和唐林恢复原职。

可同样地，冯王太后之事也不准众人再纠缠下去。

之后，汉哀帝还表扬了张由首先揭发叛逆之功，赏关内侯，同时又升史立为中太仆，以表其判案严明公正。

这一番下来，朝廷的清流对汉哀帝失望透顶，甚至有百姓在民间痛骂汉哀帝昏庸无道。同时也可以看出，现在傅王太后已经将汉哀帝压制到了什么程度。现在的汉哀帝，完全就是傅王太后的一个傀儡，仅此而已。

6.4　傅王太后上位

公元前5年正月，傅王太后先让其爪牙朱博上奏，然后又在上奏后命汉哀帝再废大司空之职，将其恢复为御史大夫，以增丞相职权。要知道，这丞相不是别人，正是之前一直和他不对付的孔光啊。难道傅王太后良心发现了？想要为国家谋福利了？

其实，那傅王太后之所以增加丞相的职权并不是因为她良心发现，而是因为现在的丞相已经不是孔光了。

话说自从傅王太后进入北宫以后，算是真正地"掌握"了大权，所以一直都想将自己提升到和王太皇太后一样的身份，可以孔光、傅喜、师丹为首的一众清流却一直都反对她、抵制她，使得傅王太后十分恼怒，便总在窥探时机，希望将这三个人弄下去。

之前师丹之所以被汉哀帝弄下去，虽然史书上没有写明，但和傅王太后也是绝对分不开关系的。

弄掉师丹以后，傅王太后还想再弄掉傅喜，但傅喜在朝廷的名望实在太盛，再加上他为官清廉，很难被找到破绽，所以傅王太后根本就没有下手的机会。

如今时间到了公元前5年，看着自己越发苍老的双手，傅王太后知道，如果再不重拳出击的话，也许自己就等不到成为太皇太后的那一天了。

并且现在时机也已经到了。

为什么呢？因为傅王太后通过这么多年来的"努力"，使得傅氏外戚及其爪牙在朝廷已经到了无孔不入的地步，所以现在正是"天时地利人和"之时，此时不决一胜负更待何时？

于是，在这一年正月，傅氏一党对傅喜和孔光展开了轮番轰炸。

同一时间，傅王太后还一天到晚往汉哀帝寝宫钻，软硬兼施地"威胁"汉哀帝就范。

汉哀帝，本就软弱，怎么可能受得了如此的前后夹击？

所以，不出意外地，他再一次屈服了，遂于同年罢免了傅喜和孔光，将他们贬送回家。

先是王莽，然后是师丹，现在傅喜和孔光也全都回了家。一时间，满朝上下再也没有半个人敢去忤逆傅王太后的"圣意"。

于是，傅王太后直接让对她最为忠心的朱博和赵玄分别当上了大汉丞相和御史大夫。

之后，朱大丞相上任还没到三天便上书汉哀帝，请汉哀帝尊傅王太后为"太太后"（因为太皇太后从古至今都没有两个同时存在的，为了不违古制，便以太太后自居，实际尊贵的程度绝对不低于太皇太后），所住行宫称永信宫（太皇太后的住所为长信宫，太太后的住所为永信宫，傅王太后的意思已不言而喻），并尊恭皇后（汉哀帝的母亲丁姬）为帝太后，所住行宫称中安宫。

那么朱博这次的奏章能够顺利实施吗？当然了，没了王莽、孔光、傅喜、师丹等人的牵制，还有谁能阻止傅王太后？还有谁有胆量阻止傅王太后？

所以，在公元前5年正月，傅王太后正式成为和王太皇太后平级的傅太太后。

这之后，傅太太后更加嚣张，她不尊敬王太皇太后到了极致，每次溜达的时候见到王太皇太后都叫她老太太，还不停往宫中塞傅氏、丁氏族人，其嚣张的气焰简直令人发指。

所以，在这段时间，傅氏和丁氏中人突然崛起，朝中所有部门都能看到他们的影子。

可稍微值得那么一点儿庆幸的是，汉哀帝还算有点儿理智，因为有王氏的前车之鉴，汉哀帝不想重蹈覆辙，虽然给了傅氏和丁氏族人很多官职，却不在重要职能上安插两氏外戚。

所以，傅氏、丁氏在朝中虽然官员多、人脉广，但实际上的影响力却比不上当初的王氏。

同年六月，帝太后丁姬魂归西天，汉哀帝将其棺运回定陶，葬于自己父亲恭皇陵园之中，并征发陈留、济阴五万民夫挖土添坟，最终完成合葬。

同年同月，汉哀帝突犯大病，以致卧床不起，齐人甘忠可借此机会造《天官历》和《包元太平经》十二卷，妄言大汉王朝正逢天地间的一次大终结，如果不赶紧改变国号，再次受命于天的话，等待着汉朝的将会是亡国的命运。

甘忠可为了提高自己言论的可信性，还勾搭黄门待诏顾问官夏贺良等一大批宫中人士，使得他迅速成名。

可这种言论对于朝廷中的大臣们来讲简直就是无稽之谈，用他们的话来说就是："从古至今，老天给人们警示全都是通过天灾和各种奇异景象，从来没听说过老天会将自己的决定告诉谁的。你甘忠可是个什么东西？也敢假传天命？你当你是上帝派到人间的使者不成？"

所以，一时间，朝野上下一片弹劾之声。汉哀帝也觉得甘忠可这个言论太不靠谱，便将其收押进大狱之中。

可夏贺良却对甘忠可的言论深信不疑，甚至想要用这次的"天赐良机"来使自己上位，便怂恿汉哀帝："陛下，汉朝的气数已经开始衰弱，必须重新接受老天的授命才能躲过这一劫。当初成帝时，就是因为没有重新接受老天的授命，才断绝后嗣。现在陛下患病已久，天象还屡屡发生变异，所以应该赶快改变年号，重新接受老天的任命，这样才能延年益寿、生下皇子，并平息各种灾难。"

汉哀帝竟照做了。

在本年六月，也就是丁姬刚刚死后不久，他就大赦天下，并改本年年号为太初元年，还称呼自己为"陈圣刘太平皇帝"。

在汉哀帝做完这些以后，朝廷的那些文武大臣不管忠的还是奸的，全都上奏痛斥此种决定，使得汉哀帝压力山大。

结果，一个月以后，汉哀帝的毛病不但没有半点儿好转，反倒是越来越重了。再加上满朝文武皆反对夏贺良等人，所以无奈之下，汉哀帝只能以妖言惑众之罪将夏贺良等人处死。

再之后，汉哀帝取消了"陈圣刘太平皇帝"的称号，又取消了"太初元年"。而这一切，不过一个月而已。

又是朝令夕改，汉哀帝再次被天下君子所讥笑。

6.5　迟来的反抗

当初，汉哀帝刚刚继位的时候，因为痛恨汉成帝生前对他的无情，便将汉成帝生前祭祀过的各种神祇都作废了。

可如今，随着自己病情的越发严重，汉哀帝害怕了，他是真的害怕了，认为是老天给自己的惩罚。

于是，在公元前5年七月，汉哀帝将当初汉成帝祭祀过的神祇全都恢复过来，并不断地祭祀。一年祭祀的次数竟达到三万七千余次。由此可见，汉哀帝怕死怕到了什么地步。

再说傅太太后。

她现在可是风光无限，可有一个心病一直都没有被解除。什么心病呢？就是傅喜了。

话说傅喜被带爵罢免以后回到了家乡。可他在家乡活得却要比在朝廷更加舒服。因为傅喜的贤名太盛，所以家乡的百姓全都对他歌功颂德，谁见到他都是发自内心地尊敬。

相反地，傅太太后虽然已经走到了人生的最高峰，但人们对她的鄙视也是无以复加。

外加傅喜在朝中的时候不管她傅太太后干什么他都会指手画脚。所以，傅太太后说什么都要继续整傅喜，哪怕是他现在已经被罢免了。

于是，在本年的七月，也就是汉哀帝正疯狂"补救"自己过错，想要救自己一命的时候，傅太太后让自己的堂弟傅晏去暗示丞相朱博，再让朱博上书汉哀帝，将傅喜的爵位也给他罢了。

"你不是有贤名吗？行啊，老身把你的爵位也给你罢了，看你还怎么嚣张！"

那朱博是傅氏一手提拔起来的，所以傅太太后的命令他根本就不敢也不能违抗，所以当即便答应了傅晏的要求。可同时他也知道，之前汉哀帝之所以同意罢免傅喜就是被傅太太后和傅氏党羽"胁迫"所故，本身是不怎么愿意的，所以这时候再落井下石的话很有可能会将汉哀帝触怒。

这可怎么办？脑子里根本没有办法的朱博只能找到同为傅氏一党的好友——御史大夫赵玄，希望他能给自己出一些办法。

可这种事情他赵玄又能有什么办法，只不过劝朱博不要蹚这趟浑水。

朱博在心中狂骂赵玄，他不但一点儿点子不给出、一点儿忙不帮，还急急忙忙地避开自己，生怕牵连其中。

所以，气愤的朱博撂下点儿义正词严的狠话便甩袖子走了。

没办法，朱博只能"单刀赴会"了。

何武，曾经的大司空，后来给汉哀帝顶灾的那个人。朱博怕只参有大贤名的傅喜会惹怒了汉哀帝，所以外带了何武。他认为汉哀帝不喜欢何武，所以把他带上就能有效地达成"避嫌"的目的。

可朱博错了，错得很离谱，因为他挑了一个相当不好的时机（此时的汉哀帝正在"补救"自己当初所犯的错误）。

那天，朱博心情忐忑地面见了汉哀帝，礼拜过后便进入了主题："陛下，臣此次想参奏两人。"

汉哀帝这时候正在看奏章，听到朱博如此说话，便将奏章放在桌上，只是淡淡的一个字："说。"

朱博："前大司马傅喜、大司空何武，两人以前在国家任职的时候没给国家带来任何益处。如今，虽然已经将他们外贬回乡，可臣觉得依然处罚得太轻。"

汉哀帝："哦？那你觉得还应该如何处罚呢？"

朱博："臣觉得，应该将他们的爵位也彻底免除！这样才能真正起到震慑效果，才可以让这天下的臣民看到陛下的圣明、威严。"

"……"

一片寂静，朱博的话说完以后现场针落可闻，没有半点儿声音。

感觉气氛有些奇怪的朱博抬头看了一眼汉哀帝。这不看不要紧，看完之后朱博是吓得魂不附体，冷汗在一瞬间浸湿了他的后背。

因为一直都对自己和颜悦色的汉哀帝此时看自己的眼神中充满了杀气。

汉哀帝是真的怒了，他知道朱博是傅太太后的"狗"，他知道这次朱博之所以来参何武和傅喜也都是傅太太后在背后主使。

从继位以来，他一直都唯傅太太后之命是从。可因为她，自己想秉公办事，开创一个新盛世的理想泡汤了。因为她，自己想千古留名，受万世称赞的梦想也泡汤了。如今，正是自己给自己赎罪，希望老天能让自己多活几年的关键时刻，可自己的这个奶奶依然让自己置忠臣于死地，她难道就不想让自己多活几年？她难道就从来不想自己问心无愧地活着？自私，太过自私！

想到这儿，汉哀帝越来越怒，脸色阴沉得可怕。

而此时的朱博已不敢抬头，只能跪在地上瑟瑟发抖，时间就在这种诡异的气氛中一点一滴地过去。

大概又过了数分钟，汉哀帝终是说出了五个字，而就是这五个字使得朱博如同掉进了万丈深渊，同时宣判了他的死刑。

只见汉哀帝深深地看了朱博一眼后冷不丁地道："赶尽杀绝呗？"

嗡，朱博的大脑顿时一片空白，他慌忙地想替自己解释，可都没有用了，只听汉哀帝一声怒吼："来人！"

"在！"

汉哀帝："把这不知死活的东西给我扔到廷尉署，让廷尉给我好好审审，他来见我之前都接触过什么人？到底是谁授意他残害朝廷忠良的？"

"是！"

就这样，朱博被关进了大狱之中，受到了廷尉署的严刑拷打。

那傅太太后听说自己的孙子这么处置朱博，直接愣在当场，然后大怒，转身就前去见汉哀帝。

见到汉哀帝以后，傅太太后又开始闹腾。

可这回汉哀帝的眼神中再也没有了当初的屈服之意，有的只是无尽的冷漠和厌恶，他甚至感到恶心。

看到孙子这种从来都没有过的眼神，傅太太后蒙了，一时间竟不知如何是好。

可你就这样让她屈服于自己的孙子，傅太太后做不出来。

于是，她使出了终极必杀，以死来威胁汉哀帝释放朱博。

而这时候，一直在冷漠观看傅太太后表演的汉哀帝终于说话了，只不过说出的话并不是傅太太后想听的罢了。

只见汉哀帝用极为冷漠的声音道："太太后为何如此激动？难道朱博和您有什么关系不成？还是这事儿就是您授意的？嗯？"

看着往常那个对自己百依百顺的孙子此时冷漠的模样，傅太太后绝望了。她知道，自己以后别想再像以前那样呼风唤雨了。

几日以后，廷尉署审查出了结果，朱博虽然没将傅太太后供出来，却供出了赵玄，说这事他也参与其中。

到这儿，事情已经再明显不过了，几乎满朝文武都知道这事就是傅太太后指示的了。

按照以往的惯例，事情到了这个程度也就应该大事化小，息事宁人了。可汉哀帝仿佛突然变了个人，根本就不管这些有的没的，当即就让廷尉署抓捕赵玄，并吩咐廷尉署，不管用什么手段，都要查出那个幕后主使是谁。

事情到了这个地步，傅太太后这个总是拿自杀来威胁汉哀帝的老太太终于是害怕了，她再次来到汉哀帝的面前。而这一次，这个老太太再也不是之前的那个恶妇了，而是变成了一个慈祥的老奶奶。

这慈祥的老奶奶见到汉哀帝以后不断地关心他的身体，不停地嘘寒问暖，见汉哀帝病得瘦了一圈儿，还流下了"伤心"的眼泪，这中间她再也没有提起一点点的朝廷政事，就这样陪在汉哀帝的身边，慈祥地诉说着小时候汉哀帝做的可爱事。

就这样，傅太太后一直陪伴汉哀帝到了晚上。

直到这时候，汉哀帝终是叹了一口气，缓和了一下语气道："奶奶，不管怎么说您都是我的奶奶，所以您不用担心这事和您有所关联，孙儿只希望，希望您以后不要再威胁我去做我不愿意做的事情了。"

而这时候的傅太太后还能说什么？还敢说什么？只能连连点头了。

次日，廷尉署审查完毕，已经被折磨得鼻青脸肿的赵玄承认了自己与这事儿有关，并供出了这事儿全都是傅晏在背后一手策划，并没有供出傅太太后。

这之后，汉哀帝"认定"傅晏就是幕后元凶，也就没让廷尉署再行追查。

于是，汉哀帝下令，将赵玄之死罪减罪三等，只是罢黜了他的职位，将其贬为平民。傅晏这个所谓的"幕后元凶"则罚得更轻，只是减其四分之一的食邑而已。至于朱博，汉哀帝直接将他扔到了大狱之中，并没有说明之后要如何处置。可只几日以后，朱博就死在了监狱之中。史料上说朱博是自杀身亡的，可到底是怎么死的大概只有老天知道了。

6.6　新气象？

公元前5年十月，汉哀帝用平当为丞相，王喜为御史大夫，顶了朱博和赵玄的缺，虽然二人都不是什么有大才的人，甚至可以说这两个人都是庸才，但胜在都不是傅氏和丁氏中人。

任用完此二人以后，傅太太后并没有表示任何不满。从此便可以看出，傅太太后累了。

同年十一月，大概是因为南匈奴人在汉朝光环的笼罩下越来越没有存在感了，所以乌孙王国的一名将军在本月率领所部进犯南匈奴边境，一顿烧杀抢掠。

乌珠留若鞮单于听闻此事以后，只是极为轻蔑地冷笑一声，当即派遣一名将领带领几千骑兵便前往应对了。

结果，这些乌孙强盗被南匈奴这位不知名将领打得全军溃散，乌孙将军也被南匈奴人生擒。而南匈奴的士兵则损失不到五十人！

如此悬殊的战斗差距让乌孙昆弥（史料上没交代是大昆弥还是小昆弥，所以直接称昆弥了）大为惊恐，为了避免南匈奴那令人绝望的报复，乌孙昆弥赶紧派出自己的儿子往南匈奴乌珠留若鞮单于处为人质，并请求和平。

接收人质这个事情，如果是在以前，那根本就无所谓。可现在却不一样了。因为现在不管是南匈奴还是那些西域城邦国都是大汉的附属国，如果连通知都不通知便接收了乌孙的人质，那势必将汉朝这个庞然大物激怒，后果绝对是乌珠留若鞮单于无法承受的。

可当时大单于竟然在接收了乌孙人质以后才派人前往长安向汉哀帝汇报此事。

汉哀帝见乌珠留若鞮单于的奏请以后大为恼怒。

于是，汉哀帝派遣使者前往南匈奴，狠狠地训斥了乌珠留若鞮单于，并让他抓紧将乌孙人质送还乌孙，并在同一时间又派出了使者前往乌孙狠狠地训斥了乌孙昆弥。

结果这两个国家的领导人都没敢反驳。

同年年末，汉朝某统计部门经过一年的统计得出，本年因为饥饿所导致的流民共有十万之数，这要比王莽担任辅政大臣的时候多得不是一点点。由此可以看出，汉哀帝和王莽之间的差距有多大。

公元前4年正月，傅太太后的居所突然发生自燃事件，老太太再次成为宫廷大臣和长安百姓茶余饭后的谈资。

同年三月，天空有彗星一闪而逝，而彗星落后，在当天夜里丞相平当便告别了人世，魂归西天了。

彗星来了，丞相却死了？拿谁顶"锅"？当然是平平无奇的御史大夫王喜了。

同年同月，也就是丞相和王喜双双离去之后，汉哀帝用王嘉为新任丞相，王崇为御史大夫。

而这次任用的这两个人可要比平当和王喜有用得多了。

王嘉，字公仲，是汉朝出了名的神童，从小便有过目不忘的本领，精通各种典籍，年纪轻轻参加了甲科考试，并被朝廷录取为郎，之后，又被推荐为南陵丞、长陵尉。

鸿嘉年间（公元前20年至公元前17年），汉成帝要地方推荐直言善谏之人，王嘉因此被推荐至未央宫。

面对当朝皇帝，王嘉除了必须的尊敬以外没有半点儿惧色，回答问题更是条理清晰，十分稳重。

汉成帝很看好这个年轻人，便让他担任了太中大夫，并在不久以后派其相继前往九江、河南担任太守历练。

其在任期间，这两个地方都被他治理得非常不错，政绩在年终考核的时候每次都能排进全国前十。

之后，王嘉被朝廷召回，担任了大鸿胪。

到汉哀帝登基以后，本来是想大展拳脚，多用王嘉这样的人来帮助他处理朝政，可傅太太后却"横空出世"，对汉哀帝的各种政令多加阻拦，使得汉哀帝无法秉公办事，提拔王嘉的这个事情也就一而再、再而三地拖了下来。

再后来，汉哀帝终于和傅太太后翻脸，傅太太后彻底尿了，可汉哀帝还是没有在第一时间重用王嘉，因为他还需要观察。

而到了公元前4年这一年，傅太太后再也无法对汉哀帝的政令产生任何影响。所以，汉哀帝便在平当刚刚死去还没到一个月的时候便用了王嘉为丞相。

王嘉此人，性格极为正直刚烈，刚刚上任便对当今汉朝存在的弊端提出了种种解决办法。而汉哀帝也有心重塑伟大的汉朝，所以一一采纳。

此外，王嘉还向汉哀帝推荐了很多有才能的贤士，使得汉朝国力在一定的时间内有所回升。

至于王崇，史料上并没为其列传，也没有关于他太多的记载，不过可以肯定的是，这人虽然没有王嘉那么刚烈正直，但也是辅助别人工作的一把好手。因为在他任御史大夫期间，王嘉办事异常顺利，从无其他杂事干扰，这里绝对有御史大夫的一份功劳。

6.7　让人诧异的真爱

公元前3年正月，朝中突然出现了一个奇怪的现象，那就是汉哀帝身边突然多出了一个宠臣，这宠臣受汉哀帝的宠爱已经到了极致，不管是在马车上，还是上朝，甚至就寝，这宠臣都无时无刻不陪同在汉哀帝的身边，汉哀帝对他的赏赐更是让众多大臣惊异得无以复加。许多回赏赐已经到了巨万之数。

那这个宠臣是谁呢？他的名字就是董贤。

董贤，字圣卿，从小相貌就非常漂亮，长大之后更是妖艳动人。

长大以后，他靠着父亲的关系担任太子舍人（其父名为董恭，曾任御史），等汉哀帝继位以后便升为了郎官。

汉哀帝继位两年以后，董贤得到了一个向汉哀帝报告的机会。

那天，董贤穿得特别光艳美丽，汉哀帝看到以后竟然呆住了，一时之间竟不知如何"搭讪"。

他赶紧问左右的太监道："这、这郎官叫什么名字？"

太监赶紧说："他是董贤，以前曾经担任过陛下的太子舍人。"

话毕，汉哀帝懊悔，怎么以前就没有注意到自己身边还有这么一朵娇艳的大花呢？

于是，他满脸温柔地道："你就是太子舍人董贤吗？"

董贤故作诚惶诚恐感动的样子道："哦！陛下竟然认识小人，这真是小人的荣幸。没错，小人以前确实担任过陛下的太子舍人。"

汉哀帝温柔地笑道："哦哦哦，吼吼吼，看来朕真的是没有记错，来来来，你我都是故人，何必相距如此遥远呢？来来来，到朕的身边来，和朕好好说说话。"

董贤就这样羞答答地坐在了汉哀帝的身边，汉哀帝轻轻抚摸着董贤的手道："爱卿啊，你父亲现在官居何职啊？"

董贤："我父亲现在是……"

汉哀帝："赏！升官！"

汉哀帝："你的兄弟们现居何职啊？"

董贤："我的哥哥弟弟们现在并没有什么……"

汉哀帝："赏！全都加官晋爵。"

就这样，董贤身边的那些亲戚鸡犬升天，全都被升到了一定的官职。

而这之后呢？董贤就天天陪在汉哀帝身边，并且是整日陪伴。

最开始，两人还有所顾忌，偷偷摸摸，可自从傅太太后殂了以后，汉哀帝便开始越发肆无忌惮。直到公元前3年，汉哀帝竟不管什么场合都会让董贤跟在自己身边。

为了向众人显示自己是如何宠爱董贤，汉哀帝还为董贤修筑大型行宫，甚至将董贤的坟墓都提前造好，正好挨着自己的义陵。

这是死了也想和董贤在一起。

"断袖之癖"这个成语说的就是汉哀帝和董贤。

话说有一次，汉哀帝和董贤一起睡午觉。大概一个时辰以后，汉哀帝率先醒来，他温柔地看了一眼还在睡梦之中的董贤，便想要静悄悄地起床，以免打扰到他。

可就在这时，董贤眉头紧皱，一声呻吟，差点没被惊醒。汉哀帝当时便大惊失色（该死，我怎么这么不小心，忘记了我的宠臣始终压在我的袖子上），于是赶紧停止了自己接下来的动作，并小心翼翼地拿出了一把短刀，轻轻将自己的袖子给割了下来。

汉哀帝如此宠幸董贤，朝廷中那些大员清流都相当有意见。

可是，他们还是忍了，甚至连王嘉都忍了，因为他们知道汉哀帝喜欢董贤到了什么样的地步，根本不敢说董贤半句坏话，谁会没事儿就往外丢自己的性命呢？

可朝中重臣的忍让却让汉哀帝更加肆无忌惮。那董贤虽然天天在宫中陪着汉哀帝，但怎么说也是一个有家室的人，所以每到节假日都需要回家去看看老婆孩子。

但就是这样短暂的时光汉哀帝都无法忍受。汉哀帝"爱"董贤，爱得死去活来，不想一天董贤不在自己身边。

于是，汉哀帝干脆让董贤把自己的老婆也接到宫中，以后就住在宫中。

这还不算，《汉书》上写："董贤与其妻，旦夕上下，并侍左右。"就是说不管是董贤还是他的妻子，那都是不分早晚地陪在汉哀帝身边侍奉的。

朝臣们的一再忍让却使得汉哀帝越来越过分，而到这时候，终于有人无法再忍耐下去了。

一天，朝堂之上，有一个叫郑崇的官员站了出来，比较隐晦地提出了汉哀帝不能过度宠爱董贤。

汉哀帝当即大发雷霆，当众给郑崇一顿狂骂。

郑崇完全被骂蒙了，不只郑崇蒙了，满朝的大臣全都蒙了。在他们心中，汉哀帝虽然没什么大能耐，但一直都是一个温文尔雅的皇帝，怎么一提到董贤就和疯子一样?

汉哀帝完全没有将众多大臣异样的眼光放在眼里,他不管那些,谁要是敢碰,抑或敢说他的董贤一点儿不好他都会拿命去拼。

所以,在满朝文武近乎惊叹的目光中,汉哀帝整整骂了郑崇半炷香的时间才愤怒而去。

汉哀帝此举,完全让朝中清流绝望了。

那么这事儿完了吗?完全没有!

汉哀帝回去以后越想越来气,从此以后怎么看郑崇怎么不顺眼,好像郑崇不死他就没办法安心地面对董贤一样。

所以,自从这以后,汉哀帝每次看到郑崇都是不停地痛骂,不停地找碴儿,甚至将郑崇逼到想辞职都不敢了。

而汉哀帝此举也使得朝中诸多投机分子找到了一个升官发财的机会。这其中就有一个叫赵昌的尚书令,此人一向善于谄媚投机,他隐约感觉到自己升官发财的机会来了,便上奏汉哀帝:"陛下,据臣所知,郑崇府中每日都有宾客往来,这其中不乏多位皇室宗亲,臣怀疑,郑崇肯定是有了谋逆的心思,所以,臣请求严厉追查郑崇,让他把自己那点儿小心思全都给吐出来。"

这明显是毫无根据的诬告!就是要陷害郑崇。郑崇是什么人?那是长安城有名的贤者,这种贤者每日登门的访客必是不少,拿这个来说人家谋逆,这简直就是鸡蛋里挑骨头!

那这事儿汉哀帝不知道吗?他当然知道,并且他还知道,虽然不能拿这事儿来处死郑崇,却可以用这事儿让他永远闭嘴,不对自己和董贤指手画脚。

还是在一天朝会上,这天,汉哀帝好像心情特别好,还没等大臣奏事,便趾高气扬地道:"郑崇,你给朕出来。"

郑崇默默地走了出来,对汉哀帝深深一拜:"臣在。"

汉哀帝:"呵,朕听说你家中每天都门庭若市,来往宾客从来没有断过,其中还有很多的皇室宗亲,不知这事儿是不是真的呀?"

郑崇:"是。"

汉哀帝："哼！你身为一个臣子，结交各路权贵尚不忌讳，怎么一到我这儿就指手画脚，你是不是管得有点儿太多了！"

汉哀帝这一番话是满满的威胁，便是告诉郑崇，让他从此以后老实一点儿，不然光这一个借口自己就能让他十死无生。

可咱也不知道今日的郑崇怎么了，也许是不惧权威，或是忍耐汉哀帝这么多日子的他终于是无法再忍耐了。他在汉哀帝"警告"了他以后非但没有认错，反倒是更刚猛地道："我家中虽然门庭若市，但我郑崇交的全都是君子，我的心也是心静如水，陛下您明察。"

这话说完，汉哀帝先是一愣，然后勃然大怒，当即便命人将郑崇扔到了牢房中严刑拷打。

汉哀帝疯了，他根本就不管郑崇是不是真的和别人有所勾结，反正就是让廷尉署狠狠地"审讯"郑崇，不承认就一直打，直到将其打死为止。

几天以后，郑崇已经被打得奄奄一息，司隶孙宝实在看不下去了，便私自面见汉哀帝："陛下，尚书令赵昌指控仆射郑崇一案本来就有诸多疑点。如今，经过廷尉署反复审讯，郑崇已经被打得奄奄一息，可始终不肯承认谋反之罪，甚至连街道上的行人都说郑崇是被冤枉的，所以，臣怀疑郑崇根本就没有什么谋反之罪，赵昌之所以状告郑崇，那都是因为二人有私怨所致。所以，这很有可能是一次诬告陷害，臣请求停止对郑崇的追查，转而将赵昌……"

"胡扯！"

没等孙宝说完，汉哀帝便打断了他，进而大骂："司隶孙宝你这个奸臣，竟然附会臣下，欺骗主上，你是不是也想让朕远离董贤？嗯？"

孙宝："臣，臣没有……"

汉哀帝："你这个混账东西，从此以后给我滚出长安！"

就这样，孙宝被已经疯魔的汉哀帝驱逐出长安，贬为平民，郑崇也被严刑拷打死于大狱之中。

从此以后，再也没有任何一个人敢明目张胆地劝汉哀帝疏远董贤了，因为他们知道，这话只要一说，那就是死。

可让众多大臣没想到的是，不但明面上不能议论董贤，甚至有这种想法，或者阻碍董贤的升官之路，汉哀帝也会处死他们。

同年，无盐境内的危山之上，土山突然自己翻起，压盖住了草木，形状就好像驰道一般。

另外，境内瓠山上本来一块躺着的大石头突然侧立而起。

东平王刘云（汉宣帝的孙子，他父亲就是刘宇）和他的王后认为这是鬼神的眷顾，便上山对着这个自己立起来的石头祭拜祈祷，祈求老天能快点儿把汉哀帝给收了，自己好成为皇帝。

但没过多长时间这事儿就被长安的息夫躬和孙宠给知晓了。

这两人认为这是个升官发财的好机会，便通过中郎右师谭的关系找到了中常侍宋弘，并再通过宋弘的关系将此事报告给了汉哀帝。

汉哀帝这段时间正好心情不好，就将此事托付给了有关单位调查。

其主管官员不敢怠慢，立即逮捕了东平王和他的王后，并严加审讯。

最后，王后终是忍受不了严刑拷打，就将所有的一切都招了。

主管官员手中证据确凿，乃请奏汉哀帝将二人诛杀。

可因为东平王是汉宣帝的血脉，属于自己的长辈（东平王是汉宣帝的孙子，汉哀帝是汉元帝的孙子），他不想担一个杀害长辈的骂名，便没有处死东平王，只将其贬为了平民。

可过惯了优渥生活的东平王怎能忍受平民百姓的生活？所以没过多长时间便自杀了。

至于东平王的王后，她就没有东平王那么走运了，因为她的一家老小全都被汉哀帝给赶尽杀绝了。

息夫躬、孙宠、右师谭和宋弘因为举报有功，皆被升了官。孙宠被升为南阳太守，右师谭被升为颍川都尉。宋弘和息夫躬都被升为光禄大夫、左曹、给事中。

公元前3年三月，也就是汉哀帝刚刚杀了郑崇、东平王之事才完毕之时，汉哀帝又开始苦恼了。因为宠爱董贤如疯魔一般的他又想给董贤封侯了。

汉代的时候封侯需要什么？这事儿刘邦早就说过了，不是有大功于天下者不能封之。虽然这命令到现在早就没有什么效力了，可终归还是高祖时候的命令，不是谁想封侯就能封的，起码要有一定的资历和身份才行。

当初的王氏一族起码和王太皇太后沾亲带故的，是属于外戚。可董贤只是一个没有背景的宠臣，他凭什么能封得侯爵呢？所以，汉哀帝很苦恼，得想一个什么办法才能让董贤封上侯爵呢。

这时候，侍中傅嘉看出了汉哀帝心中的苦闷，便在汉哀帝独自一人的时候献策道："陛下可是为了封董大人为侯之事苦恼？"

汉哀帝眼前一亮："正是，你有办法？"

傅嘉微笑："这事儿好办，前一段时间东平王不是谋反作乱吗，举报的人一共是四个，陛下您把宋弘的封赏给抹下去，再将董大人的名字安上去，这不就有理由给董大人封侯了吗？"

汉哀帝皱眉："这，不太好吧，封赏的诏书已经发出去了，朝中的大臣也都知道了，这时候再改的话是不是太……"

傅嘉："陛下您多虑了，这天下都是您的，您想怎么样还有谁敢反对不成？臣认定哪怕是朝中那些文武官员知道陛下您的心思也是不敢反对的，过不了多长时间这事便会不了了之了。"

想到这儿，汉哀帝当即同意了傅嘉的建议，并立即以此为借口封了董贤、息夫躬、孙宠和右师谭为关内侯。

而事情果然如傅嘉预料的一般，虽然民间和朝中众文武官员都对汉哀帝此举极为厌恶，却没有任何一个人敢提出反对意见。

此种情况使得汉哀帝更加得寸进尺，封了董贤还不到十天便又想晋封他的爵位。

可这次晋封却没有什么好的借口了，为了以防万一，汉哀帝乃于晋封董贤之前先派人前去打探了丞相王嘉的口风。

因为汉哀帝了解王嘉刚正不阿的为人，只要他松口了，那满朝文武就都不是问题了。

可问题是，王嘉能松口吗？

当然不能。

当汉哀帝的特使将汉哀帝的意见传述给王嘉以后，王嘉当时便否决了汉哀帝的想法，并写了一封奏书交给了汉哀帝，其大概意思是这样的："臣王嘉斗胆启奏陛下，陛下之前封了董贤等人关内侯爵时，不仅朝中文武官员，甚至长安街上的平头百姓都议论陛下，说'董贤这个人本没有半尺功劳，却被陛下白白封了侯爵，连带没有大功的其他几人也都被封了侯，这简直是太儿戏了'。由此可以看出，哪怕是陛下封董贤为关内侯都已经为众人所不满。可现在陛下又要封毫无功劳的董贤为高安侯，那岂不是更要被天下人所非议吗？所以，臣冒死进谏，绝不敢同意陛下封董贤为高安侯。"

看着王嘉的奏书，汉哀帝气得浑身直抖，他真是想不顾一切地封董贤为侯，可王嘉毕竟是朝中重臣，声望太高，他汉哀帝也不好做得太过，这事儿就暂时被汉哀帝给搁置下来了。

可随着时间的流逝，汉哀帝的身体虽然越来越差，但却更加宠爱董贤，所以五个月以后，也就是公元前3年的八月，汉哀帝决定强加董贤为高安侯，谁敢和自己对着干自己就弄死谁。

于是，在这个月的某一天朝会之上。当众多大臣都奏事完毕，准备等待退朝之时，汉哀帝突然没头没脑、声色俱厉地说话了："春秋时楚国有成得臣，使得晋文公为此忧愁而坐立不安；我大汉近代又有汲黯，挫败了淮南王的阴谋。而当今，东平王刘云等人有篡位政变之志，要不是董爱卿等人及时向朕汇报，朕都会蒙在鼓里。所以，今日朕就说了，封董贤为高安侯，孙宠为方阳侯，息夫躬为宜陵侯，你们还有什么要说的？"

话毕，汉哀帝不断拿眼神扫视下面的百官们，而王嘉更是受到了汉哀帝的"重点照顾"。

看着汉哀帝充满杀气的眼神，谁还敢再说什么不同的意见呢？甚至连一向刚正的王嘉都摇头叹息而不敢说话了。

至此，董贤如愿以偿地当上了高安侯，连带息夫躬和孙宠都被封了侯。

汉哀帝得意了，因为他的"威严"使得朝中百官彻底尿了，甚至连王嘉都不敢作声了。于是在这以后，汉哀帝宠爱董贤更加过分，甚至董贤去武库拿取兵器都随意而为。朝中只要有敢弹劾董贤的，那是谁弹劾谁死，最少也是免官的下场。所以如今的董贤那是如日中天，有的官员见到董贤甚至连头都不敢抬，就是怕和他对视而遭遇危险。

按说，董贤如果只受到汉哀帝的宠爱不干别的也就算了，可关键是他还祸国殃民！

汉元帝的时候是石显当权，汉成帝的时候是王氏当权，而不管是石显还是王氏众人，他们都不停地收受贿赂，将不称职的人安插到地方政要之上，甚至还有的被安排进了朝中为官，这就造成了天下大规模的贪污腐败。而贪污腐败，永远都是导致亡国的第一因素。

到了汉哀帝阶段更是好了，这情况非但没有得到解决，反而是变本加厉。

董贤可真是汉哀帝的心肝宝贝，只要他提出的要求，汉哀帝没有不满足的。

于是，一时间，天下巨富皆奔董贤，不是要升官就是要晋爵，只要钱财到位，董贤通通接受。

谏大夫鲍宣实在是看不下去了，便把现在汉朝的情况向汉哀帝做了一个简单的汇报，以"七失七死之论"论述现在朝廷的危机，并提醒汉哀帝，如果再不整改，那等待汉朝的将是亡国的命运了。

那天，已经抱了死志的谏大夫鲍宣突然要去未央宫单独面见汉哀帝。

汉哀帝早就听说过这个老儒的厉害和刚正，不敢见他，便以有事为由将其打发了。

可这并不能让鲍宣知难而退，这老人家不走，接连不断地请求面见汉哀帝。

汉哀帝无奈，只得同意了鲍宣面见的请求，因为他真怕给这个老儒惹急了，进而在朝堂之上当众和自己对着干。

见面之时，鲍宣只对汉哀帝深深一拜，然后便直奔主题："陛下！臣观成帝之时，外戚王氏把持权柄，人人都推荐自己所谓的亲信来担任天下要职，进而结党，以妨碍天下能臣贤士的进身之路。

"他们祸乱天下，穷奢极欲根本没有限度，使得百姓穷困潦倒，饱受欺凌。这些危险，都是国家危亡的征兆，都是陛下您亲眼看到的。可陛下您呢？非但不借鉴，更甚于前矣！经臣调查，现在我汉朝人民生业有七大失！

"一失，阴阳不和，水灾旱灾频频发生。

"二失，朝廷加重赋税，并兼法酷刑严，使朝廷在民间没有亲和力。

"三失，天下贪官污吏满地皆是，他们借口为公，却私自收受贿赂和勒索平民百姓。

"四失，各地土豪大姓仗着自己的富有和强大公然兼并小民土地，抬炒地价，让越来越多的平民百姓无地可种。

"五失，地方上那些苛刻的官吏横征暴发徭役，使许多农夫误了耕种时节，进而损害了收获。

"六失，很多地方出现强盗，竟然不是官府出兵捉拿，而是民众自发拦截，试问，这样的官府，留着做什么？

"七失，因我汉朝祸国殃民的烂官太多，使得国家越来越穷，更有越来越多的老百姓铤而走险，走上了占山为王的道路。

"而这只不过是七失而已，还有七大死更是让人绝望。

"一死，地方百姓凡是得罪了官吏，哪怕是普通的小吏，等待着他们的也将是被弄死的命运。

"二死，那些得罪了富人的老百姓，只要和富人打官司，基本上没有一个人能赢的，最后全都是被冤枉致死。

"三死，现在满天下各处都有占山为王的盗贼，但凡被他们掠夺了的村子，都很少有活口留下，更甚于曾经的匈奴人。

"四死，随着我汉朝的经济不断下滑，老百姓的素质也开始急剧下降，从多年以前开始，各个地方因为械斗而死的百姓便不计其数。

"五死，我汉朝从元帝时期便开始多有天灾，可每次都能勉强度过。现在，但凡有天灾降临，我大汉的百姓就要成片成片地饿死。

"六死，如今每年都有大型瘟疫发生，可朝廷和地方官府根本不作为，导致了数以万计的百姓因此丧生。

"七死，因天灾而导致的饥荒连绵，可朝廷最近什么时候有过作为，陛下可知道又有多少人因此而命丧黄泉。

"陛下，陛下啊！百姓的生业有七失而无一得，您认为国家还能安定吗？不亡国就不错了。而百姓的生命有七死而无一生，难道您还指望这天下没有盗贼吗？不揭竿而起您就烧高香吧！这是什么造成的？嗯？难道不是这天下一众庸官所造成的吗？

"而让这些官员去上任的是谁？推荐这些官员的又是谁？现在朝堂之上的这些外戚和宠臣，他们整日在外面素服节俭，可回家后什么样子您看得到吗？

"他们，这些披着人皮的狼，又有几个会怜悯这天底下哪怕一个百姓的死活？他们的志向，不过是拼了命地结党营私，以图个人奸利。

"他们苟且纵容、曲意承欢、顺服听话，搞什么所谓的谁也不得罪，搞什么所谓的中庸为贤能。像我这样敢于直谏的，则是最为愚蠢的！是永远都会被排挤的！

"而我这种蠢货，在现在还有几个？以后还能有几个？

"这个天下，是我大汉朝的天下，并不是您皇帝陛下一个人的天下，您只能算是大汉的儿子，算是大汉百姓的父母！可您看看吧，看看您的儿女们现在成了一副什么样子。

"如今，有的百姓连烂菜叶都吃不到，有的人连一件完整的衣服都没有，有的父亲甚至连自己的孩子都无法保全（易子而食）。可陛下您呢？却整日不断地赏赐那个叫董贤的弄臣，动辄就以巨万来赏赐。陛下您知道吗？董贤的那些随从和宾客每天都把酒当水，把肉当畜生的粮食来挥霍。

"而您的百姓呢？您的儿女们呢？您打算怎么办？

"再说那些一点儿功都没有的侯爵。

"汝昌侯傅商，他有什么功劳！嗯？凭什么他会被封爵？

"方阳侯孙宠，宜陵侯息夫躬，这些畜生最善于口舌之辩，他们的舌头足以动摇人们的观点，甚至死的也能让他们给说成活的。他们的手段狠辣，轻易就能置人于死地。这两个东西都是奸人中的魁首，就是杀了他们也解不了天下人的大恨。

"可陛下，您好得很啊，竟然还用这两个无耻之徒当大官，还拜侯爵。陛下，我请您自重，您要知道，这天下的官爵不是陛下您一个人的！不是您说想给谁就给谁的！这爵位是我大汉天下所有人的！所以，您必须要赏给有德行的人，这样才不会让天下臣民寒了心！"

话毕，鲍宣昂首挺胸，两眼一闭，就等着引颈就戮了。

可让鲍宣诧异的是，这之后好半天，汉哀帝一点儿动静都没有，大概半炷香的时间过去了，汉哀帝才瓮声瓮气地道："那你说怎么办吧，你不能光说问题，也要提解决的办法吧。"

这话一说鲍宣直接蒙了。他这次来都已经做好被汉哀帝剁了的准备了，怎、怎么？他不杀我还问我怎么办？鲍宣赶紧对汉哀帝一拱手，然后急道："要臣说，我汉朝现在最需要的就是大整顿，从里到外的大整顿！

"首先，应该罢黜那些外戚和没有才能的庸人，然后立即召前大司马傅喜，让他带领那些有进取心的外戚。

"之后，前大司空何武、师丹、前丞相孔光、前左将军彭宣，以及我大汉的中流砥柱王莽，这些人都应该起用，然后让最杰出者位列三公。只有这样，我大汉才能复兴，才能重现文景之治的光辉！"

话毕，汉哀帝默默地想了一会儿，然后长叹一声："唉，朕想想，让朕再想想吧。"

话毕，汉哀帝也没有处罚鲍宣，转身就走了，只留下鲍宣一个人目瞪口呆地看着汉哀帝离去。

那么问题来了。要知道，那董贤是汉哀帝的逆鳞，谁碰谁死，今日鲍宣不但隐晦地批评了汉哀帝的无能，还直接将董贤给一顿大肆批判。

可汉哀帝，非但没一点儿怪罪，反倒说考虑考虑，这到底是为了什么呢？

《资治通鉴》上说，汉哀帝之所以没有处理鲍宣，其原因是鲍宣为当代大儒，处理了他怕自己声望受损，这才没有动他。

鲍宣这次和汉哀帝的对话没过多长时间便不胫而走，一众文武官员听说鲍宣对汉哀帝一顿数落都没事儿，一个个不禁喜出望外。

"看来汉朝还是有那么一点儿希望啊。"

我想，这有可能就是当时那些朝臣心中的话吧。

可事情真是如此吗？

6.8　朕想当尧舜

公元前2年正月，又到了五年一次的单于朝汉的时节了。

可在这一年，乌珠留若鞮单于却于出发前患了大病，以致不能如常前来朝拜。

息夫躬见此，认为自己升官发财的机会又来了，便以此为由，在朝堂之上夸大匈奴以后会给汉朝造成的伤害，并向汉哀帝建议，希望他从即日起向南匈奴全线施加压力（经济上、军事上），进而使得南匈奴对汉朝彻底臣服。

可此提议一出，以王嘉为首的一些朝廷清流立即炸了锅。因为如果汉哀帝听从息夫躬的话，那势必会将南匈奴彻底得罪，甚至会再次引发汉匈之间的战争，到了那个地步，老祖宗通过血与肉给他们创造的和平环境就都没了。

更可怕的是，由于元、成、哀三帝这些年的治理不佳，使得汉朝七失七亡，国家真心经不住如此大战。

所以，哪怕是把命豁出去，这些大臣也是要把息夫躬的提议给驳倒的。

就这样，针对到底给不给南匈奴施加压力的问题，以息夫躬为首的"主战派"和以王嘉为首的"主和派"展开了激烈的争论。

最终，汉哀帝采纳了息夫躬的建议，并着手集结士兵，令各地方推荐善于带兵打仗的人进入长安。

可就在战争的齿轮开始转动之时，长安的那些大臣已经绝望之时，突然

"喜从天降"，汉哀帝竟然发布公告，不再向南匈奴施压了，一切军事准备也全都终止了。

究竟是什么原因让已经开始转动的战争齿轮戛然而止了呢？

那天，汉哀帝正在床上搂着心爱的董贤聊天。

突然，董贤没头没脑地道："陛下，听说您最近要对匈奴动手了？"

汉哀帝："嗯，对，没错，是息夫躬和傅晏给我出的主意，我感觉挺好的，就批准了。"

董贤："我感觉这主意可不怎么样。"

汉哀帝："哦？怎么说？"

董贤："陛下，前一段时间不是又发生了一次日食吗？我认为，这就是老天不愿意陛下无故对匈奴动手，这才给陛下的警告呢，如果陛下硬是要逆天而行的话，后果人家真是不敢想了呢。"

"对啊，对啊！哎哟朕的小贤想问题真是透彻，这么简单的问题朕怎么没有想到呢……"

就这样，让满朝官员头痛一时的对匈奴事件被董贤轻轻松松地解决了。傅晏、息夫躬更是被罢免了官职，赶回了老家。这可真是让朝中的那些清流哭笑不得，真不知道该庆幸还是该悲哀。

可不管怎么说，这一次都是因为董贤，才使得战争齿轮停止了转动，所以那些清流心中对董贤还是有了那么一丝丝感激的。

可几日以后，汉哀帝的一个举动，使得这一丝丝的感激也荡然无存了。

那日，汉哀帝带着董贤外出，两人坐在一起后，汉哀帝是怎么看董贤怎么漂亮，怎么看怎么喜欢。于是，稀里糊涂的汉哀帝突然蹦出了一句话。

"朕突然想当一把尧舜了，你看怎么样。"

这话一说，随行一众官员都蒙了。陛下要当尧舜？这是要禅让啊！让给谁？让给董贤？

一时间，在场所有官员都蒙了，没等董贤回应，一个大臣便冲出来，如同疯了一般道："陛下说的这叫什么话？这天下并不是您的天下，而是高祖打下来的天下，是所有刘氏皇族的天下，陛下您有什么权力将这个天下让给别人！您这样太不负责任了！"

汉哀帝不悦道："朕就是开一个玩笑而已，你急什么。"

大臣："陛下！天子无戏言，您所说的每一句话都关系到天下人的生死，所以臣请您说话之前想清楚再说！"

汉哀帝："混账东西，是谁让你这么和朕说话的？你给我滚，从此以后朕外出再也不用你跟随了。"

就这样，汉哀帝将这名大臣赶了出去，心情也再好不起来，这次外出就这样不欢而散。

可此消息却是不胫而走，不到一天的时间，满朝文武就都知道汉哀帝这话了，所以一个个都想去劝谏汉哀帝。汉哀帝也是急了，我不过是开了个玩笑，你们这帮人至于这么上纲上线吗？好！来吧，来数落我吧，来一个我杀一个！

想到这儿，汉哀帝直接下令太监，有大臣前来找他不用通报，直接放进来！

看着气势汹汹的汉哀帝，本来那些想要去劝谏的大臣反而怂了。

可还真就有一个人不怕死，前去面见了汉哀帝。就是之前上"七失七亡之论"的鲍宣了。

一听是鲍宣来了，汉哀帝牙咬得直响，他是真不想碰这个天下闻名的老儒，可这不知死活的老东西如果再敢污蔑他的宠臣，他汉哀帝也不介意送他上路。

这时候的汉哀帝，脸色实在是够吓人了，可鲍宣没有一点儿畏惧，对汉哀帝深深一拜便直奔主题："陛下，您这段时间做得真是非常的好，自从上次老臣见陛下以后，老臣明确地感受到了您把上天当作自己的父亲，把大地当作自己的母亲，把百姓当成了自己的儿女去宠爱。您还罢黜了那些溜须拍马的奸臣（息夫躬、傅晏等人），这实在是让天下人都感到振奋！"

话说到这儿，汉哀帝的脸已经从阴云变成了阳光。他都想哭了。因为自从自己继位以来，除了一开始的那一段时间以外，朝廷的那些清流没有一个说他好的，有的人甚至在背后骂他是无道昏君。

鲍宣几乎可以说是这些清流的代表性人物，是敢在汉哀帝面前死谏的人。

现在连他都夸奖自己，汉哀帝能不高兴吗？

见自己的话成功使汉哀帝变得高兴，鲍宣笑了，并开始了下面的话语。

"陛下一定觉得老臣这次前来是因为之前陛下您开玩笑的话吧？"

汉哀帝："难道不是？"

鲍宣："当然不是，陛下的戏言虽然有欠妥当，但说到底也不是真心为之，以后注意就可以了。老臣这次前来的主要目的是想救高安侯的。"

汉宣帝："哈哈，爱卿说笑了，董贤是朕宠爱的人，他还用你来救吗？这天下有谁敢动他？"

鲍宣："陛下说的没错，可说句大不敬的话，陛下的身体如何陛下自己清楚，假如陛下百年之后，还有谁能保护得了高安侯呢？"

汉哀帝："……"

鲍宣："高安侯，他和陛下您没有半点儿血缘关系，却凭着自己的'魅色'而博得了陛下的欢心，使得陛下对他的赏赐没有半点儿限度。陛下您知道吗？您的这些赏赐早就超过了一个皇帝应该赏赐给臣子的限度了。所以，这满朝文武没有一个不恨高安侯，没有一个不忌妒高安侯的，因此我才说陛下对他无尽的赏赐反而是害了他。现在的情况就是这样，整个大汉朝廷所有的仇恨都集中在了高安侯一个人的身上，陛下觉得，一个四面皆敌的人在陛下百年之后还能活在这个世界上吗？"

这话虽然是鲍宣打击董贤的一个计谋，但无可否认的是，他说的句句在理，说得汉哀帝也开始紧张起来了。于是紧张的汉哀帝赶紧问鲍宣："那依爱卿之见，朕应该采取什么补救的办法呢？"

鲍宣："依臣之见，首先，应该让高安侯当众向天地谢罪。然后，罢免他的官职，将他遣送回封国。最后，没收他全部的赏赐。做完这些以后，陛下还需要马上起用何武、师丹、彭宣、傅喜、王莽、孔光等人，将朝廷众人的目标转移。只有这样，才能让满朝官员不再愤恨董贤，才能让他在陛下百年以后也能安安全全地活在这个世界上。"

话毕，鲍宣默默地退了出去，只留下汉哀帝一个人陷入了深深的思考之中。

鲍宣说得对不对？对得不能再对了，因为只有这样才能保住董贤的性命。可汉哀帝已经陷得太深了。所以，哪怕是明知道这样做才能保住董贤的性命，他还是没有将董贤遣返，因为他根本就离不开董贤。

6.9　烈士！

同年同月的某一天，突然从永信宫中传来了一条令人无比振奋的消息。那个如同蛇蝎一般的傅太太后被大白鹤接走了！

她的死，使得满朝清流振奋。

她的死，使得王太皇太后仰天长"笑"："你不是能吗？你不是厉害吗？最后还不是死在了老身的前面！"

她的死，使得朝廷清流都认为，汉朝重新崛起的时候到了。

因为傅太太后那边刚刚身死，汉哀帝便重新起用了何武、孔光、王莽等人，使得朝廷中人"天真"地认为，大汉的春天又来了。

为什么说他们天真呢？因为他们没发现，这其中很多人都变了。

汉哀帝，这个最早继位时励志中兴的明君，现在除了疯狂地宠爱董贤以外已经再没有什么其他的想法。

孔光，这个之前敢当众在汉哀帝面前提出汉哀帝不喜欢的建议的老臣也已经不再是当年的他。他，已经变成了一个唯当权者马首是瞻的人，再也不见往日荣光。

至于王莽，他则有一个更大的野心在心中诞生了。

同年二月，各个曾经红极一时的大臣刚刚回来，正是汉哀帝重新大展拳脚之时。可现在，汉哀帝关心的问题全不在这上面，而是更关心董贤。因为董贤虽然有了侯爵之位，但始终都没有食邑，所以汉哀帝担心自己百年之后董贤会受苦遭罪。于是，汉哀帝假造傅太太后遗诏，请王太皇太后下令给丞相、御史，让他们同意赏赐董贤两千户食邑。

王政君老太太在宫廷中待了一辈子，懂得这里面的道道，所以她虽然不怎么喜欢董贤，但也不愿意为了一个宠臣得罪当今天子，便将这个所谓的遗诏交给了丞相王嘉，让他自己看着办吧。

那王嘉恨透了董贤这等佞臣，自己隐忍这么长时间，结果却换来汉哀帝一而再、再而三的过分要求。所以，他决定这次无论如何都不忍了。

于是，王嘉直接将这个遗诏退了回去，并立即给汉哀帝上了一封密奏："臣王嘉敬请陛下，爵位、土地，这都是上天赐予我大汉之物，并不是一个人的所有物，但凡经典都对这两样天赐之物给予了论断，那便是非大功者不得赏矣。董贤，不过一佞臣而已，可陛下您呢？给了他爵位，使得他显贵，赏赐给他的金钱器物更是不计其数，够他几辈子都花不完了。现在，国库的钱财几乎都要见底了，可陛下还不满足，依然要不断赏赐董贤。陛下可知道，如今的董贤，已经将国家的赋税当作自己的恩惠赏赐给别人，并且一赏赐就是千金之数。陛下啊，纵观古今，您见过将国家赋税为个人恩惠赏赐给别人的吗？您这是将国家的命脉都交给董贤了呀！现在，不管是民间还是朝廷的百官之间，针对董贤的流言已四起，这个天下除了陛下没有一个人不痛恨他！想想当初的文帝，他一辈子都只穿一套衣服，缝补不下十余处，甚至连想要修建一个简单的露台都舍不得。臣不期望陛下能像文帝那样伟大，但最起码不要继续祸害汉朝了。如果陛下您再这样一意孤行，您的声望和权威就将会降到最低谷！臣，恳请陛下，就当是可怜可怜这天下的百姓，收手吧，不要继续这样肆无忌惮地赏赐下去了。"

当汉哀帝看到了这个奏章之后，他想到的不是应该如何改正，而是愤恨无比，恨不得立即将这个不知死活的王嘉弄死。

可他不能，因为他还有起码的理智。他知道，因为一个董贤弄死国家丞相，那等待着他的将会是全天下人的口诛笔伐。

所以，哪怕是心中想要弄死王嘉，汉哀帝也要等待一个时机，而这个时机，很快就来了。

一天，群臣朝拜之时，照例由丞相先行汇报工作。

丞相王嘉站了出来："启禀陛下，臣认为，原廷尉梁相是有才德的人，他虽然曾经有过过失，但圣明的君王对臣下总是记功不记过的。臣私下里为朝廷可怜这人才，所以请奏陛下，希望陛下能重新任命梁相为官。"（注：梁相，原廷尉，东平王刘云一案中，认为东平王是被严刑拷打以后才承认的罪状，算不得数，应该交到廷尉署审理，而那个时候正是汉哀帝想用东平王事件升董贤为侯之时。所以，汉哀帝不但没有答应他的请求，还罢免了他的官职，将他贬为平民。当时，这件事是经过了大臣们商讨的。可这些大臣见汉哀帝正在气头上，便没人作声，这事儿也就这样盖棺定论了。）

这本不是什么大事，身为臣子的向皇帝提出意见，皇帝爱用就用，不用就算了呗。可听在汉哀帝的耳朵里可就不是那么回事儿了。

第一，董贤就是因为东平王一案才能够得到爵位。王嘉把梁相整回来是什么意思？是不是想和梁相再将当初的案子推翻，进而打击董贤，将他从侯爵之位上再拖下来呢？

第二，汉哀帝现在正想找机会整治王嘉呢，他却自己跳出来了，这等机会此时不用更待何时？

所以，当王嘉把话说完以后汉哀帝直接火了："哈！这真是朕听过的最好笑的笑话！当初梁相等人犯了对朕不忠的罪名，他们的罪恶滔天，人神共愤，这是人所共知的。当时你王嘉说什么了？嗯？你是不是也默许了。怎么？前一段时间朕遵皇太太后的遗诏想要给董贤两千户食邑你拒绝了，然而，没多长时间你就想把梁相弄回来。你王嘉存的是什么心思？还有，什么叫你王嘉'为朝廷可怜这人才'？你王嘉什么时候能代朝廷去怜惜别人了？嗯？那朕算是什么？嗯？"

很明显，汉哀帝这是在借题发挥玩文字游戏了。可王嘉也确实是犯了口误，所以赶紧跪倒在地，连忙脱下官帽向汉哀帝请罪。

可就在这个时候，已经洞悉了汉哀帝意图的光禄大夫孔光一下蹿了出来，顺着汉哀帝的意思道："陛下！丞相王嘉迷惑国家，欺君罔上！实属大逆不道！他心中到底存的什么心思已经人所共知。臣建议，马上将王嘉送廷尉署严加审查！对于这种人，绝对不能姑息。"

孔光这话说完，王嘉愣了，鲍宣愣了，满朝的清流都愣了，这话是孔光说的？这还是当初那个敢于直谏的孔光吗？甚至连汉哀帝都愣了。

可没过多一会儿，汉哀帝哈哈大笑，然后根本就不再给别人求情的机会，直接道："好！光禄大夫说的正是朕心中所想！来人！"

"在！"

"给我将这不知死活的东西押到廷尉署等待审讯！"

就这样，王嘉被押送到了廷尉署，等待着他的将会是无尽的折磨以及严刑拷打。

在古时候，尤其是汉朝的时候，有一个潜规则，那便是曾经位极人臣的人进了监狱以后，为了不受那些小吏的羞辱，他们大多会选择自杀。

不出意外地，王嘉的主簿听说王嘉进了廷尉署以后，为怕他受辱，赶紧找人调配出了一种毒药，一种喝完了只痛那么一小会儿就会瞬间死去的"柔性"毒药，然后赶紧给王嘉送了过去，希望王嘉喝了。

可王嘉呢？直接将毒药摔到了地上，几乎是嘶吼一般道："我王嘉！有幸成为大汉的丞相，位列三公，但我奉职不够谨慎，辜负了国家，理应被拉到菜市场去受死，以示百姓，为什么要像一个懦夫一样吃毒药而死呢？难道我王嘉怕死不成？"

就这样，王嘉拒绝了自杀。

消息很快传到了汉哀帝处，汉哀帝听闻此事以后更是愤怒得无以复加。为什么呢？因为汉哀帝知道，自己这次弄王嘉是勉强的，要是把他弄到菜市场去指不定会出什么乱子，这天下的人指不定会怎么骂自己呢。所以，最好的结果就是让王嘉自杀，这样也能将自己的负面影响最小化。可王嘉却不自杀，硬要让汉哀帝把自己弄到菜市场去弄死。各位说汉哀帝怎么能够不生气。

于是，愤怒的汉哀帝直接下令，让自己的五个两千石心腹官员前去审问王嘉，并在他们出发前嘱咐，不管动用什么手段，务必将王嘉认罪的供词逼出来！

于是，这五个官员气势汹汹地前往了廷尉署，他们先是将王嘉的衣服扒了下来，五花大绑，然后把各种极度瘆人的刑具摆出来威胁道："王嘉，怎么说你也是前丞相，我们尊重你，不想对你用刑，所以，我希望你接下来说出来的是我们希望听到的。"

看着这些让人绝望的刑具，王嘉没有露出让这些人期待的表情，而是十分镇定地道："我不知道我接下来所说的话是不是你们，抑或某些人希望听到的，我只能说，我接下来所说的每一句话都是实话。"

见王嘉到这种时候都是如此不识时务，五个人只是一声冷笑，因为他们对自己的手段有相当的信心。其中有一个人道："呵呵，实话好，实话好啊，那你就说吧，你所谓的实话到底是什么？我洗耳恭听。"

王嘉："我虽然没有亲眼见过那些人是怎么审讯东平王的，但大概能猜到一二。我并不认为东平王不该死，只是希望朝廷不要这样草草结案，应该让公卿等大臣一起商讨决定，因为被审讯的人毕竟是诸侯王，是应该被尊重的。而梁相等人当初也没有犯什么大的过错，只不过是希望朝廷能让他来重审而已，这又有什么过错呢？再加上梁相真的是有能力的人才，所以我才会向陛下推荐他，希望他能再次入朝为官。"

鹰犬A："呵呵，说的真是很好听，假如真的是如此的话，为什么陛下会认为你有罪？光禄大夫为什么还要参你呢？在你的心底里，还是有一些不为人知的东西吧？不然为什么大家都要参奏你呢？"

王嘉深深地看了一眼汉哀帝的这些鹰犬，他知道，自己说什么都没用了，汉哀帝摆明了就是想要了他的命。于是，王嘉自嘲地笑了笑，然后道："不为人知的东西吗？呵呵，你们说有就当有吧，但我不知道，所以说不出来。不过要说罪，我王嘉是真的有。"

鹰犬B："哦？呵呵，我的丞相大人你总算开窍了，那么你说说吧，你的罪是什么。"

王嘉："我确实有罪，我的罪恶滔天啊，就算死十次也不为过了。我身为大汉丞相，却不能引进贤能之人，反而纵容那些奸佞一直到现在，我确实是死有余辜。"

鹰犬C眼睛微眯："哦？你所谓的贤人是谁？奸佞又是谁？"

王嘉："曾经的孔光，还有何武之流，他们都是朝廷的贤者。至于奸佞，呵呵，还用问吗？除了董贤还有第二人选吗？"

鹰犬D："丞相大人，您这一番话可不是我们想要听到的。"

可这时候的王嘉已经不再搭理这些人了，他想要说的话已经说完了，所以直接将两眼一闭，一句话都不再说了。

鹰犬E："和他废什么话！不上刑就不知道天高地厚！"

就这样，汉哀帝的鹰犬们日复一日地折磨王嘉，每一天总有新的"花样"在等待着王嘉。

可随着时间的推移，五个鹰犬早就没有了当初的从容。因为他们发现，哪怕是往王嘉身上烙铁烙，哪怕是把他的肉一点儿一点儿地挖下来，哪怕是把他的手指甲盖一点儿一点儿地撬下来，都不能让王嘉再跟他们说一个字。

所以，本来很自信的五个鹰犬到现在已经彻底没了主意，冷汗已经浸湿了他们的衣襟，因为他们非常肯定，现在的王嘉已经是一个奄奄一息的血人了，如果再折腾下去的话，王嘉必死无疑。

而就在这些人不知如何是好的时候，王嘉本人也已经不抱任何希望。因为他知道，凭现在自己这个样子，汉哀帝是无论如何都不会再让他弃市了。

于是，自进入廷尉署十五日以后，王嘉开始绝食。时间一直持续到二十日，大汉丞相王嘉，薨。

6.10 硬汉

王嘉死后，汉哀帝为表孔光之功，乃重新让孔光登上了大汉丞相的宝座，哦不，应该说是大司徒了，因为就是在这一年，汉哀帝改丞相之官职为大司徒。

这次再登宝座，虽说是在无尽的谩骂声下登上来的，可孔光不在乎了。因为只要能活，只要能让子孙后代都沾着他的光活着，自己就知足了。

孔光这种态度虽然让朝中绝大多数的清流愤恨，但他们不敢、也不能去找孔光的麻烦，毕竟王嘉这前车之鉴相去不远，谁都不想无缘无故地死去。

但绝大多数不代表没有，还是有人敢于在这种敏感的时候去触孔光的霉头。

这人不是别人，正是鲍宣了。

话说自从王嘉进入廷尉署以后，鲍宣便隔三岔五地求见汉哀帝。可汉哀帝知道他要说什么，所以死活不见鲍宣，甚至二十日不朝会。

鲍宣感到了深深的无力。直到王嘉死亡的消息传出来以后，鲍宣更是恨孔光恨得牙痒痒，于是也不管什么身不身份、规不规矩的了，他就是要去整孔光！坚守住自己的本心。

那天，我们尊敬的大司徒孔光同志外出到皇帝的陵墓去视察，正好在途中碰到了鲍宣的车驾。

那鲍宣见对面是孔光的车队，直接对手下使了一个眼色。他手下一个哆嗦，但只犹豫那么一下便带人冲到了孔光的车驾处，直接将孔光的手下和马匹全都没收了，只留孔光一个人在马车里不知如何是好。

其实，就在两队人马相遇的时候孔光已经知道自己碰到了最不愿意碰到的人。鲍宣派人去抓他的人他都没有出声干预，最主要的原因当然是自己做了亏心事，无颜面对鲍宣。可还有次要的原因也是鲍宣威名太盛，谁闲的敢得罪这个拼命三郎？要知道，被他盯上那可就是不死不休的结局。

所以，开始的时候孔光是想让鲍宣稍微羞辱一下就算了，能够让这种拼命三郎息事宁人，哪怕受一些羞辱又算得了什么。

可让孔光惊异的是，这鲍宣竟然没完没了，不但抓了他的人，还把他的马也给扣了，只留自己在一辆空车上面坐着。

于是，无法继续忍耐的孔光直接冲出了马车，指着对面车里的鲍宣吼道："鲍宣！你为什么抓我的人，扣我的马？"

面对孔光的质问，鲍宣甚至连车帘子都没打开，只是在车里不阴不阳地道："孔光，你枉为人臣，竟然连最起码的道理都不懂吗？难道你不知道驰道只有皇帝陛下才能行走吗？也对，现在的你还算是个什么人臣，多说就是一个奸佞罢了！"

孔光："你，你！好，好，奸不奸佞我不和你争，但这次我之所以在驰道上行走，那是为了去视察陛下的园陵，从法律上讲，这时候我是有资格走驰道的！再说，你鲍宣算个什么东西，不过一谏大夫而已，你有什么资格管我的事情？"

话说到这个地步，鲍宣也忍不了了，他直接跳下车去，手把着佩剑厉声道："天下兴亡，匹夫有责，但凡这天下有什么不公平的事情，我鲍宣都有权管！我告诉你孔光，你应该庆幸我鲍宣只是一个谏大夫。如果我是司隶校尉，我现在一剑劈了你！"

看着杀气冲天的鲍宣，孔光真的害怕了，他知道鲍宣就是一个不要命的疯子，真怕他在这儿就敢拿出宝剑给自己砍死。

于是，孔光连一句狠话都不敢说，撒腿就跑了，硬是跑回了未央宫，向汉哀帝哭诉鲍宣对他的羞辱。

汉哀帝一听这话也怒了，这鲍宣什么意思？明显是在给汉哀帝上眼药。所以，汉哀帝立即命御史前往司隶校尉处，让司隶校尉将鲍宣抓到牢房里。

可事情再一次出乎汉哀帝的预料。那御史跑到了司隶校尉处以后，司隶校尉根本就不见他，哪怕他手中有汉哀帝的诏书司隶校尉也不见。这很明显就是抗旨的行为了。

御史怒不可遏，扔了一句狠话就跑去司隶官府，想要凭着手中的诏书私自调用司隶下属官吏捉拿鲍宣。

可御史再一次吃了闭门羹，因为这些官吏根本理都不理御史，不管他怎么敲门，人家就是不开。

憋屈至极的御史没有办法，只能"空手"向汉哀帝复命去了。

汉哀帝怎么都没能料到，鲍宣的声望竟然到了如此程度。

司隶校尉，本应该是自己手下鹰犬的人竟然为了鲍宣敢于公然违抗自己的旨意。

这还了得？此种情况如果继续纵容下去……

想到这儿，汉哀帝倒抽一口凉气，遂下定决心，这次无论如何都不能再让着这个老儒了。

于是，他直接命御史带着宫廷近卫前去捉拿鲍宣。

这次，鲍宣被汉哀帝成功捉拿。

汉哀帝本以为没事儿了，可要命的事儿还在后面。

鲍宣被捉拿以后，这消息不到一天就传遍了长安的大街小巷。

所以，一听说鲍宣出事了，长安的那些儒生便在第一时间通过自己的关系打听到了事情的来龙去脉。

然后，这些儒生全聚在了一起，商议如何来救他们心中崇拜之人。

可左商量右商量，最后还是没能商量出个所以然来。最后也不知道是哪个儒生，见这些人磨磨叽叽的竟然怒了，他站了起来，对着下面所有的儒生怒吼道："现在鲍宣大人已经被抓到了廷尉署，朝不保夕，你们还商量个什么！要我说，我们直接出两路人马，一路去和孔光老贼讨说法，另一路直接去未央宫找皇帝陛下请命。其他说什么都是废话！现在，同意我的说法的全都站到我这里来。咱立即就走！"

那些读书的年轻人，特别是还没入官场的儒生，在某些方面真的值得人们敬佩。他们年轻，他们认死理，他们脑子里几乎全被正义的热血所充斥着。

只说了这么一句，全场一千多名儒生清一色站在了他的身旁。

然后，这个年轻人率领这一千余名儒生"兵分两路"，一路三百余人直奔大司徒府，另外一路七百余人呼啦啦全挤到了未央宫的门口请命。

我们先看第一路这三百余人。

孔光当天正好在刚出大司徒府没多长时间就碰见了这帮气势汹汹的儒生。

这些儒生一见前面是孔光的车队，都冲了上去，将孔光包围得里三层外三层，并不断质问孔光为什么要陷害忠良。

孔光手下的那些官吏实在是受不了了，这一天天的鸟气还要受到什么时候?

所以，怒火冲天的官吏们也不管这些书生到底都是些什么"神仙"了，直接就要抽刀!

孔光见状吓得亡魂皆冒，拼了命地制止了这些官吏。虽说无故拦截大司徒车驾按律是可以就地处决的，不过也要看看拦车驾的是谁啊。这可是年轻的儒生，并且是人数上百的年轻儒生。这都是国家未来的希望，如果在这里将他们就地处决，孔光事后面临的境遇哪怕是汉哀帝也保不了他。

所以，孔光下了死命令，对这些儒生只能安抚，不能硬来。

于是，长安城中出现了非常有意思的一幕，只见位极人臣的大司徒赔笑着劝说一群儒生。

而这些儒生呢? 根本就不领情，依然黑着一张脸冲孔光咆哮着。

再看另一路儒生，另一路儒生一共七百余人气势更是慑人，他们往未央宫门前一站，这是要干什么? 造反?

门口的郎官本来想对他们实施武力，可一看这些人所穿戴的衣服却不敢轻易下手了。

于是，守门的负责人赶紧前去请示领导，询问他应该怎么处理这件事儿。

一听来闹事的都是儒生，有关单位的领导也不敢乱下决定了，便将此事汇报给了汉哀帝，让他自行抉择。

正巧，这时候大司徒孔光被堵的消息也在同一时间传到了汉哀帝处。汉哀帝直头痛。

继续拘留鲍宣?

不行，那样这群儒生就没完没了，总不能真把这些儒生弄死吧。

按照最早的计划把鲍宣给弄死？

那样更不行了，现在只是抓了鲍宣就引起了这么大的风波，要是真把他弄死了，指不定史书会怎么写自己呢，哪个皇帝愿意背负千古骂名啊。

最后，想来想去都没什么好办法，汉哀帝只能退而求其次，将鲍宣罢免，流放到上党去了。

6.11　董贤之死

先是将王嘉弄死在了大狱之中，现在又将鲍宣赶回了老家。朝廷这一连串的动作让民间的百姓和朝中的清流们伤透了心。

尤其是大司马丁明，他一向敬重王嘉和鲍宣的为人，所以经常在人前长吁短叹表达心中的不满。

而倾听丁明抱怨的这些人中却不乏投机分子，他们为了赚取汉哀帝的赏赐，直接将此事汇报给了朝廷。

结果，汉哀帝免去了丁明的官职，将其遣返回家。

乍一看，汉哀帝好像是因为丁明在背后有所怨言，这才免去了他的官职，可一深究就能发现，汉哀帝是不是过于敏感了呢？至于这样上纲上线吗？

用汉哀帝的一句话来说就是，"至于"。

因为他早就想在大司马的位置上安上其他人了。

这人就是董贤。

在王嘉和鲍宣还在朝廷上的时候，汉哀帝不敢这样做，可现在两个人都不在了，汉哀帝自己的身体也越来越差了。所以，他想在自己百年之后给董贤一个保障，便非常着急地罢免了丁明，继而立了董贤为大司马，掌管天下兵马。

那董贤成为大司马以后可真是意气风发，自以为都能和汉哀帝相提并论了。

可那些官场的老油条只是冷笑。这种人，只要汉哀帝一死，一个小吏就能要了他的狗命。

而汉哀帝，看他的气色，他还能活得了多长时间？

所以，根本没有多少人真正去在乎这个小白脸。

当时在朝中有一个官员叫萧咸，是萧望之的儿子。董贤的父亲董恭历来敬重萧咸，所以想让自己的小儿子娶萧咸的女儿为妻，两家结为亲家，便让人前去提亲。

可萧咸听说来人之意以后吓得直哆嗦，赶紧拒绝了董恭的提亲。

现在的董贤已经是天下公敌，只等汉哀帝一死他就将接受全天下的"讨伐"，到时候谁和他有关系都好不了，所以，就算不为了自己，哪怕为了全家的身家性命他也不会答应这门亲事。

而董恭听说这件事以后忍不住仰天长叹："唉，我董家到底造了什么孽，竟让人疏远躲避到了这种地步。"

同年，大月氏王的使者前来长安拜见汉哀帝。

博士弟子景庐听说这名使者精通一种在印度非常流行的宗教经学，便托人找关系联系到了这名使者，希望他能将此经学口述传授给他。

这名使者也是不错，没有拒绝，便将此经学全都口述给了他。

这个经学就是《浮屠经》了。

"浮屠"，也是"佛陀"的意思。

所以，这本经书实际上就是一本佛经。而佛教，也就是从这时候开始在中原播撒火种了。虽然这时候的佛经只是别人口述的，并不具备权威性。

公元前1年正月，南匈奴乌珠留若鞮单于和乌孙大昆弥伊秩靡共同来到长安拜见汉哀帝。汉哀帝等一干大臣都以此为荣。

同年六月，汉哀帝为董贤所建造的豪宅外大门突然无故崩塌。董贤听闻此事以后心中没由来地就是一紧，一种极度不安的情绪瞬间遍布了董贤的全身。

结果，当天晚上，汉哀帝一觉睡过去以后就再也没能醒过来。

第二天一早，伴随着宫女啊的一声惨叫，汉哀帝驾崩的消息正式传了出来。其中一名宫女什么都没说，撒腿就跑向了长信宫。

紧接着，看似眉头紧锁，但眼神中遍布着无尽兴奋的王太皇太后冲出了长信宫，直奔汉哀帝生前居所。

这时候，汉哀帝刚刚死去，那些内宫中人根本还没有反应过来，所以没有人前来阻止太皇太后，太皇太后就这样畅通无阻地冲进了汉哀帝的居室，然后看都不看一眼汉哀帝，直接取走了调兵虎符和玉玺。

回到长信宫以后，太皇太后乐了。

现在，朝中权力真空，皇帝的虎符和玉玺在自己手中，再也没有人能够威胁自己了。

这么多年，太皇太后忍够了。所以这一次，她一定要找到一个合自己心意的新皇帝。

"来人！"

"在！太皇太后有何吩咐？"

"让董贤来见我。"

"是！"

不一会儿，董贤慌慌张张地前来拜见了太皇太后，一见面就哐当一下跪在了地上。

"臣，臣董贤叩见太皇太后。"

太皇太后轻蔑地道："起来吧，大司马不必客气。"

董贤："谢、谢太皇太后。"

太皇太后："先帝生前最喜欢的就是大司马你了，所以老身想要问问你，陛下的葬礼你想怎么安排呀？"

董贤这时候已经吓得六神无主，哪里还敢多说半句。于是，刚站起来的他慌忙又跪在了地上："全凭太皇太后吩咐。"

太皇太后微笑道："好，既然你这么信得过老身，那老身就说了。大司马你能力有限，葬礼全都交给你好像未必能办成。而新都侯王莽曾经以大司马的身份办理过先帝的丧事，比较熟悉此中内容，还有一定的经验，不如就让他来辅佐你如何呀？"

董贤磕头如捣蒜："好，好，太皇太后圣明，太皇太后圣明。"

太皇太后："嗯，你下去吧，没你的事儿了。"

董贤："是，是！"

当董贤走了以后，太皇太后极为轻蔑地看了一眼他的背影，然后继续道："来人！"

"在！"

太皇太后："老身这有一道诏书，你拿着这道诏书交给尚书，让他立即将调配所有军队的符节全都交给王莽。另外，告诉他，从此以后，中黄门和期门的武士也全都归王莽来调遣。"

"是！"

太皇太后："来人！"

"在！"

太皇太后："速让王莽前来长信宫见老身。"

"是！"

就这样，王莽马不停蹄地来到了长信宫。

到了长信宫以后，太皇太后微笑着道："我的好侄儿，来，到姑母这边来。"

王莽受宠若惊，赶紧小跑到太皇太后身边："臣，王莽，拜见太皇太后。"

太皇太后："我的好侄子，你不必如此客气，以后你单独来见，以亲戚相称就可以。"

王莽见太皇太后如此亲切，一瞬间就知道自己的好日子来了。于是，他故作诚惶诚恐之态："这、这可真是侄儿的荣幸，那侄儿这边拜见姑母了。"

太皇太后大笑："好，这才是我的好侄子。你可知道，傅老太太的孙子已经死了。"

王莽："侄儿也是刚刚听说。"

本来微笑的太皇太后脸色瞬间阴沉地道："现在，虎符和玉玺都在姑母手中，姑母打算把你推到大司马的位置上，并让你执掌大权！所以便将这天下所有的调兵符节都交给你！并且从此以后，朝中的黄门和武士全都由你来指挥！你，能否担得起这个大任？"

王莽赶紧下跪在地："姑母放心！侄儿从今以后一定会用生命保护您，并让王氏从此百世兴旺！不负姑母信任！"

太皇太后："好！这才是我王氏男儿。刚才，我已经通知了各方，让你协助那个董贤处理刘欣的葬礼，你一定要在这个葬礼上把他的风头压下去，尽量将他的存在感打压到最小。"

王莽轻蔑地道："姑母放心，董贤，没有先帝给他撑腰，他不过就一路人而已。"

同月的某一天，汉哀帝刘欣的葬礼正式开始，正像王莽之前所预料的一模一样，汉哀帝一死，董贤周身上下的光环立即荡然无存。

整个葬礼之上，到处都能看到王莽发号施令。而董贤，只能卑微地像一个仆人一样跟在王莽身后。

直到现在董贤才明白一个道理，一个人只要能快快乐乐地活着就够了。而这个简单的愿望，对现在的他来说也很难实现了。

公元前1年正月二十七日，在太皇太后的主持下，汉朝迎来了汉哀帝死后的第一个朝会。

董贤谨慎小心地前往未央宫，完全没有了当初跋扈的气质。可当他到司马门前之时（司马门：皇宫的外门），一道身影却拦在了他的身前。这人不是别人，正是王莽了。

可还不等董贤说话，王莽便冷笑地道："董贤，本官在这等你好久了，现在，传太皇太后旨意，董贤接诏！"

一听这话，董贤赶紧跪拜在地："臣，董贤，跪拜太皇太后。"

王莽："董贤，先帝生前最宠之臣，可在先帝临终之前却不亲自侍奉医药，罪大恶极，外加能力不足，因此，罢免其大司马之职，即刻贬为平民，立即遣返原籍！"

听到这儿，董贤吓得亡魂皆冒，慌忙脱下了自己的官帽和鞋子，赤着脚交出了大司马的印信，然后逃也似的回家了。

回家以后，董贤和妻子惶惶不可终日。他们知道，恨自己一家子的人实在是太多了，汉哀帝生前他们不敢和自己动手，可如今哀帝死了，谁都救不了也不会有人再救他们了。

所以，与其原地等死，不如自行了断。

于是，就在王莽刚刚宣布罢免董贤的那一天晚上，董贤和自己的妻子便双双自杀身亡。

董贤在京城的那些家人听说此事以后全无悲伤，而是被深深的恐惧所笼罩，所以根本不敢大葬董贤夫妇，只能将二人草草埋葬。

而董贤死去的消息很快便传到了王莽那里。王莽简直不敢相信自己的耳朵，换谁谁会相信拥有如此身家的人说自杀就自杀了。

于是，怎么都不肯相信董贤会自杀的王莽在第一时间命人前往埋葬董贤的地点，将董贤夫妻的尸体给掘了出来，经反复查验无误后才确认这两具尸体真的是董贤夫妇。

这之后，王莽直接抄了董贤的家，将其所有家产全部充公。经反复细算，报给朝廷的数字总额为四十三亿之多（当初汉朝数万士卒和西羌打一年的军费也才勉强四十亿）。

6.12 独霸朝纲

被太皇太后授予大权，主持汉哀帝的葬礼，将董贤贬为平民，抄董贤的家产。

这所有的事情王莽只用几天就完成了。在这几天之内，王莽可以说是威风八面了。可这只不过是王莽的第一步而已。

就在抄了董贤的家产以后，太皇太后再一次召开了廷议，提议让王莽为新任大司马。

那王莽以前就担任过大司马之职，可谓经验丰富。并且，王莽的声望在当时也是如日中天。同时，他还是太皇太后的亲信，大权在握。基于此，不管是朝中的清流还是那些阿谀奉承的小人，大部分都赞同太皇太后的意见。只有两个人有不同的见解。他们分别是前将军何武以及左将军公孙禄。

此二人认为，外戚，一直都是大汉皇朝的第一不安定因素。惠帝、昭帝时期，吕、霍、上官把持朝政，几乎危及整个汉朝江山。成帝、哀帝之时，又有王、傅、丁三家把持朝政，让整个大汉王朝污浊不堪。如今，即将选拔新帝，太皇太后竟有意让王莽独揽朝政，这是绝对不能被允许的。

所以，二人不同意太皇太后的意见，并主张外戚和朝臣共同为辅政大臣，分其权柄。

但整个朝廷，三公都没有意见，只有这两个身份不是太尊贵的官员提出了反对意见，这又有什么用呢？

所以，公元前1年正月末，王莽正式成为了大司马，领尚书事。

这也就是说，从此以后，王莽不仅掌握天下兵马，还掌握了宫中所有的黄门以及近卫。

同时，他还可以归纳总揽各种政令（此时尚书的权柄早已不是秦朝尚书所能企及），可谓是权倾朝野了。

可王莽是聪明人，他知道，一个人就是实力再强也不可能真正做到天下无敌。所以，为了继续巩固自己的权力，他向太皇太后推荐了自己的堂弟王舜，希望能让王舜担任车骑将军的职位。

车骑将军在军界是除了大将军和骠骑将军以外军职最大的存在。而大将军和骠骑将军不常置，一直到现在这两个职位都还空着呢。所以，王莽的意图已不言自明，那就是不仅军权要在自己手中把持着，甚至手底下的将军都要是自己的人。

最要命的是这还不是领导提出来的，而是他自己主动提出来的。这简直就是在试探当权者的底线。可如今当权者是王政君王太皇太后，她根本没有发现王莽潜藏在内心深处的野心，她认为王莽是她王家人的小辈，是不可能存在不臣之心的。所以，她答应了这个要求。

于是，从这一天开始，王莽彻底掌握了汉朝的兵权。

而政权，只有在枪杆子下才会稳固。

同年七月，为了方便王氏把持朝政，太皇太后和王莽共同商讨，立了只有九岁、并有严重眼疾的刘箕子为汉朝第十四任也是西汉最后一任皇帝，这便是汉平帝了。

汉平帝从继位开始便是一个摆设（第一，是他年纪小不懂事；第二，现在朝中的军事大权都在王莽手中拿捏着，而调兵虎符也在太皇太后手中，所以哪怕是汉平帝有意反抗，他也没有那个实力，便只能安心地当他的傀儡），所以，王莽趁此天赐良机再次加强了他在朝中的控制力。

而这次，他将爪子伸向了政权，开始了他打击异己的道路。

七月三日，王莽奏报太皇太后："皇太后赵飞燕的妹妹赵昭仪专宠专房，禁止成帝其他的妃子们进御，还残忍杀害成帝子嗣，赵飞燕也不是什么好东西，在成帝还活着的时候就乱行苟且之事，所以，臣建议，将其打入冷宫，任其自生自灭。"

太皇太后："准！"

七月八日，王莽再上奏："定陶恭王太后傅氏和孔乡侯傅晏同心合谋，危害朝廷，背恩忘本，专断放肆，图谋不轨。他们任用的官员没有一个是好人，所以，应该在即日起将傅氏和丁氏两家所有的官员全部罢免，并剥夺他们的爵位，将他们遣返原籍。"

太皇太后："准！不过有一个人，侄儿你不要动他。"

王莽："谁？"

太皇太后："自然是傅喜了。这小子非常不错，在那傅氏和老身作对的时候只有他能够伸张正义，所以，不但不应该惩罚他，还应该再将其调入京城之中委以重任。"

王莽："是！"

实际上，对于太皇太后这个旨意，王莽并没有多少抵触情绪。因为现在正是自己打击异己的时候，自己接下来的一番动作难免遭人非议，如果在这时候能将忠直的傅喜重新起用，那也能极大地减轻自己的舆论压力，大不了再过一段时间，等自己的政权"完全"稳固以后再将他弄走也不迟。

所以，王莽根本没有犹豫，直接便将傅喜弄回了长安。

可傅喜通过王莽最近的种种动作，很早就发现了王莽有不臣之心，所以，虽然在表面上恭敬而又高兴地接受了王莽的"册封"，但实际上到长安以后却实行"三不管"的保命政策（不管自己的事儿，不管王莽的事儿，不管朝廷的事儿），既不投靠王莽，也不反对王莽。

结果，在多年以后，傅喜得以全身而退。

七月十五日，王莽向大司徒孔光抛出了橄榄枝，将他的女婿甄邯提拔为侍中、奉车都尉。

七月十六日，王莽以孔光的名义写了一封奏书，并命人将此奏书交给了孔光，上面清清楚楚地写了何武和公孙禄二人诸多莫须有的罪名（莽皆傅致其罪，为请奏草）。

孔光知道，这是王莽给完自己糖以后让自己表态了，如果自己不答应王莽的要求的话，那么以后等待着他的将会是什么已不言自明。

而孔光，不想丢掉荣华富贵，也不想丢掉自己的性命，更不想子孙后代因为他而受到牵连。所以，他在第二天便上奏太皇太后，请求罢免何武和公孙禄的官爵。

太皇太后素来敬重孔光，再加上之前自己重任王莽之时，这两人上纲上线的，所以没有丝毫犹豫便罢免了这两个官员。

这以后，但凡对自己声望有利的奏策，都由王莽亲自上奏。而对自己声望无利的，都由孔光上奏。

孔光，从此成了王莽的手枪。

七月十六日，王莽上奏："臣王莽上奏太皇太后，高昌侯董武之父董宏（董宏当初曾上书给丁姬加尊号），其人奸佞邪恶，不堪大用，应罢免其官爵，将其遣返回原籍。"

太皇太后："准。"

七月二十日，王莽上奏："启禀太皇太后，南郡太守毋将隆当初在审理中山冯太后一案时，冤枉陷害无辜；关内侯张由诬告皇家骨肉；中太仆史立、泰山太守丁玄，陷害人致死；河内太守赵昌诬陷郑崇。这些人，都是奸诈邪恶之辈，本应该判处死刑，但他们的罪行都是发生在大赦天下之前，所以无法判处死刑。但就是这样，这些人也不应该再让他们为官，应该立即将他们罢官，遣返原籍。"

太皇太后："准！"

冯太后之所以被逼迫到自杀，确实和张由、史立、丁玄脱不开干系，但毋将隆又是谁呢？这事儿和他又有什么关系呢？

实际上，这个事情和毋将隆并没有太大的干系，毋将隆只不过是受到傅太太后的逼迫，和这些人联合上奏而已。王莽之所以要整毋将隆，主要原因还是记恨毋将隆。

毋将隆，字君房，东海兰陵人，成帝时曾为朝中骨干，其为人正直，深受成帝和朝中大臣们的喜欢。

那时候，王莽十分仰慕毋将隆，渴望和其结交，但毋将隆非常看不上王莽，根本理都不理他。

所以，从那时候开始，王莽虽然表面上见到毋将隆还是乐呵呵的，但心里已经将毋将隆判了死刑。这就有了现在排挤毋将隆一事。

七月二十五日，大司徒孔光无奈上奏太皇太后："从前，王立（王氏五侯之一，太皇太后亲弟弟，曾顶王商之缺）明知道淳于长犯了许多大逆不道的罪责，却百般为其说情，延误了朝廷许多事。以后，他更是提议以奴隶的私生子为皇子，使得天下人心恐惧、议论纷纷，有的人甚至说曾经吕氏和少帝的局面将要再次来临。这种人，怎么还能在长安待着？怎么还配在朝中待着？臣请太皇太后将其遣返封国，不要再任用。"

那王立不管怎么说都是太皇太后的亲弟弟，太皇太后又是一个非常保护晚辈的人，所以坚决不同意孔光的奏请。

这时候，王莽出面了。

一天，他私下找到了太皇太后，看似公正谦卑地道："姑母啊，现在我大汉正是衰落之时，已经有连续两位皇帝都没有子嗣了。姑母您年岁已大，却不顾自己的身体，始终替幼主主持国政，这实在是令人痛心。可哪怕您是为了这个天下而操劳，又有多少人能真正地理解和体谅您呢？如今，姑母您因为私人的恩情而反对大臣们的提议，我恐怕这样人心会不服，进而产生动乱啊。"

太皇太后对自己的这个侄儿没有半点儿怀疑，被说得晕头转向，于是害怕地道："那、那侄儿你说应该怎么办呢？"

王莽故做苦思状，寻思了一会儿道："好办，现在，暂时让小叔返回封国，等局势稳定以后再将他召回，这样可保万无一失。"

太皇太后感觉很有道理，便依计而行了。可让其万万没想到的是，本次孔光之所以敢参奏王立，根本就不是什么为国为民，而是奉了王莽之命。

那王莽为什么要打击王立呢？

很简单，王立现在虽然并未担任要职，但怎么说都曾经在朝廷掌握过大权，再加上他还是王莽的叔父，在王氏族中举足轻重。所以王莽对其又尊重又忌惮，害怕以后自己的行动受其阻碍，这才授意孔光，让其将王立弄走的。

以上这些，只不过是王莽打击异己中比较重要的，还有很多打击异己的事情就不一一枚举了。

七月，整整一个月，王莽都在打击异己，培植自己的势力。但凡依附归顺王莽的人，他们都能够得到提拔。相反，有敢忤逆王莽或者遭他忌恨的人，最终不是被斩杀就是被流放，最好的也是被贬为平民。

而弄走这些人以后，王莽便在这些已经空出来的位置上安插自己的亲信。其中，王舜和王邑都是王莽一党中的骨干力量；甄丰、甄邯则替王莽掌管司法刑狱；平晏主管机要之事；刘秀（此刘秀非彼刘秀）掌管起草诏书文稿；孙建负责军事。

而这些人虽然都是王莽一党，但有一个算一个，全都是能力突出之人。其他任用之人也是多如牛毛，像甄丰之子甄寻、刘秀之子刘棻，以及涿郡崔发、南阳陈崇等都是因为有才干才被王莽所任用的。王莽才不会什么人都用。

所以，起码一段时间以内，汉朝在王莽的治理下非但没有走下坡路，还在稳固上升中。这不得不说是一大讽刺。

公元前1年八月，王莽再次上奏太皇太后，要求将赵飞燕贬为平民，遣送至成帝墓前，一辈子替成帝守墓。

赵飞燕不堪受辱，于当日自杀。

八月二十日，大司空彭宣实在看不惯王莽的专权，便以退为进，请求告老还乡。

在这个阶段，太皇太后离了谁都行，就是不能离了王莽，所以她也没惯着彭宣，直接让他走人了。

在彭宣下台以后，王莽迅速行动，推荐王崇为大司空，并起用东海人马宫接替了他右将军的职位，再任左曹、中郎将甄丰为光禄勋。

自此，三公已皆为王莽之走狗。王莽权力之大，自汉建立以来无人能出其右。

6.13　欺诈天下

同年十月，史书上说大司徒孔光实在是受不了王莽的压榨了，乃请求辞职退休。

但王莽没同意孔光的请求，只同意他从大司徒的位置上下来，并请奏太皇太后，封孔光为汉平帝的太傅，兼给事中，让他负责皇宫宿卫的供养，并兼禁中官署门户、查看皇帝服饰，以及御用、进食等。

王莽此举，看似尊重孔光，授其大权，可实际上就是为自己拉名声。因为这时候除了孔光和王莽二人以外，没有任何一个人知道孔光是王莽的走狗。

大司徒，这个三公之首的位置已经空出来了，那么新任大司徒是不是就应该由王莽代理了呢？王莽才不傻，当然不会接大司徒这个大活了，因为只有大司马才能名正言顺地攥着兵权。

所以，王莽没有当大司徒，而是让右将军马宫担任了新大司徒，甄丰则代替马宫成了新任右将军。

公元1年正月，为了能让自己的名声在原有的基础上更上一层楼，大司马王莽暗示益州太守，让他尽量整出一些能和自己扯上关系的祥瑞来，以提高自己的声望。

益州太守会意，立即命益州周围的一些少数民族向长安方面献上一只白野鸡、两只黑野鸡。

朝廷的那些文武百官不知道是早就被人暗示过还是真的这么聪明齐心，他们竟然在知道这件事以后便齐齐上奏太皇太后，称当初周公辅政之时，因为天下被治理得非常好，所以出现了白野鸡的祥瑞。如今，大司马辅政，不但出现了白野鸡，还出现了黑野鸡。所以，也应该像当初大周的臣子称呼姬旦为周公那样改称王莽为安汉公。

同时，还要给安汉公增加食邑，使得他的爵位和封地相等。

在太皇太后这儿，只要有利于王莽的，她王政君老太皇太后都绝对不会有半个不字。所以，这些大臣提出建议没过多长时间，太皇太后那边便批准了。

可就在太皇太后刚刚批准以后，王莽开始了他的表演。

朝会之上，王莽对汉平帝和一边的太皇太后深深一拜，然后正气凛然地道："启禀陛下，启禀太皇太后，大汉国策并不是臣一个人定下的，那是臣与孔光、王舜、甄丰、甄邯等一众大人共同制定下来的。臣，不过一介庸才，无法与各位大人的才能相提并论。所以，断没有就赏臣一个人的道理。臣愿意将赏赐让出来，全部赏给孔光等人，还请太皇太后及皇帝陛下恩准。"

"这话说得不对！"

王莽话音刚落，没等太皇太后说几句好话，王莽的忠实手下——甄邯就站出来道："启禀太皇太后，启禀陛下，不偏颇，无偏袒，这样治理天下的道路才会宽广坦荡。我们不能因为大司马和太皇太后您有骨肉亲情就遮掩回避，不加褒奖。各位都看到了，自从大司马辅政以后，我大汉国泰民安。不但百姓的生活水平有所上升，就连从元帝开始频频出现的天灾异象都不再发生了。不但如此，还出现了如凤凰临朝一般的祥瑞，这难道不是大司马的功劳吗？这难道不是上天对大司马的奖励吗？所以，臣代表满朝官员再次请大司马您遵从太皇太后的旨意，不要再推辞了。"

听了这话，王莽心中都乐开了花，但表面上依然拒绝得十分干脆。

最后，为了拒绝赏赐，王莽干脆不上朝了，死活都不接受太皇太后的奖赏。那样子已经很明确了，只要太皇太后你一天不奖赏孔光等人，我王莽就一天不上朝。

太皇太后哪儿能看得出来王莽的演技，再加上现在朝中没有王莽她一个妇孺之辈根本就撑不起，所以最后只能封孔光为太师、车骑将军；安阳侯王舜为太保，增加食邑到万户；并任命左将军、光禄勋甄丰为少傅，封广阳侯；侍中、奉车都尉甄邯为承阳侯。使得四辅占其三（王莽时代，四辅总揽朝政大权，权势更在三公之上，其分别为太师、太傅、太保、少傅）。

可就是这样，王莽依然赖在家里不肯上朝。

太皇太后真是慌了，不知道该如何是好。

这时候群臣又建议太皇太后道："大司马虽然克己谦让，但朝廷不应该亏待那些对国家有重大贡献的人，所以希望太皇太后您及时给予大司马封赏，以表明对于首功之臣的重视，不要让这天下的百姓失望。"

于是太皇太后下诏，任命大司马、新都侯王莽为太傅，并升其侯爵为安汉公公爵，增加食邑到两万八千户。

王莽通过自己的种种表演，使得太皇太后重赏了自己的几个心腹，使得他的心腹们对王莽感恩戴德。但他并不满足，现在，他还要让整个中央的大员都对他感恩戴德。

当太皇太后封了王莽公爵和食邑以后，王莽是回来了，但是在他"复出"的第一场朝会上，王莽就当着全部中央的官员向太皇太后请奏，宣布自己接受了太皇太后给自己太傅和安汉公的封赏，却拒绝了增加食邑的请求。

太皇太后一愣："安汉公，你这是为什么呀？食邑不增加，那和没有获得公爵有什么不同呢？"

王莽继续演："启禀太皇太后，微臣从小便有一个心愿，那就是想让天下所有的百姓都丰衣足食，只有这样，臣才能安心地接受这个封赏。不然，臣真的不能接受，那有愧于臣的本心。"

这话说完，王老太太被感动得热泪盈眶（老天眷顾我大汉，眷顾我王氏一族，竟然出了这么一个大忠大能之臣），可还没等她作声，下面的群臣们奋勇争先地启奏太皇太后，一定要让太皇太后重赏王莽。

于是太皇太后道："安汉公，你一定要等百姓都富足以后才会接受朝廷的封赏，老身我尊重你，可你毕竟对于现在的盛世是有首功的，所以老身我无论如何都要赏赐你一些，不然实在无法面对这天下的悠悠众口。现在，老身要将安汉公你的俸禄加倍，等到这天下所有人都富足以后，老身再行重赏你。"

本以为这次王莽一定不会再行拒绝了。可遗憾的是，老太太又错了。

王莽非但没有接受太皇太后的赏赐，反倒是拿出了一个赏赐名单："启禀太皇太后，微臣这里有一个赏赐名单和计划，如果太皇太后是真的为了微臣好，那就请批准了臣的这个计划吧。至于微臣，真的够了，不要再赏了。"

太皇太后没说什么，而是将王莽手中的名单拿过来看了看，紧接着二话不说，直接批准！

于是，公元1年二月，朝廷赏刘氏宗亲三十六人为列侯，赏各路大臣二十五人为关内侯，并且下令王公、列侯、关内侯，凡是没有儿子的，都可以自行让和自己有血缘关系的人来继承自己的爵位。皇室宗亲以及支系后裔，曾经因为犯罪而被开除宗籍的，也从本月开始恢复他们本来的身份。全国两千石以上高官，年老退休的，以原俸禄三分之一来作为退休金，国家奉养他们，一直到他们死亡。

最后，下至平民百姓、孤寡老人，国家都有相应的恩惠政策，可以说是无所不施了。

当时，整个汉朝的人民没有几个没受到王莽的恩惠的。上到王公大臣、下到平民百姓都对王莽感恩戴德。王莽之声望已如日中天。

封列侯、各种优惠政策，这全都是用国家的钱来给自己立道德牌坊啊。

接下来太皇太后犯下了更加低级的错误。

敏锐的王莽在这次事件以后发现年老的太皇太后根本就不是搞政治的料，并且，随着她年龄的增长，她对于政治的反应越发迟钝。

于是，王莽便通过种种手段和许多途径暗示一些官员，让他们上奏，劝太皇太后以后不要再理会朝政，将所有的事情都交给王莽就好。

而太皇太后对王莽是完全信任的，根本就没想到他会有什么其他的想法，便准了此奏请，并下诏："从今以后，除了封爵这等重大的事情以外，其他的事一律由安汉公等四辅决策，不用再向老身汇报。还有，以后州牧、两千石等高官的任命考核也通通交给王莽，不要再来向老身汇报。"

自这以后，凡是有新官前来京城接受考核的，王莽都会对他们礼遇有加，不但不收受贿赂，甚至还会反送给这些年轻的官员一些小礼物。

就这样，王莽渐渐得到了全天下的人心，并且职权几乎和历届汉皇相等。

公元1年五月，安汉公王莽增置大司农部丞十三人，劝农桑，全力为国家积攒粮食。

同年六月，王莽封周公后代公孙相如为褒鲁侯，尊孔子后代孔均为褒成侯，并增加周公、孔子祭祀，追增孔子褒成宣尼公。

此举下来，再使王莽获得天下儒生之心。

同年同月，王莽再撤明光宫以及三辅皇帝车马所行之驰道，以利民众交通。

此举虽然损害了皇帝在人民心中的威信，却再次给王莽增加了声望。

这就是王莽，不到一年的时间运用自己手中职权得到了当时汉朝文武百官、儒生和老百姓的拥戴。真欺诈天下之巨蟒狂枭！

6.14 欺压外藩

公元2年春季，距离汉朝三万多里有一个叫黄支国的小国（大概在今印度马德拉斯西南）。

这一年，王莽偷偷地派出了使者，给这个小国的国王很多贵重的礼物，只有一点要求，便是要求黄支国国王派出使者团向汉朝纳贡，只说是尊敬王莽而来上的贡。

这种白给钱的买卖谁会不做？

于是，黄支国国王没过多长时间便派出了使者团前往长安，献给汉朝犀牛等珍奇动物和一些土特产，并说得明明白白，人家这次主要是来见王莽的，至于汉平帝，连提都没提。

此举使得王莽更加声威大震，全天下的人都知道，现在连三万里以外的小国都来拜见他们的安汉公了。

同月，就在黄支国使者团刚刚离去以后，王莽再添动作。其遣使者秘密往越巂郡（郡治在今四川省西昌市东南）见越巂郡太守，让他向长安方面谎报祥瑞。

王莽，那可是现在朝廷中的巨贵，越巂郡太守巴结都来不及呢，怎么可能不照做。

于是，越巂郡太守立即向长安汇报，称在他的治下出现了黄龙祥瑞。

此消息传到长安以后，太师孔光、大司徒马宫等人全都在朝会上称赞王莽道："安汉公的功德已经超过了古代的周公，应该将其功德汇报给先帝，祭祀宗庙，让整个天下的人都知道安汉公对这个国家的重要性和作用。"

众多大臣："是是是，说得对，只有这样做才能对得起安汉公对国家做出的贡献。"

可就在这群大臣狂拍王莽马屁的时候，一个不和谐的声音出现了。

只见大司农孙宝嗤笑一声站出来道："呵，真是一群马屁精。"

官员A："孙宝！你骂谁？"

官员B："孙宝！有什么话明着来，别在那儿阴阳怪气的！"

孙宝："呵呵，我有什么阴阳怪气的？周公是崇高的圣贤，召公也是大贤，可哪怕是这两人也有不足的地方记录在史书之上，可谁因为这些事情抨击他们了？原因很简单，因为他们在世之时都将这个国家治理得国泰民安。可是现在我大汉呢？你们知道现在的大汉有多少人还吃不起饭？你们知道现在的大汉有些地方已经连续多少年没有丰收过了？你们什么都不知道，只知道在这粉饰太平，狂拍马屁！"

官员C："孙宝！你，你！你这个……"

就在一些官员想要奋起反击之时，甄邯赶紧走出来道："好了好了，大家都不要吵了，今天的讨论就到这里吧，有事儿以后再说。"

话毕，大家虽然还有些余怒未消，但既然甄邯说话了，也就这样不情不愿地散了。

可这件事远远没完，因为等待着孙宝的将会是如同狂风暴雨一般的报复，并且是现世报。

本月，孙宝让妻子和手下官员前往家乡迎接自己的母亲往长安居住。可他的母亲却在前往长安的途中病倒了，只能先在孙宝的弟弟家里暂住。

可不知是老太太让的，还是孙宝的妻子真的不愿意侍奉老婆婆，反正就是孙宝的妻子先一步回到了长安。

这本不是什么大事，可在孙宝得罪了王莽以后就成了大事。

司直陈崇在第一时间弹劾孙宝，说孙宝不守孝道，他媳妇之所以不伺候老婆婆就是孙宝授意的。

此弹劾上报以后，朝廷这些官员立即上纲上线地集体弹劾孙宝，甚至将案件演变成了三公会审。

孙宝知道，他得罪的人是王莽，哪怕这群人不鸡蛋里挑骨头，他也没机会翻盘了。与其这样，还不如自己主动辞职，这样还能留一个好名声。

于是，孙宝上奏朝廷请求辞职，朝廷二话不说，以极快的速度批准了他的请求。

就这样，孙宝离开了长安，一直到死都没能再回到这座曾经令他魂牵梦萦的城市。

孙宝被排挤出了长安，而这事儿自始至终王莽都没出过面。这就是现在王莽的实力，可以打击异己于无形、杀人于千里之外。

同年三月，王莽一党的核心成员王崇看出了潜藏在王莽内心中真正的野心，他极度害怕，害怕王莽失败以后自己也会走上黄泉这条不归路。

于是，在这个月，王崇装病，称床都下不了了，并请朝廷批准自己辞职，回到老家颐养天年。

王莽虽然不愿意让王崇离开自己，但王崇演得实在是太像，王莽也不好强迫，只能无奈地批准了他的请求，并让左将军甄丰代替了他大司空的位置，用右将军孙建为左将军，光禄勋甄邯为右将军。

王崇，自以为躲过了一场大劫，却在回乡以后没多长时间被人毒死了。

没办法，上了这条贼船你还想下来，那只能怪王崇太天真了。

同年四月，王莽更加明目张胆地收买人心，他上奏太皇太后，请立代孝王玄孙的儿子刘如意为广宗王；江都易王的孙子刘宫为广川王；广川惠王的曾孙刘伦为广德王，并赐封汉王朝大功臣之后一百一十七人为关内侯。

可以说，王莽的野心已经是越来越明显了，一些有识之士心中已经开始对他怀疑起来。

可是太皇太后呢？这个老妇人依然对王莽百般信任，当即便批准了王莽的请求，使得王莽更进一步地收买人心。

同月，汉朝大部分地区发生了大型旱灾、蝗灾，其中青州尤其严重，人民逃荒流亡数以万计。

王莽并没有动用府库存粮，而是趁此时机捐出了一百万钱、私田三十亩来救助这些灾民。

朝廷的公卿大臣们见"领导"都这样了，他们也得做做样子呀。

于是，一时之间，满朝的公卿大臣全都拿出自己的钱和地捐献给了那些流亡的百姓。

王莽则用这些钱在长安中心修了五个里，盖民宅二百余所，用来安置那些流亡到长安的流民。

虽然和现在的流民数量一比，这点儿住宅如同杯水车薪，但王莽爱民的声望则再次打了出去，百姓一提起王莽都说他是爱护百姓的青天大老爷。

此外，王莽为了表示自己的爱民之心，还每天痛哭，不食肉食，声称什么时候灾民全都没有了才会再食肉食。

王政君老太皇太后大为感动，甚至隔三岔五派使者往王莽家中劝他吃肉，可谓关怀备至了。

但王莽的这些表演对有些人来说就极为反感了，他们不但看出了王莽的伪装，还看出了王莽早晚有一天会篡夺大汉的江山。

光禄大夫龚胜和太中大夫邴汉都因为王莽的专权而请求太皇太后批准他们辞职回乡养老，可最后却是王莽批准了他们的辞呈。

还有一个叫梅福的官员预感到王莽以后必定会篡夺大汉的江山，而自己也是王莽一党中的一员，害怕王莽失败以后自己将会尸骨无存，便在一天突然失踪，谁都找不到他了，不知道的还以为他死了呢。

直到多年以后，有人才在遥远的吴城看到了他，而那时候梅福已经改名换姓，在吴城当了一名小小的守门卒。

还是同月，汉平帝刘箕子在本月改名为刘衎。衎是快乐和刚直的意思，那么汉平帝在这种时候改名到底是出于一种什么意图呢。

公元2年九月，戊己校尉（驻车师屯田官）徐普上奏王莽，说车师后国到汉朝路途遥远，不管是派遣使者还是行军打仗都非常不便，不过在车师后国有一条很长的道路是直通玉门关的，只要成功将此道开发，那么以后和汉朝的来往交通就要比原来近得多，这也更加方便汉朝对于西域诸国的掌控。

王莽觉得这个提议非常好，便批准了徐普的奏请。

可就在汉朝即将动工之时，车师后王姑句不干了。为什么呢？因为车师后国正当新道，只要汉朝在这里开发新道，那就不可避免地会让自己的国家给这些汉朝徭役提供"方便"。

那车师后国只不过是一个小小的西域城邦国，拿什么来供给成千上万的汉朝徭役？所以，姑句对徐普提出了强烈谴责。

徐普一听，怎么着？你一个小小的车师后国国王还敢拒绝大汉的计划！你可真是作死。

于是，徐普二话不说，当即便出动军队攻击车师后国，誓斩姑句人头。

到了这时候，姑句害怕了，因为就是再增他三倍的国力也绝不是大汉的对手。而这时候，姑句的老婆建议姑句道："从前，我们车师后国的国力要比现在强大，不过就是那样还是被汉朝的都护司马击败。如今，汉朝在西域的控制力更加强大，所以你无论如何都不会是徐普的对手，留下来顽抗必死无疑，不如带部队连夜逃出国家，这样还能留得一条性命。"

姑句觉得有理，便于当夜率所部精锐突围逃到了南匈奴。

而就在姑句投奔了南匈奴的同一时间，胡来王唐兜也同时投奔了南匈奴。

这又是怎么回事儿呢？

原来，近些年胡来国和赤水羌相互侵犯，大小战争不断，可胡来国的国力实在是太弱，差到史书上都没有对其有过什么介绍，所以随着时间的推移，胡来国逐渐处于劣势。

特别是到了公元2年，胡来国王唐兜实在顶不住赤水羌的攻击了，便向西域都护府告急。因为胡来国是汉朝的附属国，所以西域都护府是有支援他们的义务的。但不知道是王莽暗中授意还是都护府有意推脱，总之就是拖拖拉拉地不去支援。

最后，唐兜实在顶不住了，便放弃了原来的国土，带领着自己的部众前往玉门关，希望汉朝能够收容他们。

可玉门关守将根本就不放他们进来，唐兜因此大怒，举族前去投奔了南匈奴。

乌珠留若鞮单于呢，先斩后奏，照单全收，直接将姑句和唐兜安排在了左谷蠡王所居住的地区。

王莽因此大怒，直接派出了汉使往南匈奴狠狠地责备了乌珠留若鞮单于，并威胁他马上将姑句和唐兜送到长安来。

乌珠留若鞮万万没想到自己这种试探性的举动竟会让汉朝如此震怒，而这种怒火，根本就是他无法承受的。

所以，乌珠留若鞮单于立即在汉朝使者面前叩头谢罪，并第一时间派遣使者将姑句和唐兜齐齐送往长安。

时间：公元2年九月下旬。

地点：长安。

这一天，西域数十国的国王全都被王莽强邀至长安。

这一天，长安鼓声震天，遍地兵甲。

这一天，姑句和唐兜在众目睽睽之下被押上了断头台。

伴随着咔嚓一声巨响，两颗头颅落下，鲜血喷洒而出。

之后，轰隆隆的鼓声雷动，驻扎在长安的数万汉军喊杀声沸腾，只有那数十位所谓的国王在座席上瑟瑟发抖。

而后，几乎是同一时间，鼓声停，喊杀声止，王莽慢慢地登上了高台，看着下面那数十个国家的国王大声吼道："下面诸国国王都听好了，我王莽宣布，从今以后，我大汉推出四条规矩，每个国家的国王都必须遵守，不然，后果自负！

"第一，凡因罪逃亡至各个国家的汉朝人，各个国家不得接受，尤其是匈奴。

"第二，凡逃亡到各个国家的乌孙人，各个国家不可以接收，尤其是匈奴。

"第三，凡逃亡至各个国家的乌桓人，各个国家不得接受，尤其是匈奴。

"第四，现在已经投降匈奴的西域诸国佩戴汉朝印信绶带者，匈奴必须在三个月之内给我送回来。"

此四条，看似是说给西域诸国听的，可实际上到底是警告谁，谁心里很清楚。

并且这还没完，只见王莽轻蔑地道："匈奴使者何在？"

匈奴使者："在，臣在。"

王莽："我再三嘱咐，本次大会，每个国家的国王都必须到齐，你们单于是怎么回事儿？为什么没有来参与大会？"

使者哆哆嗦嗦地道："启、启禀安汉公，我家单于最近身体不好，实在是……"

王莽打断："好了！不必再说了，你们单于心中那点儿小算盘我知道，说多了就没意思了。回去告诉你们单于，告诉他以后不要再耍什么小心思。另外，本公最近想要下一道诏书，就是禁止天下人取两个字的名字，而你们匈奴现在已经臣服于我汉朝，也算是半个汉朝人嘛，所以，如果你们单于真的将自己当汉朝人的话，我希望他能体会我话中的意思。"

匈奴使臣："是，是，小人回去一定如实禀报。"

就这样，匈奴使臣回去了，而乌珠留若鞮单于听完使者的话以后吓得是魂不附体，他马上派使者前往长安，承诺不但严格遵守汉朝定下的四大条约，还要将本名改为一个"知"字（乌珠留若鞮单于本名囊知牙斯）。

我们书归正传。

这一天，王莽在长安的百姓面前出尽了风头，而一传十、十传百，没过多长时间全天下的人都知道他们的安汉公在长安城中将"百国"镇服，此举使得已经如日中天的王莽之声望再次提高。

可就是这样，王莽还是远远没有满足，于是便于本月又将他的魔爪伸向了后宫这个泥潭旋涡。

6.15　原形毕露

公元2年九月末，为了进一步巩固自己的权力，王莽有心让自己的女儿成为当朝皇后。

凭借王莽现在在汉朝的势力，想要让自己的女儿成为皇后其实就是一句话的事儿。可王莽认为，这样做是最没有水平、最没有见识的行为。

那怎么样算是有水平有见识呢——欲擒故纵。

一天，王莽突然来到了长信宫，对太皇太后上奏，乱七八糟地说了一堆，什么没有皇后一个国家就会大乱，什么没有皇后大臣们心中就没底等许多种理由，总之就是希望太皇太后及早给汉平帝找皇后。

立皇后这个事儿确实是头等大事，而汉平帝到现在也已经十二岁了，勉勉强强可以将立皇后的事情提上日程了。

基于此，太皇太后便答应了此事，并交付给了那最神秘的有关单位来实行具体操作。

主管官员"千挑万选"，终是在众多姑娘中选出了许多王氏家族的姑娘前来应征皇后。

而王莽之女才色平庸，在这一众其他王氏姑娘的面前并不出众，如果按照正常流程走的话她是一定选不上皇后的。所以，王莽直接上奏太皇太后："姑母，侄儿的女儿才色平庸，实在配不上当今圣上，再说，侄儿在朝中的权势已经很大了，未免遭人忌妒，侄儿决定这次就不让女儿参选了吧。"

太皇太后觉得王莽是真心诚意的"谦虚"，便答应了他的请求。

可太皇太后老糊涂，朝中的那些"老油条"可不糊涂，王莽心中想的是什么他们一清二楚。

所以，根本就不用王莽暗中授意，王莽一党的这些官员一听太皇太后的命令便又是带领下属，又是聘用百姓往未央宫门前跪拜。结果不到一个时辰，未央宫门前就聚集了一千来号人。此消息让太皇太后非常惊异，便派人前去询问带头官员他们究竟想要干什么。带头的官员道："我们安汉公拥有盛大功勋，他光芒万丈，他千古无双！如今给天子选皇后，就应该用安汉公的女儿！这还用选吗？直接定了就完了。可太皇太后为什么单单剔除了安汉公的女儿？这到底是为了什么？我们不服！如果太皇太后执意这样做的话，那让我们这些人该将期望归聚到谁的身上呢？还有谁能够代替安汉公呢？没有！所以，我们请求太皇太后能让安汉公的女儿来做这天下之母。"

众人齐声："请太皇太后让安汉公之女做天下之母。"

见下面这一千来号人如此齐心、口号如此响亮，这名来询问的官员也不敢再说什么，赶紧前去回报太皇太后了。

而这时候的王莽呢？他感觉时机已经到了，便派遣手下官员假惺惺地前去"劝退"这些前来请命的官民。

结果可想而知，根本就不可能有什么作用，反而造成了人越聚越多的现象，最后不到一天的工夫，聚集在未央宫门口的人都已经上万了。

这等人数，就连太皇太后都害怕了，最终只能无奈地答应了他们的"逼宫"，同意立王莽的女儿为皇后。

第二天朝会刚一开始，王莽就赶紧站出来为自己辩白："启禀太皇太后，臣的女儿才色平庸，实在配不上当今天子，还请太皇太后再次广宣贤良女子为后。"

其实，现在太皇太后都开始有些怀疑王莽了，想想也知道啊，那王莽每次都是谦虚、谦虚再谦虚，可哪一次谦虚之后好处不落在他的头上了？

而大臣们呢？其实也开始觉得腻烦了。但再怎么腻烦也要配合着演啊，要不然王大安汉公不得冷场？

于是，就在王莽自我辩白刚刚完毕之时，一众公卿争相"跑"出来为王莽说话："安汉公的说法我们不同意，安汉公之功劳千古无双，不立您女儿为皇后立谁的女儿？立公卿大臣的，还是老百姓的？谁敢？谁配？还请安汉公不要再推辞了，就听从了太皇太后的一片良苦用心吧。"

太皇太后无奈地道："好了，都不要再争了，这事儿就这么定下了，老身有些乏了，退朝吧。"

公元3年正月，王莽之女正式成为了大汉皇后。

自此，整个汉朝天下，上至王公贵胄，下至平民百姓，王莽之权势已经无所不及。他的一句话甚至要比曾经的汉朝皇帝更加具有权威性。

而本年，汉朝有郡国103、县邑1314、道32、侯国241、民户12233062、人口59594978、田8270536。

记住这些数字吧，因为在几年以后，它将会断崖式下跌。

公元3年四月，就在王莽春风得意之时，突然发生了一件大案，使得王莽终于撕下了那伪装的面具，让天下"一部分"人终于认清了他真实的面目。

这一年，王莽大权在握，为了防止汉平帝的外戚卫氏一族在汉平帝长大以后瓜分他的权力，便将卫氏一族全都"赶"回了中山国，并禁止他们再回到京师。

王莽有个叫王宇的儿子，他师从大儒吴章，满脑子都是仁义道德，所以很不喜欢王莽这种大权独揽的做派。

于是，从身为人子的角度上出发，他打算规劝王莽，让自己的父亲改邪归正。

可自己不过是王莽众多孩子中的一个，在王莽的面前根本就没有什么话语权。到底该如何是好呢？王宇百思不得其解，最终只能向自己的老师吴章求教。

吴章觉得，现在的王莽已经被权力冲昏了头脑，再也不是当初的王莽了。所以，想要让其改邪归正，一般的办法是绝对不行的。

见自己的老师都没有办法，王宇非常失望，可吴章接下来的话，让王宇看到了光明，也终将王宇和自己推向了地狱。虽然这时候王宇和吴章都不认为此举会造成如此严重的后果。

吴章对王宇说："你的父亲现在大权在握，举世无敌，已经无法听进去别人的话了。不过他比较信奉鬼神，你可以在这方面做文章，用一些灵异事件来吓唬他，然后再好言相劝，这样还是有可能成功让其急流勇退的。"

王宇觉得他老师的话非常有道理，便依计而行，让自己的内兄吕宽在当夜提了一大桶猪狗之血，准备用此血在王莽府邸的大门之上写一些"上天的警告"。

可一是王莽府中守备森严，二是吕宽的动作实在不怎么利索，竟然在行动的时候被守门巡逻的小卒给抓住了。

王莽听说此事以后大怒，直接让小卒用最残酷的刑法来审问吕宽。

最终，吕宽经受不住此等严刑拷问，终是将王宇和吴章全都供了出来。

就像吴章说的那样，此时的王莽已经疯了，但是他忽略了最重要一点，那就是王莽到现在已经回不了头了。他的崛起之路虽然看似大仁大义，但却是踩着无数的尸骨上来的，这无可争议。所以只要他从神坛上走下去，那等待着他的将会是无尽的狂风暴雨。所以这时候谁要是敢阻挡他的"至尊"之路，他就人挡杀人、佛挡杀佛，哪怕是亲生儿子都不例外。

逼出口供以后，王莽直接弄死了吕宽，然后将自己的儿子抓到了监狱中将其毒杀。

王宇的媳妇当时怀有身孕，王莽等其将孩子生出来以后也将其毒杀。

这之后，王莽又以卫氏也参与了这场阴谋为名，将卫氏一族不分男女老少满门诛杀，其手段之血腥，使得海内震动。

这还没完，接下来，王莽又将屠刀对准了当代大儒——吴章。

吴章为本次阴谋的总参谋，王莽为了拿他来震慑众人，竟然在长安东门将其绑起来，令刽子手一点一点将他四肢上的肉全都割了下来，然后在吴章奄奄一息的时候将其腰斩于市。其儒家的羊皮在杀死吴章以后已经荡然无存。

杀死吴章以后，王莽又将他的眼睛盯上了吴章的一千多名学生。

吴章为当代大儒，他的学生们一部分在朝中任职，还有一大部分则在地方工作，是一股不小的势力。古人一日为师、终身为父，王莽可不认为这些人能从此原谅自己。所以，最好的办法就是让他们从自己的眼里消失。

但这些人都是有身份的人，想要将他们全都杀死是不可能的。基于此，王莽下令，将吴章所有的学生全都抓起来，抓完以后统一解除他们的官职。

王莽连自己的亲生儿子都能杀了，那抓他们能干什么？想到这里，这些儒生全都吓蒙了。

一时间，曾为吴章学生的官员不是被抓进去就是主动辞职，而大多数则选择当众宣称自己为官之前就已经和吴章解除了师生关系，现在已经不是他的学生了。

而王莽这个伪善的大师，他深谙斩草除根之道，既然这次已经露出了自己的本来面目，那就一次性地干到底吧！

本月，王莽准备接着王宇、吕宽之案继续扩大残杀范围，将那些保持中立的或者表面上对他千依百顺可实际上不怎么支持他的官员全部诛杀。

为此，他"分兵两路"，自己率领"主力部队"留在京城，残杀在京城之中的官员，"另一路部队"则由甄丰率领往地方，以莫须有的罪名屠杀那些不服从王莽的地方官和豪强们。

一时间，整个汉朝血流成河，无数的忠义之士被冤枉屈杀，早已经回乡养老的何武、鲍宣等人也全都被斩杀，一个没留。

如今的天下，那些手中稍微有些权力且反对王莽的人都没有了，王莽已经天下无敌。在这种情况下，距离他谋朝篡位还能远得了吗？

6.16　龙蟒斗

公元4年正月，已经十四岁的汉平帝突然前往长安郊外祭祀汉高祖，将他和上天做比较。

紧接着，汉平帝又在明堂祭祀汉文帝，将他和上帝相提并论。（《资治通鉴》："宗祀孝文以配上帝。"）

本月月底，汉平帝下诏："妇女除非她本人犯法，以及男子八十以上者，孩子七岁以下者，除非是被指控大逆不道，或者朝廷指名逮捕的，其他一律不准囚禁。"

又是祭祀，又是给"老、小"百姓谋福利。汉平帝要干什么？当然是增加自己的存在感了。

这又是为什么呢？因为现在汉平帝已经十四岁了，虽然还没有加冠，但他实在不能再这样无所事事下去了。因为继续这样下去的话，自己的皇帝之位还能不能坐住都不好说了。

可现在这种情况下，已经没有任何一个人能拦住王莽的路了。汉平帝如果能安分守己的话，可能还会得一个善终（禅让），可他如果胆敢反抗，那他就百分之百会死得很惨。因为就在汉平帝的一波动作后，王莽就间接地给予了汉平帝绝对的反击，让汉平帝看到了王莽的态度。

二月中旬，太保王舜联名八千余大小官员上书朝廷，要求朝廷增加王莽的食邑，将召陵、新息、黄邮聚、新野全都划入王莽的食邑，并采用当初周朝之制，给王莽加上宰衡的官号，位列上公。以后但凡三公汇报工作都不必再上朝廷，直接向安汉公汇报就可以了。并且，因为安汉公王莽功盖千秋，所以他的家人也应该一并封赏，希望朝廷能封王莽的母亲为功显君，封王莽的儿子王安为褒新侯，王临为赏都侯，并再增王皇后彩礼钱三千七百万。

这摆明就是架空和逼宫！那汉平帝该怎么办呢？他到底该如何做才能成功抵挡得住王莽的反击呢？

怎么办？毫无办法。

因为汉平帝根本没有一丁点儿的资本来反抗王莽的"压迫"，所以只能看王莽继续表演（甚至现在太皇太后也对王莽构不成半点儿威胁了）。

就在那八千余大臣联名上奏以后，王莽紧接着也上了一道很"谦虚"的奏书："微臣愿意接受对母亲的封号，但是食邑、彩礼钱以及我那两个儿子的封爵就算了吧。"（三公向他汇报工作这事儿王莽只字未提）

奏疏报上去以后，还没等回复，孔光便在一次朝堂之上"驳斥"了王莽的提议，什么安汉公素来谦虚，不可以听他的，什么安汉公功盖天下，不赏不足以安群臣等，反正就是要王莽接受赏赐。

王莽这才"百般无奈"地接受了朝廷的封赏，且还是坚持没有要新野的食邑。

结果，本次较量，王莽完胜汉平帝。不过这还远远没有结束，因为接下来，王莽的"攻势"将会一波接一波，而距离汉平帝的加冠典礼也已经越来越近了，留给汉平帝的时间已经不多了。甚至可以说，汉平帝已经没有时间了，因为王莽不会再给他这个机会了。

公元5年四月，如同有组织一般的四十八万七千五百七十二名官吏平民上奏朝廷，希望朝廷能坚持将新野的食邑赏赐给王莽。而王莽呢？还在演戏，他再次拒绝了官吏和平民的联合上疏，声称自己累了、老了，要辞职了，不想再得到更多的权力了，想要给年轻的官员让道了。

王太皇太后根本就不敢也不能批准王莽的辞呈。

结果，在再三谦让之下，王莽还是"勉为其难"地答应留在朝廷继续工作。

同年五月，为了让王莽高兴，为了能"留住"王莽，朝廷下令，加赠王莽九锡，使得王莽接下来要走的道路更加"合法""合情理"。

那什么叫作九锡呢？九锡，为古代皇帝赐给手下大臣的九种器物，是最高等级的赏赐。

那么这九种器具到底是什么呢？

一、黄金豪车一辆，拉车骏马八匹。

二、华服冠冕一套，赤色炫靴一双。

三、校音乐器一具，烂糟乐器一堆。

四、红漆大门一扇。

五、豪华阶梯一个。

六、守门虎贲若干，精甲利器无数。

七、红色箭矢百枝，黑色长弓一张。

八、断罪大斧一把。

九、祭祀香酒一堆。

九锡加赏完了，王莽得意了，他觉得自己现在行了，可以开始实现自己的理想了。

可在实现这个理想之前，王莽还有一些事情要做，那就是彻底改变现在汉朝的一切，让这个天下上到三公、下到黎民百姓都放弃汉朝原来的那一套，甚至，让他们忘记自己是一个汉朝人。

于是，在这个月，也就是朝廷刚刚加赏完王莽九锡没几天，王莽便开始进行试探性改革了。

一天，王莽突然上奏朝廷，要求朝廷遵循古制，将汉朝十三州恢复为尧舜时期的十二州（冀州、兖州、青州、徐州、荆州、扬州、豫州、梁州、雍州、幽州、并州、营州）。

朝廷不敢违背，批准之。

可没过多长时间，王莽再次上奏，要求朝廷按照他的指示重新修订五十多条法律，凡有违背者，皆被流放至西海郡。

史料上没有记载王莽新修订的这五十多条法律到底是什么，也没有记载到底有多少人被牵连，只记载了四个明晃晃的大字——"民始怨矣"。

也就是说，王莽这种逆潮流、往旧制改革的方式并没有得到人们的认同，反倒让天下百姓十分怨恨。而这种怨恨现在还只是一种萌芽，并没有开花结果。我想，如果王莽能够悬崖勒马还来得及，但他真的能够悬崖勒马吗？

同月月底，也就是王莽刚刚修订新法没过多久，他便再上奏书，要求朝廷更改八十一名朝廷大员的官名和职能，还重新更改各地的地名，重新划分各地分界线，使得官员不知道自己应该干什么，老百姓不知道自己的家乡到底应该叫什么名字。

于是，"从此天下多事，吏不能纪矣"。

还有一件事，太师孔光在这一年四月也死了，死后由马宫接替了他的位置。可马宫接替了孔光的位置以后也不得安生，因为他害怕了，害怕得不行。

作为王莽的心腹之一，没有谁比自己更了解王莽要的是什么了。在以前，马宫还认为王莽绝对有改朝换代的能力。可最近，随着王莽不断地改革，不断地瞎折腾，使得马宫对王莽的期望大打折扣。他不认为现在的王莽有能镇抚天下的可能。而一旦王莽失败，那结果只能有一条路，便是死！而作为王莽的绝对心腹，马宫到时候想独善其身是绝对不可能的。

所以，马宫以有病为由主动向朝廷辞去了自己的官职。

现在的王莽已经无敌于当世，根本就不怕再有人泄露他所谓的"机密"，便答应了马宫的请求，让他衣锦还乡了。

反观平帝刘衎这边：

从公元前1年继位一直到现在已经五年多。汉平帝，这个尊贵的大汉天子整整做了五年的傀儡，一切的权柄都把持在王莽手中。

汉平帝恨，汉平帝怒，汉平帝也努力过，可最后，除了忍耐，他真的是一点儿办法都没有。再加上王莽还是他母亲卫氏一族的仇人，每天都要对着自己的仇人笑，说实话，汉平帝能忍耐到如今已经是相当厉害了。

可就在公元5年十一月的一天晚上，也许是汉平帝喝多了，也许是汉平帝真的需要发泄了，他竟然对自己信任的妃子表达了对王莽的怨恨。

结果呢，满朝皆为其眼线的王莽在当时就得知了此消息，汉平帝这也就算是活到头了。

同年十二月初的一次大祭，王莽向汉平帝献上了一杯装有慢性毒药的酒。

对于王莽，汉平帝一向不敢违背，再说他也实在没想到一向善于伪装的王莽敢亲自献酒毒死他。

于是，他喝了。然后在当天夜里，汉平帝就因为中毒而患了重病。

而这时候，王莽拿出了早就准备好的策书，带了一大堆人前往泰畤请求上天解除汉平帝的疾病，说如果可以的话，自己愿意替汉平帝受罪。

祭祀完毕，王莽回府，将此策书封存在了书柜之中，并嘱咐手下的人，无论如何都不能将此事泄露出去。

没过几天，汉平帝就被毒死了。

6.17　王莽的危机

汉平帝死去以后，朝廷首要的大事就是要选择一个新的皇帝。可这时候汉元帝的后代已经断绝了，再往前只有选宣帝的后代为新任汉皇。而这时候宣帝的后代还有为王者五人，为列侯者四十八人。

可这总共五十三人已经都成年了，王莽不想用他们为汉皇，这样不好把持，便上奏太皇太后，以兄弟之间不能相互作为后代为借口，请立汉宣帝一众玄孙中之一人为新任汉皇。

王莽到底想干什么已昭然若揭，甚至就连王政君都猜到了。不过遗憾的是，王政君还是猜错了，因为王莽接下来的举动才让她看出来，自己这个亲爱的侄子心思根本就不在独揽朝纲上，而是在谋朝篡位上。

因为就在大家都在挑选宣帝一众玄孙之时，汉武功县长突然上报朝廷，说本县人在疏通水井时挖到了一块白色的石头，这石头非常奇异美观，最令人惊讶的是此石头上竟然写着"告安汉公莽为皇帝"的字样。

朝廷的大臣们一听这事儿都炸了锅，几乎都在第一时间前去找太皇太后，并请太皇太后按老天的意思办事。

此等愚蠢的伎俩，此等丑陋的行为，谁都能看得出真相来，就更别提太皇太后了。

这时候太皇太后的肺都气炸了，没错，她是想让老王家万世富贵，但她根本没想过要王家篡夺汉室的江山啊，这让她以后在地底下怎么面对汉元帝？

于是，她罕见地怒了，直接将奏书对着下面的群臣扔了过去，然后怒声道："明摆着的欺骗，明摆着的欺诈！此等欺诈天下的行为老身绝对不允许！"

见太皇太后如此，群臣还想争辩。可这时候，王舜对下面的官员使了一个眼色，这些官员便都退下去了。

待周围人都走了之后，王舜冷冷地道："太皇太后，事情到了这个地步，已经是覆水难收了。您难道真的想从此以后和安汉公决裂吗？请问太皇太后，您现在还有这个实力吗？而且安汉公也没有什么别的想法，只不过是想代理皇帝来施行权力罢了，又不是真的谋朝篡位，您老就从了吧？"

事情到了这一步，太皇太后又有什么办法？要怪只能怪自己当初一次性给了王莽那么大的权力，且没有给他树立政敌，这才让王莽一点一点地滋生出了如此心思。

唉，要怪就怪自己吧。

想到这儿，无奈的太皇太后只能下诏，任命王莽为汉朝假皇帝，暂代皇帝之职，然后命大臣们迅速选出下一任汉皇接班人。

最终，在王莽的授意下，群臣选出了当时只有两岁的广戚侯刘显之子刘婴做皇太子。

因为这孩子的年龄实在是太小，所以人们都习惯称其为孺子。

此消息昭告天下以后，百姓哗然，官员沉默，刘氏宗亲愤怒！其中安众侯刘崇更是怒极而吼："王莽这是要篡夺我刘氏的天下啊！然而事情到了这一步竟然没人敢反抗他，这是我们刘氏一族的耻辱！我，刘崇，愿意当这个领头羊，先行反抗王莽，我相信，只要有一个人牵头，我们刘氏的英雄们必定会在第一时间集体反抗他！"

于是，刘崇这个"领头羊"带着一百来人先行造反，并攻击宛城。

结果，连城都没能进去刘崇所部就被团灭了。

而这之后，天下就和一潭死水一般没有任何反应。

公元6年，确定已经没有任何人再敢反抗自己了，王莽这才有条不紊地实施自己的政策。

同年正月，王莽大赦天下，并于长安南郊祭祀上帝。

三月，王莽任命王舜为太傅、左辅，甄丰为太阿、右拂，甄邯为太保、后承。又设置四少官位，皆为两千石高官。

可就在王莽意气风发、大展拳脚之时，本年十月的一天，天空突然黑暗无边，日食来了。

王莽刚刚为假皇帝就来了日食，这老天是要干什么？这是拆谁的台？王莽大怒。

可他就是再怒也没能耐和老天叫板啊。所以，王莽只能想出一个别的办法来度过本次危机，并将群众的关注点从日食上转移出去。

这个办法是什么呢？那就是从外邦身上压榨好处，进而转移群众的关注点，让群众从此以后拥戴王莽。

本年十一月，王莽派遣使者往羌族，命羌族大人庞恬献出挨着汉朝的大片土地。

面对此种无理取闹一般的挑衅行为，庞恬当然不会答应，不但如此，他还派出了大批部队，攻击汉朝西海郡，意图夺回曾经的失地。

面对此种毫无征兆的突然袭击，西海郡太守程永大为恐慌，甚至连交兵都没有便弃城逃走了。

主将不战而逃，这仗还打什么？于是，羌人兵不血刃便占领了西海郡。

反观王莽方面，此战如果处理不好，不但会使得日食之焦点更加扩大化，还会让周围的少数民族更加轻视汉朝，从而使汉朝面临四面为敌之险。

所以，王莽必须要将这次的事件处理好才行，不然，别说他的位置，甚至连他的性命都保不住了。

于是，王莽先斩程永之首级，然后立即派窦况率军出击西海郡，意图在第一时间夺回此郡。

此战的细节虽然史书上没有说明，但窦况仅用不到两个月便收复了西海郡，由此可见，此人还是有一定能力的。

为此，王莽特意封窦况为震羌侯以资鼓励。

而整个公元7年的一月到四月，史料上什么都没有记载。因此本人猜测，王莽在之后攻击羌族的战役中是失败了的。

可就在王莽打算继续对羌人出兵的时候，他的内院却着了火。

公元7年六月的某一天，东郡太守府邸之中，东郡太守翟义（翟方进之子）和一个叫陈丰的土豪密谋道："安汉公王莽先是代理了什么劳什子的假皇帝，然后向全国发号施令，故意在皇族之中挑选了一个年仅两岁的孩子，他假托周公辅政之先例来试探天下人心，如果再没有行动的话必然会取代汉家天下。如今，皇族衰弱，整个天下根本就没有什么强大的封国，以至于所有的人都对王莽低头顺从。我，翟义，是丞相的儿子，同时还是一个大郡的太守，父子两代都受朝廷之重恩，有义务为国家讨伐奸佞贼子，进而拥立真正具有成皇资格的刘氏宗亲。哪怕事情最后不能成功，为了国家而死，这又有什么可遗憾的呢？所以，我意已决，准备起事报效国家，你愿不愿意带着你的人和我一起干？"

陈丰，为翟义姐姐的儿子，是翟义的外甥，更是一个年仅十八岁的热血男儿，当他听了翟义的话以后一股热血上脑，根本就没管失败以后等待着他的将会是什么，当即答应了翟义的请求。

于是，翟义行动了。

他在得到陈丰的承诺以后又秘密和东郡都尉刘宇、严乡侯刘信、武平侯刘璜结成联盟，并暗中做造反的准备。

公元7年九月，翟义等人准备完毕，于本月月初突然发动兵变，同一时间攻陷各县，然后在各县征调乡勇，编组成战车、骑兵、弓箭手等兵种。

为了让自己的兵变更加"合法化"，翟义还拥立了刘信为大汉皇帝，自己为大司马，柱天大将军。

反叛军凡到一地必大肆宣扬王莽毒死汉平帝之事，使得各地乡勇陆续前往投奔。

东平王刘匡乃是刘信的儿子，当他听说父亲成了新皇帝以后在第一时间带着自己所有的军队前往会师，等反叛军到达山阳（今河南省焦作市稍东）之时，已经有十万之众。

此消息传到长安，朝野震惊，太皇太后更是冷笑着对身边的侍女道："人同此心，心同此理。我虽然只是一介妇孺，但也知道王莽必将失败。"

那么王莽失败了吗？结果不说，先看看王莽的表现吧。

当王莽第一时间收到了反叛军作乱消息的时候，吓得魂不附体、惊慌失措，甚至连饭都吃不下了，可王莽毕竟是见过大场面的人，没有被这种局势吓倒。反应过来后，他迅速召开廷议布置，询问下面的人如何处理此事。

他手下的那些文臣武将却没有那么悲观。他们认为，翟义反叛军虽然势头很猛，单兵作战能力也不弱，但军队刚刚组建，欠缺磨合，外加翟义也没有什么统兵打仗的经验。所以，只要战略得当，消灭这些反叛军是没有丝毫问题的。

一听这话，王莽那颗悬起来的心才稍微放下一些。

这之后，经过和众将领再三商讨，王莽敲定了如下战略措施。

第一步，紧守门户。

王莽命太仆武让为积弩将军，率领万余精锐北军强弩材官死守函谷关之门户，命朝廷将作大匠为横野将军，率领数千精锐北军步战材官死守武关。

第二步，迂回协同作战。

王莽命红休侯刘秀为扬武将军，统领宛城守军，做好防守准备，如果叛军要向南进攻宛城便死守以待援军，如果叛军兵锋直逼洛阳便北上切断叛军补给，然后和主力大军前后夹击之。

第三步，以主力部队为匕主动出击，直面叛军，力图一战而定。

为此，王莽命轻车将军、成武侯孙建为奋武将军，光禄勋、成都侯王邑为虎牙将军，明义侯王骏为强弩将军，春王城门校尉王况为振威将军，宗伯、忠孝侯刘宏为奋冲将军，中少府、建威侯王昌为中坚将军，中郎将、震羌侯窦况为奋威将军，让此七人率领余下北军和函谷关以东各郡县之兵共组成八万余人的正规军向东迎战叛军。

看着大军远去的背影，王莽长长地松了一口气，他相信，自己的部署一定能够成功将这些敌人击败。

可就在部队到达目的地，即将和反叛军交战的时候，王莽的噩梦来了。

同年九月中旬，翟义起义的消息传到了三辅地区。

此时的槐里，赵朋和霍鸿两个本地土豪凑在了一起阴谋起义。

赵朋："前方已经传来了消息，本次翟义起义规模十分宏大，长安现在极为空虚，没有一年半载根本无法平定叛乱。现在正是你我二人建功立业之时！兄弟你敢不敢和我干这一票？"

霍鸿："有什么不敢？你拿出个章程，兄弟照办就是！"

赵朋："壮哉！不愧是我赵朋的兄弟。我意，现在你我迅速回去收拾人马，明日一早便攻击衙门！"

就这样，二人在第二日突然对本地衙门发难，他们自称将军，斩杀县令，抢夺武库，释放囚犯，征调乡勇，然后以四面开花之势向周边县邑展开攻击。

于是，赵朋和霍鸿的军队人数呈几何式速度向上攀升，不到一个月竟然发展到了十万之数。

当长安的王莽听到这个数量以后吓得全身冷汗，他万万没有想到，这些刁民竟然趁着长安空虚之际发动起义，起义的规模还如此之大。

无奈，王莽只能再将心腹召集在一起展开廷议。

王莽的心腹们认为，乱民声势浩大，兵甲精良，人数是现在朝廷的两倍（主力都派出去了，现在长安只剩下南军精锐），但这些人都是抱着发国难财的心思来的，一旦前方捷报传来，他们必定树倒猢狲散。

所以，只要王莽能将长安死死守住，那最后的胜利一定是属于王莽的。

王莽觉得现在的情况也只能如此了，便依计而行。

首先，王莽任命卫尉王级为虎贲将军，大鸿胪、望乡侯阎迁为折冲将军，命此二人率领一部精锐轻骑兵游走于长安外围，不断地偷袭骚扰赵朋所部，让其不能全力攻打长安。

其次，王莽立常乡侯王恽为车骑将军，骑都尉王晏为建威将军，让此二人带大部士兵防守四方城墙。

再次，王莽立城门校尉赵恢为城门将军，让其率一部警戒长安城中，以防攻坚战之时后院起火。

又次，王莽命太保、后承、承阳侯甄邯为大将军总揽全局。

最后，王莽命他最信任的王舜和甄丰率领宫中最精锐之南军近卫防守未央宫。

当时，王莽已经做了最坏的准备，准备一旦长安城破，他便率领这些近卫和赵朋等人死磕。

可王莽多心了，因为他将敌人的战斗力想得太高了。

我们首先来看赵朋、霍鸿起义军。

话说赵朋起义以后，趁着汉军主力不在三辅地区便攻城略地，人数迅速向上蹿升。等他的兵众达到十余万之时便出动全部军队，兵锋直指长安。

可就在军队快要到长安时，长安南军轻骑兵团却不知道从什么地方突然杀出，直接将叛军冲成了两截。

此突然袭击使得赵朋叛军阵形大乱，有些士兵甚至吓得屁滚尿流、四处逃窜，踩踏事件频发不止。

赵朋和霍鸿费了好大的劲儿才重新组织完毕。

为避免这种事情再次发生，赵朋亲率一部坐镇后方，将眼睛死死盯住汉南军轻骑兵团。而霍鸿则在缺少赵朋的协力下率军直奔长安。

长安，自从经过吕雉的变态打造以后，已经成为当时天下最坚固的堡垒，再加上此地地形险要、易守难攻，还有数万南军精锐坐镇，霍鸿想要凭手中那些兵力拿下此地无异于扯淡。

所以，当霍鸿看到长安那巍峨的城墙以后直接就尿了。

霍鸿认为，如此高大坚固的城墙别说十万，就是二十万去攻也困难。所以，能够成功打进长安的办法只有两个。

第一种方法，四面围城，断绝长安之补给，让其自觉投降。

可长安粮食水源相当充足，这样做是需要时间的，而现在的起义之所以能够成功，主要原因还是在关内主力部队都被派出去对付翟义了，一旦将时间拖延到主力大军退回，那什么都完了。

所以，此种战略绝不能被采纳。

那现在就只剩下第二种方法了，便是引诱长安城中的南军出击和自己野外决战。

于是，霍鸿只看了一眼长安城便率本部开始攻击长安四周的县邑村落，意图引蛇出洞，野外歼之。

可令霍鸿崩溃的是，四周县邑村落的火光都已经照射到未央宫了，王莽依然纹丝不动，死活就是不肯出兵。

于是，双方人马就这样对峙起来了。

公元7年十月，双方已经对峙了一个月的时间。其间王莽每天都会抱着年幼的刘婴在宗庙祷告，希望上天能让他成功度过这次危机，如果老天肯给他这个机会的话，他一定会将政权全都交还给刘氏宗亲，从此隐退。

但王莽不是真的要隐退，而是怕在这千钧一发的时候长安城内再出现什么农民起义，果真如此的话，自己必死无疑。

基于此，王莽才上演了这一出戏码，意图瞒过那些"愚蠢"的百姓。

而他的计谋真的成功了。因为自从这以后，反叛军的规模再也没有扩大。

同年十二月，在王莽和赵朋、霍鸿反叛军对峙了三个月以后，突然有一名使者从东面战线匆匆赶回。而在他跑进未央宫的同一时间，王莽那颗紧紧悬着的心终于放下了。因为王莽的主力大军已经完胜翟义起义军（作战过程史料未载）。

得知此消息以后王莽大喜，当即派使者往主力部队，就在军中赏赐了五十五名将领为列侯。

同一时间，王莽还派出了许多使者四处宣传起义军失败的消息。

赵朋、霍鸿起义军因为一直拿不下长安，军心本就开始涣散了，这会儿一听东线翟义大败，人心思变，士气降到了冰点。

公元8年二月，东征主力大军回到长安，在第一时间开始对赵朋、霍鸿的起义军展开残杀。

因为起义军现在全无斗志，所以一触即溃，朝廷军用不到半个月的时间便将起义军消灭殆尽。

这之后，王莽处决了赵朋、霍鸿和翟义（刘信等人始终没有找到）。

为了发泄他心中的愤怒，王莽先是将此三人夷灭三族，然后又将他们十八代祖坟全都刨了，并将里面的尸骨揪出来焚烧。

王莽终究是度过了此次危机。

6.18　西汉亡，新朝起

好了，两线起义都被搞定了，那王莽是不是应该遵守诺言，还政于刘氏宗亲或者太皇太后了呢——做梦！

公元8年春，王莽封自己的两个儿子为公爵。

同年九月，王莽的母亲去世。王莽手下的狗腿子们齐齐上奏，希望王莽扩大王母的葬礼。

王莽批准，以天子吊唁诸侯之礼来吊唁自己的母亲。

同年十一月，广饶侯刘京向朝廷奏报，称齐郡凭空出现一口新井，新井中凭空出现一头石牛，刘京认为这是天大的祥瑞，希望王莽能收下它。

王莽高兴地接受了。

同月，刘京再次上奏，称前一段时间自己外出时突遇大风大雨大冰雹。过后，他手中突然出现了一幅铜符帛图，上面写着"天告帝者，献者封侯"。

刘京奏书上说，这是老天想要让王莽成为"真"皇帝，希望王莽不要拒绝上天的意愿。

王莽看到这个奏书以后感觉时机到了，当即便批准了刘京的请求，并以周公为借口，承诺等刘婴长大以后再将权力还给他。

同时，王莽还将居摄的年号改为了初始。

这之后，王莽篡夺大汉江山进入了倒计时的状态。

同月，期门郎张充等六人不想汉朝就这样灭亡，乃密谋劫持干掉王莽，拥立楚王为皇帝。

可事情没等实施就被发现，几人无一例外，皆被处死。

同月，梓潼投机者哀章为了迎合王莽取得富贵，乃做一铜箱，并在铜箱里放一"天帝行玺金匮图"和一"赤帝（刘邦）传位予皇帝金策书"。然后直接拿着铜箱上交朝廷，说这是在某一天突然出现在自己面前的东西。

此等伪诈之术简直是侮辱天下人的智商，可现在王莽才不管那些，只要给他个台阶他就上了。

公元8年十一月二十五日，王莽郑重地到高帝庙去接受了上天赋予他的铜箱。

他戴着皇冠，穿着龙袍去拜见了太皇太后，希望王政君老太太能够将传国玉玺交给他，这样他的身份就更加合理合法。

可是王老太皇太后根本就不看他，全程紧闭着双眼。

王莽也没有威逼老太太，冷笑一声转身便走了。

这之后，王莽带领群臣来到了承明殿，并坐在皇位上郑重地道："朕本无德行，幸亏是黄帝之后，虞帝子孙，还是太皇太后的直系亲属。因此上天眷顾朕，降下祥瑞，并将整个天下百姓的身家性命交托给了朕。一开始，朕心怀恐惧，不敢接受老天的命令，可天命不可违，甚至高皇帝都给了朕任命，使得朕不得不接受皇帝之位。根据占卜得出结论，二十五日为黄道吉日。所以，从今日开始，朕正式宣布成为当今皇帝，并改'汉'为'新'。朕要改历法、改车马、改服饰、改国色（改红黑为黄）、改旌旗、改用器、改制度。而这一切，要是没有你们文武百官的帮助是绝对不会成功的。所以，从今往后，朕希望你们能忠心地辅佐朕，让朕满意。"

众臣齐声："臣等必不负陛下圣恩，陛下万岁。"

王莽："好，都下去吧，王舜你留下。"

待众人走后，王莽那微笑的面孔突然变得阴狠起来，他冷冷地对王舜道："老太太好像不怎么愿意将传国玉玺给我啊。"

王舜："启禀陛下，老太太毕竟历经三代汉皇，对汉朝是有一定感情的，这突然改朝换代，老太太有一定的抵触情绪也是可以理解的。"

王莽："朕不管她有什么抵触情绪，余生她不再见朕都没有关系，但传国玉玺她必须给朕拿来，这事儿就交给你了，不管你用什么手段，必须带着传国玉玺回来。"

王舜："这……遵旨。"

王舜来到了长信宫。

太皇太后一直都非常喜欢王舜，可今天，她是怎么看王舜怎么不顺眼，没等王舜开口便劈头盖脸地一顿痛骂："王舜！你们父子、兄弟、家庭、宗族，哪一个不是靠汉朝而取得的富贵？可如今呢？你们不思报恩也就罢了，还利用皇帝幼小的机会谋权篡位。你们这种人连猪狗都不如！还想要老身的传国玉玺？回去告诉王莽，做他的春秋大梦吧！他王莽不是要改这个改那个吗？好啊，那就让他自己做一个新的玉玺不就好了吗？为什么还要一个亡了国的玉玺呢？你告诉他王莽，老身生是汉朝的人，死是汉朝的鬼。玉玺！老身也要带到棺材里去。"

太皇太后一面说一面哭，左右的人也跟着哭了起来。

也许王舜心中也不好受吧，他竟然也跟着老太后哭了起来。可不管怎么哭，该办的事情也还是要办啊。所以，虽然心中也不好受，但王舜依然道："老太后，我王舜，确实是汉朝的罪人，您怎么骂我都没有错。可陛下现在政权稳固，已经没有人能阻止得了他了。试问，如果陛下一定要得到这个传国玉玺，老太后您能阻止得了吗？"

是呀，现在谁都无法阻止王莽了，与其被他折磨受辱，倒不如痛快一点儿得了。

于是，愤怒的老太太直接掏出玉玺，面容扭曲地道："老身诅咒你们，待老身死后，你们的家族都会被屠杀殆尽！滚！拿着这个玉玺快滚！"

随着哐当一声响，传国玉玺，这个最为贵重的玉器被太皇太后扔在了地上，王舜则拿着这个被摔没了一角的玉玺默默退开了。

公元8年十一月，随着传国玉玺到了王莽的手中，建国二百一十年的西汉正式宣告灭亡，王莽之新朝横空出世，而这新朝又能走多远呢？让我们拭目以待。